用工管理
规范与实务指引

人力资源管理法律实务·制度架构·风险预防

刘 瑾 / 主编
李 豪 白晓腾 / 执行主编

法律出版社
LAW PRESS·CHINA
北京

图书在版编目（CIP）数据

用工管理规范与实务指引:人力资源管理法律实务·制度架构·风险预防/刘瑾主编；李豪，白晓腾执行主编. -- 北京：法律出版社，2024. -- ISBN 978 - 7 - 5197 - 9280 - 0

Ⅰ.D926.13

中国国家版本馆CIP数据核字第2024964E7W号

| 用工管理规范与实务指引:人力资源管理法律实务·制度架构·风险预防
YONGGONG GUANLI GUIFAN YU SHIWU ZHIYIN：RENLI ZIYUAN GUANLI FALÜ SHIWU·ZHIDU JIAGOU·FENGXIAN YUFANG | 刘　瑾　主　编
李　豪
白晓腾　执行主编 | 策划编辑 张　珺
责任编辑 张　珺
装帧设计 汪奇峰 |

出版发行　法律出版社	开本　787毫米×1092毫米　1/16
编辑统筹　法商出版分社	印张　28.75　　字数　569千
责任校对　王　丰　郭艳萍	版本　2024年9月第1版
责任印制　胡晓雅	印次　2024年9月第1次印刷
经　　销　新华书店	印刷　三河市兴达印务有限公司

地址:北京市丰台区莲花池西里7号(100073)

网址:www.lawpress.com.cn　　　　　　　　销售电话:010 - 83938349

投稿邮箱:info@lawpress.com.cn　　　　　　客服电话:010 - 83938350

举报盗版邮箱:jbwq@lawpress.com.cn　　　　咨询电话:010 - 63939796

版权所有·侵权必究

书号:ISBN 978 - 7 - 5197 - 9280 - 0　　　　　定价:126.00元

凡购买本社图书，如有印装错误，我社负责退换。电话:010 - 83938349

主 编：刘 瑾
执行主编：李 豪　白晓腾
编 委 会：石政锋　刘彩玲　惠 凯　薛亚栋
　　　　　张鹏程　冯 兰　黄竞之　刘文波
　　　　　朱嗣明　侯力夫　周 军　白盼盼
　　　　　唐广苏

前　言

　　用工合规既要保证企业的经营自主权,也要维护劳动者的合法权益,因此,在用工合规领域的问题也集中体现为"如何做才能避免用工法律风险"。企业在用工及具体管理过程中遇到的情况是多种多样的,企业应当根据自身的性质、组织架构、企业文化、人员素质以及执行力等情况选用适合的方案。如果不加分析,直接将所谓的方案、管理流程的模板拿来即用,可能会出现"水土不服"的情况。因此,要想有效地解决企业自身的用工合规问题,就应当明白"以不变应万变"的法律底层逻辑。

　　劳动法律法规涉及的范围广、时间跨度大、层级多、地域性强,企业面临着"三不一难"的问题。"三不"即不知道针对某一问题有哪些现行有效的法律规定、不知道如何获取法律规定的现行有效版本、不理解法律条文背后的含义;"一难"是指如何将符合企业自身特点的人力资源管理活动与劳动法律制度最大化融合。为了解决这个问题,我们开始思考,如果可以设计出像查字典一样通过关键词查阅法律法规,并对法律法规内容准确理解,且可以快速将相关规定与用工合规实务结合的工具,那么,为企业用工指明方向将会变得更加简便。于是,本书编者将查询到的大量劳动法律法规按劳动管理要素分类整理,并按关键词分别制作电子表格。经过试用,我们发现这样确实能精准地搜索,在处理用工合规业务时也大大提高了效率。同时,我们也希望能帮助更多的法律人和人力资源从业者精准、高效地完成工作,在我所的大力支持下,我们以已整理的成果为基础,借鉴质量管理体系管理文件的图表形式,编写了本书。

　　鉴于用工合规要素贯穿劳动关系的始终,故本书以劳动关系10大要素为基础,以"争议焦点思维"为基点,以"举证指引"为路径,着力于用工管理合规法律依据的查实、分解、梳理与用工合规实践指引。既可以帮助企业检查既有用工管理中潜在的法律风险,完善既有用工管理制度和用工管理过程,也可以作为企业制定新的用工管理制度的参考资料。

　　本书以期构建用工合规法律依据的体系化、立体化知识网络,达到规范用工管理,切实预防用工法律风险,以及快捷、精准、有效应对劳动争议的目标,主要内容涉及10大要素,70个章节,每个章节分为5部分。具体如下:

　　第1部分合规要求,包括法律应用流程图和/或要素速查表及合规要求要点的理解。

　　第2部分合规实践,包括必备管理事项、必备管理过程记录。

第3部分其他法律风险提示，主要从与该章节关键词相关的法律责任、用工管理实务角度进行说明。

第4部分其他管理项点，提示该章节关键词产生影响的其他合规关键词。

第5部分法律分析，将该章节的关键词所适用的劳动法律法规进行分类归纳整理，便于精准查阅具体内容。

需要说明的是，本书内容主要以全国适用的、现行有效的劳动法律法规为依据，部分内容引用了陕西省现行有效的相关规定。因此，在处理具体问题时，有地方性规定的，还应当注意用人单位所在地、劳动合同履行地的具体规定。

本书结构较复杂、内容体现形式较多，特别是第1部分合规要求中的法律应用流程图、速查表，第5部分中的法律分析。我们首先花费了大量时间和精力对法律法规的内容进行归类整理，再根据整理的内容制作流程图、速查表，最后确认所引用的法律法规名称、文号、归类的正确性和在本书编写之时的有效性。本书的编写和审校工作量大、耗时长、要求高，在此特别感谢京师西安律所、我的团队成员在本书编写过程中给予的大力支持与协助，感谢责任编辑张珺女士为本书的出版付出的辛勤劳动。

鉴于我们水平有限，且书中引用了大量的劳动法律法规，难免有纰漏和不足，还望得到广大专业读者的批评、指正，以期本书再版时更正和完善。联系方式：13891828809@163.com。

刘　瑾

2024年8月

目 录

要素一　劳动关系 / 001

　　1-1　劳动关系的合规管理 / 003

　　1-2　非全日制用工的合规管理 / 008

　　1-3　劳务派遣用工的合规管理 / 012

　　1-4　外国人就业的合规管理 / 029

要素二　劳动报酬 / 037

　　2-1　最低工资标准的合规管理 / 039

　　2-2　工资支付的合规管理 / 044

　　2-3　绩效工资的合规管理 / 053

　　2-4　日/小时工资折算的合规管理 / 058

　　2-5　加班工资的合规管理 / 060

　　2-6　停工停产及工资支付的合规管理 / 067

　　2-7　生育津贴与产假工资的合规管理 / 071

要素三　工作时间与休息休假 / 075

　　3-1　工时制度与工作时间的合规管理 / 077

　　3-2　不同工时制下加班认定的合规管理 / 084

　　3-3　法定节假日及其工资支付的合规管理 / 093

　　3-4　医疗期的合规管理 / 104

3-5　带薪年休假的合规管理 / 116

3-6　未休带薪年休假工资的合规管理 / 122

3-7　停工留薪期的合规管理 / 126

3-8　婚育假期的合规管理 / 130

要素四　劳动合同的订立、履行和变更　　　　　　　　　/ 135

4-1　订立书面劳动合同的合规管理 / 137

4-2　预防二倍工资的合规管理 / 148

4-3　无固定期限劳动合同的合规管理 / 154

4-4　培训服务期的合规管理 / 157

4-5　变更工作内容/地点之事由的合规管理 / 162

4-6　变更工作内容/地点之操作程序的合规管理 / 171

4-7　试用期的合规管理 / 176

要素五　劳动合同的解除、终止　　　　　　　　　　　　/ 185

5-1　劳动合同终止的事由与逾期终止的合规管理 / 187

5-2　劳动合同的期满终止与续订的合规管理 / 192

5-3　用人单位单方解除之"不得解除"的合规管理 / 197

5-4　用人单位单方解除劳动合同的合规管理 / 202

5-5　劳动者不符合录用条件解除的合规管理 / 211

5-6　劳动者不胜任解除的合规管理 / 215

5-7　劳动者患病或非因工负伤解除的合规管理 / 220

5-8　经济性裁员的合规管理 / 224

5-9　工伤伤残劳动者劳动合同解除、终止的合规管理 / 229

5-10　被派遣劳动者劳动合同解除的合规管理 / 233

5-11　离职办理事项的合规管理 / 238

5-12　经济补偿的合规管理 / 245

5-13　竞业限制的合规管理 / 258

5-14　劳动者单方解除劳动合同的合规管理 / 263

要素六　社会保险　　　/ 267

  6-1 社会保险缴纳的合规管理 / 269
  6-2 按时足额缴纳社会保险费的合规管理 / 278
  6-3 职工基本养老保险的合规管理 / 281
  6-4 医疗保险待遇先行支付的合规管理 / 291
  6-5 失业保险待遇的合规管理 / 295

要素七　工伤保险与劳动安全　　　/ 305

  7-1 工伤待遇承担主体的合规管理 / 307
  7-2 工伤认定实体问题的合规管理 / 315
  7-3 工伤认定程序的合规管理 / 321
  7-4 工伤医疗待遇的合规管理 / 327
  7-5 工伤伤残待遇的合规管理 / 330
  7-6 工亡待遇的合规管理 / 333
  7-7 工伤保险待遇先行支付的合规管理 / 336
  7-8 劳动能力鉴定的合规管理 / 342
  7-9 用人单位职业病防护的合规管理 / 349
  7-10 职业病诊断结论的合规管理 / 357
  7-11 女职工保护的合规管理 / 362

要素八　招聘和录用　　　/ 367

  8-1 招聘和录用的合规管理 / 369
  8-2 招聘和录用流程的合规管理 / 375

要素九　规章制度　　　/ 381

  9-1 规章制度实施的合规管理 / 383
  9-2 民主程序的合规管理 / 390
  9-3 民主程序参与主体的合规管理 / 395

要素十	劳动争议	/ 403
	10-1 劳动争议解决路径的合规管理 / 405	
	10-2 劳动争议当事人的合规管理 / 411	
	10-3 劳动仲裁受理范围的合规管理 / 413	
	10-4 劳动争议的调解的合规管理 / 415	
	10-5 劳动争议的仲裁的合规管理 / 421	
	10-6 劳动争议仲裁时效的合规管理 / 429	
	10-7 劳动争议的诉讼受理的合规管理 / 431	
	10-8 非终局裁决的合规管理 / 438	
	10-9 终局裁决的合规管理 / 441	

附 录	劳动用工法律责任总览速查	/ 445

要素一
劳动关系

章节编号	章节名称
1-1	劳动关系的合规管理
1-2	非全日制用工的合规管理
1-3	劳务派遣用工的合规管理
1-4	外国人就业的合规管理

1-1 劳动关系的合规管理

一、合规要求

(一)合规要求的要点

表1-1-1 用工形式属性判断速查

合规要素	劳动关系	灵活用工
主体 (用人单位:B) (劳动者:C)	B&C	B&C
		B1&B2&C→B&C
		B1&B2→不作为比对对象
目的性	B拟将C作为生产要素的组成部分	B并无将C作为其生产要素组成部分的目的
隶属性	人身隶属性→可支配性	C独立于B→ 无人身属性、仅提供劳动行为
过程管理性	C听从B的安排、根据B的要求提供劳动	C根据B的要求提供劳动
		C自行决定如何实现B的要求和目的
		劳务派遣中,B对C有管理→ 该管理并非基于劳动关系而产生
资源提供	由B提供	由C/B提供全部或部分资源
对价支付	周期性、规则性、唯一性	按约定
可替代性	不可替代	可替代→是否需要B同意,取决于双方约定
结果	C对结果一般不承担风险→ 但是能够证明C对此有主观过错的, B可以要求C承担一定的风险,如 绩效工资/奖金的减少、损失的赔偿等	由C依法/依约承担相应的损失赔偿责任
适用法律不同	劳动法律制度	民事法律制度
权利义务	法定、强制	意定
处理方式不同	劳动仲裁前置(特别情形除外)	诉讼/仲裁
	诉讼	

(二)对合规要求的理解

1.劳动关系与非劳动关系的本质区别在于用人单位除了劳动行为外,还需要劳动力。因此,劳动关系的核心特征是劳动者的人身隶属性,即用人单位对劳动者具有人身支配性。

2.劳动关系的判断标准。

(1)用人单位和劳动者应符合法律规定的主体资格。

①用人单位:中华人民共和国境内的、依法取得营业执照或经依法登记、备案的个体经济组织、民办非企业单位、国家机关、事业组织、社会团体、会计师事务所、律师事务所、基金会。

②劳动者:一般是指年满16周岁以上、未达到法定退休年龄(男性满60周岁、女性满50/55周岁)的自然人。其中,年满16周岁未满18周岁的劳动者是未成年工。

除文艺、体育和特种工艺单位外,禁止用人单位招用未满16周岁的未成年人;文艺、体育和特种工艺单位招用未满16周岁的未成年人,必须遵守国家有关规定,履行审批手续,并保障其接受义务教育的权利。

(2)用人单位依法制定的各项劳动规章制度适用于劳动者。

(3)劳动者提供的劳动是用人单位业务的组成部分。

(4)劳动者从事劳动所需的物质资料由用人单位提供。

(5)劳动者提供劳动的过程要受到用人单位的管理。

(6)用人单位支付的劳动报酬是劳动者主要的,甚至是唯一的生活来源。

3.非全日制用工是属于劳动关系的一种相对灵活的用工形式;劳务派遣用工从其适用条件、劳动者的退回和解除劳动关系的法律要求角度看,并不属于严格意义上的灵活用工。

4.非劳动关系属性的灵活用工主要体现为雇佣关系、委托关系、承揽关系。

(1)雇佣关系,是指双方法律地位平等,提供劳动一方对用工方没有人身隶属性,仅仅是根据用工方的要求完成工作。当然,在完成工作过程中,用工方有权对工作的具体完成过程提出要求。

(2)委托关系,是指提供劳动行为方(受托人)按照用人单位(委托人)的要求,代替用人单位完成某项工作/业务。委托关系侧重于工作/业务完成的过程。

(3)承揽关系,是指用人单位将某项工作/业务交由承揽人完成,承揽人按照用人单位的要求提交工作成果。承揽关系侧重于工作/业务的完成成果的交付。

二、合规实践

劳动用工管理制度包括:

1.用人单位根据生产经营需求确定用工需求及用工形式。用工形式,是指劳动关系用工还是非劳动关系用工。

2.全日制劳动关系用工的,应当依照国家和地方现行有效的法律法规等,保证劳动者劳动报酬、劳动合同的订立、变更、解除和终止、工作时间、休息休假、社会保险、劳动安全等方面的合法权益。

3. 非全日制劳动关系的,应当注意用工时间上限、劳动报酬的结算周期和支付周期不超过15日、需要缴纳工伤保险。详情参见本书1-2非全日制用工的合规管理。

4. 劳务派遣用工的,用工单位与被派遣劳动者并不构成劳动关系,但是用工单位是保证被派遣劳动者权益实现的主体。详情参见本书1-3劳务派遣用工的合规管理、5-10被派遣劳动者劳动合同解除的合规管理。

5. 其他非劳动关系用工形式(灵活用工),双方应当签订平等主体之间的民事合同,同时应当注意在实际用工过程中与劳动关系的劳动者相区别。

三、其他法律风险提示

1. 劳动关系与非劳动关系的认定并不在于用人单位和劳动者签订的书面合同的名称,而在于考察用人单位对劳动者(广义的)的管理形式和管理程度。

2. 即便用人单位与劳动者签订的是诸如非全日用工、劳务合同或者其他没有命名为劳动合同的合同,只要用人单位在实际用工过程中呈现出全日制劳动关系的特点,都会认定为全日制劳动关系。而劳动关系又是劳动者请求劳动报酬、社会保险等劳动者权益的基础。

表1-1-2 与劳动关系合规管理相关的其他管理项点

相关要素名称	说明
劳动报酬	1. 劳动关系下的劳动报酬应当遵守最低工资标准的下限规定 2. 用人单位应当及时足额向劳动者支付各类劳动报酬
劳动合同的订立、履行与变更	1. 全日制劳动关系下,用人单位与劳动者应当自实际用工之日起1个月内签订书面劳动合同,双方均应当按照约定履行各自的义务、享受各自的权利 2. 变更劳动合同的,应当采用书面形式。当用人单位或劳动者发生法定变更事由或确依需不得不变更的,也应遵守相关法律规定和完善变更程序
劳动合同的解除、终止	全日制劳动关系的劳动合同解除和终止在实体上、程序上均受到劳动法律制度的严格约束。用人单位应当注意避免违法解除/终止劳动合同
工作时间和休息休假	全日制劳动关系的劳动者受到最高工作时间的上限限制,同时用人单位应当保证劳动者的休息休假权利,特别是在法定节假日的休假权利
社会保险	用人单位应当为全日制劳动关系劳动者依法缴纳各类社会保险,为非全日制用工依法缴纳工伤保险,其他类别的社会保险无强制缴纳义务
工伤与劳动安全	虽然用人单位承担工伤保险待遇责任并不必然以劳动关系为前提,但是构成劳动关系的,用人单位必须为工伤劳动者承担工伤保险责任和相关待遇
招聘和录用	劳动关系是劳动用工中最主要的用工形式,用人单位为与其存在劳动关系的劳动者承担了较多的义务,因此,在招聘和录用环节应当把握好用工需求、用工形式
劳动争议	劳动关系(包括全日制劳动关系和非全日制用工)存续期间,用人单位和劳动者之间因履行劳动合同而发生争议的,一般都属于劳动争议

表 1-1-3　法律分析之劳动关系的认定标准

内容		文件名称及文号	法条序号
认定标准		劳动和社会保障部《关于确立劳动关系有关事项的通知》(劳社部发〔2005〕12号)	第1条、第2条、第3条、第5条
		最高人民法院《关于审理劳动争议案件适用法律问题的解释(一)》(法释〔2020〕26号)	第34条第1款
特殊的用工形态	挂靠、借用他人营业执照经营、个人承包经营的	陕西省高级人民法院《关于审理劳动争议案件若干问题的解答》(陕高法〔2020〕118号)	第6条
	长期"两不找"的		第7条
	关联、混同用工的		第9条
相关法律责任	不具备合法经营资格的用工主体的	《劳动合同法》(2012年修正)(主席令第73号)	第93条
		劳动和社会保障部《关于确立劳动关系有关事项的通知》(劳社部发〔2005〕12号)	第4条
	个人承包经营违反本法规定招用劳动者的	《劳动合同法》(2012年修正)(主席令第73号)	第94条

表 1-1-4　法律分析之劳动关系中用人单位的认定

文件名称及文号	法条序号
《劳动法》(2018年修正)(主席令第24号)	第2条
《劳动合同法》(2012年修正)(主席令第73号)	第2条、第96条
劳动部办公厅《关于印发〈关于《劳动法》若干条文的说明〉的通知》(劳办发〔1994〕289号)	第2条
劳动部《关于印发〈关于贯彻执行《中华人民共和国劳动法》若干问题的意见〉的通知》(劳部发〔1995〕309号)	第2条、第5条、第15条
《中华人民共和国劳动合同法实施条例》(2008年)(国务院令第535号)	第3条、第4条
《就业服务与就业管理规定》(2022年修订)	第2条第2款

表 1-1-5　法律分析之劳动关系中劳动者的认定

内容	文件名称及文号	法条序号
一般规定	《劳动法》(2018年修正)(主席令第24号)	第15条、第94条
	劳动部《关于印发〈关于贯彻执行《中华人民共和国劳动法》若干问题的意见〉的通知》(劳部发〔1995〕309号)	第3条、第4条、第12条、第46条
	劳动部办公厅《关于印发〈关于《劳动法》若干条文的说明〉的通知》(劳办发〔1994〕289号)	第15条、第94条
厂长、经理	劳动部《关于印发〈实施《劳动法》中有关劳动合同问题的解答〉的通知》(劳部发〔1995〕202号)	第1条
	劳动部《关于印发〈关于贯彻执行《中华人民共和国劳动法》若干问题的意见〉的通知》(劳部发〔1995〕309号)	第11条

续表

内容	文件名称及文号	法条序号
党委书记、工会主席	劳动部《关于印发〈实施《劳动法》中有关劳动合同问题的解答〉的通知》（劳部发〔1995〕202号）	第2条
	劳动部《关于印发〈关于贯彻执行《中华人民共和国劳动法》若干问题的意见〉的通知》（劳部发〔1995〕309号）	第10条
退休、退养人员	劳动部《关于实行劳动合同制度若干问题的通知》（劳部发〔1996〕354号）	第12条、第13条
	最高人民法院《关于审理劳动争议案件适用法律问题的解释（一）》（法释〔2020〕26号）	第32条第1款
患有精神疾病的员工	劳动部《关于实行劳动合同制度若干问题的通知》（劳部发〔1996〕354号）	第10条
停薪留职人员	劳动部《关于印发〈关于贯彻执行《中华人民共和国劳动法》若干问题的意见〉的通知》（劳部发〔1995〕309号）	第9条
	劳动部《关于实行劳动合同制度若干问题的通知》（劳部发〔1996〕354号）	第7条
	最高人民法院《关于审理劳动争议案件适用法律问题的解释（一）》（法释〔2020〕26号）	第32条第2款
长期外借人员带薪上学人员	劳动部《关于印发〈关于贯彻执行《中华人民共和国劳动法》若干问题的意见〉的通知》（劳部发〔1995〕309号）	第7条
派出员工	劳动部《关于印发〈关于贯彻执行《中华人民共和国劳动法》若干问题的意见〉的通知》（劳部发〔1995〕309号）	第14条
富余人员、长期病休、放长假和提前退养职工	劳动部《关于印发〈实施《劳动法》中有关劳动合同问题的解答〉的通知》（劳部发〔1995〕202号）	第4条
	劳动部《关于印发〈关于贯彻执行《中华人民共和国劳动法》若干问题的意见〉的通知》（劳部发〔1995〕309号）	第6条、第8条、第74条
	劳动部《关于实行劳动合同制度若干问题的通知》（劳部发〔1996〕354号）	第8条
包片或委托协议形式的劳动提供者	陕西省高级人民法院《关于审理劳动争议案件若干问题的解答》（陕高法〔2020〕118号）	第5条
内退、停薪留职、下岗待岗、企业经营性停产放长假等人员有新用人单位的	陕西省高级人民法院《关于审理劳动争议案件若干问题的解答》（陕高法〔2020〕118号）	第8条
达到法定退休年龄 未享受职工基本养老保险待遇	陕西省高级人民法院《关于审理劳动争议案件若干问题的解答》（陕高法〔2020〕118号）	第10条
达到法定退休年龄 领取城乡居民基本养老保险待遇		

非全日制用工的合规管理

一、合规要求

(一)合规要求的要点

表1-2-1 非全日制用工要素速查

合规要素	内容
劳动合同	可口头、可书面,故不签订劳动合同也无须支付2倍工资
社会保险	工伤保险必不可少,其余社会保险险种可不缴
工作时间	平均每日不超过4小时,每周累计不超过24小时
计薪方式	以小时计酬为主
工资结算周期	不超过15日
工资支付周期	不超过15日
工资水平	不低于当地当期小时最低工资标准
试用期	不得约定试用期
用工终止	随时通知、随时终止,无经济补偿
是否属于劳动争议	是
一个以上的劳动关系	有现实可能性

(二)对合规要求的理解

1. 非全日制用工属于劳动关系的范畴,是劳动关系属性的一种灵活用工方式。

2. 非全日制用工的"灵活"是相对于全日制用工而言,其"灵活"主要体现在终止用工方面。但是毕竟还是属于劳动关系的一种,在劳动关系建立、工作时间、工资支付、小时最低工资标准、工伤保险等方面还是要遵守法律法规等的相关要求。用人单位与劳动者之间发生劳动争议时,也应当按照劳动争议处理。

3. 实务中,非全日制用工的要素主要是看劳动者的每周累计工作时长是否超过了24个小时,结合一周的实际工作天数计算每日的平均工作时长是否超过了4个小时,以及用人单位与劳动者结算、支付劳动报酬的周期有没有超过15日。根据审判实践,相比劳动报酬结算支付周期,更看重的是日/周工作时长是否符合法律规定。

二、合规实践

（一）劳动用工管理制度

1. 用人单位应根据生产经营需求确定以非全日制形式用工的岗位。

2. 为避免在非全日制劳动者开始工作后被按照全日制劳动关系进行管理，建议设置责任部门、责任人进行专门管理。管理时着重于对非全日制劳动者的日、周工作时长以及劳动报酬的结算周期和支付周期进行管理和保留相关记录。

（二）薪酬管理制度

1. 非全日制劳动关系作为劳动关系的一种形式，劳动报酬应当遵守小时最低工资标准，即用人单位向非全日制劳动关系的劳动者支付的小时工资不得低于用人单位所在地的最低小时工资标准。

2. 确保劳动保报酬每15日结算并支付一次。

3. 非全日制劳动者的工资结算与支付应当由劳动者所在部门、人力资源部门和财务管理配合实施。

（三）休息休假管理制度

1. 休息时间，非全日制用工的休息时间与其工作时间相对应，即非全日制用工的工作时间要求是平均每日不超过4小时、每周累计工作时间上限不超过24小时，其余时间都是非全日制劳动者的休息时间。

2. 休假时间，原则上非全日制用工可以不适用全日制劳动关系下劳动者的各类休假。但是，用人单位可以根据情况适当安排。

（四）社会保险的管理制度

用人单位应当为非全日制劳动者依法缴纳工伤保险，因此，用人单位应当明确为非全日制劳动者办理工伤保险缴纳的责任部门和办理程序等。具体要求可以参照全日制用工的相关内容。

（五）规章制度的管理制度

非全日制用工属于劳动关系的范畴，为了确保用人单位的正常经营管理秩序，非全日制劳动关系的劳动者应当作为规章制度的适用范围。

（六）劳动争议处理管理制度

当用人单位与非全日制劳动关系的劳动者之间发生劳动争议的，应当按劳动争议处理。解决途径与全日制劳动关系的相同，如申请调解、劳动监察、劳动仲裁以及诉讼。

三、其他法律风险提示

非全日制用工过程中出现最多的问题就是以非全日制为名进行全日制式管理，导致劳动者在发生工伤、劳动关系终止时,会提出属于全日制劳动者权益的相关请求。而请求能否成立,就要看实际用工形式是否符合全日制劳动关系的特点。若不属于的,其请求没有基础;若属于的,其请求就具备了基础。

表1-2-2 与非全日制用工管理相关的其他管理项点

相关要素名称	说明
劳动报酬	非全日制用工的小时工资不低于用人单位所在地的最新小时最低工资标准
劳动用工管理	非全日制用工在实际用工过程中容易在不知不觉中转变为全日制劳动关系,用人单位应当注意按照非全日制用工的认定要素严格管理
劳动合同管理	法律不强制非全日制劳动关系签订书面劳动合同。但是,从实务角度看,还是建议签订书面的《非全日制劳动合同》
社会保险	非全日制用工的,必须缴纳工伤保险。其他社会保险未强制用人单位必须缴纳
招聘和录用	用人单位可以选择全日制劳动关系以外的其他用工形式。单位可以根据自身经营情况和实际需求,确定需要以非全日制形式用工的岗位
劳动争议	劳动关系(包括全日制劳动关系和非全日制劳动关系)存续期间,用人单位和劳动者之间因履行劳动合同而发生争议的,一般都属于劳动争议

表1-2-3 法律分析之非全日制用工的定义

文件名称及文号	法条序号
劳动和社会保障部《关于非全日制用工若干问题的意见》(劳社部发〔2003〕12号)	第1条第1款、第15条
陕西省劳动和社会保障厅《关于陕西省非全日制用工若干问题的意见》(陕劳社发〔2006〕57号)	引言节录(这一用工形式突破了传统的全日制用工模式,适应了用人单位灵活用工和劳动者自主择业的需要,已成为促进就业的重要途径) 第1条第1款、第1条第3款、第15条
《劳动合同法》(2012年修正)(主席令第73号)	第68条

表1-2-4 法律分析之多个劳动关系

文件名称及文号	法条序号
《劳动合同法》(2012年修正)(主席令第73号)	第69条第2款
劳动和社会保障部《关于非全日制用工若干问题的意见》(劳社部发〔2003〕12号)	第1条第2款
陕西省劳动和社会保障厅《关于陕西省非全日制用工若干问题的意见》(陕劳社发〔2006〕57号)	第1条第2款

表1-2-5 法律分析之非全日制用工的劳动合同

内容	文件名称及文号	法条序号
合同形式	劳动和社会保障部《关于非全日制用工若干问题的意见》(劳社部发〔2003〕12号)	第1条第2款
	《劳动合同法》(2012年修正)(主席令第73号)	第69条第1款

续表

内容	文件名称及文号	法条序号
合同内容试用期	劳动和社会保障部《关于非全日制用工若干问题的意见》（劳社部发〔2003〕12号）	第3条
	《劳动合同法》（2012年修正）（主席令第73号）	第70条
	陕西省劳动和社会保障厅《关于陕西省非全日制用工若干问题的意见》（陕劳社发〔2006〕57号）	第3条
合同终止	《劳动合同法》（2012年修正）（主席令第73号）	第71条

表1-2-6 法律分析之非全日制劳动者的工资

内容	文件名称及文号	法条序号
工资结算与支付	劳动和社会保障部《关于非全日制用工若干问题的意见》（劳社部发〔2003〕12号）	第7条、第8条
	《劳动合同法》（2012年修正）（主席令第73号）	第72条
工资水平	陕西省劳动和社会保障厅《关于陕西省非全日制用工若干问题的意见》（陕劳社发〔2006〕57号）	第7条、第8条、第9条

表1-2-7 法律分析之非全日制劳动者的社会保险

文件名称及文号	法条序号
劳动和社会保障部《关于非全日制用工若干问题的意见》（劳社部发〔2003〕12号）	第10条、第11条、第12条、第17条
陕西省劳动和社会保障厅《关于陕西省非全日制用工若干问题的意见》（陕劳社发〔2006〕57号）	第11条、第12条、第13条、第17条、第18条

表1-2-8 法律分析之非全日制用工的其他合规事项

内容	文件名称及文号	法条序号
用工手续	劳动和社会保障部《关于非全日制用工若干问题的意见》（劳社部发〔2003〕12号）	第5条
	陕西省劳动和社会保障厅《关于陕西省非全日制用工若干问题的意见》（陕劳社发〔2006〕57号）	第5条
档案管理	劳动和社会保障部《关于非全日制用工若干问题的意见》（劳社部发〔2003〕12号）	第6条、第18条
	陕西省劳动和社会保障厅《关于陕西省非全日制用工若干问题的意见》（陕劳社发〔2006〕57号）	第6条
劳动争议	劳动和社会保障部《关于非全日制用工若干问题的意见》（劳社部发〔2003〕12号）	第13条、第14条
	陕西省劳动和社会保障厅《关于陕西省非全日制用工若干问题的意见》（陕劳社发〔2006〕57号）	第14条、第16条

劳务派遣用工的合规管理

1-3-1 劳务派遣经营许可

一、合规要求

（一）合规要求的要点

表 1-3-1　劳务派遣经营许可的法律应用流程

阶段	操作流程	操作内容与说明	涉及主体	记录
提交申请	劳务派遣经营资格许可 ↓ 经营主体向所在地许可机关提交申请	1.经营劳务派遣业务应当具备的条件： (1)注册资本不得少于人民币200万元； (2)有与开展业务相适应的固定的经营场所和设施； (3)有符合法律、行政法规规定的劳务派遣管理制度； (4)法律、行政法规规定的其他条件 2.经营劳务派遣业务，应当向劳动行政部门依法申请行政许可；经许可的，依法办理相应的公司登记。未经许可，任何单位和个人不得经营劳务派遣业务 3.许可机关是指经营主体所在地有许可管辖权的人力资源社会保障行政部门	1.企业（经营主体） 2.企业所在地人力资源社会保障行政部门	1.许可申请 2.劳动用工管理

要素一 劳动关系　013

续表

阶段	操作流程	操作内容与说明	涉及主体	记录
申请资料形式审查与受理决定	许可机关对申请材料进行**形式**审查 → 许可机关是否受理 → 否：不予受理的，应出具《不予受理决定书》，说明理由；并告知申请人享有依法申请行政复议或者提起行政诉讼的权利 → 行政复议或行政诉讼；是：受理的，应出具《受理决定书》	1.申请经营劳务派遣业务的，申请人应当向许可机关提交下列材料： (1)劳务派遣经营许可申请书； (2)营业执照或者《企业名称预先核准通知书》； (3)公司章程以及验资机构出具的验资报告或者财务审计报告； (4)经营场所的使用证明以及与开展业务相适应的办公设施设备、信息管理系统等清单； (5)法定代表人的身份证明； (6)劳务派遣管理制度，包括劳动合同、劳动报酬、社会保险、工作时间、休息休假、劳动纪律等与劳动者切身利益相关的规章制度文本；拟与用工单位签订的劳务派遣协议样本。 2.申请材料存在可以当场更正的错误的，应允许申请人当场更正 3.申请材料不齐全或者不符合法定形式的，应当当场或者在5个工作日内一次告知申请人需要补正的全部内容，逾期不告知的，自收到申请材料之日起即为受理 4.申请材料齐全、符合法定形式，或者申请人按照要求提交了全部补正申请材料的，应当受理行政许可申请	1.企业（经营主体） 2.企业所在地人力资源社会保障行政部门	申请资料
许可审查	许可机关对申请材料进行**实质**审查 → 许可机关应当自受理之日起20个工作日内作出是否准予行政许可的决定 → 否：作出书面决定，说明理由；并告知申请人享有依法申请行政复议或者提起行政诉讼的权利 → 行政复议或行政诉讼；是	1.许可机关不能如期作出决定的，经本行政机关负责人批准，可以延长10个工作日，并应当将延长期限的理由告知申请人 2.许可决定作出5个工作日内通知企业领取许可证。实质审查时，根据法定条件和程序，需要对申请材料的实质内容进行核实的，许可机关应当指派2名以上工作人员进行核查	企业所在地人力资源社会保障行政部门	—

续表

阶段	操作流程	操作内容与说明	涉及主体	记录
发放许可证	自作出决定之日起5个工作日内通知申请人领取《劳务派遣经营许可证》 → 经营单位在许可期内依法经营	1.《劳务派遣经营许可证》分为正本、副本。正本、副本具有同等法律效力。《劳务派遣经营许可证》有效期为3年 2. 劳务派遣单位名称、住所、法定代表人或者注册资本等改变的，应当向许可机关提出变更申请 3. 劳务派遣单位取得《劳务派遣经营许可证》后，应当妥善保管，不得涂改、倒卖、出租、出借或者以其他形式非法转让	1. 企业（经营主体） 2. 企业所在地人力资源社会保障行政部门	—
许可延期	许可证到期是否延期 —否→ 注销许可证；是→ 有效期届满60日后提出申请的 / 有效期届满60日前提出申请的 → 许可机关应在该行政许可有效期届满前作出是否准予延续的决定 → 不予许可 / 予以许可 → 换发新的《劳务派遣经营许可证》→ 程序结束	1. 劳务派遣单位需要延续行政许可有效期的，应在有效期届满60日前向许可机关提出延续行政许可的书面申请，并提交3年以来的基本经营情况；劳务派遣单位逾期提出延续行政许可的书面申请的，按照新申请经营劳务派遣行政许可办理 2. 许可机关应当根据劳务派遣单位的延续申请，在该行政许可有效期届满前作出是否准予延续的决定；逾期未作决定的，视为准予延续。准予延续行政许可的，应换发新的《劳务派遣经营许可证》 3. 劳务派遣单位有下列情形之一的，许可机关应当自收到延续申请之日起10个工作日内作出不予延续书面决定，并说明理由： (1)逾期不提交劳务派遣经营情况报告或者提交虚假劳务派遣经营情况报告，经责令改正，拒不改正的； (2)违反劳动保障法律法规，在一个行政许可期限内受到2次以上行政处罚的 4. 劳务派遣单位应当于每年3月31日前向许可机关提交上一年度劳务派遣经营情况报告	1. 企业（经营主体） 2. 企业所在地人力资源社会保障行政部门	1. 经营情况年度报告 2. 许可申请

注:1.劳务派遣单位有下列情形之一的,许可机关或者其上级行政机关,可以撤销劳务派遣行政许可:
　　(1)许可机关工作人员滥用职权、玩忽职守,给不符合条件的申请人发放劳务派遣经营许可证的;
　　(2)超越法定职权发放劳务派遣经营许可证的;
　　(3)违反法定程序发放劳务派遣经营许可证的;
　　(4)依法可以撤销行政许可的其他情形。
　　劳务派遣单位以欺骗、贿赂等不正当手段和隐瞒真实情况或者提交虚假材料取得行政许可的,许可机关应当予以撤销。被撤销行政许可的劳务派遣单位在1年内不得再次申请劳务派遣行政许可。
2.劳务派遣单位有下列情形之一的,许可机关应当依法办理劳务派遣行政许可注销手续:
　　(1)劳务派遣经营许可证有效期届满,劳务派遣单位未申请延续的,或者延续申请未被批准的;
　　(2)劳务派遣单位依法终止的;
　　(3)劳务派遣行政许可依法被撤销,或者劳务派遣经营许可证依法被吊销的;
　　(4)法律、法规规定的应当注销行政许可的其他情形。
　　劳务派遣单位向许可机关申请注销劳务派遣行政许可的,应提交已经依法处理与被派遣劳动者的劳动关系及其社会保险权益等材料,许可机关应当在核实有关情况后办理注销手续。
3.劳务派遣单位违反《劳动合同法》有关劳务派遣规定的,由人力资源社会保障行政部门责令限期改正;逾期不改正的,以每人5000元以上1万元以下的标准处以罚款,并吊销其劳务派遣经营许可证。
4.本表中的文本仅指由用人单位制定或提交的文书。

(二)合规要求的理解

1.经营许可程序流程大致如图1-3-1。

图1-3-1　经营许可程序流程

2.表1-3-1所涉提交申请包括新申请和变更申请。以下几种情形应当注意:

(1)劳务派遣单位分立、合并后继续存续,其名称、经营场所、法定代表人或者注册资本等改变的,应当及时办理变更手续。

(2)劳务派遣单位分立、合并后设立新公司的,应当重新申请劳务派遣行政许可。

(3)劳务派遣单位设立子公司经营劳务派遣业务的,应当由子公司向所在地许可机关申请行政许可;劳务派遣单位设立分公司经营劳务派遣业务的,应当书面报告许可机关,并由分公司向所在地人力资源社会保障行政部门备案。

3.劳务派遣经营单位取得的劳务派遣经营许可证还涉及经营许可证的注销、撤销和吊销。

4.劳务派遣行政许可与用人单位主体资格。

劳务派遣行政许可是针对经营范围而言,劳务派遣经营许可证到期的,并不影响劳务派遣单位作为用人单位的主体资格。

例如,被派遣劳动者与劳务派遣单位的劳动关系存续期间,劳务派遣单位的劳务派遣经营许可证到期且未延期的,在许可证到期后、劳动合同期限届满前,劳务派遣单位仍应向劳动者承担用人单位的义务和责任。

二、合规实践

（一）作为经营劳务派遣业务的主体

1. 劳务派遣经营许可证的使用、管理：

（1）用人单位经营劳务派遣业务的，应当注意许可证的申请、延期、注销等问题；

（2）明确在劳务派遣经营资格的行政许可过程中的责任部门、办理程序等。

2. 经营劳务派遣业务的用人单位，用于管理其劳动者（含自用劳动者和被派遣劳动者）的管理制度应当依法制定。若出现侵害被派遣劳动者合法权益的情形的，劳务派遣单位可能面临被吊销劳务派遣经营许可证的风险。

（二）作为用工单位（劳动用工管理制度）

用工单位根据自身经营特点和情况确定用工形式，决定使用劳务派遣形式用工的：

1. 选择有劳务派遣经营许可证的劳务派遣单位，并关注该单位在经营期间是否存在违法违规行为；

2. 注意劳务派遣期间与经营许可证有效期的衔接，确保派遣期间满足用工单位的需求。劳务派遣经营许可证期限届满的，双方的劳务派遣协议应当终止。

1-3-2 劳务派遣用工

一、合规要求

（一）合规要求的要点

表1-3-2　劳务派遣用工的法律应用流程

阶段	操作流程	操作内容与说明	涉及主体	记录
劳动合同	劳务派遣用工基本流程 → 派遣单位与劳动者签订劳动合同	1.劳务派遣单位为用人单位，承担用人单位的法律义务 2.劳动合同期限为2年以上的固定期限 3.不得签订非全日制劳动合同 4.劳务派遣单位可依法与被派遣劳动者约定试用期。劳务派遣单位与同一被派遣劳动者只能约定一次试用期	1.劳务派遣单位 2.劳动者	劳动合同

续表

阶段	操作流程	操作内容与说明	涉及主体	记录
派遣协议	派遣单位与用工单位签订劳务派遣协议	1.协议内容应符合《劳动合同法》《劳务派遣暂行规定》的相关规定 2.用工单位只能在临时性、辅助性或者替代性的工作岗位上使用被派遣劳动者 3.用工单位使用的被派遣劳动者数量不得超过其用工总量的10%	1.劳务派遣单位 2.用工单位	1.劳务派遣用工管理制度 2.劳务派遣协议
派工用工及管理	派遣单位派工至用工地点 → 用工单位实际用工及管理	1.用工单位在用工过程中对派遣劳动者的管理参照本单位员工 2.劳动者应当尽职尽责完成工作 3.被派遣劳动者在用工单位因工作遭受事故伤害的,劳务派遣单位应当依法申请工伤认定,用工单位应当协助工伤认定的调查核实工作。劳务派遣单位承担工伤保险责任,但可以与用工单位约定补偿办法	1.劳务派遣单位 2.用工单位 3.劳动者	1.被派遣劳动者名册 2.用工单位与被派遣劳动者的用工形式确认函 3.被派遣劳动者用工过程管理记录
劳动者退回	用工过程有无退回情况:有→退回被派遣劳动者程序→是否需要补足派遣人数;无→派遣期限届满派遣用工结束→程序结束	1.用工单位有权依法退回被派遣劳动者,劳动者被退回劳务派遣单位的,根据不同退回原因予以不同处理 2.退回劳务派遣劳动者与劳动合同解除的法律应用流程,详见本书1-3-3被派遣劳动者的退回、5-10被派遣劳动者劳动合同解除的合规管理	1.劳务派遣单位 2.用工单位 3.劳动者	—

注:1.劳务派遣协议应当载明下列内容:
(1)派遣的工作岗位名称和岗位性质;
(2)工作地点;
(3)派遣人员数量和派遣期限;
(4)按照同工同酬原则确定的劳动报酬数额和支付方式;
(5)社会保险费的数额和支付方式;
(6)工作时间和休息休假事项;

(7)被派遣劳动者工伤、生育或者患病期间的相关待遇；

(8)劳动安全卫生以及培训事项；

(9)经济补偿等费用；

(10)劳务派遣协议期限；

(11)劳务派遣服务费的支付方式和标准；

(12)违反劳务派遣协议的责任；

(13)法律、法规、规章规定应当纳入劳务派遣协议的其他事项。

2. 临时性工作岗位是指存续时间不超过6个月的岗位；辅助性工作岗位是指为主营业务岗位提供服务的非主营业务岗位；替代性工作岗位是指用工单位的劳动者因脱产学习、休假等原因无法工作的一定期间内，可以由其他劳动者替代工作的岗位。

3. 用工总量是指用工单位订立劳动合同人数与使用的被派遣劳动者人数之和。

计算劳务派遣用工比例的用工单位是指依照《劳动合同法》和《劳动合同法实施条例》可以与劳动者订立劳动合同的用人单位。

(二)合规要求的理解

1. 劳务派遣用工限于临时性、辅助性或者替代性的工作岗位。劳务派遣用工的流程大致如下：

有用工需求的单位确定劳务派遣用工的岗位、比例和使用时间→签订派遣协议→劳务派遣单位派遣劳动者→用工单位使用、管理被派遣劳动者→退回被派遣劳动者→劳务派遣用工结束。

2. 用工单位对被派遣劳动者的用工和管理。

(1)被派遣劳动者应当完成用工单位安排的工作任务。

(2)用工单位作为被派遣劳动者权益保护的直接相关方，应当依法保障其合法权益。

①依法提供其工作岗位/内容相应的劳动条件和劳动保护。

②告知被派遣劳动者工作要求和劳动报酬。连续用工的，实行正常的工资调整机制。

③保证被派遣劳动者的休息休假待遇等。

④被派遣劳动者在用工单位因工作遭受事故伤害的，由劳务派遣单位依法为被派遣劳动者申请工伤认定，由用工单位协助工伤认定的调查核实工作。

对于工伤待遇中需由劳务派遣单位承担的，可以与用工单位约定补偿办法。

(3)用工单位不得将被派遣劳动者再派遣到其他用人单位

3. 劳务派遣单位(用人单位)应根据《劳务派遣暂行规定》第5条和第8条规定：

(1)劳务派遣单位作为被派遣劳动者的用人单位，与被派遣劳动者建立全日制劳动关系。

①应当依法与被派遣劳动者订立2年以上的固定期限书面劳动合同；

②为离职被派遣劳动者出具劳动合同的解除或者终止的证明。

(2)如实告知被派遣劳动者在用工地点，具体的工作内容、工作条件，是否存在职业危害、安全生产状况等。劳务派遣单位应当督促用工单位为被派遣劳动者依法依需提供劳动保护和劳动安全卫生条件。

(3)依法向被派遣劳动者支付劳动报酬和相关待遇、缴纳社会保险。

(4)对被派遣劳动者进行上岗培训和安全教育培训;告知被派遣劳动者应遵守的规章制度以及与用工单位签订的劳务派遣协议的内容。

(5)被派遣劳动者与用工单位之间发生纠纷的,劳务派遣单位应当协助处理。

(6)劳务派遣单位与被派遣劳动者的劳动关系只能是全日制劳动关系,不能建立非全日制劳动关系。

二、合规实践

(一)劳务派遣单位

1. 订立书面劳动合同。劳务派遣单位的劳动合同管理制度的适用对象应当分为自用劳动者和被派遣劳动者两部分。自用劳动者的劳动合同和被派遣劳动者的劳动合同最大的区别在于劳动合同期限。

对于自用劳动者,劳动合同期限的长短依需而定;对于被派遣劳动者,劳动合同的期限至少应当是2年。

2. 缴纳社会保险。劳务派遣单位作为用人单位,应当履行用人单位的义务,依法为被派遣劳动者缴纳社会保险。劳务派遣单位可以与用工单位约定,被派遣劳动者在被派遣期间的社会保险费(用人单位缴纳的部分)由用工单位负担,但是劳务派遣单位依然向被派遣劳动者承担用人单位的责任和义务。

3. 劳务派遣协议。及时与用工单位按照法律规定的内容签订《劳务派遣协议》,明确应当由用工单位配合保护的劳动者权益、明确被派遣劳动者退回的适用情形与程序、明确用工单位的损失赔偿责任,以及沟通联络机制等。

(二)用工单位

1. 劳务派遣用工管理制度。该管理内容至少包含以下几个方面:

(1)设置用工形式的确认程序。

①针对全日制劳动关系以外的用工,建议都应由双方书面明确关系属性,例如,非全日制用工、劳务派遣用工、借调用工等。

②在劳务派遣用工管理制度中,用工单位应当及时建立被派遣劳动者名册(被派遣劳动者名册)。

③建议用工单位及时与被派遣劳动者确认用工属性(用工单位与被派遣劳动者的用工形式确认函)。确认函应当包括劳动者姓名、身份证号码、用人单位名称(劳务派遣单

位)、进入用工单位的原因及起始时间,最后由劳动者亲笔签名确认。

(2)劳动者管理与权益保护。

①劳务派遣用工形式下,被派遣劳动者的实际管理权由用工单位享有,用工单位的管理制度(如劳动报酬管理制度、工作时间和休息休假管理制度等)亦可适用于被派遣劳动者,用工单位应当及时向派遣劳动者告知其适用的制度内容,并由被派遣劳动者亲笔签名确认已知悉。

②无论是自有劳动者还是被派遣劳动者,用工单位的管理制度应同等适用和对待。对被派遣劳动者的管理也应当留存相关记录(被派遣劳动者用工过程管理记录)。

③用工单位应与劳务派遣单位约定被派遣劳动者发生工伤时的联络、处理程序。确保工伤劳动者及时得到救治、确保劳务派遣公司及时为工伤劳动者申请工伤认定。

三、其他法律风险提示

根据《劳动合同法》第92条第2款的规定,用工单位给被派遣劳动者造成损害的,劳务派遣单位与用工单位承担连带赔偿责任。

1-3-3 被派遣劳动者的退回

一、合规要求

(一)合规要求的要点

表1-3-3 劳务派遣用工的退回与劳动合同解除的法律应用流程

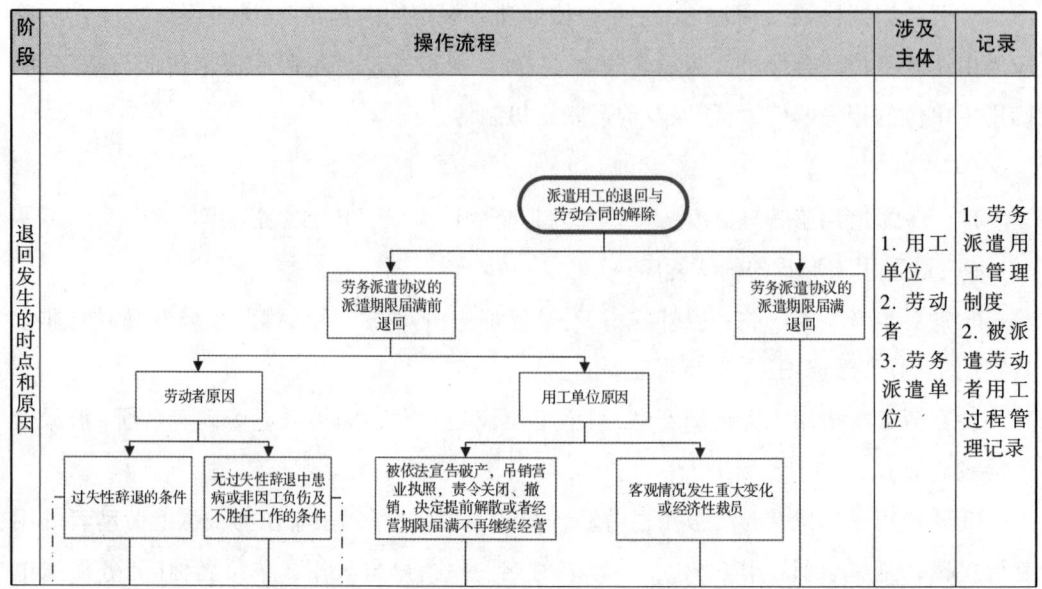

续表

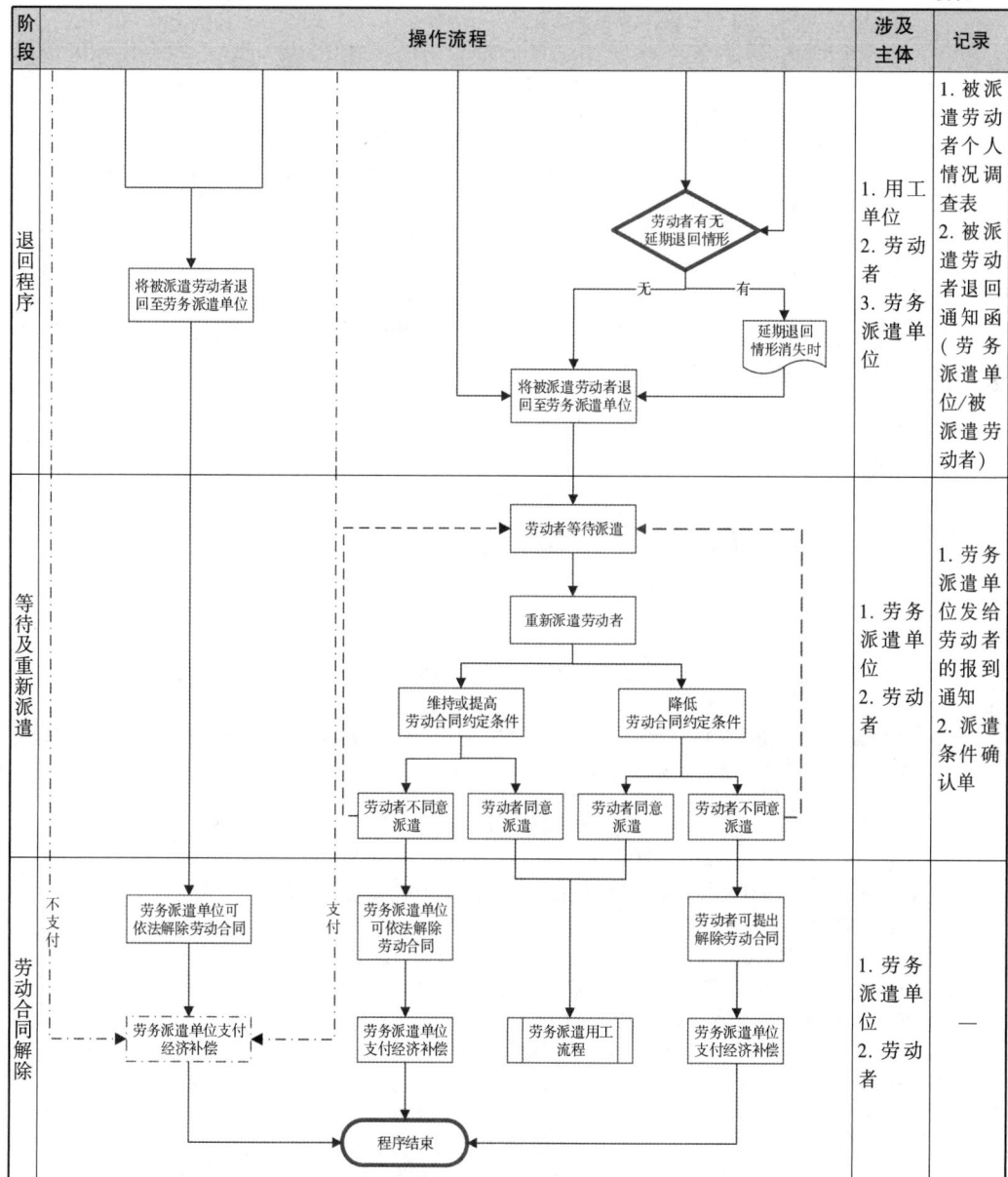

注：1.《劳动合同法》第65条第2款规定："被派遣劳动者有《劳动合同法》第三十九条和第四十条第一项、第二项规定情形的，用工单位可以将劳动者退回劳务派遣单位，劳务派遣单位依照本法有关规定，可以与劳动者解除劳动合同。"

《劳动合同法》第39条规定："劳动者有下列情形之一的，用人单位可以解除劳动合同：
（一）在试用期间被证明不符合录用条件的；
（二）严重违反用人单位的规章制度的；
（三）严重失职，营私舞弊，给用人单位造成重大损害的；
（四）劳动者同时与其他用人单位建立劳动关系，对完成本单位的工作任务造成严重影响，或者经用人单位提出，拒不改正的；
（五）因本法第二十六条第一款第一项规定的情形致使劳动合同无效的；
（六）被依法追究刑事责任的。"

《劳动合同法》第40条规定:"有下列情形之一的,用人单位提前三十日以书面形式通知劳动者本人或者额外支付劳动者一个月工资后,可以解除劳动合同:

(一)劳动者患病或者非因工负伤,在规定的医疗期满后不能从事原工作,也不能从事由用人单位另行安排的工作的;

(二)劳动者不能胜任工作,经过培训或者调整工作岗位,仍不能胜任工作的;

……"

2.《劳务派遣暂行规定》第12条规定:"有下列情形之一的,用工单位可以将被派遣劳动者退回劳务派遣单位:(一)用工单位有劳动合同法第四十条第三项、第四十一条规定情形的;(二)用工单位被依法宣告破产、吊销营业执照、责令关闭、撤销、决定提前解散或者经营期限满不再继续经营的;(三)劳务派遣协议期满终止的。被派遣劳动者退回后在无工作期间,劳务派遣单位应当按照不低于所在地人民政府规定的最低工资标准,向其按月支付报酬。"

《劳动合同法》第40条规定:"有下列情形之一的,用人单位提前三十日以书面形式通知劳动者本人或者额外支付劳动者一个月工资后,可以解除劳动合同:

……

(三)劳动合同订立时所依据的客观情况发生重大变化,致使劳动合同无法履行,经用人单位与劳动者协商,未能就变更劳动合同内容达成协议的。"

《劳动合同法》第41条规定:"有下列情形之一,需要裁减人员二十人以上或者裁减不足二十人但占企业职工总数百分之十以上的,用人单位提前三十日向工会或者全体职工说明情况,听取工会或者职工的意见后,裁减人员方案经向劳动行政部门报告,可以裁减人员:

(一)依照企业破产法规定进行重整的;

(二)生产经营发生严重困难的;

(三)企业转产、重大技术革新或者经营方式调整,经变更劳动合同后,仍需裁减人员的;

(四)其他因劳动合同订立时所依据的客观经济情况发生重大变化,致使劳动合同无法履行的。

……"

3.《劳务派遣暂行规定》第13条规定:"被派遣劳动者有劳动合同法第四十二条规定情形的,在派遣期限届满前,用工单位不得依据本规定第十二条第一款第一项规定将被派遣劳动者退回劳务派遣单位;派遣期限届满的,应当延续至相应情形消失时方可退回。"

《劳动合同法》第42条规定:"劳动者有下列情形之一的,用人单位不得依照本法第四十条、第四十一条的规定解除劳动合同:

(一)从事接触职业病危害作业的劳动者未进行离岗前职业健康检查,或者疑似职业病病人在诊断或者医学观察期间的;

(二)在本单位患职业病或者因工负伤并被确认丧失或者部分丧失劳动能力的;

(三)患病或者非因工负伤,在规定的医疗期内的;

(四)女职工在孕期、产期、哺乳期的;

(五)在本单位连续工作满十五年,且距法定退休年龄不足五年的;

(六)法律、行政法规规定的其他情形。"

(二)合规要求的理解

1. 从用工单位退回被派遣劳动者的时间看,退回分为劳务派遣期限届满前退回和劳务派遣期限届满后退回。

2. 当用工单位退回被派遣劳动者的原因是客观情况发生重大变化或经济性裁员的,用工单位还应当注意确认拟退回的被派遣劳动者有无应当延期退回的情形。具体内容参见《劳务派遣暂行规定》第13条。

3. 劳务派遣单位对被退回的劳动者的处理方式因退回原因不同有所区别。被派遣劳动者被退回的,符合劳动合同解除条件的,劳务派遣单位可以与该劳动者依法解除劳动合同;不符合劳动合同解除条件的,被派遣劳动者则进入等待派遣状态。

4.劳务派遣单位与被派遣劳动者依法解除劳动合同且需要支付经济补偿的,劳务派遣单位可以与用工单位在《劳务派遣协议》中约定经济补偿的最终承担主体。

5.劳务派遣单位被依法宣告破产、吊销营业执照、责令关闭、撤销、决定提前解散或者经营期限届满不再继续经营的,劳动合同终止。用工单位应当与劳务派遣单位协商妥善安置被派遣劳动者。

二、合规实践

(一)用工单位的退回

1.劳务派遣用工管理制度。针对被派遣劳动者的退回,除劳务派遣协议期限届满终止的退回外,其他退回原因均参照《劳动合同法》中劳动合同解除的事由。因此,用工单位的劳务派遣用工管理制度应侧重对被派遣劳动者用工过程的管理。管理方式可参照本单位劳动者的相关管理制度。

(1)被派遣劳动者用工过程管理记录。

①本记录是一类记录的统称,并非单一的记录。由用工单位根据自身管理需求,对被派遣劳动者工作表现进行记录。既能体现劳动者的工作成果,又能为劳动争议或者依法退回提供证明。

②从用工单位角度讲,为了保证完成工作任务的要求,若被派遣劳动者不能满足用工单位的需求,用工单位需要退回劳动者时不能随意处理,应当遵守退回被派遣劳动者的相关法律规定。

③特别是因劳动者原因而退回的,用工单位应当提供劳动者有过失,或者不胜任工作、因病或非因工负伤不能从事工作的有效证据。

(2)被派遣劳动者个人情况调查表。用工单位因自身客观情况发生重大变化或经济性裁员而退回被派遣劳动者的,应当使用本项调查表,确认被派遣劳动者是否属于依据法律应当延期退回的情形。调查表的内容参见本节流程图的备注。调查表应由劳动者本人填写,并亲笔签名确认。

(3)被派遣劳动者退回通知函(劳务派遣单位/被派遣劳动者)。

①《被派遣劳动者退回通知函》应发给被派遣劳动者和劳务派遣单位。通知内容至少包括:

a.通知的收件人;

b.退回的劳动者的姓名、退回原因、退回日期;

c.退回的依据(协议、法律依据);

d.派遣费用的结算情况;

e.落款(用工单位名称、日期)。

②通知的发出:

a. 退回通知建议采用书面形式;

b. 劳务派遣协议中应当约定派遣单位的收件人姓名、联系地址和联系电话,或者电子联系方式;劳动者到岗后,用工单位应当及时收集劳动者的联系地址、联系电话,或者电子联系方式;

c. 用工单位应当保留劳动者、劳务派遣单位收到通知的书面记录。

(二)劳务派遣单位的接收

劳务派遣单位发给劳动者的报到通知。劳动者被退回后,劳动者应当按照《劳动合同》的约定,及时回派遣单位报到。为了将法律风险最小化,建议劳务派遣单位向被退回的劳动者发出书面报到通知。

(1)报到通知至少应当包括以下内容:

①通知的收件人;

②劳动者被退回的事实以及时间;

③要求劳动者回派遣单位报到的日期(报到日期应当参考劳动合同的相关约定)、报到部门;

④逾期未报到的后果;

⑤落款(用工单位名称、日期)。

(2)通知的发出应当采用以下方式:

①报到通知建议采用书面形式;

②劳务派遣单位(用人单位)应当及时收集劳动者的联系地址、联系电话,或者电子联系方式;

③劳务派遣单位应当保留劳动者收到通知的书面记录。

(三)离职程序管理制度

1. 用工单位退回被派遣劳动者的,应当依照用工单位的相关管理制度办理离职交接手续。

2. 劳务派遣单位与被退回的被派遣劳动者依法解除合同,且需要向劳动者支付经济补偿的,按照《劳务派遣协议》经济补偿应当由用工单位负担的,用工单位还应当及时向劳务派遣单位支付经济补偿的相应数额。

三、其他法律风险提示

根据《劳动合同法》第92条第2款的规定,用工单位给被派遣劳动者造成损害的,劳务派遣单位与用工单位承担连带赔偿责任。

表1-3-4　与劳务派遣用工管理相关的其他管理项点

相关要素名称	说明
劳动报酬	被派遣劳动者的劳动报酬也应遵守按劳分配、同工同酬
劳务派遣用工管理	1. 从用工单位看,主要是指对劳务派遣用工岗位的确定、管理 2. 用工单位有劳务派遣用工的,应当注意操作程序
劳动合同的订立、履行和变更	从劳务派遣单位看: 1. 其作为用人单位应当依法与被派遣劳动者依法订立劳动合同; 2. 劳动合同的履行主要依托于用工单位,劳务派遣单位应当履行监督、督促作用
劳动合同解除管理	1. 被派遣劳动者的劳动合同解除方式包括协商一致、劳动者单方解除和用人单位单方解除 2. 用人单位解除,又分为: (1)被派遣劳动者被退回,是否能直接解除取决于被退回的原因; (2)等待派遣期间用人单位是否有权单方解除劳动合同,主要依据的是《劳动合同法》第39—41条
离职程序管理	指被派遣劳动者离开用工单位或从劳务派遣单位离职时需要办理的交接、清算手续等
工作时间和休息休假	被派遣劳动者的工作时间和休息休假权利也应被依法保障
社会保险	劳务派遣单位应当为被派遣劳动者依法缴纳社会保险
工伤与劳动安全	被派遣劳动者有权获得劳动安全保障;发生工伤的,有权依法享受工伤保险待遇

表1-3-5　法律分析之劳务派遣业务的行政许可

文件名称及文号	法条序号
《劳动合同法》(2012年修正)(主席令第73号)	第57条
《劳动合同法实施条例》(国务院令第535号)	第28条
《劳务派遣行政许可实施办法》(人力资源和社会保障部令第19号)	第7条、第28条、第29条
陕西省人力资源和社会保障厅《关于印发〈劳务派遣行政许可实施细则〉的通知》(陕人社发〔2013〕43号)	第7条
西安市人力资源和社会保障局《关于印发〈劳务派遣行政许可实施细则〉的通知》(市人社发〔2013〕316号)	第8条

表1-3-6　法律分析之劳务派遣经营许可的一般规定

文件名称及文号	法条序号
《劳务派遣行政许可实施办法》(人力资源和社会保障部令第19号)	第6条、第8条
陕西省人力资源和社会保障厅《关于印发〈劳务派遣行政许可实施细则〉的通知》(陕人社发〔2013〕43号)	第3条、第5条、第6条、第8条、第9条
西安市人力资源和社会保障局《关于印发〈劳务派遣行政许可实施细则〉的通知》(市人社发〔2013〕316号)	第3条、第4条、第6条、第7条、第9条、第10条

表1-3-7 法律分析之劳务派遣经营许可证的申请

内容	文件名称及文号	法条序号
一般的申请程序	《劳务派遣行政许可实施办法》(人力资源和社会保障部令第19号)	第9条、第10条、第11条、第12条、第13条
公司分立、合并的	《劳务派遣行政许可实施办法》(人力资源和社会保障部令第19号)	第17条第2款
	陕西省人力资源和社会保障厅《关于印发〈劳务派遣行政许可实施细则〉的通知》(陕人社发〔2013〕43号)	第14条第2款
	西安市人力资源和社会保障局《关于印发〈劳务派遣行政许可实施细则〉的通知》(市人社发〔2013〕316号)	第14条第2款
子公司分公司	《劳务派遣行政许可实施办法》(人力资源和社会保障部令第19号)	第21条
	陕西省人力资源和社会保障厅《关于印发〈劳务派遣行政许可实施细则〉的通知》(陕人社发〔2013〕43号)	第17条
	西安市人力资源和社会保障局《关于印发〈劳务派遣行政许可实施细则〉的通知》(市人社发〔2013〕316号)	第17条

表1-3-8 法律分析之劳务派遣经营许可证

文件名称及文号	法条序号
《劳务派遣行政许可实施办法》(人力资源和社会保障部令第19号)	第14条、第15条
陕西省人力资源和社会保障厅《关于印发〈劳务派遣行政许可实施细则〉的通知》(陕人社发〔2013〕43号)	第10条、第11条、第16条、第22条、第23条
西安市人力资源和社会保障局《关于印发〈劳务派遣行政许可实施细则〉的通知》(市人社发〔2013〕316号)	第11条、第16条、第21条

表1-3-9 法律分析之劳务派遣经营许可证的延期申请

文件名称及文号	法条序号
《劳务派遣行政许可实施办法》(人力资源和社会保障部令第19号)	第18条、第19条、第20条
陕西省人力资源和社会保障厅《关于印发〈劳务派遣行政许可实施细则〉的通知》(陕人社发〔2013〕43号)	第15条
西安市人力资源和社会保障局《关于印发〈劳务派遣行政许可实施细则〉的通知》(市人社发〔2013〕316号)	第15条

表1-3-10 法律分析之劳务派遣经营许可证的变更

文件名称及文号	法条序号
《劳务派遣行政许可实施办法》(人力资源和社会保障部令第19号)	第16条、第17条第1款
陕西省人力资源和社会保障厅《关于印发〈劳务派遣行政许可实施细则〉的通知》(陕人社发〔2013〕43号)	第12条、第13条、第14条第1款
西安市人力资源和社会保障局《关于印发〈劳务派遣行政许可实施细则〉的通知》(市人社发〔2013〕316号)	第12条、第13条、第14条第1款

表1-3-11　法律分析之劳务派遣经营许可证的撤销、注销和吊销

文件名称及文号	法条序号
《劳务派遣行政许可实施办法》（人力资源和社会保障部令第19号）	第24条、第25条、第26条、第27条、第32条
陕西省人力资源和社会保障厅《关于印发〈劳务派遣行政许可实施细则〉的通知》（陕人社发〔2013〕43号）	第20条
西安市人力资源和社会保障局《关于印发〈劳务派遣行政许可实施细则〉的通知》（市人社发〔2013〕316号）	第19条

表1-3-12　法律分析之劳务派遣单位的经营情况年度报告

文件名称及文号	法条序号
《劳务派遣行政许可实施办法》（人力资源和社会保障部令第19号）	第22条、第23条
陕西省人力资源和社会保障厅《关于印发〈劳务派遣行政许可实施细则〉的通知》（陕人社发〔2013〕43号）	第18条、第19条
西安市人力资源和社会保障局《关于印发〈劳务派遣行政许可实施细则〉的通知》（市人社发〔2013〕316号）	第18条

表1-3-13　法律分析之违法经营劳务派遣业务的法律责任

文件名称及文号	法条序号
《劳动合同法》（2012年修正）（主席令第73号）	第92条
《劳动合同法实施条例》（国务院令第535号）	第35条
《劳务派遣行政许可实施办法》（人力资源和社会保障部令第19号）	第31条、第32条、第33条
《劳务派遣暂行规定》（人力资源和社会保障部令第22号）	第20条

表1-3-14　法律分析之劳务派遣单位的义务

内容		文件名称及文号	法条序号
一般规定		《劳动合同法》（2012年修正）（主席令第73号）	第60条第1款
		《劳务派遣暂行规定》（人力资源和社会保障部令第22号）	第8条
劳动合同	订立	《劳动合同法》（2012年修正）（主席令第73号）	第58条
		《劳务派遣暂行规定》（人力资源和社会保障部令第22号）	第5条、第6条、第23条
		《劳动合同法实施条例》（国务院令第535号）	第30条
	终止	《劳务派遣暂行规定》（人力资源和社会保障部令第22号）	第16条、第21条

表1-3-15　法律分析之劳务派遣用工

内容	文件名称及文号	法条序号
适用范围	《劳动合同法》（2012年修正）（主席令第73号）	第67条
	《劳务派遣暂行规定》（人力资源和社会保障部令第22号）	第2条、第26条、第27条
用工范围和用工比例	《劳动合同法》（2012年修正）（主席令第73号）	第66条
	《劳务派遣暂行规定》（人力资源和社会保障部令第22号）	第3条、第4条、第22条、第25条

续表

内容	文件名称及文号	法条序号
劳务派遣协议	《劳动合同法》(2012年修正)(主席令第73号)	第59条
	《劳务派遣暂行规定》(人力资源和社会保障部令第22号)	第7条
	《陕西省实施女职工劳动保护特别规定》(2018年)(陕西省人民政府令第209号)	第8条第3款
禁止行为	《劳动合同法》(2012年修正)(主席令第73号)	第60条第3款

表1-3-16　法律分析之用工单位的义务

内容		文件名称及文号	法条序号
一般规定		《劳务派遣暂行规定》(人力资源和社会保障部令第22号)	第9条
		《劳动合同法》(2012年修正)(主席令第73号)	第62条
		《劳动合同法实施条例》(国务院令第535号)	第29条
退回被派遣劳动者	劳动者原因	《劳动合同法》(2012年修正)(主席令第73号)	第65条第2款
	用工单位原因	《劳务派遣暂行规定》(人力资源和社会保障部令第22号)	第12条、第13条
	用工单位违法退回劳动者的	《劳务派遣暂行规定》(人力资源和社会保障部令第22号)	第24条

表1-3-17　法律分析之被派遣劳动者权益

内容	文件名称及文号	法条序号
劳动报酬	《劳动合同法》(2012年修正)(主席令第73号)	第60条第2款、第61条、第63条
跨地区劳务派遣的社会保险	《劳务派遣暂行规定》(人力资源和社会保障部令第22号)	第18条、第19条
参加工会的权利	《劳动合同法》(2012年修正)(主席令第73号)	第64条
解除劳动合同的权利	《劳动合同法》(2012年修正)(主席令第73号)	第65条第1款
劳动者工伤	《劳务派遣暂行规定》(人力资源和社会保障部令第22号)	第10条

外国人就业的合规管理

一、合规要求

(一)合规要求的要点

表1-4-1 外国人就业许可的法律应用流程

阶段	操作流程	操作内容与说明	涉及主体	记录
外国人就业许可释义	外国人就业许可	1. 本程序适用于在中国境内(不含港澳台)就业的外国人和聘用外国人的用人单位 2. 不适用于外国驻华使、领馆和联合国驻华代表机构、其他国际组织中享有外交特权与豁免的人员。禁止个体经济组织和公民个人聘用外国人 3. 用人单位聘用外国人从事的岗位应是有特殊需要,国内暂缺适当人选,且不违反国家有关规定的岗位。除经文化和旅游部批准持《临时营业演出许可证》进行营业性文艺演出的外国人外,用人单位不得聘用外国人从事营业性文艺演出 4. 用人单位聘用外国人须为该外国人申请就业许可,经获准并取得《中华人民共和国外国人就业许可证书》后,方可聘用	1.用人单位 2.外国人就业者	劳动用工管理制度
就业许可证	用人单位为拟聘请的外国人申请就业许可 → 行业主管部门批准就业许可的申请 → 用人单位应持申请表到劳动行政部门办理核准手续 → 发证机关核准后签发就业许可证	1. 就业许可证由用人单位负责办理许可手续,填写申请表,向其与劳动行政主管部门同级的行业主管部门提出申请,并提供下列有效文件:(1)拟聘用的外国人履历证明;(2)聘用意向书;(3)拟聘用外国人原因的报告;(4)拟聘用的外国人从事该项工作的资格证明;(5)拟聘用的外国人健康状况证明;(6)法律、法规规定的其他文件 2. 外商投资企业聘雇外国人,无须行业主管部门审批,可凭合同、章程、批准证书、营业执照和前述文件直接到劳动行政部门发证机关申领许可证书 3. 中央级用人单位、无行业部门的用人单位聘用外国人,可直接到劳动行政部门发证机关提出申请和办理就业许可手续	1.用人单位 2.劳动行政管理部门同级的行业主管部门 3.本单位所在区的省、自治区、直辖市劳动行政部门或其授权的地市级劳动行政管理部门	聘用外国人就业申请表

续表

阶段	操作流程	操作内容与说明	涉及主体	记录
Z字签证	外国就业者办理Z签证	1. 获准来中国工作的外国人,应凭许可证书及本国有效护照或能代替护照的证件,到中国驻外使、领馆处申请Z字签证 2. 持有外国人在中华人民共和国从事海上石油作业工作准证从事海上石油作业、不需登陆、有特殊技能的外籍劳务人员,应凭中国海洋石油总公司签发的通知函电申请Z字签证;经文化和旅游部批准持临时营业演出许可证进行营业性文艺演出的外国人,应凭文化和旅游部的批件申请Z字签证 3. 按照我国与外国政府间、国际组织间协议、协定,执行中外合作交流项目受聘来中国工作的外国人应凭合作交流项目书申请Z字签证;外国企业常驻中国代表机构中的首席代表、代表应凭工商行政管理部门的登记证明申请Z字签证	1. 外国就业者 2. 中国驻外使、领馆	—
就业证及居留证	外国就业者入境→用人单位负责办理就业证→外国就业者办理居留证	1. 用人单位应在被聘用的外国人入境后15日内,持许可证书、与被聘用的外国人签订的劳动合同及其有效护照或能代替护照的证件到原发证机关为外国人办理就业证,并填写外国人就业登记表 2. 申办就业证后,还要注意就业证的年检、挂失、补办、变更、吊销程序 3. 外国人在中国就业的用人单位必须与其就业证所注明的单位相一致 4. 已办理就业证的外国人,应在入境后30日内,持就业证到公安机关申请办理居留证。居留证件的有效期限根据就业证的有效期确定	1. 就业证:用人单位与就业许可证发证机关 2. 居留证:外国就业者与公安机关	外国人就业登记表
就业证年检	外国就业者依法就业及年检	1. 劳动行政部门对就业证实行年检。用人单位聘用外国人就业每满1年,应在期满前30日内到劳动行政部门发证机关为被聘用的外国人办理就业证年检手续。逾期未办的,就业证自行失效 2. 外国人在中国就业期间遗失或损坏其就业证的,应立即到原发证机关办理挂失、补办或换证手续	1. 劳动行政部门 2. 用人单位 3. 外国就业者	—

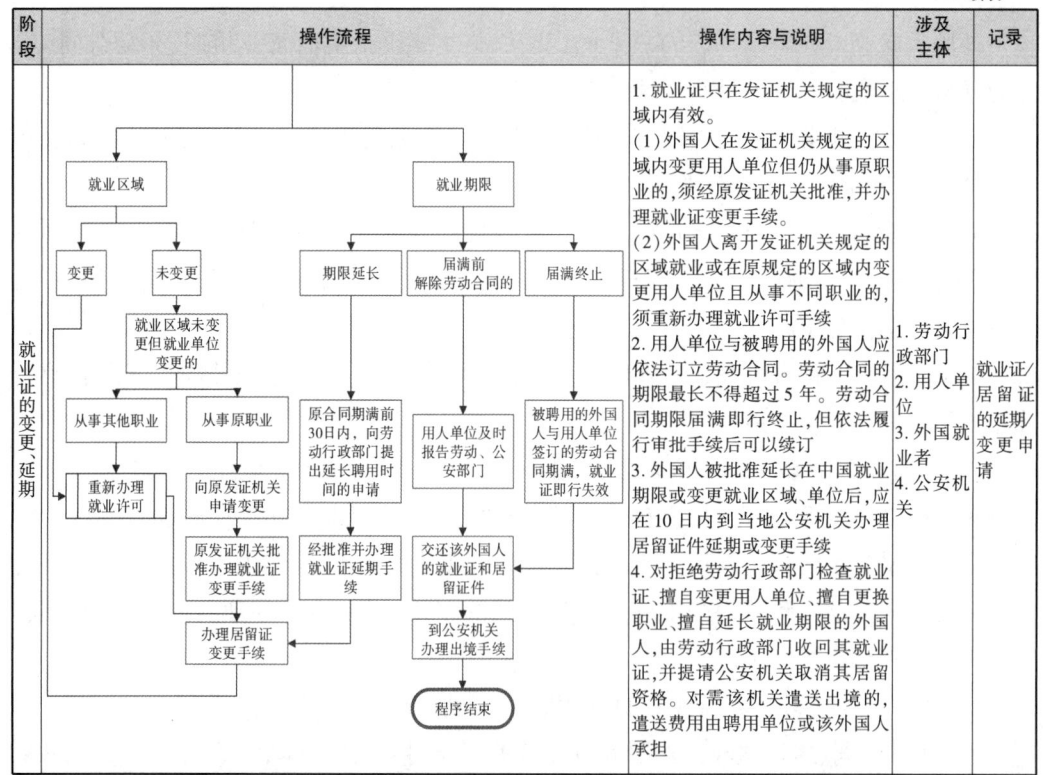

续表

阶段	操作流程	操作内容与说明	涉及主体	记录
就业证的变更、延期	（流程图：就业区域——变更/未变更；就业区域未变更但就业单位变更的——从事其他职业/从事原职业；重新办理就业许可/向原发证机关申请变更——原发证机关批准办理就业证变更手续——办理居留证变更手续。就业期限——期限延长/届满前解除劳动合同的/届满终止；原合同期满前30日内，向劳动行政部门提出延长聘用时间的申请——经批准并办理就业证延期手续；用人单位及时报告劳动、公安部门；被聘用的外国人与用人单位签订的劳动合同期满，就业证即行失效——交还该外国人的就业证和居留证件——到公安机关办理出境手续——程序结束）	1.就业证只在发证机关规定的区域内有效。(1)外国人在发证机关规定的区域内变更用人单位但仍从事原职业的，须经原发证机关批准，并办理就业证变更手续。(2)外国人离开发证机关规定的区域就业或在原规定的区域内变更用人单位且从事不同职业的，须重新办理就业许可手续 2.用人单位与被聘用的外国人应依法订立劳动合同。劳动合同的期限最长不得超过5年。劳动合同期限届满即行终止，但依法履行审批手续后可以续订 3.外国人被批准延长在中国就业期限或变更就业区域、单位后，应在10日内到当地公安机关办理居留证件延期或变更手续 4.对拒绝劳动行政部门检查就业证、擅自变更用人单位、擅自更换职业、擅自延长就业期限的外国人，由劳动行政部门收回其就业证，并提请公安机关取消其居留资格。对需该机关遣送出境的，遣送费用由聘用单位或该外国人承担	1.劳动行政部门 2.用人单位 3.外国就业者 4.公安机关	就业证/居留证的延期/变更申请

注：1.《外国人在中国就业管理规定》第9条规定："符合下列条件之一的外国人可免办就业许可和就业证：
（一）由我政府直接出资聘请的外籍专业技术和管理人员，或由国家机关和事业单位出资聘请，具有本国或国际权威技术管理部门或行业协会确认的高级技术职称或特殊技能资格证书的外籍专业技术和管理人员，并持有外国专家局签发的《外国专家证》的外国人；
（二）持有《外国人在中华人民共和国从事海上石油作业工作准证》从事海上石油作业、不需登陆、有特殊技能的外籍劳务人员；
（三）经文化和旅游部批准持《临时营业演出许可证》进行营业性文艺演出的外国人。"
2.《外国人在中国就业管理规定》第10条规定："符合下列条件之一的外国人可免办许可证书，入境后凭Z字签证及有关证明直接办理就业证：
（一）按照我国与外国政府间、国际组织间协议、协定，执行中外合作交流项目受聘来中国工作的外国人；
（二）外国企业常驻中国代表机构中的首席代表、代表。"
3.本表中的文本仅指由用人单位制定或提交的文书。必要时，用人单位可制定管理制度。

(二)合规要求的理解

1.外国人(非中国籍)在中国就业须具备下列条件：(1)年满18周岁，身体健康；(2)具有从事其工作所必需的专业技能和相应的工作经历；(3)无犯罪记录；(4)有确定的聘用单位；(5)持有有效护照或能代替护照的其他国际旅行证件(以下简称代替护照的证件)。

2.外国人在中国境内就业实行就业许可制，由使用外国人就业者的用人单位负责办理相关手续。就业许可的办理程序参见表1-4-1。

2018年7月28日起，港澳台人员不再适用就业许可制度，使用港澳台居民居住证、港澳居民来往内地通行证、台湾居民来往大陆通行证等有效身份证件即可办理人力资源社会保障各项业务。

外国人就业者在内地（大陆）就业的证明材料主要是指工商营业执照、劳动合同（聘用合同）、工资支付凭证或社会保险缴费记录等。

3.外国人就业者因违反中国法律被中国公安机关取消居留资格的，用人单位应解除劳动合同，劳动部门应吊销就业证。

4.劳动合同解除后用人单位的义务。被聘用的外国人与用人单位的劳动合同解除后，该用人单位应及时向劳动、公安部门报告，交还该外国人的就业证和居留证件，并到公安机关办理出境手续。

5.劳动管理。持有就业证的外国人属于合法的劳动者，与聘用该外国人就业者的用人单位可以建立劳动关系。

（1）订立书面劳动合同与劳动合同期限。根据《外国人在中国就业管理规定》（2017年修正）第17条和第18条，用人单位应当与被聘用的外国人订立书面劳动合同。劳动合同的期限最长不得超过5年。劳动合同期限届满即行终止，但用人单位在原合同期满前30日内，向劳动行政部门提出延长聘用时间的申请，经批准并办理就业证延期手续，劳动合同的期限也相应顺延。

（2）劳动报酬。外国人就业者的劳动报酬不得低于当地最低工资标准。

（3）工作时间、休息休假。外国人就业者的工作时间、休息休假、劳动安全卫生以及社会保险按国家有关规定执行。

（4）社会保险。根据《在中国境内就业的外国人参加保险暂行办法》第4条的规定，用人单位应当自办理就业证件之日起30日内为其招用的外国人就业者办理社会保险登记。

（5）劳动争议。用人单位与其聘用的外国人就业者发生劳动争议的，按照《劳动法》《劳动争议调解仲裁法》处理。

二、合规实践

劳动用工管理制度包括：

1.就业许可、居留证。外国人就业者与中国公民就业的主要区别在于外国人就业须先获得就业许可，这是双方成立劳动关系的前提。因此用人单位在劳动用工管理制度中应当依法将外国人就业的许可流程内化，明确许可程序各个阶段办理的责任部门、职责权限，确保依法聘用外国人。

2.劳动管理。外国人取得就业证的，就具备了与用人单位建立劳动关系的主体资格。当外国人就业者与用人单位建立劳动关系后，在劳动者权益方面享有与我国劳动者相同的权利，包括：

（1）劳动报酬。如同工同酬、按劳分配，工资水平遵守最低工资标准的相关要求。

（2）劳动合同的订立、履行、变更、解除、终止。在这些方面与我国劳动者相同,但是,鉴于外国人就业者合法就业的前提是获得就业许可,而就业许可又可能存在变更、延期、吊销等情形,所以外国人就业者的劳动合同期限与续订条件与中国公民的劳动者有所不同。因此针对外国人就业者的劳动合同期限要求以及续订条件,应当在相关的规章制度中作特别说明。

（3）工作时间和休息休假。

（4）社会保险。

（5）工伤、职业病和女职工保护。

（6）规章制度。

（7）劳动争议。

3. 关于管理过程记录。就业证办理程序所需表单、资料由相关行政机关规定。用人单位对外国人就业者的内部管理,执行用人单位的相关管理制度即可。在外国人就业者取得就业许可后,还应关注就业许可的有效期,及时办理变更、延期、交回就业许可等事项。

三、其他法律风险提示

用人单位与持有就业证的外国人构成劳动关系,对外国人就业者劳动保护要求及水平与中国公民劳动者相同。否则,外国人就业者亦可就其劳动者权益申请劳动仲裁等救济程序。

表1-4-2 与外国人就业管理相关的其他管理项点

相关要素名称	说明
劳动报酬	1. 劳动关系下的劳动报酬应当遵守最低工资标准的下限规定 2. 用人单位应当及时足额向劳动者支付各类劳动报酬
劳动合同的订立、履行与变更	1. 外国人就业者与我国劳动者的处理方式相同 2. 需要注意的就是劳动合同的期限不得超过5年,一般与就业许可的期间相一致 3. 需要延期的,应以就业许可的延期为前提
劳动合同的解除、终止	外国人就业者与用人单位建立了全日制劳动关系的,其劳动合同的解除、终止同我国劳动者一样
工作时间和休息休假	全日制劳动关系的外国人就业者也受到最高工作时间的上限限制,同时用人单位应当保证劳动者的休息休假权利
社会保险	用人单位为全日制劳动关系应当依法缴纳各类社会保险
工伤与劳动安全	虽然说用人单位承担工伤保险待遇责任并不以劳动关系为前提,但是构成劳动关系的,用人单位必须为工伤劳动者承担工伤保险责任和相关待遇
招聘和录用	招录外国人就业者,应当事先办理就业许可及相关手续,并确保就业许可的有效性
劳动争议	外国人就业者与用人单位建立了劳动关系(包括全日制劳动关系和非全日制用工)的,若因履行劳动合同发生争议的,都属于劳动争议

表1-4-3　法律分析之外国人就业的合规管理

内容	文件名称及文号	法条序号
用人单位	《外国人在中国就业管理规定》(2017年修订)(人力资源和社会保障部令第32号)	第3条、第33条
外国人就业者	《外国人在中国就业管理规定》(2017年修订)(人力资源和社会保障部令第32号)	第2条、第7条、第32条
	《在中国境内就业的外国人参加社会保险暂行办法》(人力资源和社会保障部令第16号)	第2条
	最高人民法院《关于审理劳动争议案件适用法律问题的解释(一)》(法释〔2020〕26号)	第33条
	《就业服务与就业管理规定》(2022年修订)(人力资源和社会保障部令第47号)	第22条
外国人就业的必要性	《外国人在中国就业管理规定》(2017年修订)(人力资源和社会保障部令第32号)	第6条
	《就业服务与就业管理规定》(2022年修订)(人力资源和社会保障部令第47号)	第23条第2款

表1-4-4　法律分析之外国人就业流程

内容		文件名称及文号	法条序号
就业许可证	一般规定	《外国人在中国就业管理规定》(2017年修订)(人力资源和社会保障部令第32号)	第5条
		《就业服务与就业管理规定》(2022年修订)(人力资源和社会保障部令第47号)	第23条第1款
	申请程序		第11条、第12条、第13条
Z字签证			第8条、第14条
就业证	申办	《外国人在中国就业管理规定》(2017年修订)(人力资源和社会保障部令第32号)	第15条
	变更		第23条
	年检、挂失补办等		第26条
	吊销		第24条
居留证			第16条、第19条
免办就业许可证书			第10条
免办就业许可和就业证			第9条
法律责任			第27条、第28条、第29条

表1-4-5 法律分析之外国人就业的劳动管理

内容		文件名称及文号	法条序号
劳动合同期限		《外国人在中国就业管理规定》(2017年修订)(人力资源和社会保障部令第32号)	第17条、第18条
劳动报酬			第21条
工作时间休息休假			第22条
社会保险	参保要求	《社会保险法》(2018年修正)(主席令第25号)	第97条
		《在中国境内就业的外国人参加社会保险暂行办法》(人力资源和社会保障部令第16号)	第3条、第4条、第9条
			第11条
	社会保险账户		第6条、第10条
	社会保险待遇		第5条、第7条
劳动争议		《外国人在中国就业管理规定》(2017年修订)(人力资源和社会保障部令第32号)	第25条
		《在中国境内就业的外国人参加社会保险暂行办法》(人力资源和社会保障部令第16号)	第8条
劳动合同解除后用人单位的义务		《外国人在中国就业管理规定》(2017年修订)(人力资源和社会保障部令第32号)	第20条

要素二
劳动报酬

章节编号	章节名称
2-1	最低工资标准的合规管理
2-2	工资支付的合规管理
2-3	绩效工资的合规管理
2-4	日/小时工资折算的合规管理
2-5	加班工资的合规管理
2-6	停工停产及工资支付的合规管理
2-7	生育津贴与产假工资的合规管理

2-1 最低工资标准的合规管理

一、合规要求

(一)合规要求的要点

表 2-1-1　最低工资标准适用速查

合规要素		说明
适用前提	劳动者在法定工作时间或依法签订的劳动合同约定的工作时间内提供了正常劳动	1. 劳动者由于本人原因造成在法定工作时间内或依法签订的劳动合同约定的工作时间内未提供正常劳动的不适用 2. 包含视为提供了正常劳动的情况,例如劳动者依法享受带薪年休假、探亲假、婚丧假、生育假、节育手术假等国家规定的假期间,以及法定工作时间内依法参加社会活动期间,视为提供了正常劳动
类别	1. 月最低工资标准	适用于全日制就业劳动者
	2. 小时最低工资标准	适用于非全日制就业劳动者
最低工资数额不包含的内容	1. 延长工作时间工资	是指超出法定或双方约定的工作时间之外的加班加点工资
	2. 中班、夜班、高温、低温、井下、有毒有害等特殊工作环境、条件下的津贴	—
	3. 法律、法规和国家规定的劳动者的福利待遇等	1.《陕西省最低工资规定》第4条第3款规定:最低工资不包括法律、法规和国家规定的用人单位负担的劳动者社会保险费用、职工住房公积金以及劳动者的福利费用、劳动保护费用、职工教育费用、用人单位与劳动者解除劳动关系支付的一次性补偿费用等 2. 由劳动者承担的个人社会保险部分是包含在最低工资数额内,还是在最低工资数额之外,应当依用人单位所在地的相关规定

续表

合规要素		说明
几种不得低于最低工资标准的情形	1.劳动者在试用期的工资不得低于本单位相同岗位最低档工资的80%或者劳动合同约定工资的80%,并不得低于用人单位所在地的最低工资标准 2.实行计件工资或提成工资等工资形式的用人单位,在科学合理的劳动定额基础上,支付给劳动者的工资不得低于最低工资标准 3.非因劳动者原因造成单位停工、停产在一个工资支付周期内的,用人单位应按劳动合同约定的标准支付劳动者工资。超过一个工资支付周期的,若劳动者提供了正常劳动,则支付给劳动者的劳动报酬不得低于当地最低工资标准;若劳动者没有提供正常劳动,应按国家有关规定办理 4.因劳动者本人原因给用人单位造成经济损失的,用人单位可按照劳动合同的约定要求其赔偿经济损失。扣除后的剩余工资部分不得低于当地最低工资标准	《陕西省企业工资支付条例》第24条第1款第2项、第4项还规定,劳动者违反劳动纪律被用人单位降低或扣除工资的;用人单位因生产经营困难,无法按工资标准支付工资,且集体合同、工资协议或劳动合同未作约定,经与本单位工会或职工代表协商一致降低工资标准的,不得低于当地最低工资标准

(二)合规要求的理解

1.关于劳动报酬。

(1)用人单位有权根据本单位的生产经营特点和经济效益,依法自主确定本单位的工资分配方式和工资水平。劳动报酬的分配遵循按劳分配、同工同酬的原则。

(2)工资支付主要包括支付项目、支付水平、支付形式、支付对象、支付时间以及特殊情况下的工资支付。

(3)劳动者提供了正常劳动,即便劳动者存在赔偿损失等可扣减工资的情形,扣减后的应发工资也不得低于最低工资标准。

(4)用人单位代扣代缴是指:

①代扣代缴的个人所得税;

②代扣代缴的应由劳动者个人负担的各项社会保险费、住房公积金;

③法院判决、裁定中要求代扣的抚养费、赡养费等。

2.薪酬结构与最低工资标准。

(1)薪酬结构。用人单位实行结构型工资的,由其自行设定的各组成部分,无论如何命名,都会以国家统计局《关于工资总额组成的规定》第4条规定的6个组成部分为准进行对标,来具体判断其性质。国家统计局《关于工资总额组成的规定》第4条工资总额由下列6个部分组成:①计时工资;②计件工资;③奖金;④津贴和补贴;⑤加班加点工资;⑥特殊情况下支付的工资。

(2)最低工资。《陕西省最低工资规定》第3条第1款规定,最低工资标准是指劳动者在法定工作时间或依法签订的劳动合同约定的工作时间内提供了正常劳动的前提下,用人单位依法应支付的最低劳动报酬。劳动者每月的应得工资由其工资结构中的各组成部分共同构成,最低工资标准考察的是劳动者提供正常劳动后应得的工资数额不低于最低工资标准,工资结构并不是考察重点。

3. 最低工资的适用性分析。

(1) 最低工资标准适用于劳动关系,包含全日制劳动关系和非全日制劳动关系。

(2) 最低工资标准与法定工作时间(时长)或者约定工作时间(时长)相对应,简单说就是看劳动者的出勤是否为满勤。

(3) 是用人单位依照劳动合同约定,或者依据通过民主程序并已向劳动者公示的工资管理制度向劳动者支付的劳动者应得的全部劳动报酬的数额不得低于的标准。

(4) 用人单位应当留意所在地现行有效的最低工资标准,并在该标准变动时及时调整。

二、合规实践

薪酬管理制度包括:

1. 关于劳动报酬,至少应当明确以下事项。

(1) 各岗位劳动报酬的组成部分、数额标准以及支付时间。

(2) 劳动报酬各组成部分的计发条件、计发比例,其中计发条件还应根据需要设置配套的符合性评价过程。

(3) 明确用人单位扣减劳动报酬的情形、适用条件、适用程序。

(4) 确保应发工资、实发工资的计算过程的记录可查询、可追溯。

(5) 当用人单位向劳动者支付的劳动报酬与劳动合同或者用人单位的工资制度不符,或者数额低于最低工资标准的,用人单位应当能够证明该数额不属于未足额支付劳动报酬的情形。证明资料至少包括:

①应发工资数额的证明,如劳动合同、相关工资管理制度等;

②工资扣减依据,例如考勤记录、扣减情形适用的制度依据、属于应当扣减情形的证明等;

③体现扣减过程的记录。

2. 关于最低工资标准,至少应当明确以下事项:

(1) 负责本单位最低工资标准调整的责任部门以及调整程序;

(2) 最低工资标准调整时,责任部门与相关部门的信息传递流程、方式以及所需记录。

三、其他法律风险提示

若用人单位向劳动者支付的劳动报酬低于最低工资标准,且用人单位不能提供有效依据的,可能构成未足额支付劳动报酬。

表 2-1-2 与最低工资标准管理相关的其他管理项点

相关要素名称	说明
劳动用工管理	全日制劳动关系的劳动者、非全日制劳动关系的劳动者和被派遣劳动者的劳动报酬都应遵守最低工资标准的规定
劳动合同解除管理	用人单位向劳动者支付的工资低于最低工资标准,且无正当理由的,属于未及时足额支付劳动报酬。劳动者有权单方解除劳动合同,并要求用人单位支付经济补偿
工作时间和休息休假	1. 劳动者在法定工作时间或依法签订的劳动合同约定的工作时间内提供了正常劳动的,用人单位支付的工资数额不应低于最低工资标准 2. 劳动者依法享受带薪年休假、探亲假、婚丧假、生育(产)假、节育手术假等国家规定的假期间,以及法定工作时间内依法参加社会活动期间,视为提供了正常劳动,用人单位支付的工资数额不应低于最低工资标准

表 2-1-3 法律分析之最低工资标准的理解

文件名称及文号	法条序号
《劳动法》(2018年修正)(主席令第24号)	第48条
劳动部办公厅《关于印发〈关于《劳动法》若干条文的说明〉的通知》(劳办发〔1994〕289号)	第48条
劳动部《关于印发〈关于贯彻执行《中华人民共和国劳动法》若干问题的意见〉的通知》(劳部发〔1995〕309号)	第54条
《最低工资规定》(劳动和社会保障部令第21号)	第1条、第3条
《陕西省最低工资规定》(2006年)(陕西省人民政府令第109号)	第3条

表 2-1-4 法律分析之最低工资的标准

内容	文件名称及文号	法条序号
体现形式	《最低工资规定》(劳动和社会保障部令第21号)	第5条
最低工资的标准	《最低工资规定》(劳动和社会保障部令第21号)	第6条、第7条
	《陕西省最低工资规定》(2006年)(陕西省人民政府令第109号)	第6条
最低工资标准的公示与调整	《最低工资规定》(劳动和社会保障部令第21号)	第10条、第11条
	《陕西省最低工资规定》(2006年)(陕西省人民政府令第109号)	第10条、第11条
最低工资标准未包括项目	《最低工资规定》(劳动和社会保障部令第21号)	第12条
	《陕西省最低工资规定》(2006年)(陕西省人民政府令第109号)	第4条

表 2-1-5 法律分析之最低工资标准的适用主体

文件名称及文号	法条序号
《最低工资规定》(劳动和社会保障部令第21号)	第2条
劳动部办公厅《关于印发〈关于《劳动法》若干条文的说明〉的通知》(劳办发〔1994〕289号)	第2条

表 2-1-6　法律分析之最低工资标准的适用情形与例外

内容	文件名称及文号	法条序号
一般规定	劳动部《关于印发〈关于贯彻执行《中华人民共和国劳动法》若干问题的意见〉的通知》(劳部发〔1995〕309号)	第57条
	《劳动合同法》(2012年修正)(主席令第73号)	第20条、第55条
	《陕西省企业工资支付条例》(2015年修正)(陕西省人民代表大会常务委员会公告第16号)	第24条
计件工资制	劳动部《关于印发〈关于贯彻执行《中华人民共和国劳动法》若干问题的意见〉的通知》(劳部发〔1995〕309号)	第56条
	《最低工资规定》(劳动和社会保障部令第21号)	第12条第2款
	《陕西省最低工资规定》(2006年)(陕西省人民政府令第109号)	第12条
劳务派遣用工	《劳动合同法》(2012年修正)(主席令第73号)	第58条第2款
非全日用工		第72条
例外情形	《最低工资规定》(劳动和社会保障部令第21号)	第12条第3款
	《陕西省最低工资规定》(2006年)(陕西省人民政府令第109号)	第13条

工资支付的合规管理

2-2-1 工资数额

一、合规要求

（一）合规要求的要点

表 2-2-1 劳动报酬合规事项速查

合规要素	说明
劳动报酬（工资）	用人单位根据国家有关规定或劳动合同的约定，以货币形式直接支付给劳动者的全部工资收入
分配基本原则	按劳分配、同工同酬
管理事项	工资支付项目、工资支付水平、工资支付形式、工资支付对象、工资支付时间以及特殊情况下的工资支付
工资总额的组成部分	1. 计时工资 2. 计件工资 3. 奖金 4. 津贴和补贴 5. 加班加点工资 6. 特殊情况下支付的工资
工资构成	1. 标准工资是指按规定的工资标准计算的工资（包括实行结构工资制的基础工资、职务工资和工龄津贴） 2. 非标准工资是指标准工资以外的各种工资
工资支付时间	1. 工资应当按月支付给劳动者本人。不得克扣或者无故拖欠劳动者的工资 2. 工资必须在用人单位与劳动者约定的日期支付。如遇节假日或休息日，则应提前在最近的工作日支付 3. 工资至少每月支付1次，实行周、日、小时工资制的可按周、日、小时支付工资
工资支付方式	1. 工资应当以货币形式按月支付给劳动者本人 2. 货币形式排除发放实物、发放有价证券等形式
工资数额扣减	1. 代扣代缴： （1）用人单位代扣代缴的个人所得税； （2）用人单位代扣代缴的应由劳动者个人负担的各项社会保险费用； （3）法院判决、裁定中要求代扣的抚养费、赡养费； （4）法律、法规规定可以从劳动者工资中扣除的其他费用 2. 劳动者给用人单位造成经济损失，从工资中扣除赔偿费的 3. 劳动者违反劳动纪律被用人单位降低或者扣除工资的

注：《陕西省企业工资支付条例》第24条规定。具体应以用人单位所在地的规定为准。

(二)合规要求的理解

1. 劳动报酬是与用人单位建立劳动关系的劳动者向用人单位提供劳动的对价,是劳动者唯一或主要的生活来源。既然劳动报酬是劳动者提供劳动的对价,那么劳动报酬的分配就应当以劳动的难易、多少、成果等作为依据;既然劳动报酬是与用人单位建立劳动关系的劳动者所提供劳动之对价,那么劳动报酬就应当支付给劳动者本人。

2. 工资总额与工资类型。用人单位可以根据自身经营情况,依法自主决定本单位的工资水平、工资构成等。应当注意的是,用人单位所确定的工资结构无论如何命名,都应当确定其法律属性。从工资构成项目看,分为标准工资和非标准工资。其中标准工资是指按规定的工资标准计算的工资,包括实行结构工资制的基础工资、职务工资和工龄津贴;非标准工资是指标准工资以外的各种工资。进而对非标准工资部分更要注意其是属于工资总额中的计时工资、计件工资、奖金、津贴和补贴的哪一种。特别是发生了工资争议时,裁审机构也是根据争议工资的法律属性来判断支付的情况。

3. 足额支付工资与克扣工资。

(1)劳动者可得工资分为应发(得)工资和实发(得)工资,二者之间的差额主要体现为:

①用人单位依法代扣代缴部分;

②劳动者依法赔偿用人单位的损失。

(2)克扣工资。

《关于印发〈关于《劳动法》若干条文的说明〉的通知》第50条中规定,"克扣"是指用人单位对履行了劳动合同规定的义务和责任,保质保量完成生产工作任务的劳动者,不支付或未足额支付其工资。因此,"克扣"针对的是应发(得)工资部分。

用人单位无正当理由减少劳动者的应发工资的,特别是用人单位采用含有非标准工资的工资结构时,用人单位应当能够充分证明不发给是有理有据的,否则可能会构成克扣工资。

2-2-2 工资支付时间

一、合规要求

(一)合规要求的要点

表2-2-2 延期支付工资的法律应用流程

阶段	操作流程	操作内容与说明	涉及主体	记录
延期的理解	延期支付工资 → 用人单位不能如期支付工资	1.用人单位可以按照小时、日、周、月为周期支付工资,但至少每月向劳动者支付1次工资。实行年薪制的,用人单位应当按照与劳动者的约定按月支付基本薪金 2.本节之延期依法确定。一般情况下晚于约定或规定支付时间的,属于未及时支付	1.用人单位 2.劳动者	1.劳动合同 2.薪酬管理制度
延期原因	是否因经营困难所致（是/否）	1.因劳动报酬的特殊意义,被法律所允许的延期支付仅限于用人单位经营困难的情况 2.经营困难,一般是指公司的生产经营状况发生严重亏损的情形	1.用人单位 2.劳动者	生产经营困难的证明
延期的程序和时限	与本单位工会或者职工代表协商一致 → 延期不超过30日完成支付 → 用人单位是否及时足额支付 → 是：程序结束；否：属于无故拖欠 5-12 5-14	1.延期支付劳动报酬属于直接涉及劳动者切身利益的事项,且劳动报酬属于劳动合同的必备条款,应当履行民主程序协商一致。民主程序可参见本书9-2民主程序的合规管理 2.延期有最长时限的限制,即延期不超过30日。超过的,有被认定为未及时支付劳动报酬的法律风险;进而劳动者可能会以此为由单方提出解除劳动合同,并要求用人单位支付经济补偿 3.5-12是指本书5-12经济补偿的合规管理。5-14是指本书5-14劳动者单方解除劳动合同的合规管理	1.用人单位 2.劳动者	1.薪酬管理制度 2.关于同意延期支付的协商记录

(二)合规要求的理解

1.关于工资支付的规定。《劳动法》第50条规定,工资应当以货币形式按月支付给劳动者本人。不得克扣或者无故拖欠劳动者的工资。

《关于印发〈工资支付暂行规定〉的通知》第7条规定,工资必须在用人单位与劳动者约定的日期支付。如遇节假日或休息日,则应提前在最近的工作日支付。工资至少每月支付一次,实行周、日、小时工资制的可按周、日、小时支付工资。

2. 及时支付劳动报酬的理解。

(1)拖欠工资。《关于印发〈关于《劳动法》若干条文的说明〉的通知》第50条中规定,"无故拖欠"应理解为,用人单位无正当理由在规定时间内故意不支付劳动者工资。

(2)及时。用人单位应当按约定的支付标准确定劳动者的工资数额,并及时支付给劳动者本人。

3. 延期支付工资与及时支付相对应,延期支付工资是指用人单位向劳动者支付工资的时间因法定原因晚于约定的支付时间,非经法定程序,用人单位不得擅自改变工资支付时间。工资的延期支付具有法律意义。

合规要求详见上表。

二、合规实践

(一)薪酬管理制度

1. 薪酬管理制度的内容至少应当包括：

(1)与工资数额相关的内容,例如工资支付项目、工资支付水平、支付条件等。

(2)与工资支付相关的内容,例如工资支付时间、工资支付形式、工资支付对象。用人单位应当明确各类劳动报酬的结算周期、支付时间；

(3)特殊情况下的工资支付,主要是指劳动者实际未出勤但是按出勤对待的情形下,用人单位应当依法向劳动者支付工资。

2. 一般标准工资部分应当至少每月支付一次且不得低于最低工资标准；当用人单位确定的支付时间恰逢节假日时应当提前支付。

3. 非标准工资部分根据工资的性质,明确支付条件、支付数额、结算方式、结算周期与支付时间。

(二)劳动合同

1. 劳动合同至少应当明确约定劳动报酬的组成、数额、计发条件以及支付时间。

2. 考虑到用人单位可能对薪酬管理制度进行调整,并因此出现管理制度与劳动合同约定不符的情况,故应对管理制度的适用性进行约定,例如在劳动合同中约定"在劳动关系存续过程中,用人单位的薪酬管理制度变更的,当该制度通过民主程序并向劳动者公示的,劳动者同意其劳动报酬依照用人单位的薪酬管理制度执行"。

(三)关于延期支付

1. 生产经营困难的证明。延期支付系因用人单位生产经营困难、资金周转等原因所致的用人单位应当有证据证明生产经营困难属实。一般应当提供连续3个月及以上财务情况等证据予以佐证。

2. 关于同意延期支付的协商记录。若用人单位发生延期支付的情形,须经用人单位与劳动者协商一致,并留存延期支付的原因、延期时限等进行协商及协商结果的相关记录。协商记录中应当体现参与协商的各方主体、协商的时间、地点、协商结果。该记录应由各参与主体签字确认。协商主体是指工会或者职工全员(代表),具体说明详见指引民主程序合规管理的相关内容。

三、其他法律风险提示

用人单位未及时足额向按劳动者支付劳动报酬的,劳动者可单方解除劳动合同,并有权要求用人单位支付经济补偿。

表2-2-3 与工资支付管理相关的其他管理项点

相关要素名称	说明
劳动报酬	用人单位应当依法规定工资支付时间;出现符合延期支付工资的情形的,在依法履行民主程序后,可延期支付工资,但是延期不得超过30日
劳动用工管理	1. 全日制劳动关系的劳动者、被派遣劳动者的劳动报酬都应按照约定的时间及时支付 2. 非全日制劳动者的劳动报酬的结算、支付周期超过15日的,表面上看是延期支付工资,但更本质的问题是可能会使非全日制劳动关系转换为全日制劳动关系
劳动合同管理	劳动合同中除了约定工资标准外,还应约定工资的结算周期和支付时间
劳动合同解除	用人单位无正当理由未及时向劳动者支付劳动报酬的,劳动者有权单方解除劳动合同,并要求用人单位支付经济补偿

表2-2-4 法律分析之劳动报酬(工资)的定义

文件名称及文号	法条序号
劳动部办公厅《关于印发〈关于《劳动法》若干条文的说明〉的通知》(劳办发〔1994〕289号)	第3条第3款
劳动部《关于印发〈工资支付暂行规定〉的通知》(劳部发〔1994〕489号)	第3条
劳动部《关于印发〈关于贯彻执行《中华人民共和国劳动法》若干问题的意见〉的通知》(劳部发〔1995〕309号)	第53条
《陕西省企业工资支付条例》(2015年修正)(陕西省人民代表大会常务委员会公告第16号)	第43条

表2-2-5 法律分析之劳动报酬的分配原则

文件名称及文号	法条序号
《劳动法》(2018年修正)(主席令第24号)	第46条、第47条
劳动部办公厅《关于印发〈关于《劳动法》若干条文的说明〉的通知》(劳办发〔1994〕289号)	第46条、第47条
劳动部《关于印发〈工资支付暂行规定〉的通知》(劳部发〔1994〕489号)	第17条

表2-2-6 法律分析之劳动报酬管理的事项

文件名称及文号	法条序号
劳动部《关于印发〈工资支付暂行规定〉的通知》(劳部发[1994]489号)	第4条

表2-2-7 法律分析之工资总额及不列入的项目

内容	文件名称及文号	法条序号
定义	国家统计局《关于工资总额组成的规定》(国家统计局令第1号)	第3条
定义	国家统计局《关于工资总额组成的规定》若干具体范围的解释(统制字[1990]1号)	第1条
不列入工资总额的	国家统计局《关于工资总额组成的规定》(国家统计局令第1号)	第11条
不列入工资总额的	国家统计局《关于工资总额组成的规定》若干具体范围的解释(统制字[1990]1号)	第4条

表2-2-8 法律分析之工资总额的组成部分

本节的法律依据(如无特别说明指本规定)为国家统计局《关于工资总额组成的规定》(国家统计局令第1号,1990年1月1日)

		法条内容	
第4条	计时工资	第5条规定:"计时工资是指按计时工资标准(包括地区生活费补贴)和工作时间支付给个人的劳动报酬。包括: (一)对已做工作按计时工资标准支付的工资; (二)实行结构工资制的单位支付给职工的基础工资和职务(岗位)工资; (三)新参加工作职工的见习工资(学徒的生活费); (四)运动员体育津贴。"	
第4条	计件工资	第6条规定:"计件工资是指对已做工作按计件单价支付的劳动报酬。包括: (一)实行超额累进计件、直接无限计件、限额计件、超定额计件等工资制,按劳动部门或主管部门批准的定额和计件单价支付给个人的工资; (二)按工作任务包干方法支付给个人的工资; (三)按营业额提成或利润提成办法支付给个人的工资。"	
第4条	奖金	第7条规定:"奖金是指支付给职工的超额劳动报酬和增收节支的劳动报酬。包括: (一)生产奖; (二)节约奖; (三)劳动竞赛奖; (四)机关、事业单位的奖励工资; (五)其他奖金。"	《关于工资总额组成的规定》若干具体范围的解释(统制字[1990]1号,1990年1月1日) 第2条规定:"关于奖金的范围 (一)生产(业务)奖包括超产奖、质量奖、安全(无事故)奖、考核各项经济指标的综合奖、提前竣工奖、外轮速遣奖、年终奖(劳动分红)等。 (二)节约奖包括各种动力、燃料、原材料等节约奖。 (三)劳动竞赛奖包括发给劳动模范、先进个人的各种奖和实物奖励。 (四)其他奖金包括从兼课酬金和业余医疗卫生服务收入提成中支付的奖金等。" 第6条规定:"奖金范围内的节约奖、从兼课酬金和医疗卫生服务收入提成中支付的奖金及津贴和补贴范围内的各种价格补贴,在统计报表中单列统计。"

续表

本节的法律依据(如无特别说明指本规定)为国家统计局《关于工资总额组成的规定》(国家统计局令第1号,1990年1月1日)

		法条内容	
第4条	津贴和补贴	第8条规定:"津贴和补贴是指为了补偿职工特殊或额外的劳动消耗和因其他特殊原因支付给职工的津贴,以及为了保证职工工资水平不受物价影响支付给职工的物价补贴。 (一)津贴。包括:补偿职工特殊或额外劳动消耗的津贴,保健性津贴,技术性津贴,年功性津贴及其他津贴。 (二)物价补贴。包括:为保证职工工资水平不受物价上涨或变动影响而支付的各种补贴。"	《关于工资总额组成的规定》若干具体范围的解释(统制字[1990]1号,1990年1月1日) 第3条规定:"关于津贴和补贴的范围 (一)津贴。包括: 1.补偿职工特殊或额外劳动消耗的津贴。具体有:高空津贴、井下津贴、流动施工津贴、野外工作津贴、林区津贴、高温作业临时补贴、海岛津贴、艰苦气象台(站)津贴、微波站津贴、高原地区临时补贴、冷库低温津贴、基层审计人员外勤工作补贴、学校班主任津贴、三种艺术(舞蹈、武功、管乐)人员工种补贴、运动队班(队)干部驻队补贴、公安干警值勤岗位津贴、环卫工人岗位津贴、广播电视天线工岗位津贴、盐业岗位津贴、废品回收人员岗位津贴、殡葬特殊行业津贴、城市社会福利事业单位津贴、环境监测津贴、收容遣送岗位津贴等。 2.保健性津贴。具体有:卫生防疫津贴、医疗卫生津贴、科技保健津贴、各种社会福利院职工特殊保健津贴等。 3.技术性津贴。具体有:特级教师补贴、科研津贴、工人技师津贴、中药老药工技术津贴、特殊教育津贴等。 4.年功性津贴。具体有:直接支付给个人的伙食津贴(火车司机和乘务员的乘务津贴、航行和空勤人员伙食津贴、水产捕捞人员伙食津贴、专业车队汽车司机行车津贴、小伙食单位补贴等)、合同制职工的工资性补贴以及书报费等。 (二)补贴。包括: 为保证职工工资水平不受物价上涨或变动影响而支付的各种补贴,如肉类等价格补贴、副食品价格补贴、食价补贴、煤价补贴、房贴、水电站等。"
	加班加点工资	第9条规定:"加班加点工资是指按规定支付的加班工资和加点工资。"	
	特殊情况下支付的工资	第10条规定:"特殊情况下支付的工资。包括: (一)根据国家法律、法规和政策规定,因病、工伤、产假、计划生育假、婚丧假、事假、探亲假、定期休假、停工学习、执行国家或社会义务等原因按计时工资标准或计时工资标准的一定比例支付的工资; (二)附加工资、保留工资。"	最高人民法院《关于审理拒不支付劳动报酬刑事案件适用法律若干问题的解释》(法释[2013]3号) 第1条规定:"劳动者依照《中华人民共和国劳动法》和《中华人民共和国劳动合同法》等法律的规定应得的劳动报酬,包括工资、奖金、津贴、补贴、延长工作时间的工资报酬及特殊情况下支付的工资等,应当认定为刑法第二百七十六条之一第一款规定的'劳动者的劳动报酬'。"

表2-2-9 法律分析之工资类型

文件名称及文号	法条序号
国家统计局《关于工资总额组成的规定》若干具体范围的解释(统制字[1990]1号)	第5条

表 2-2-10　法律分析之劳动者劳动报酬的确定形式

文件名称及文号	法条序号
《劳动合同法》(2012 年修正)(主席令第 73 号)	第 11 条 注:本条是未书面约定
	第 18 条 注:本条是有约定但不明确
《陕西省企业工资支付条例》(2015 年修正)(陕西省人民代表大会常务委员会公告第 16 号)	第 7 条

表 2-2-11　法律分析之几个特殊情况下的工资

内容	文件名称及文号	法条序号
用人单位分立、合并、破产的	劳动部《关于印发〈工资支付暂行规定〉的通知》(劳部发〔1994〕489 号)	第 14 条
	《陕西省企业工资支付条例》(2015 年修正)(陕西省人民代表大会常务委员会公告第 16 号)	第 27 条
劳动合同无效的	《劳动合同法》(2012 年修正)(主席令第 73 号)	第 28 条
劳动合同解除/终止的	劳动部《关于印发〈工资支付暂行规定〉的通知》(劳部发〔1994〕489 号)	第 9 条
	《陕西省企业工资支付条例》(2015 年修正)(陕西省人民代表大会常务委员会公告第 16 号)	第 13 条
劳动者有特殊情况的	劳动部《关于印发〈对《工资支付暂行规定》有关问题的补充规定〉的通知》(劳部发〔1995〕226 号)	第 5 条
	《陕西省企业工资支付条例》(2015 年修正)(陕西省人民代表大会常务委员会公告第 16 号)	第 23 条
不定时工作制的工资	劳动部《关于职工工作时间有关问题的复函》(劳部发〔1997〕271 号)	第 8 条

表 2-2-12　法律分析之工资支付时间

文件名称及文号	法条序号
《劳动法》(2018 年修正)(主席令第 24 号)	第 50 条
劳动部《关于印发〈工资支付暂行规定〉的通知》(劳部发〔1994〕489 号)	第 7 条、第 8 条
《陕西省企业工资支付条例》(2015 年修正)(陕西省人民代表大会常务委员会公告第 16 号)	第 9 条、第 26 条

表 2-2-13　法律分析之工资支付方式

文件名称及文号	法条序号
《劳动法》(2018 年修正)(主席令第 24 号)	第 50 条
《劳动合同法》(2012 年修正)(主席令第 73 号)	第 30 条
劳动部办公厅《关于印发〈关于《劳动法》若干条文的说明〉的通知》(劳办发〔1994〕289 号)	第 50 条
劳动部《关于印发〈工资支付暂行规定〉的通知》(劳部发〔1994〕489 号)	第 5 条、第 6 条
《陕西省企业工资支付条例》(2015 年修正)(陕西省人民代表大会常务委员会公告第 16 号)	第 10 条、第 11 条

表 2-2-14　法律分析之工资数额扣减

内容	文件名称及文号	法条序号
代扣代缴	劳动部《关于印发〈工资支付暂行规定〉的通知》(劳部发〔1994〕489 号)	第 15 条
代扣代缴	《陕西省企业工资支付条例》(2015 年修正)(陕西省人民代表大会常务委员会公告第 16 号)	第 12 条
赔偿/违纪扣除	劳动部《关于印发〈工资支付暂行规定〉的通知》(劳部发〔1994〕489 号)	第 16 条
赔偿/违纪扣除	《陕西省企业工资支付条例》(2015 年修正)(陕西省人民代表大会常务委员会公告第 16 号)	第 24 条

表 2-2-15　法律分析之克扣工资

文件名称及文号	法条序号
劳动部办公厅《关于印发〈关于《劳动法》若干条文的说明〉的通知》(劳办发〔1994〕289 号)	第 50 条
劳动部《关于印发〈关于贯彻执行《中华人民共和国劳动法》若干问题的意见〉的通知》(劳部发〔1995〕309 号)	第 63 条
劳动部《关于印发〈对《工资支付暂行规定》有关问题的补充规定〉的通知》(劳部发〔1995〕226 号)	第 3 条

表 2-2-16　法律分析之拖欠工资

文件名称及文号	法条序号
劳动部办公厅《关于印发〈关于《劳动法》若干条文的说明〉的通知》(劳办发〔1994〕289 号)	第 50 条
劳动部《关于印发〈关于贯彻执行《中华人民共和国劳动法》若干问题的意见〉的通知》(劳部发〔1995〕309 号)	第 63 条
劳动部《关于印发〈对《工资支付暂行规定》有关问题的补充规定〉的通知》(劳部发〔1995〕226 号)	第 4 条
《陕西省企业工资支付条例》(2015 年修正)(陕西省人民代表大会常务委员会公告第 16 号)	第 34 条、第 35 条

表 2-2-17　法律分析之与工资支付有关的法律责任

文件名称及文号	法条序号
《劳动合同法》(2012 年修正)(主席令第 73 号)	第 85 条
《最低工资规定》(劳动和社会保障部令第 21 号)	第 13 条
《陕西省最低工资规定》(2006 年)(陕西省人民政府令第 109 号)	第 15 条
最高人民法院《关于审理拒不支付劳动报酬刑事案件适用法律若干问题的解释》(法释〔2013〕3 号)	逃避支付劳动报酬的认定　第 2 条
最高人民法院《关于审理拒不支付劳动报酬刑事案件适用法律若干问题的解释》(法释〔2013〕3 号)	数额较大的认定　第 3 条
最高人民法院《关于审理拒不支付劳动报酬刑事案件适用法律若干问题的解释》(法释〔2013〕3 号)	责令支付后仍不支付的　第 4 条
最高人民法院《关于审理拒不支付劳动报酬刑事案件适用法律若干问题的解释》(法释〔2013〕3 号)	造成严重后果的认定　第 5 条
最高人民法院《关于审理拒不支付劳动报酬刑事案件适用法律若干问题的解释》(法释〔2013〕3 号)	不认为是犯罪可以减轻或免除刑事处罚可以从轻处罚　第 6 条第 1 款
最高人民法院《关于审理拒不支付劳动报酬刑事案件适用法律若干问题的解释》(法释〔2013〕3 号)	免除刑事处罚的认定　第 6 条第 2 款
最高人民法院《关于审理拒不支付劳动报酬刑事案件适用法律若干问题的解释》(法释〔2013〕3 号)	可以酌情从宽处罚的认定　第 6 条第 3 款
最高人民法院《关于审理拒不支付劳动报酬刑事案件适用法律若干问题的解释》(法释〔2013〕3 号)	责任主体　第 7 条、第 8 条、第 9 条
《陕西省企业工资支付条例》(2015 年修正)(陕西省人民代表大会常务委员会公告第 16 号)	第 36 条、第 37 条、第 38 条

2-3 绩效工资的合规管理

一、合规要求

(一)合规要求的要点

表2-3-1 绩效工资支付的法律应用流程

阶段	操作流程	操作内容与说明	涉及主体	记录
绩效工资的规定或约定	绩效工资支付→工资构成包含绩效工资的约定或规定→绩效工资支付的条件、方式、周期	1.绩效工资属于工资总额的一个组成部分,以工作表现/成果作为计发的依据 2.作为劳动报酬的组成部分,应当在劳动合同中事先约定 3.用人单位也可在薪酬管理制度中规定 4.绩效工资因与工作成果紧密相关,因此绩效工资的支付条件、比例、标准、方式应当事先明确	1.用人单位 2.劳动者	1.绩效工资管理制度 2.劳动合同 3.工作目标告知文本
考核程序	企业根据既定的支付条件进行考核→考核结果是否符合支付条件	1.考核程序起着承上启下的作用,是绩效工资支付的必备程序 2.用人单位应当让劳动者对其绩效考核结果进行书面确认	1.用人单位 2.劳动者	1.考核过程记录 2.考核结果
绩效工资支付	符合→确定支付数额→根据约定或规定的方式、周期支付；不符合→不支付；用人单位是否及时足额支付→是；否→5-12、5-14→程序结束	1.经过考核,劳动者的工作成果符合绩效工资支付条件的,用人单位应当按工作成果对应的支付标准、比例、方式和时间支付 2.不符合预先约定或规定的支付条件的,用人单位可不予支付 3.符合支付条件,但用人单位未及时足额支付的,劳动者有权单方解除劳动合同并要求用人单位向其支付经济补偿 4.5-12是指本书5-12经济补偿的合规管理,5-14是指本书5-14劳动者单方解除劳动合同的合规管理	1.用人单位 2.劳动者	绩效工资计算记录

(二) 合规要求的理解

1. 绩效工资的本意是按劳分配、多劳多得原则的体现,从国家统计局《关于工资总额组成的规定》第4条规定的工资总额组成部分看,绩效工资可以是计件工资性质,也可以是奖金性质。用人单位可以自行设置支付条件、支付标准、支付比例等具体事项。

(1) 作为计件工资。就是用人单位对劳动者直接劳动成果支付的对价。根据国家统计局《关于工资总额组成的规定》第6条规定:"计件工资是指对已做工作按计件单价支付的劳动报酬。包括:(一) 实行超额累进计件、直接无限计件、限额计件、超定额计件等工资制,按劳动部门或主管部门批准的定额和计件单价支付给个人的工资;(二) 按工作任务包干方法支付给个人的工资;(三) 按营业额提成或利润提成办法支付给个人的工资。"

(2) 作为奖金。国家统计局《关于工资总额组成的规定》第7条规定,奖金是指支付给职工的超额劳动报酬和增收节支的劳动报酬。也可以进一步分为劳动报酬性质的和福利性质的。

①如果是劳动报酬性质的,无论用人单位设置了怎样的限制性支付条件,只要是劳动者基于其劳动本身应得的对价,劳动者都有权获得。

②如果是福利性质的,用人单位可自行规定支付条件、支付标准、支付时间等与支付相关的具体事项,且该规定应当经过民主程序、公示程序。

虽然用人单位对福利性质奖金的发与不发、发多少等具有自主权,但是一旦支付给劳动者,就成为了工资总额中的奖金。

2. 绩效工资的关键节点——考核程序。绩效工资的本意是对劳动者工作过程表现或工作结果进行评价或衡量,是将企业的经营目标分解为劳动者个人工作任务后的完成度的体现。用人单位根据劳动者具体工作任务的完成情况以及对用人单位经营目标实现的贡献度进行的利益分配。因此,要确定劳动者工作成果的绩与效,一定会有一个确认程序,这个确认程序就是绩效考核(考评)过程。而这个过程的核心在于将劳动者的工作实际完成情况与预设目标进行比对,看预设目标的实际完成率,以及该完成率是否符合支付绩效工资的条件;符合支付条件的,应再进一步确定应当支付的绩效工资的标准和比例。

据此,未经有效的考核或评价,即便被命名为绩效工资,在司法实践中也会倾向于被认定为是劳动者的固定劳动报酬,用人单位无正当事由不得以未完成绩效为由扣除。

二、合规实践

(一) 绩效工资管理制度

绩效工资管理至少应当包括适用范围、绩效设定、考评过程、绩效工资的计算和支付等几方面。

1. 绩效设定原则。绩效工资应当以岗位、职务、职责作为基础,是对劳动者工作成果及对用人单位经营目标达成的贡献度的肯定。

2. 明确绩效工资的适用范围。

(1)根据同工同酬、按劳分配的基本原则,与用人单位建立了劳动关系的劳动者都属于适用主体。

(2)若用人单位有劳动派遣用工的,根据同工同酬的原则,被派遣劳动者也应当适用。

(3)除自有的具有劳动关系的劳动者外,用人单位如有借调用工等与用人单位没有劳动关系的劳动者是否适用,则由用人单位与劳动者劳动关系所在用人单位协商确定。

3. 绩效设定。

(1)根据不同的岗位、工作职责设定具体工作目标。

(2)绩效工资的具体内容、计发条件、计发标准、计发时间等。

(3)设置不同的目标达成率所对应的计发比例。

4. 考评过程。考评过程是绩效工资支付实现的基石,考评过程至少应当包括以下内容:

(1)考评实施主体、被考评的对象;

(2)考评周期、考评方式(形式)、考评指标、得分标准和依据、各种考评方式的得分权重等;

(3)考评结果的确定及劳动者异议程序。

5. 绩效工资的计算和支付。

(1)包含两个程序,一是根据考评结果判断是否需要向劳动者支付绩效工资,以及需要支付多少数额的绩效工资;二是根据已确定的应支付的绩效工资数额,向劳动者实际支付。

(2)据此可知,在绩效考评过程中涉及的主体较多,用人单位至少应当:

①确定绩效工资管理全过程各阶段的责任部门、配合部门;

②明确重要节点必要的审批权限;

③确定相关资料流转过程;

④确定相关信息的沟通过程。

6. 多种用途。绩效工资的考核过程涉及劳动者岗位职责的履行情况,必要时,也可以作为劳动者对其岗位胜任性的判断依据。当劳动者出现不胜任工作的情况时,用人单位即可启动变更工作岗位/内容的程序。因此,在绩效工资管理制度中,也可纳入岗位胜任、调岗的相关程序和内容。

(二)劳动合同

1. 绩效工资属于劳动报酬,劳动报酬是劳动合同的必备条款,故应当在劳动合同中予以约定；或者根据实际情况进行适时调整，例如，可以签订劳动合同的补充条款。

2.若劳动者入职时用人单位尚没有实行绩效工资，或者劳动者初入职时还不适用绩效工资的，可以考虑签订劳动合同的补充协议，或者以绩效工资管理制度的适用范围来确认劳动者是否适用。

（三）工作目标告知记录

1.向劳动者告知工作目标是考核程序的前提条件之一，告知形式可以是用人单位和劳动者的协议，也可以是劳动者的单方承诺，目的就是让劳动者清楚知晓自己的工作目标。

2.记录应明确劳动者的考核周期、工作目标、考核方式、考核程序等。如果用人单位有适用的管理制度的，可以简要说明为"考核依照×××制度执行"。

（四）考核过程记录

考核过程，也可以是评价过程，是将绩效工资管理评价运用于劳动者工作成果与既定目标的达成率或一致性比对的过程。应注意以下几方面：

（1）因岗位、职务而异。

（2）考核过程中尽量采用可量化的、客观的方式或者标准，尽可能避免主观意愿较强的方式；如果不得不采用较为主观化的方式，则应注意让主观方式尽可能变得客观化。

（3）考核结果应当向劳动者本人公开，并允许其陈述和申辩。

（4）针对绩效工资的争议，对绩效工资数额的异议只是现象，其本质是用人单位确定是否支付以及支付数额的过程。

（5）用人单位根据劳动者的工作完成情况，根据既定的考核周期、方式和程序对劳动者的目标达成情况进行考核或者评定。

（6）全部过程应当保留可查询、可追溯的记录。

（五）考核结果

1.考核结果应当通知本人，用人单位留存劳动者已收悉的记录。劳动者对结果无异议的，还应保留劳动者无异议的确认记录。

2.应当设置劳动者本人对考核结果的异议及处理程序。处理程序包含：

（1）负责处理的责任部门；

（2）劳动者提出异议的方式（如异议处理申请书）；

（3）用人单位对劳动者异议的处理程序，如调查、讨论以及处理结论。

3.全部过程应当保留可查询、可追溯的记录。

（六）绩效工资计算记录

1.本项记录是计算绩效工资支付数额的过程体现，以工作目标告知文本、考评结果、绩效工资支付管理制度为依据。

2. 未经用人单位和劳动者协商一致,或者未经法定程序制定、修改相关制度,用人单位不得单方改变计算方法。

3. 记录应当明确计算依据、计算过程和计算结果,即绩效工资具体数额 = 目标达成率 × 支付标准 × 支付比例。例如,预设达成率 100% 的可获得绩效工资 1000 元,达成率为 80% 的可获得 1000 元的 80% 即 800 元。

这时,应当有确定目标达成率、支付标准(1000 元)、支付比例(80%)的相关依据。

三、其他法律风险提示

用人单位未及时足额支付绩效工资的,劳动者有权单方解除劳动合同并要求用人单位支付经济补偿。

表 2-3-2 与绩效工资管理相关的其他管理项点

相关要素名称	说明
劳动用工管理	绩效工资一般是针对与用人单位建立了全日制劳动关系的劳动者
劳动合同管理	劳动合同中应当对劳动者的劳动报酬进行明确约定,必要时签订变更协议
变更工作地点/内容管理	绩效工资因岗而异,劳动者的工资岗位/内容发生变化时应当根据具体工作岗位及时调整
劳动合同解除管理	用人单位确有未及时足额向劳动者支付绩效工资的情况的,劳动者有权单方解除劳动合同,并要求用人单位支付经济补偿
规章制度的制定与适用	用人单位针对绩效工资制度的管理制度、决定等,务必履行民主程序、公示程序

注:法律分析图参见 2-2 工资支付的合规管理。

日/小时工资折算的合规管理

一、合规要求

(一)合规要求的要点

表2-4-1　工作日及日/小时工资折算速查

合规要素		
工作日计算	年工作日	365天-104天(休息日)-11天(法定节假日)=250天
	季工作日	250天÷4季=62.5天/季
	月工作日	250天÷12月=20.83天/月
年、季、月工作小时数的计算		以年、季、月的工作日乘以每日的8小时
月计薪天数		(365天-104天)÷12月=21.75天
日工资		月工资收入÷月计薪天数
小时工资		月工资收入÷(月计薪天数×8小时)

(二)合规要求的理解

1. 工作日。工作日是指日历日中除了休息时间、法定节假日以外的工作时间。

2. 月计薪天数。计薪天数是用人单位应当给劳动者支付工资的天数。应当注意月计薪天数和月工作日的区别。月计薪天数21.75天＞月工作日20.83天,因为除了劳动者实际提供了劳动的工作日外,11天的法定节假日也属于应当支付工资的时间。周休日是劳动者的休息时间,用人单位无须支付工资。

3. 日/小时工资的用途。核算劳动者的加班工资、未休带薪年休假工资等时,需要以日工资、小时工资为计算基础。

4. 实际计薪天数与法定月计薪天数。实务中,每月实际的计薪天数=当月的工作日天数+法定节假日天数(如有),其得数必然不是21.75天。若按照21.75天折算劳动者的日工资,并计算劳动者当月的应发工资时,还要计算21.75天和当月实际计薪天数的比例,即当月计薪天数是21天时,二者比例就是21.75天/21天;当月计薪天数是22天时,就是21.75天/22天。

例如,劳动者月薪3000元,当月应出勤22天,无法定节假日,劳动者无薪休假1天,其当月应发薪天数为21天,则:

应发工资 = 3000 元 ÷ 21.75 天 × 21 天 × (21.75 天 ÷ 22 天)。

二、合规实践

1. 从上述说明可知，折算日工资、小时工资时，最重要的是确定劳动者的月薪。确定月薪的依据主要是：

(1) 薪酬管理制度；

(2) 劳动报酬的约定或规定。

2. 固定数额薪酬的，例如，约定 5000 元/月，那么，该 5000 元就是折算日/小时工资的月薪；薪酬有结构的，应当区分固定工资和浮动工资。根据国家统计局《关于工资总额组成的规定》若干具体范围的解释第 5 条第 1 款的规定，固定工资包括基础工资、职务工资和工龄津贴。

3. 劳动合同未约定劳动报酬或者约定不明确的，司法实践中会倾向于按照用人单位实际支付数额确定劳动者的月工资收入。

三、其他法律风险提示

计算加班工资的日工资、小时工资折算有误的，可能导致用人单位未足额支付加班工资的法律风险。

表 2-4-2　与日/小时工资折算管理相关的其他管理项点

相关要素名称	说明
劳动报酬	用于确定劳动者月工资数额
订立书面劳动合同	
加班工资管理	是指计算小时加班工资和日加班工资时的计算基数
带薪年休假管理	计算未休年休假工资报酬的日工资收入按照职工本人的月工资除以月计薪天数 21.75 天进行折算

表 2-4-3　法律分析之日/小时工资的折算

文件名称及文号	法条序号
劳动和社会保障部《关于职工全年月平均工作时间和工资折算问题的通知》(劳社部发〔2008〕3 号)	第 2 条

加班工资的合规管理

一、合规要求

(一)合规要求的要点

1. 标准工时工作制的加班工资。

表2-5-1 标准工时工作制下加班工资支付的法律应用流程

阶段	操作流程	操作内容与说明	涉及主体	记录
是否属于加班	标准工时工作制的加班工资支付 → 加班确认程序	1. 无论是用工过程中正常的计发加班工资,还是发生加班工资争议时,用人单位是否应当向劳动者支付加班工资取决于劳动者是否存在符合用人单位加班管理规定的"加班事实" 2. 加班发生时间不同,加班工资的标准亦不同,因此应通过各工时的加班确认程序加以确认	1. 用人单位 2. 劳动者	1. 加班管理制度 2. 加班工资管理制度
加班工资计算基数	确定加班时长 → 确定加班工资计算基数	1. 属于加班的,应当确认加班加点的时长 2. 计算加班工资的小时/日工资一般以劳动者正常出勤时取得的固定部分的数额为基数 3. 加班工资支付比例的理解:在正常出勤时的小时/日工资的基础上,按法定倍数计发;换言之,同样都是1小时的工作时间,加班时的工资单价不得低于正常出勤时的工资单价	1. 用人单位 2. 劳动者	1. 加班申请单 2. 考勤记录 3. 关于加班工资计算基数的协议(如劳动合同)

续表

阶段	操作流程	操作内容与说明	涉及主体	记录
加班工资的计算过程	区分加班发生日的属性 → 工作日加班（按小时/日工资的150%计算加班工资）／周休日加班（可调休；不能调休的，应当按小时/日工资的200%计算加班工资）／法定节假日加班（按小时/日工资的300%计算加班工资）→ 用人单位是否依法支付加班工资：否→5-12、5-14；是→程序结束	1.在加班工资的具体计算过程中，区分加班发生的时间是在工作日、周休日还是法定节假日，其加班工资倍数不同 2.对于周休日加班的，用人单位可单方决定安排补休，不能补休的依法支付加班工资 3.对于法定节假日和工作日的加班不得以调休方式代替支付加班工资 4.法定节假日加班工资的300%，是指在原本应当发放的日工资以外，再按300%的倍数支付加班工资 5.若用人单位未及时足额支付的，劳动者有权单方解除劳动合同并要求用人单位向其支付经济补偿 6.5-12是指本书5-12经济补偿的合规管理，5-14是指本书5-14劳动者单方解除劳动合同的合规管理	1.用人单位 2.劳动者	1.考勤记录 2.调休休假请假单 3.工资单及支付记录

2. 综合计算工时工作制的加班工资。

表2-5-2 综合计算工时工作制的加班工资支付的法律应用流程

阶段	操作流程	操作内容与说明	涉及主体	记录
是否适用加班	综合计算工时工作制的加班工资支付 → 综合计算工时工作制下确认加班的程序	综合计算工时工作制的"加班"与标准工时工作制有所不同，因此，是否属于应当支付加班工资的"加班"，应当具体判断	1.用人单位 2.劳动者	1.工时管理制度 2.加班管理制度 3.加班工资管理制度

续表

阶段	操作流程	操作内容与说明	涉及主体	记录
计算基数	确定加班工资计算基数	计算加班工资首先应当确定计算加班工资的工资基数。关于日工资、小时工资的折算参见工作日/小时工资折算	1. 用人单位 2. 劳动者	1. 加班申请单 2. 考勤记录 3. 关于加班工资计算基数的协议（如劳动合同）
加班工资的分类计算	区分加班发生日期的属性→超出周期内总工作时间时长部分／法定节假日加班→按小时/日工资的150%计算加班工资／按小时/日工资的300%计算加班工资→用人单位是否依法支付加班工资→否：5-12、5-14／是：程序结束	1. 综合计算工时工作制的加班工资与标准工时工作制不同的是，只分为超出周期内总工作时长的加班和法定节假日的加班 2. 加班工资的计发分为按150%和300%计算的情况，无按200%支付加班工资的情况 3. 若用人单位未及时足额支付的，劳动者有权单方解除劳动合同并要求用人单位向其支付经济补偿 4. 5-12是指本书5-12经济补偿的合规管理，5-14是指本书5-14劳动者单方解除劳动合同的合规管理	1. 用人单位 2. 劳动者	1. 考勤记录 2. 调休休假请假单 3. 工资单及支付记录

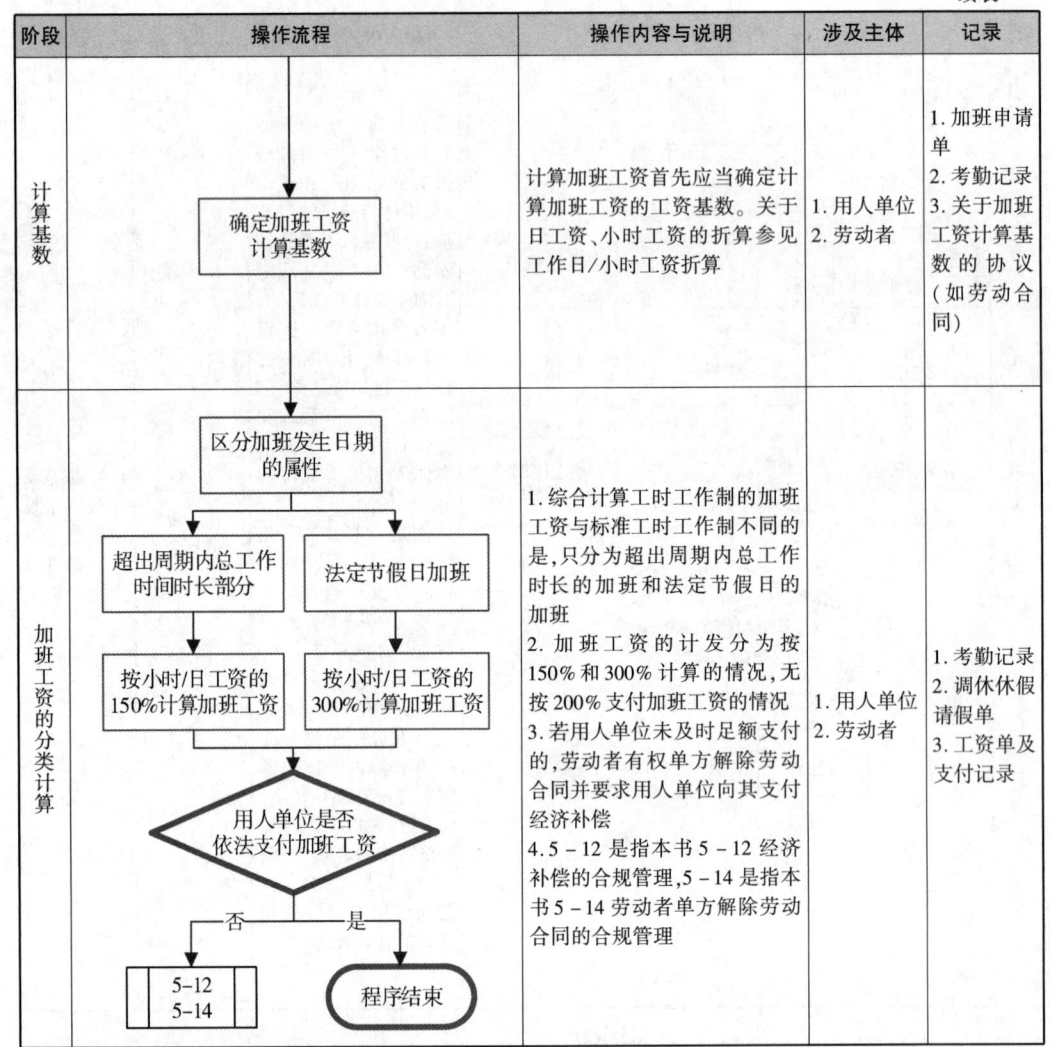

（二）合规要求的理解

1. 加班工资支付的基本思路。

（1）明确劳动者主张的加班工资对应的时间→明确劳动者适用的工时制度→约定/规定的工作时间→"劳动者主张的加班时间"是否在约定/规定的工作时间以外→若是，则属于加班→属于加班的，依法支付加班工资。

（2）本书3-2章节说明了加班认定的4个步骤，在具体的加班工资争议中，这4步用来确定是否存在支付加班工资的基础，如果确实存在加班，用人单位就要向劳动者支付加班工资。而加班工资的支付在前4步加班认定完成后，还有接下来的2步，具体如下：

①加班工资计算。

a. 劳动者在工作日延长工作时间的，按照不低于劳动者本人工资的150%支付加班工资。

b.劳动者在休息日工作,不能安排同等时间补休的,按照不低于劳动者本人工资的200%支付加班工资(只适用于标准工时制,不适用于综合计算工时工作制和不定时工作制)。

c.劳动者在法定节假日工作的,按照不低于劳动者本人工资的300%支付加班工资。

②加班工资的支付。

用人单位应按月向劳动者本人足额支付加班工资。

2.加班工资的计算基数。

(1)根据《劳动法》等相关法律规定,计算加班工资的基数为"本人日/小时工资"。也就是说,劳动者在正常工作时间的日工资为80元(10元/小时)的,那么劳动者每日/每小时的加班工资应当以该80元/日或10元/小时为基础,并按照法定比例计算具体数额。简单示例:工作日延点的小时加班工资就是15元/小时,休息日的小时加班工资就是20元,法定节假日的小时加班工资就是30元。

(2)在实务中,还有几种常见的情况。

①在约定的月薪外又单独约定了一个固定数额作为加班工资。

对于该项约定,最终还是要看劳动者的实际加班时间依法应获得的加班工资与该固定数额之间是否有差额。该固定数额少于应发加班工资的,用人单位应当补足。

②劳动合同中约定"已约定的月薪里包含了加班工资"。

对于该项约定,主要是考察劳动者每月的正常工作时间对应的工资是否低于最低工资标准。不低于的,视为已足额支付工资;低于的,应当补足与最低工资标准之间的差额。

3.加班工资的支付比例。

(1)标准工时制的加班工资支付问题。

①劳动者在工作日的工作时间超过8小时的:

超过部分视为法定标准工作时间以外的延长工作时间,应当按照不低于劳动合同约定的劳动者本人日或小时工资标准的150%支付加班工资。

②劳动者在休息日工作的:

A.用人单位可先安排与劳动者的加班时长同等时长的调休;

B.不能安排补休的,按照不低于劳动合同规定的劳动者本人日或小时工资标准的200%支付加班工资。

应当注意的是:

a.加班调休仅适用于休息日加班的情形,不能适用于工作日延点加班和法定节假日加班;

b.调休或按200%的比例支付加班工资仅存在于标准工时工作制;

c.无论不能调休/补休是什么原因造成的,从结果看,只要劳动者未实际补休的,用人单位都应支付休息日的加班工资。

③若劳动者工作时间在法定节假日的,视为法定节假日加班,应当按照不低于劳动合同约定的劳动者本人日或小时工资标准的300%支付劳动者工资。

(2)综合计算工时工作制的加班工资支付问题。

因综合计算工时工作制的特点,该工时制的加班时间分为两类:法定标准工作时间以外延长工作时间的加班和法定节假日加班。

①劳动者在一个计算周期内的综合计算工作时间超过法定标准工作时间的部分,应视为延长工作时间,用人单位应当按照劳动者本人日或小时工资标准的150%支付加班工资。

②劳动者的工作时间恰逢法定节假日的,用人单位应当按照劳动者本人日或小时工资标准的300%支付加班工资。

③劳动者的工作日正好是周休息日的,一般属于正常工作,用人单位无须支付加班工资。但是若该日的工作时间属于前述①的情形的,则应当依法支付加班工资。

(3)不定时工作制是否支付加班工资的问题。

除非用人单位所在地有支付加班工资的相关规定,否则不定时工作制下用人单位则无须支付加班工资。

例如,根据《上海市企业工资支付办法》第13条第3款的规定,经人力资源社会保障行政部门批准实行不定时工时制的劳动者,在法定休假节日由企业安排工作的,按照不低于劳动者本人日或小时工资的300%支付加班工资。

二、合规实践

(一)加班工资管理制度

1.适用工时。

(1)明确标准工时制和综合计算工时制的加班工资计算标准;

(2)若用人单位所在地要求不定时工作制适用加班的,应依法确定计算标准。

2.适用对象。

适用对象应当是包含试用期劳动者在内的全部全日制劳动关系的劳动者;有劳务派遣用工的,也应向被派遣劳动者支付加班工资。

3.规范加班工资支付的相关操作流程。

(1)注重对加班事实的确认,具体操作内容可参见本书3-2不同工时制下加班认定的合规管理;

(2)确定加班的发生日、加班时长、加班工资计算基数及计算比例等。计算基数不应低于劳动者本人法定工作时间内的日/小时工资标准;

(3)加班工资作为劳动报酬的组成部分,应当按月及时足额支付。但休息日加班的,依法可以先予以调休；未能调休的，依法支付加班工资。

（二）调休休假请假单

1. 针对休息日加班，法律允许先安排调休，因此，用人单位应当设置关于"休息日加班调休"的记录，如调休申请单，记录中应当能够辨别劳动者的休息所属类别，如事假、各类带薪假期、用人单位福利假、加班调休假等。

该类请假单，可以是一表多用，也可专假专表。

2. "休息日加班调休"记录至少包含以下内容：

（1）劳动者姓名；

（2）用人单位安排的或劳动者申请的调休的起止时间、该调休对应的加班时间与时长；

（3）劳动者对该调休的签字确认。

（三）考勤记录

1. 考勤记录是指包括考勤统计表在内的、能体现劳动者出勤或未出勤情况的一类记录。

2. 针对加班管理，考勤记录应当能体现劳动者实际加班的日期及起止时间，以及未出勤的情况。

3. 未出勤的原因是否属于休息日加班调休/补休的，则应当结合休息休假管理记录确定未出勤原因。

（四）加班工资计算基数的协议（如劳动合同）

1. 该项记录原则上仅用于结构型工资的劳动者，用来排除劳动报酬中的非固定部分作为加班基数的情形。

2. 约定的加班工资计算基数不应低于本人正常工作时间对应的日/小时工资。

（五）工资单及支付记录

1. 工资单应列明劳动者应发工资的数额及构成、扣减项目及数额、实发工资。因此，工资单上列明的加班工资是一个工资结算周期内，根据劳动者加班日、加班时长、计算基数及计算比例得出的最终结果。

2. 支付记录用以证明用人单位已向劳动者实际支付了加班工资。

三、其他法律风险提示

用人单位未及时足额向劳动者支付加班工资的，劳动者有权单方解除劳动合同，并要求用人单位支付经济补偿。

表 2-5-3　与加班工资管理相关的其他管理项点

相关要素名称	说明
劳动用工管理	全日制劳动关系的劳动者、被派遣劳动者加班的,用人单位应当依法支付加班工资
劳动合同管理	劳动合同中约定的工资标准是计算其加班工资的基数依据
劳动合同解除管理	用人单位未及时足额向劳动者支付加班工资的,劳动者有权单方解除劳动合同
工时管理制度	应当注意不同工时制度的加班认定有所区别
加班管理	加班工资的支付以劳动者是否实际加班、加班发生日、加班时长为前提

表 2-5-4　法律分析之加班工资

内容		文件名称及文号	法条序号
适用加班工资的工时制度		劳动部《关于印发〈关于贯彻执行《中华人民共和国劳动法》若干问题的意见〉的通知》(劳部发〔1995〕309号)	第60条
		劳动部《关于颁发〈《国务院关于职工工作时间的规定》的实施办法〉的通知》(劳部发〔1995〕143号)	第8条
		劳动部《关于印发〈工资支付暂行规定〉的通知》(劳部发〔1994〕489号)	第13条第4款
支付标准	一般规定	《劳动法》(2018年修正)(主席令第24号)	第44条
		劳动部《关于印发〈工资支付暂行规定〉的通知》(劳部发〔1994〕489号)	第13条第1款
		劳动部办公厅《关于印发〈关于《劳动法》若干条文的说明〉的通知》(劳办发〔1994〕289号)	第44条
		劳动部《关于印发〈关于贯彻执行《中华人民共和国劳动法》若干问题的意见〉的通知》(劳部发〔1995〕309号)	第55条
			第70条
		劳动部《关于印发〈对《工资支付暂行规定》有关问题的补充规定〉的通知》(劳部发〔1995〕226号)	第2条第1款
		《陕西省企业工资支付条例》(2015年修正)(陕西省人民代表大会常务委员会公告第16号)	第14条
		劳动部《关于职工工作时间有关问题的复函》(劳部发〔1997〕271号)	第4条
	综合计算工时工作制	劳动部《关于印发〈关于贯彻执行《中华人民共和国劳动法》若干问题的意见〉的通知》(劳部发〔1995〕309号)	第62条
		劳动部《关于印发〈工资支付暂行规定〉的通知》(劳部发〔1994〕489号)	第13条第3款
		《陕西省企业工资支付条例》(2015年修正)(陕西省人民代表大会常务委员会公告第16号)	第16条
	不定时工作制	陕西省高级人民法院《关于审理劳动争议案件若干问题的解答》(陕高法〔2020〕118号)	第12条
	计件工资	《劳动法》(2018年修正)(主席令第24号)	第37条
		劳动部《关于印发〈工资支付暂行规定〉的通知》(劳部发〔1994〕489号)	第13条第2款
		《陕西省企业工资支付条例》(2015年修正)(陕西省人民代表大会常务委员会公告第16号)	第15条

注:前述内容中关于日/小时工资的折算,均以 2-4 日/小时工资折算的合规管理的法律分析图为准。

2-6 停工停产及工资支付的合规管理

一、合规要求

(一)合规要求的要点

表 2-6-1　停工停产期间工资标准的法律应用流程

阶段	操作流程	操作内容与说明	涉及主体	记录
原因判断	停工停产期间的工资标准 → 停工停产为用人单位原因所致	本流程所指"停工停产"是指由非劳动者原因引起的	1.用人单位 2.劳动者	薪酬管理制度
支付周期	停工停产在1个工资支付周期内 / 停工停产超过1个工资支付周期	1.停工停产期间的工资支付标准因停工停产的时长而异,以1个工资支付周期为分割点 2.1个工资支付周期自停工停产之日起算	1.用人单位 2.劳动者	停工停产通知/决定
停工停产期间的工资标准	1个工资支付周期内的部分 / 超过1个工资支付周期的部分；劳动者提供正常劳动的 / 劳动者未提供正常劳动的；应按照劳动合同约定的工资标准支付劳动者工资 / 应按照不得低于当地的最低工资标准的数额支付工资 / 应按照不低于当地最低工资标准的75%支付生活费；用人单位是否按时足额支付　否→5-12、5-14　是→程序结束	1.应当注意停工停产超过1个月时,若是部分停工停产的,对提供了劳动的劳动者应当按约定支付工资,且不得低于当地最低工资标准 2.当停工停产超过1个月,在劳动关系存续状态下劳动者未提供劳动的,工资标准应当参考用人单位所在地的相关规定。《陕西省企业工资支付条例》第25条规定,用人单位停工停业超过一个工资支付周期的,对没有解除劳动合同,也没有安排工作的劳动者,应当按照不低于当地最低工资标准的75%支付劳动者生活费 3.停工停产在1个工资支付周期内,用人单位应按照劳动合同约定的工资标准向劳动者支付工资,用人单位不得单方直接按照最低工资标准或者低于约定工资标准的数额支付工资 4.若用人单位未及时足额支付的,劳动者有权单方解除劳动合同并要求用人单位向其支付经济补偿 5.5-12是指本书5-12经济补偿的合规管理,5-14是指本书5-14劳动者单方解除劳动合同的合规管理	1.用人单位 2.劳动者	考勤记录

(二)合规要求的理解

1. 停工停产是指单位经营活动全部或部分暂停的情形。

(1)本节所指的停工停产是非劳动者一方原因所引起的。

(2)停工停产的范围可以是用人单位全部的经营活动,也可以是部分的经营活动。但都应具备客观性、合理性。

(3)停工停产的时间一般都是暂时性的。用人单位确因生产经营困难而无法继续经营的,则应当根据具体情况对用人单位主体本身采取适当的处理方式。

2. 停工停产期间的工资支付。根据《工资支付暂行规定》第12条、《陕西省企业工资支付条例》第25条,停工停产期间的工资支付标准具体如图2-6-1所示。

非因劳动者原因导致的企业停工停产：
- 在1个工资支付周期内：照常支付工资
- 超过1个工资支付周期的：
  - 劳动者提供劳动的：不低于当地最低工资标准支付工资
  - 劳动者未提供劳动的：
    - 按照不低于当地最低工资标准的一定比例支付
    - 具体比例以当地规定为准

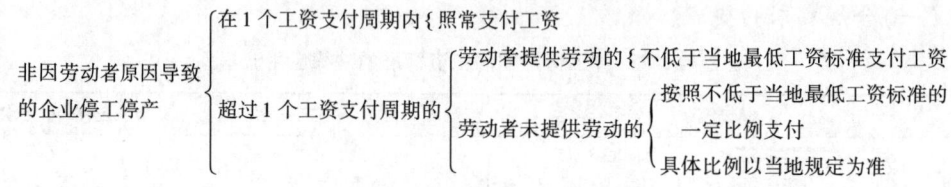

图2-6-1 非因劳动者原因导致企业停工停产时的工资支付标准

3. 一个工资支付周期的起止时间。在司法审判实践中,对一个工资支付周期的起止时间倾向于认定为自停工停产之日起的一个月,例如,2020年2月3日至3月2日就属于一个工资支付周期。

据此,若停工停产的第一个工资支付周期涉及用人单位两个工资支付周期的,用人单位在核算工资时,需要对工资周期进行折算。示例如表2-6-2所示。

表2-6-2 停工停产期间的工资计算方式

2020年春节假期	1月24日至2月2日		
停工周期起止期间	2月3日至3月2日		
用人单位应发工资周期		工资发放	
1月10日—2月9日(包含了2月3日至2月9日)		正常发放	
2月10日至3月9日	2月10日—3月2日 16个计薪日	6000元/21.75天×16天	4413.79
	3月3日—3月9日 5个计薪日	1350元/21.75天×5天	310.34
	应付合计		4724.13

注:1. 用人单位正常的计薪周期是每月10日至次月9日。

2. 劳动者月薪为6000元。

3. 2020年3月西安市最低工资标准为1800元/月,1800元×75% =1350元。

4. 2020年3月7日、8日为周休日,故3月3日至3月9日的计薪日为7天-2天=5天。

二、合规实践

（一）薪酬管理制度

针对停工停产期间的工资支付，用人单位应根据停工停产的起始时间和时长，依法规定一个工资支付周期内、外的工资支付标准。

（二）休息休假管理制度

1. 可以将停工停产纳入休息休假的管理范围。

2. 当用人单位由于自身原因需要全部或部分停工停产的，建议启动工会、职工代表大会（职工代表）的讨论协商程序，对停工停产的客观事实予以确认，并明确停工停产决定的通知程序、停工停产期间的工资支付标准、复工时间等。

用人单位发出的停工停产通知/决定，至少包含以下内容：

（1）停工停产决定已通过工会、职代会（职工代表）协商讨论；

（2）明确停工停产的适用范围（哪些部门、哪些岗位）；

（3）停工停产的期间及该期间的工资支付标准；

（4）复工时间及程序。

（三）考勤记录

1. 考勤记录应能够体现劳动者出勤时间和未出勤的时间。

2. 根据用人单位停工停产决定确定考勤记录中劳动者未出勤时间中属于停工停产的期间。

三、其他法律风险提示

1. 用人单位有劳务派遣用工的，当停工停产符合客观情况发生重大变化或者经济性裁员时，可以依法退回劳动者。否则，应妥善、公平、公正地给予被派遣劳动者相关待遇。

2. 停工停产期间未及时足额支付劳动报酬的，劳动者有权单方解除劳动合同。

表2-6-3 与停工停产及工资支付管理相关的其他管理项点

相关要素名称	说明
劳动报酬	用人单位应当依法确定停工停产状态下，一个工资支付周期内、外的工资标准
劳动用工管理	全日制劳动关系的劳动者、被派遣劳动者同样适用
劳动合同管理	可以用来确认劳动者在一个工资支付周期内的具体工资标准
劳动合同解除管理	用人单位未及时足额向劳动者支付停工停产期间工资的，劳动者有权单方解除劳动合同
考勤管理制度	考勤记录应当体现劳动者的未出勤的具体时间，并结合停工停产的客观事实，确定未出勤的原因中属于停工停产的部分

表2-6-4 法律分析之用人单位停工停产期间劳动者的工资标准

文件名称及文号	法条序号
劳动部《关于印发〈工资支付暂行规定〉的通知》(劳部发〔1994〕489号)	第12条
劳动部《关于印发〈关于贯彻执行《中华人民共和国劳动法》若干问题的意见〉的通知》(劳部发〔1995〕309号)	第44条、第58条
《陕西省企业工资支付条例》(2015年修正)(陕西省人民代表大会常务委员会公告第16号)	第25条

2-7 生育津贴与产假工资的合规管理

一、合规要求

（一）合规要求的要点

表 2-7-1　生育津贴待遇速查

待遇内容	释义
目的	女职工生育休产假期间，由生育保险基金按照本企业上年度职工月平均工资支付的津贴
※适用条件	女职工生育或流产手术时，生育保险的个人缴费记录应满12个月。否则，由用人单位先垫付其生育津贴，缴费满12个月以后再由生育保险基金支付
※适用期间	1. 产假：（1）女职工生育享受98天产假；（2）其中难产的，增加产假15天；（3）生育多胞胎的，每多生育1个婴儿，增加产假15天
	2. 流产假：（1）女职工怀孕未满4个月流产的，享受15天产假；（2）女职工怀孕满4个月流产的，享受42天产假
	3. 超出以上假期的期间：符合省、市规定的其他增加产假期间的工资待遇，由用人单位发放
※数额标准	以女职工生育或流产时所在用人单位上年度职工月平均工资乘以12（月份）除以365（天数），再乘以下列产假具体天数一次性计发
※发放方式	女职工的生育津贴由生育保险经办机构转入用人单位，由用人单位发放。生育保险经办机构拨付的费用不足以支付本人工资的，差额部分由用人单位补足
※申领流程	一般情况下，参保女职工在定点医疗机构挂账结算医疗费用后，系统自动完成生育津贴的申报登记工作，各级社保经办机构审核后将符合政策规定计发的生育津贴直接转入用人单位，由用人单位发放。因特殊情况未能实现生育医疗费用挂账结算的，请根据当地生育津贴经办机构的规定办理申领手续
生育津贴的个人所得税	生育妇女按照县级以上人民政府根据国家有关规定制定的生育保险办法，取得的生育津贴、生育医疗费或其他属于生育保险性质的津贴、补贴，免征个人所得税

注：1. 带※内容系陕西省规定，其他地方请以当地规定为准。
　　2. 生育保险基金除支付生育津贴外，还支付生育医疗费，如生育的医疗费和计划生育的医疗费。
　　3. 女职工产假期间，因其他疾病发生的医疗费，按照基本医疗保险待遇的规定办理。产假期满后，因病需要继续休息治疗的，按照有关病假待遇和基本医疗保险待遇规定办理。

（二）合规要求的理解

女职工在产假期间的工资由两部分构成，即生育保险基金支付的生育津贴和用人单位支付的产假工资。

1. 生育津贴。

(1) 生育津贴适用性分析。

①适用前提：用人单位为女职工缴纳了生育保险。

②适用期间：在国家法定的产假期间。

③女职工领取了生育津贴的，可以视同用人单位已经支付了相应数额的工资。

④若用人单位未为劳动者缴纳生育保险的，女职工依法享受的全部的产假期间工资均由用人单位出资支付。

(2) 由生育保险基金支付的生育津贴数额与劳动者的工资数额并不一定完全相同，若生育津贴的数额多于劳动者的工资的，用人单位不得克扣；生育津贴的数额少于劳动者的工资的，用人单位应负责补足差额。

(3) 生育津贴的申领流程各地有所不同，有些地方是生育保险基金将生育津贴先支付给用人单位，再由用人单位支付给劳动者；有些地方是直接将生育津贴支付给劳动者本人。因此，具体申领程序应以地方规定为准。

2. 产假工资。

(1) 在国家法定产假期间，由生育津贴负担了本应由用人单位支付的工资的全部或部分。而地方奖励性假期期间的工资，则由用人单位依法支付。

(2) 根据《女职工劳动保护特别规定》第8条、《陕西省人口与计划生育条例》第45条的规定，女职工产假期间按出勤对待，工资按照女职工产假前工资的标准由用人单位支付。

(3) 用人单位不得在女职工孕期、产假、哺乳期降低其工资。

(4) 在管理实务中，实行含有绩效工资的结构型工资的，劳动者在休假期间，客观上并未实际提供劳动，当期的绩效工资部分客观上为0。因此，仅支付固定工资部分是许多用人单位的做法。这里需要指出的是，在司法审判实践中，也有按照劳动者休假前实际提供劳动的12个月期间的平均工资作为"产假前的工资标准"的案例，因此，只支付基本工资的做法具有潜在的法律风险。

二、合规实践

假期工资管理制度包括：

1. 产假及产假期间的工资待遇适用于全日制劳动关系劳动者（含试用期的女职工）。

2. 用人单位应当依法确定女职工的产假起止时间，并区分国家法定假期和地方性奖励假期的时间区间。

3. 用人单位应当依法及时为劳动者缴纳生育保险，以确保劳动者享受生育津贴待遇的权利。

4. 应当注意劳动者的工资标准，第一，来判断生育津贴是否少于劳动者的应得工资，以便及时补足差额;第二,在地方性奖励产假期间,用人单位承担劳动者的全部工资。

三、其他法律风险提示

用人单位未及时足额向劳动者支付产假工资的,劳动者有权单方解除劳动合同,并要求用人单位支付经济补偿。

表 2-7-2　与生育津贴与产假工资管理相关的其他管理项点

相关要素名称	说明
订立书面劳动合同	劳动报酬是劳动合同的必备条款,劳动合同可以作为劳动者工资标准的确定依据
劳动合同解除管理	婚育假期的工资属于特殊情况下支付的工资。用人单位若未及时足额支付的,劳动者有权单方解除劳动合同,并要求用人单位支付经济补偿
婚育假期	依法准确确定劳动者的婚育假期,是足额支付婚育假期期间工资的基础
社会保险的管理	用人单位依法为劳动者缴纳生育保险,是生育保险基金支付生育津贴的前提条件
女职工保护管理	用人单位向孕期、产期、哺乳期的劳动者依法足额支付工资也是女职工保护的内容

表 2-7-3　法律分析之产假工资的一般规定

文件名称及文号	法条序号
《女职工劳动保护特别规定》(国务院令第 619 号)	第 5 条、第 8 条第 1 款
《陕西省企业工资支付条例》(2015 年修正)	第 17 条第 2 款
《陕西省人口与计划生育条例》(2022 年修订)(陕西省人民代表大会常务委员会公告第 25 号)	第 45 条第 7 款
《陕西省实施女职工劳动保护特别规定》(陕西省人民政府令第 209 号)	第 14 条第 2 款
西安市医疗保障局《关于印发〈西安市生育保险和职工基本医疗保险合并实施细则〉的通知》(市医保发〔2019〕68 号)	第 3 条第 2 款第 2 项第 3 目、第 4 目

表 2-7-4　法律分析之生育津贴的支付条件和项目

文件名称及文号	法条序号
《社会保险法》(2018 年修正)(主席令第 25 号)	第 53 条、第 54 条、第 56 条第 1 款
陕西省劳动和社会保障厅《关于印发〈陕西省职工生育保险暂行办法〉的通知》(陕劳社发〔2001〕185 号)	第 9 条、第 11 条
西安市人力资源和社会保障局《关于将生育津贴纳入生育保险支付范围有关问题的通知》(市人社发〔2018〕15 号)	第 1 条、第 3 条
西安市社会保险管理中心《关于开展西安市生育津贴发放工作相关问题的通知》(市社发〔2018〕34 号)	第 1 条

表 2-7-5　法律分析之生育津贴的支付期限和标准

文件名称及文号	法条序号
《社会保险法》(2018年修正)(主席令第25号)	第56条第2款
劳动部《关于发布〈企业职工生育保险试行办法〉的通知》(劳部发〔1994〕504号)	第5条
西安市人力资源和社会保障局《关于将生育津贴纳入生育保险支付范围有关问题的通知》(市人社发〔2018〕15号)	第2条
西安市社会保险管理中心《关于开展西安市生育津贴发放工作相关问题的通知》(市社保发〔2018〕34号)	第2条第1款
国务院办公厅《关于全面推进生育保险和职工基本医疗保险合并实施的意见》(国办发〔2019〕10号)	第2条第5款
关于印发《西安市生育保险和职工基本医疗保险合并实施细则》的通知(市医保发〔2019〕68号)	第3条第2款第2项第1目、第2目、第4目

表 2-7-6　法律分析之生育津贴的申领、支付及个人所得税

内容	文件名称及文号	法条序号
申领	西安市社会保险管理中心《关于开展西安市生育津贴发放工作相关问题的通知》(市社保发〔2018〕34号)	第3条
支付	西安市人力资源和社会保障局《关于将生育津贴纳入生育保险支付范围有关问题的通知》(人社发〔2018〕15号)	第3条
支付	西安市社会保险管理中心《关于开展西安市生育津贴发放工作相关问题的通知》(市社保发〔2018〕34号)	第2条第2款
支付	关于印发《西安市生育保险和职工基本医疗保险合并实施细则》的通知(市医保发〔2019〕68号)	第3条第2款第2项第3目
个人所得税	财政部、国家税务总局《关于生育津贴和生育医疗费有关个人所得税政策的通知》(财税〔2008〕8号)	第1条

表 2-7-7　法律分析之生育医疗费与其他疾病医疗费

文件名称及文号	法条序号
《社会保险法》(2018年修正)(主席令第25号)	第55条
劳动部《关于发布〈企业职工生育保险试行办法〉的通知》(劳部发〔1994〕504号)	第6条、第7条
陕西省劳动和社会保障厅《关于印发〈陕西省职工生育保险暂行办法〉的通知》(陕劳社发〔2001〕185号)	第9条、第12条、第14条、第15条
《女职工劳动保护特别规定》(2012年)(国务院令第619号)	第8条第2款

表 2-7-8　法律分析之与生育保险待遇有关的争议处理与法律责任

内容	文件名称及文号	法条序号
争议处理	陕西省劳动和社会保障厅《关于印发〈陕西省职工生育保险暂行办法〉的通知》(陕劳社发〔2001〕185号)	第25条
法律责任	劳动部《关于发布〈企业职工生育保险试行办法〉的通知》(劳部发〔1994〕504号)	第13条、第14条
法律责任	陕西省劳动和社会保障厅《关于印发〈陕西省职工生育保险暂行办法〉的通知》(陕劳社发〔2001〕185号)	第22条、第23条

要素三
工作时间与休息休假

章节编号	章节名称
3-1	工时制度与工作时间的合规管理
3-2	不同工时制下加班认定的合规管理
3-3	法定节假日及其工资支付的合规管理
3-4	医疗期的合规管理
3-5	带薪年休假的合规管理
3-6	未休带薪年休假工资的合规管理
3-7	停工留薪期的合规管理
3-8	婚育假期的合规管理

3-1 工时制度与工作时间的合规管理

一、合规要求

(一)合规要求的要点

表 3-1-1　工时制度与工作时间速查

具体内容	标准工时工作制	综合计算工时工作制	不定时工作制
释义	每日工作 8 小时、每周工作 40 小时的工作制	即分别以周、月、季、年等为周期,综合计算工作时间,但其平均日工作时间和平均周工作时间应与法定标准工作时间基本相同 采用集中工作、集中休息、轮休调休、弹性工作时间等适当方式,确保职工的休息休假权利和生产、工作任务的完成	因生产特点、工作特殊需要或职责范围所限,需要机动作业的工时制度
适用范围	通用	1. 交通、铁路、邮电、水运、航空、渔业等行业中因工作性质特殊,需连续作业的职工 2. 地质及资源勘探、建筑、制盐、制糖、旅游等受季节和自然条件限制的行业的部分职工 3. 其他适合实行综合计算工时工作制的职工	1. 企业中的高级管理人员、外勤人员、推销人员、部分值班人员和其他因工作无法按标准工作时间衡量的职工 2. 企业中的长途运输人员、出租汽车司机和铁路、港口、仓库的部分装卸人员以及因工作性质特殊,需机动作业的职工 3. 其他因生产特点、工作特殊需要或职责范围的关系,适合实行不定时工作制的职工
适用程序	用人单位和劳动者约定即可适用	先报批、备案,再由用人单位和劳动者约定后方可适用	
工作时间与休息时间	一般为每周休息 2 日;不能保证周休 2 日的,至少应保证每周休息 1 日;执行国家法定节假日规定	※实行以工作周期或月、季为周期的综合计算工时工作制的,可采取适当的工作轮班制度和工作、休息办法,月平均工作时间不超过 169 小时;季平均工作时间不超过 508 小时	※劳动者实行不定时工作制的,可采取轮休调休的办法,保证全年休息 111 天
		※实行以年为周期的综合计算工时工作制的,可采取集中工作、集中休息的办法,年平均工作时间不超过 2032 小时	—

注:1. 特殊工时制报批和备案:(1)中央直属企业实行不定时工作制和综合计算工时工作制等其他工作和休息办法的,经国务院行业主管部门审核,报国务院劳动行政部门批准。(2)地方企业实行不定时工作制和综合计算工时工作制等其他工作和休息办法的审批办法,由各省、自治区、直辖市人民政府劳动行政部门制定,

报国务院劳动行政部门备案。

2. 带※内容参见《陕西省企业实行不定时工作制和综合计算工时工作制审批办法》第9条。用人单位应以所在地相关规定为准。

(二)合规要求的理解

1. 工时制度的依据。

(1)根据国务院《关于职工工作时间的规定》第3条的规定,标准工时制是指劳动者的工作时间为每日工作8小时、每周工作40小时。

(2)根据国务院《关于职工工作时间的规定》第5条、劳动部《关于颁发〈国务院关于职工工作时间的规定〉的实施办法的通知》第5条的规定,因工作性质或者生产特点的限制,不能实行每日工作8小时、每周工作40小时标准工时制度的,可以实行不定时工作制或综合计算工时工作制等其他工作和休息办法,并按照劳动部《关于企业实行不定时工作制和综合计算工时工作制的审批办法》(劳部发〔1994〕503号)规定进行非标准工时制度的审批。

2. 关于三种工时制度。

(1)这三种工时都是全日制劳动关系的劳动者适用的不同工作时间和休息时间的工时制度。

(2)三种工时制度主要在适用岗位、工作时间、休息时间、事先审批等方面有所不同。

3. 工作时间和休息时间。

(1)标准工时工作制。

①一般是指星期一至星期五每天工作8小时,星期六和星期日休息。

A. 关于工作时间:

a. 因生产经营需要不能按此执行的,可以自行决定每周五天工作日的分布及具体的工作时段,只要确保工作日的工作时间在8个小时以内即可。

b. 用人单位执行每周工作6天工作时间的,应当注意保证每周工作不超过40个小时,每日工作时间≤(40小时/6天)。

B. 关于休息时间:

a. 用人单位不能保证星期六、星期日休息的,保证劳动者每周有两天休息日即可。

b. 如果不能每周休2天的,至少保证每周1天(连续24小时不间断)的休息时间。

②当用人单位的经营情况不能按上述标准保证劳动者的日、周工作时间和休息时间的,可以依法申请实行综合计算工时工作制、不定时工作制。

(2)综合计算工时工作制。

①综合计算工时工作制是以周、月、季、年等为周期综合计算工作时间。即并不以每周及周内的单日工作时间为标准,而是以一个特定周期为整体去判断,体现集中工作、弹性工作时间的特点,保证用人单位生产、工作任务的完成。例如以下类型的工作。

a. 交通、铁路、邮电、水运、航空、渔业等行业中因工作性质特殊,需连续作业的劳动者。

b. 地质及资源勘探、建筑、制盐、制糖、旅游等受季节和自然条件限制的行业的部分劳动者。

c. 其他适合实行综合计算工时工作制的劳动者。

②《陕西省企业实行不定时工作制和综合计算工时工作制的审批办法》第9条,实行以工作周期或月、季为周期的综合计算工时工作制的,可采取适当的工作轮班制度和工作、休息办法,月平均工作时间不超过169小时;季平均工作时间不超过508小时;年平均工作时间不超过2032小时。

③在这一个特定周期内,可能每日/每周的工作时间超过8小时/40小时,但平均日工作时间和平均周工作时间应与法定标准工作时间基本相同。

④综合计算工时工作制下集中休息、轮休调休的方式,以确保劳动者的休息休假权利。

(3) 不定时工作制。

不定时工作制是指因生产特点、工作特殊需要或职责范围所限,上班时间和下班时间很难具体固定,需要机动作业的工时制度。具体内容详见表3-1-1。

4. 适用程序——是否须经事先审批。

(1) 标准工时制由用人单位和劳动者双方约定即可适用。

(2) 根据《劳动法》第39条、劳动部《关于企业实行不定时工作制和综合计算工时工作制的审批办法》第6条和第7条,综合计算工时工作制、不定时工作制经劳动行政部门审批后方可实施。

因此,综合计算工时工作制和不定时工作制首先应经过劳动行政部门的审批,再由用人单位和劳动者双方约定方可适用。

(3) 审批程序。

①用人单位制定本单位实行综合计算工时工作制和不定时工作制的工作时间、休息时间方案时,应与工会或者劳动者协商,听取意见。

②用人单位将上述方案报至劳动行政部门,经审查批准后实施。

二、合规实践

(一) 工时制度管理制度

1. 标准工时工作制。用人单位应当从以下方面进行标准工时制的管理:

(1) 确定适用标准工时制的工作岗位。

(2) 对标准工时制的工作时间进行管理:

①每日/每周的工作时间的记录;

②超过法定工作时间的部分,属于加班加点;

③用人单位应当保证劳动者的休息时间;

④以上事项,通过考勤管理记录劳动者的出勤起止时间,并妥善保存。

(3)确定上述管理的责任部门、职责权限,以及管理过程所需的记录。

2.综合计算工时工作制和不定时工作制。

(1)确定适用岗位。用人单位应确定执行综合计算工时工作制和不定时工作制(以下统称为非标准工时制)的工作岗位。

(2)非标准工时制实施前的内部确认、外部审批流程。

①依法规定用人单位内部的确认流程以及责任部门、职责权限,规定非标准工时制的实施方案与工会或者劳动者的协商流程与协商记录。

②规定外部审批程序的负责部门。

③按照用人单位所在地主管部门规定的提交资料进行准备,并将该准备内容融入内部确认流程。

a.用人单位生产经营及岗位/工种的具体特点,要求实行非标准工时制的详细事实和理由。

b.申请岗位、工作安排、休息休假方案。

c.工资支付、劳动保护和安全卫生条件措施。

④向行政管理部门申请批准。

(3)实施过程应进行以下管理。

①用人单位对非标准工时制的实施情况,例如工作时长、休息休假、劳动保护、劳动报酬支付情况等进行管理和统计。

②应关注经审批的非标准工时制度的有效期,对仍需执行非标准工时制度的应保证其有效期的连续性。

③无论用人单位执行何种工时制度,均应做好日常考勤管理。

a.对综合计算工时工作制,应当注意按照经批准的计算周期,对劳动者的工作时间进行管理:

第一,在经批准的工作时间计算周期内,记录每位劳动者每日/每周的工作时间;

第二,对超过一个计算周期内的总工作时间时长和法定节假日安排劳动者工作的,属于加班加点。

b.对非标准工时制度,应当依法保证劳动者的休息时间。

c.以上事项,通过考勤管理记录劳动者的出勤起止时间,并妥善保存。

(4)确定上述管理的责任部门、职责权限,以及管理过程所需的记录。

(二)劳动合同管理制度

工作时间是劳动合同的必备条款:

（1）对劳动者入职时所从事的工作岗位适用的工时制度予以约定，尤其是执行非标准工时制度的，更应当在劳动合同中事先明确约定；

（2）劳动关系存续过程中，劳动者因工作岗位/内容发生变化，所适用的工时制度也发生变化的，应及时签订书面变更协议。

三、其他法律风险提示

1. 劳动者执行综合计算工时工作制和不定时工作制的，应当告知劳动者。否则，劳动者的工作时间可能会依照标准工时制被认定为加班，此时若用人单位支付的劳动报酬低于法定加班工资标准的，可能构成未足额支付劳动报酬。

2. 如果用人单位以暴力、威胁或者非法限制人身自由的手段强迫劳动者劳动的，劳动者可以立即解除劳动合同，并有权要求用人单位支付经济补偿。同时，由劳动行政部门依法给予行政处罚；构成犯罪的，依法追究刑事责任。给劳动者造成损害的，应当承担赔偿责任。

表3-1-2　与工时制度与工作时间管理相关的其他管理项点

相关要素名称	说明
劳动用工管理	工时制度适用于全日制劳动关系的劳动者、被派遣劳动者
劳动合同管理	劳动者入职时、工作岗位/内容发生变化时，应将劳动者适用的工时制度、工作时间写入劳动合同或变更协议中
加班管理	法律对劳动者的最高工作时间有上限规定，且不同工时制度的加班认定也有所不同。对劳动者劳动时间的记录与管理是认定其是否存在加班的基础
休息休假管理	不管劳动者执行哪种工时制度，用人单位都应保证劳动者的休息、休假的权利
考勤管理制度	考勤记录是确定劳动者出勤时间、未出勤时间的基础记录

表3-1-3　法律分析之标准工时工作制

内容	文件名称及文号	法条序号
工作时间	国务院《关于职工工作时间的规定》（1995年修订）（国务院令第174号）	第3条、第4条
	劳动部《关于颁发〈《国务院关于职工工作时间的规定》的实施办法〉的通知》（劳部发〔1995〕143号）	第3条
休息时间	《劳动法》（2018年修正）（主席令第24号）	第38条
	国务院《关于职工工作时间的规定》（1995年修订）（国务院令第174号）	第7条
	劳动部《关于颁发〈《国务院关于职工工作时间的规定》的实施办法〉的通知》（劳部发〔1995〕143号）	第9条
	劳动部办公厅《关于印发〈关于《劳动法》若干条文的说明〉的通知》（劳办发〔1994〕289号）	第38条

续表

内容	文件名称及文号	法条序号
工作、休息时间的其他安排形式	劳动部《〈关于印发《国务院关于职工工作时间的规定》的问题解答〉的通知》(劳部发〔1995〕187号)	第1问、第7问
	劳动部《关于颁发〈《国务院关于职工工作时间的规定》的实施办法〉的通知》(劳部发〔1995〕143号)	第4条
	劳动部《关于职工工作时间有关问题的复函》(劳部发〔1997〕271号)	第1条
工作日的折算	劳动和社会保障部《关于职工全年月平均工作时间和工资折算问题的通知》(劳社部发〔2008〕3号)	第1条

表3-1-4 法律分析之非标准工时工作制

文件名称及文号	法条序号
《劳动法》(2018年修正)(主席令第24号)	第39条
劳动部办公厅《关于印发〈关于《劳动法》若干条文的说明〉的通知》(劳办发〔1994〕289号)	第39条
劳动部《关于印发〈关于贯彻执行《中华人民共和国劳动法》若干问题的意见〉的通知》(劳部发〔1995〕309号)	第69条
国务院《关于职工工作时间的规定》(1995年修订)(国务院令第174号)	第5条
劳动部《关于颁发〈《国务院关于职工工作时间的规定》的实施办法〉的通知》(劳部发〔1995〕143号)	第5条
劳动部《关于企业实行不定时工作制和综合计算工时工作制的审批办法》(劳部发〔1994〕503号)	第3条、第7条
《陕西省企业实行不定时工作制和综合计算工时工作制的审批办法》(陕劳发〔1995〕201号)	第3条、第4条、第7条

表3-1-5 法律分析之综合计算工时工作制的适用岗位

文件名称及文号	法条序号
劳动部《关于企业实行不定时工作制和综合计算工时工作制的审批办法》(劳部发〔1994〕503号)	第5条
劳动部《〈关于印发《国务院关于职工工作时间的规定》的问题解答〉的通知》(劳部发〔1995〕187号)	第6问
《陕西省企业实行不定时工作制和综合计算工时工作制的审批办法》(陕劳发〔1995〕201号)	第6条

表3-1-6 法律分析之不定时工作制的适用岗位

文件名称及文号	法条序号
劳动部《关于企业实行不定时工作制和综合计算工时工作制的审批办法》(劳部发〔1994〕503号)	第4条
劳动部《〈关于印发《国务院关于职工工作时间的规定》的问题解答〉的通知》(劳部发〔1995〕187号)	第5问
《陕西省企业实行不定时工作制和综合计算工时工作制的审批办法》(陕劳发〔1995〕201号)	第5条

表3-1-7 法律分析之非标准工时工作制的工作休息时间

内容	文件名称及文号	法条序号
一般规定	劳动部《关于企业实行不定时工作制和综合计算工时工作制的审批办法》(劳部发〔1994〕503号)	第6条
	《陕西省企业实行不定时工作制和综合计算工时工作制的审批办法》(陕劳发〔1995〕201号)	第8条
综合计算工时工作制	劳动部《关于印发〈关于贯彻执行《中华人民共和国劳动法》若干问题的意见〉的通知》(劳部发〔1995〕309号)	第65条
	劳动部《关于职工工作时间有关问题的复函》(劳部发〔1997〕271号)	第9条
	《陕西省企业实行不定时工作制和综合计算工时工作制的审批办法》(陕劳发〔1995〕201号)	第9条
不定时工作制	劳动部《关于印发〈关于贯彻执行《中华人民共和国劳动法》若干问题的意见〉的通知》(劳部发〔1995〕309号)	第67条

不同工时制下加班认定的合规管理

一、合规要求

（一）合规要求的要点

1. 综述。

表3-2-1 工时制度及加班适用情况速查

加班日	标准工时工作制	综合计算工时工作制	不定时工作制
工作日	按不低于本人工资的150%支付加班工资	劳动者在综合计算周期内总的工作时间超过总法定工作时间的部分，视为延长工作时间。延长工作时间的，按不低于本人工资的150%支付加班工资	不定时不加班，即不定时工作制不执行关于加班工资支付的规定
休息日	不能安排同等时间补休的，按照不低于本人工资的200%支付加班工资	—	
法定节假日	按照不低于本人工资的300%支付加班工资（即除法定节假日当日的工资外，另行支付300%）	按照不低于本人工资的300%支付加班工资（即除法定节假日当日的工资外，另行支付300%）	全国部门地方如上海，规定了"经人力资源社会保障行政部门批准实行不定时工时制的劳动者，在法定休假节日由企业安排工作的，按照不低于劳动者本人日或小时工资的300%支付加班工资"的内容。因此，不定时工作制是否支付加班工资应以当地规定为准

注：本表是从加班工资支付角度看不同工时工作制的加班认定。

2. 标准工时工作制的加班认定。

表 3－2－2　标准工时工作制下确认加班的法律应用流程

阶段	操作流程	操作内容与说明	涉及主体	记录
工时制度的确认	标准工时制下的加班确认 → 确认劳动者适用的工时制度 →（综合计算工时工作制／标准工时工作制）	1. 不同工时制度对加班的认定有所不同，故分析是否需要支付加班工资就必须从头溯源，即辨明劳动者适用的工时制度是什么 2. 工时制度参见指引相关章节	1. 用人单位 2. 劳动者	1. 工时相关管理制度 2. 劳动合同
延长工作时间的确认	确认正常的工作时间	1. 加班是在法定工作时长以外，劳动者在其本应休息休假的时间继续为用人单位提供劳动 2. 在认定加班前应先明确劳动者的正常出勤时的工作时间	1. 用人单位 2. 劳动者	考勤管理制度
	确认加班加点的日期/时长	如果劳动者在超出法定工作时长之外的时间提供劳动属实的，应当确认加班发生日的性质，即属于工作日、周休日还是法定节假日	1. 用人单位 2. 劳动者	考勤记录
是否属于支付加班工资的加班	是否符合加班管理程序 → 是：属于加班 → 加班工资支付程序 → 5-LC-2；否：不属于加班 → 无须支付加班工资 → 程序结束	1. 劳动时间属于在法定最高工作时间上限内由用人单位与劳动者自行约定的事项，并且用人单位负有支付加班工资的义务。因此，建议用人单位通过申请审批程序及出勤管理程序来管理劳动者的加班时间 2. 当用人单位的加班审批流程等履行了民主程序和公示程序，还应当考察延长工作时间的发生是否符合相关管理制度 3. 对于加班时长建议由劳动者签字确认 4. 表3－2－3综合计算工时工作制下确认加班的法律应用流程，详见本书3－2 不同工时制下加班认定的合规管理	1. 用人单位 2. 劳动者	1. 加班管理制度 2. 加班时间确认单（须经劳动者确认）

3.综合计算工时工作制的加班认定。

表3-2-3 综合计算工时工作制下确认加班的法律应用流程

阶段	操作流程	操作内容与说明	涉及主体	记录
工时计算周期	综合计算工时工作制的加班确认程序→岗位适用的综合计算工时的周期	综合计算工时工作制的工作时间计算周期可按月、季度、年计算,因此首先要确认计算的周期,用以确定劳动者的正常工作时间与时长	1.用人单位 2.劳动者	1.工时相关管理制度 2.工时制的约定 3.综合计算工时工作制的审批文件
工作时间的确认	确定周期内的法定标准工作时间→劳动者的工作总时长是否超过周期内的总法定工作时间／安排劳动者在法定节假日工作的	1.陕西省规定实行综合计算工时工作制的,以月为周期的,月平均工作时间不超过169小时;以季度为周期的,季平均工作时间不超过508小时;以年为周期的,年平均工作时间不超过2032小时 2.用人单位应以所在地的规定为准	1.用人单位 2.劳动者	1.考勤管理制度 2.考勤记录
确认是否属于加班	未超过→不视为加班→无须支付加班工资；超过→超过部分视为延长工作时间→表2-5-2；视为加班→表2-5-2→程序结束	1.综合计算工时工作制的加班,劳动者在综合计算周期内总的工作时间超过总法定工作时间的部分,才视为延长工作时间;未超过的,则不视为延长工作时间即加班 2.计算周期内,用人单位在法定节假日安排劳动者工作的,用人单位应当支付加班工资 3.对于加班时长建议由劳动者签字确认 4.表2-5-2综合计算工时工作制下加班工资支付的法律应用流程,详见本书2-5加班工资的合规管理	1.用人单位 2.劳动者	1.加班时间确认单(须经劳动者确认) 2.加班管理制度

(二)合规要求的理解

1.加班的理解。加班是指劳动者在法定工作时长之外,需要占用劳动者休息休假时间为用人单位提供劳动的行为。即加班可以理解为是对既定工作时间和休息休假时间的变更。

2.加班的程序。根据国务院《关于职工工作时间的规定》第6条、劳动部《关于印发〈关于贯彻执行《中华人民共和国劳动法》若干问题的意见〉的通知》第71条的规定,用人单位确因生产经营需要必须延长工作时间的,非经与工会和劳动者协商不得擅自延长职工工作时间。换言之,劳动者有权拒绝用人单位提出的延长工作时间的要求。

3. 加班的限制。

(1)加班时长的限制。

根据《劳动法》第41条的规定,延长工作时间的时长一般每日不得超过1小时;因特殊原因需要延长工作时间的,在保障劳动者身体健康的条件下延长工作时间每日不得超过3小时,但是每月不得超过36小时。

不管是正常工作时间和延长工作时间都要受到单日、单周甚至单月的最高时间上限的限制,而这一上限是法律规定的最高标准,双方的约定或者履行只可以在低于最高标准的时长内进行。

(2)女职工有特殊情况时的加班限制。

①《劳动法》第61条和第63条、《女职工劳动保护特别规定》第6条第2款和第9条分别规定,不得安排怀孕7个月以上和哺乳未满1周岁婴儿期间的女职工延长工作时间。

②此外,《陕西省实施女职工劳动保护特别规定》第12条第3款中还规定对怀孕不满3个月且妊娠反应严重的女职工不得延长其劳动时间。

(3)加班限制的例外。

因特殊情况和紧急任务确需延长工作时间的,按照国家有关规定执行。国家有关规定是指《劳动法》第42条、劳动部《贯彻〈国务院关于职工工作时间的规定〉的实施办法》第7条。主要有下列情形:

①发生自然灾害、事故或因其他原因,威胁劳动者生命健康和财产安全,需要紧急处理的;

②生产设备、交通运输线路、公共设施发生故障,影响生产和公众利益,必须及时抢修的;

③必须利用法定节日或公休假日的停产期间进行设备检修、保养的;

④为完成国防紧急任务,或者完成上级在国家计划外安排的其他紧急生产任务,以及商业、供销企业在旺季完成收购、运输、加工农副产品紧急任务的;

⑤法律、行政法规规定的其他情形。

4. 标准工时工作制和综合计算工时工作制适用加班。

(1)标准工时工作制的加班确认要点。

①根据劳动合同或者用人单位的管理制度确定劳动者从事的工作内容执行的具体工作时间、每日工作时长、每周总工作时长和每周的休息时间(含休假)。

②结合标准工时制的单日、单周工作时间上限,以及劳动者的实际工作时间,具体判断劳动者的每日、每周工作时间是否有超过约定/规定的工作时间的情况。

(2)综合计算工时工作制的加班确认的要点。

①确定用人单位执行的综合计算工时工作制的计算周期(周、月、季、年),以及计算

周期内的标准工作时间。

②记录劳动者的实际工作时间及时长,特别注意实际工作日中是否包括法定节假日。法定节假日的内容可参见本书 3-3 法定节假日及其工资支付的合规管理。

③若劳动者在一个计算周期内的工作时间总时长超过该计算周期内的标准工作时间,对超过部分以及在法定节假日工作的时间视为加班。

5. 关于不定时工作制的加班问题。

一般情况下,依法依约执行不定时工作制的劳动者,用人单位则无须向其支付加班工资,即不定时不加班,除非用人单位所在地针对不定时工作制特别规定了须支付加班工资。例如:《上海市企业工资支付办法》第 13 条第 4 款,经人力资源社会保障行政部门批准实行不定时工时制的劳动者,在法定休假节日由企业安排工作的,按照不低于劳动者本人日或小时工资的 300% 支付加班工资。但是,这里也仅仅是针对在法定节假日提供了劳动的情况,工作日延点、休息日加班不在支付范围内。

6. 关于按照行业管理实行不定时工作制的工作岗位的加班问题。

例如,陕西省高级人民法院《关于审理劳动争议案件若干问题的解答》(陕高法〔2020〕118 号)第 12 条第 2 款,未经劳动行政部门审批,但用人单位已按照行业惯例对收发人员、清洁工、水电维修工、锅炉工、保安、门卫、宿管员、运输员、外勤人员等特殊岗位人员实行不定时工作制,劳动者主张按照标准工时计算加班报酬的,人民法院不予支持。但用人单位安排劳动者在法定节假日期间加班,劳动者主张加班费的,人民法院应予支持。

7. 加班事实确认 4 步骤。

(1)明确劳动者适用的工时制度。

首先确认用人单位与劳动者约定的劳动者适用哪种工时制度。

(2)明确劳动者的日/周工作时间。

对执行标准工时工作制或综合计算工时工作制的劳动者,确定其正常的工作日和工作时间段(具体的起止时间)。

(3)确认存在加班事实。

劳动者在其正常工作日和工作时间段以外继续向用人单位提供劳动,这也是认定加班加点的直接基础。

(4)确认加班发生日的性质及加班时长。

①确认劳动者加班之日是其正常工作日、休息日还是法定节假日。

②确认工作的具体起止时间。

当劳动者存在加班的客观事实,用人单位应当依法向劳动者支付加班工资。加班工资支付的合规管理详见指引相关章节。

二、合规实践

（一）加班管理制度

用人单位应当掌握劳动者有无加班和实际发生加班的情况,并记录实际的加班日和加班时长,将其作为支付加班工资的根据。

1. 适用范围。

（1）包括全日制劳动关系的劳动者、被派遣劳动者。其他用工形式如借调用工,也应依法保证其工作时间和休息时间。

（2）标准工时制和综合计算工时制存在加班,不定时工作制一般不存在加班,但是用人单位所在地有特别规定的应遵照执行。

2. 加班申请和审批管理。用人单位可以根据工作任务的紧急程度及成本,对劳动者提供加班劳动的日和加班时长进行合理管理。

（1）规定加班管理审批程序、明确流转步骤。

（2）根据加班发生日规定相应的审批级别,例如可以对法定节假日的加班规定较高的审批级别。

（3）设置审批程序所需的书面记录,例如,加班申请单。加班申请单主要的意义在于确认劳动者同意用人单位安排的加班,或者用人单位认可劳动者加班的书面证明。申请单的内容至少包括：

①劳动者姓名、所属部门、工作岗位；

②申请加班的事由；

③计划加班日期和时间；

④审批人签署意见。

无论用人单位采用何种书面确认方式,都应当保证信息完整,体现劳动者已知悉并无异议。

对劳动者未履行加班审批程序,但确实为了用人单位利益而加班的,人民法院对劳动者要求用人单位向其支付加班工资的请求有予以认可的判例。

3. 实际加班时间管理。劳动者是否实际执行了加班任务,以及加班的发生日和劳动时长,至少应当进行考勤记录的管理。必要时,可以设置巡查环节,考察劳动者的实际加班情况。

（1）明确加班期间的监督检查的负责部门、责任人。

（2）明确监督检查的方式（考勤打卡、按例巡检、抽检等）。

（3）明确发现异常（未按计划加班日期实际加班的、改变加班时间等）时的处理程序。

4. 针对综合计算工时工作制的加班。

（1）明确综合计算工时工作制的加班类型，即标准工作时间以外的延点工作和法定节假日加班。

（2）针对标准工作时间以外的延点工作，先确定特定计算周期内的标准工作时间，再与实际工作时长进行比较，超出部分应依法支付加班工资。

（3）若劳动者的工作日恰逢法定节假日，用人单位应当按法定节假日加班的工资标准，向劳动者支付加班工资。

（4）因综合计算工时工作制不适用休息日工作，因此不存在调休的问题。当劳动者存在加班情形的，就应当依法支付相应的加班工资。

5. 综合计算工时工作制和依法应当支付法定节假日加班工资的（因地而异）的不定时工作制在确认加班情况前，还应注意确保劳动者适用综合计算工时工作制、不定时工作制的合法性，即应当有相关证明记录"工时制的约定""非标准工时工作制的审批文件"。

（二）考勤管理制度

1. 与加班有关的考勤记录是保证劳动者加班待遇的基础。用人单位根据加班申请、实际加班管理，确认劳动者的实际加班时间。确认形式可参考加班时间确认单，确认单的内容至少包括：

①劳动者姓名、所属部门、工作岗位；

②加班申请的计划加班日期和时间；

③实际加班的日期和起止时间；

④劳动者签字确认。

2. 考勤记录。

（1）统计劳动者的日常工作时间，并按特定计算周期完成统计和计算。

（2）注意法定节日劳动者的出勤情况，如有出勤，还应记录具体工作时长。

（3）对劳动者的各类休息休假做好管理记录，并结合劳动者工作时间，确定劳动者的出勤总时长、休息时间以及是否需要支付加班工资的问题。

以上就是考勤记录至少应当包含的内容。

三、其他法律风险提示

当用人单位安排劳动者加班时，劳动者不同意加班，或者劳动者要求休假但是用人单位未予以准假，而劳动者确未到岗的，用人单位有可能以旷工等严重违反规章制度为由与劳动者解除劳动合同。此时，若理由不充分，用人单位的解除可能就会构成违法解除。违法解除属实的，劳动者要求用人单位支付赔偿金的请求就会被支持。

表3-2-4　与不同工时制下加班认定管理相关的其他管理项点

相关要素名称	说明
加班工资管理	劳动者确实存在加班的客观事实的,除已依法调休的外,用人单位应当根据劳动者的具体加班时间足额支付加班工资
劳动用工管理	全日制劳动关系的劳动者、被派遣劳动者加班的,用人单位应当依法支付加班工资
劳动合同管理	劳动合同中应当约定劳动者适用的工时制度、具体的工作日、工作起止时间。劳动者在约定时间以外向用人单位提供劳动的,可能会被认定为加班
工时制度管理	实行综合计算工时工作制、不定时工作的,用人单位应将适用的非标准工时制度事先报批,经许可后,并与劳动者事先约定,方可适用
考勤管理制度	考勤记录是确定劳动者出勤时间、未出勤时间的基础记录
女职工保护管理	针对有特殊情况的女职工,用人单位应当避免安排其夜班劳动和加班

表3-2-5　法律分析之标准工时工作制的加班认定

文件名称及文号	法条序号
《劳动法》(2018年修正)(主席令第24号)	第41条、第43条、第90条
劳动部办公厅《关于印发〈关于《劳动法》若干条文的说明〉的通知》(劳办发〔1994〕289号)	第41条、第43条
劳动部《关于印发〈关于贯彻执行《中华人民共和国劳动法》若干问题的意见〉的通知》(劳部发〔1995〕309号)	第68条
劳动部《关于职工工作时间有关问题的复函》(劳部发〔1997〕271号)	第3条

表3-2-6　法律分析之综合计算工时工作制的加班认定

文件名称及文号	法条序号
劳动部《关于印发〈关于贯彻执行《中华人民共和国劳动法》若干问题的意见〉的通知》(劳部发〔1995〕309号)	第62条
劳动部《关于职工工作时间有关问题的复函》(劳部发〔1997〕271号)	第5条、第6条、第7条
《陕西省企业实行不定时工作制和综合计算工时工作制的审批办法》(陕劳发〔1995〕201号)	第9条

表3-2-7　法律分析之延长工作时间的协商程序

文件名称及文号	法条序号
《劳动法》(2018年修正)(主席令第24号)	第41条
《劳动合同法》(2012年修正)(主席令第73号)	第31条
劳动部《关于印发〈关于贯彻执行《中华人民共和国劳动法》若干问题的意见〉的通知》(劳部发〔1995〕309号)	第71条
国务院《关于职工工作时间的规定》(1995年修订)(国务院令第174号)	第6条
劳动部《关于颁发〈《国务院关于职工工作时间的规定》的实施办法〉的通知》(劳部发〔1995〕143号)	第6条

表3-2-8 法律分析之女职工的加班限制

文件名称及文号	法条序号
《劳动法》(2018年修正)(主席令第24号)	第61条、第63条
《女职工劳动保护特别规定》(国务院令第619号)	第6条第2款、第9条
《陕西省实施女职工劳动保护特别规定》(陕西省人民政府令第209号)	第12条、第15条

表3-2-9 法律分析之不受加班时长限制的情形

文件名称及文号	法条序号
《劳动法》(2018年修正)(主席令第24号)	第42条
劳动部办公厅《关于印发〈关于《劳动法》若干条文的说明〉的通知》(劳办发〔1994〕289号)	第42条
劳动部《关于颁发〈《国务院关于职工工作时间的规定》的实施办法〉的通知》(劳部发〔1995〕143号)	第7条

3-3 法定节假日及其工资支付的合规管理

3-3-1 法定节假日类别及工资支付

一、合规要求

(一)合规要求的要点

表3-3-1 法定节假日及工资支付标准速查

法定节假日			工资标准
法定节日、纪念日	1. 全体公民放假	(1)新年,放假1天(1月1日) (2)春节,放假3天(农历正月初一、初二、初三) (3)清明节,放假1天(农历清明当日) (4)劳动节,放假1天(5月1日) (5)端午节,放假1天(农历端午当日) (6)中秋节,放假1天(农历中秋当日) (7)国庆节,放假3天(10月1日、2日、3日)	该类假日已包含月计薪天数中
	2. 部分公民放假	(1)妇女节(3月8日),妇女放假半天 (2)青年节(5月4日),14周岁以上的青年放假半天 (3)儿童节(6月1日),不满14周岁的少年儿童放假1天 (4)中国人民解放军建军纪念日(8月1日),现役军人放假半天	△用人单位安排劳动者休息或者参加节日活动的,应当视同其正常劳动支付工资 △在部分公民放假的节日期间,用人单位安排职工参加社会或单位组织的庆祝活动和照常工作的职工,单位应支付工资报酬,但不支付加班工资。如果该节日恰逢星期六、星期日,单位安排职工加班工作,则应当依法支付休息日的加班工资
	3. 少数民族习惯的节日	由各少数民族聚居地区的地方人民政府,按照各该民族习惯,规定放假日期	
	全体公民放假的假日,如果适逢星期六、星期日,应当在工作日补假;部分公民放假的假日,如果适逢星期六、星期日,则不补假		
法定休假	1. 带薪年休假、探亲假、丧假	※应当按照劳动合同约定的工资标准支付	
	2. 婚假、产假、护理假	按出勤对待,享受相应的工资、福利待遇	
	3. 工伤医疗待遇之停工留薪期	原工资福利待遇不变,由所在单位按月支付	
	4. 患病或非因工负伤之医疗期	※应当按不低于劳动合同约定的工资标准的70%支付病假工资,但病假工资不得低于当地最低工资标准的80%	
	※5. 住院看护假	享受与正常工作期间相同的工资福利待遇	
	※6. 独生子女父母陪护假	职工在陪护假期间按出勤对待,享受相应的工资、福利待遇	
	※7. 育儿假	按出勤对待,享受相应的工资、福利待遇	

续表

法定节假日		工资标准
依法参加社会活动	劳动者在工作时间内履行法定职责参加社会活动的	※应当按正常出勤支付工资

注:1. 带※内容系陕西省规定,其他地方请以当地规定为准。

2. 住院看护假目前只在部分省市有规定,于 2020 年 5 月 1 日起施行的《西安市养老服务促进条例》第 28 条规定,老年人患病住院治疗期间,其子女的用人单位应当支持护理照料,给予独生子女每年累计 20 天,非独生子女每年累计 10 天的护理时间,护理期间享受与正常工作期间相同的工资福利待遇。

3.《陕西省人口与计划生育条例》第 57 条规定,设立独生子女父母陪护假制度。在国家提倡一对夫妻生育一个子女期间的独生子女家庭,独生子女父母单方年满 60 周岁的,给予其子女每年累计不低于 15 天的陪护假。职工在陪护假期间按出勤对待,享受相应的工资、福利待遇。

4.《陕西省人口与计划生育条例》第 45 条第 6 款规定,推行父母育儿假制度。符合政策生育或者依法收养子女的,在子女 3 周岁以内,每年给予父母双方各累计 10 天的育儿假。

5. 社会活动包括:依法行使选举权或被选举权;当选代表出席乡(镇)、区以上政府、党派、工会、青年团、妇女联合会等组织召开的会议;出任人民法庭证明人;出席劳动模范、先进工作者大会;《工会法》第 41 条第 2 款规定的非专职工会基层委员会委员因工会活动占用的生产或工作时间;其他依法参加的社会活动。

(二)合规要求的理解

1. 工作时间与休息休假的关系。

(1)工作时间、休息时间、休假时间是三个不可分割的要素,工作时间与休息休假时间相互对应。劳动关系中,工作时间内的劳动者受用人单位支配和管理,工作时间以外的时间由劳动者自由支配。

(2)休息时间是指劳动者暂停工作,恢复体力和劳动能力的时间。

(3)休假时间是指劳动者本应提供劳动的时间,因为劳动者个人原因、法律规定或者用人单位的规定而暂停提供劳动的时间。

2. 休假类型。

(1)法定节假日。

①法定节日。详见图 3-3-1。

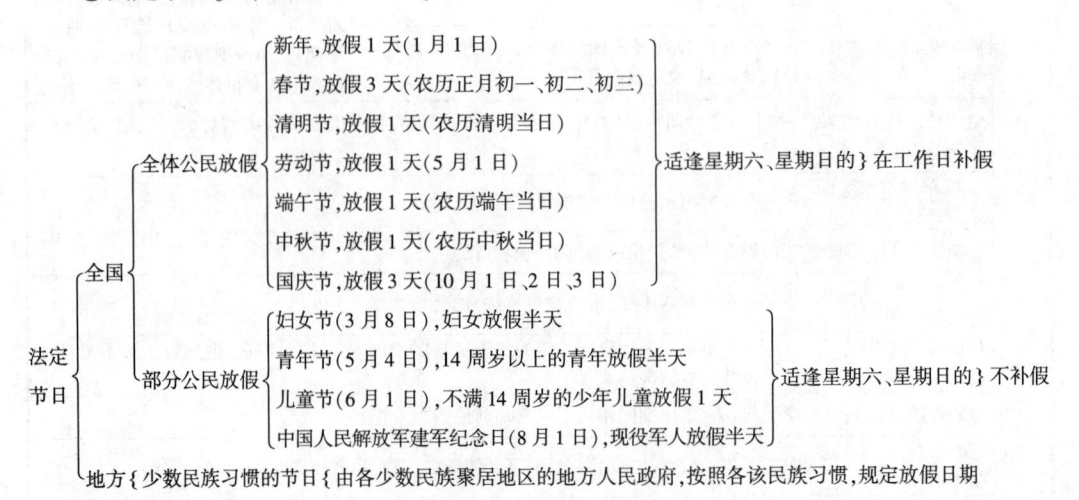

法定节日
├─ 全国
│   ├─ 全体公民放假
│   │   ├─ 新年,放假 1 天(1 月 1 日)
│   │   ├─ 春节,放假 3 天(农历正月初一、初二、初三)
│   │   ├─ 清明节,放假 1 天(农历清明当日)
│   │   ├─ 劳动节,放假 1 天(5 月 1 日)   —— 适逢星期六、星期日的,在工作日补假
│   │   ├─ 端午节,放假 1 天(农历端午当日)
│   │   ├─ 中秋节,放假 1 天(农历中秋当日)
│   │   └─ 国庆节,放假 3 天(10 月 1 日、2 日、3 日)
│   └─ 部分公民放假
│   ├─ 妇女节(3 月 8 日),妇女放假半天
│   ├─ 青年节(5 月 4 日),14 周岁以上的青年放假半天
│   ├─ 儿童节(6 月 1 日),不满 14 周岁的少年儿童放假 1 天   —— 适逢星期六、星期日的,不补假
│   └─ 中国人民解放军建军纪念日(8 月 1 日),现役军人放假半天
└─ 地方{少数民族习惯的节日{由各少数民族聚居地区的地方人民政府,按照各该民族习惯,规定放假日期

图 3-3-1 法定节日

②法定休假。详见图3-3-2。

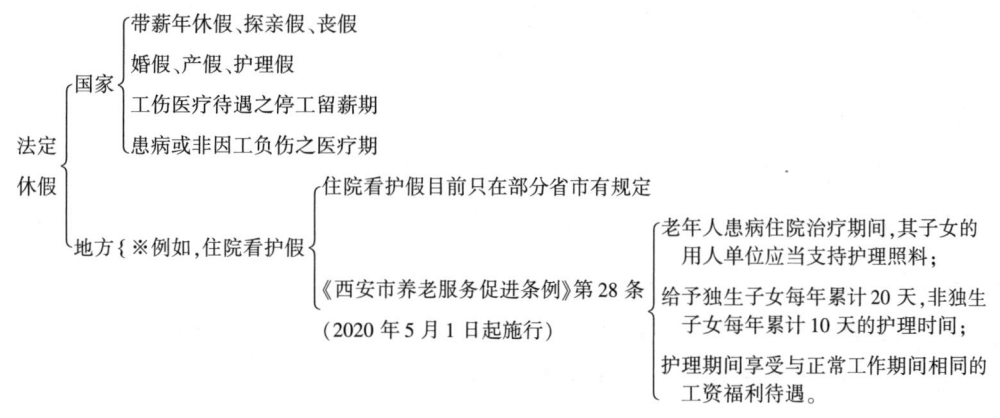

图3-3-2　法定休假

法定休假
- 国家
  - 带薪年休假、探亲假、丧假
  - 婚假、产假、护理假
  - 工伤医疗待遇之停工留薪期
  - 患病或非因工负伤之医疗期
- 地方｛※例如，住院看护假
  - 住院看护假目前只在部分省市有规定
  - 《西安市养老服务促进条例》第28条（2020年5月1日起施行）
    - 老年人患病住院治疗期间，其子女的用人单位应当支持护理照料；
    - 给予独生子女每年累计20天，非独生子女每年累计10天的护理时间；
    - 护理期间享受与正常工作期间相同的工资福利待遇。

主要是指劳动者因其个人原因不能按照约定或用人单位规定的工作时间向用人单位提供劳动，而这些不能提供劳动的时间因为具有特定原因而受到法律保护，成为区别于事假的休假时间。主要体现在以下几方面：

a. 劳动者符合法定休假的休假条件时，用人单位应当准许；

b. 法定休假的具体休假时间是下限规定，用人单位不仅应当保证劳动者的实际休假权利，且实际休假时间不得短于该下限规定；

c. 休假期间，劳动者仍然享受原工资待遇。

③关于法定假日的一些说明。

A. 探亲假。

具体内容参见国务院《关于职工探亲待遇的规定》（国发〔1981〕36号）。主要包含以下几个方面：

a. 探亲假设置的目的：参见规定第1条；

b. 休假条件：参见规定第2条；

c. 休假假期：参见规定第3、4条；

d. 休假待遇之工资：参见规定第5条；

e. 休假待遇之路费：参见规定第6条，及财政部《关于职工探亲路费的规定》（〔81〕财事字第113号）第2、3、4、5条。

B. 丧假。

a. 劳动者的直系亲属（父母、配偶和子女）死亡时，用人单位酌情给予1—3天的丧假；

b. 劳动者在外地的直系亲属死亡的，可以根据路程远近，另给予路程假；

c. 在丧假和路程假期间，劳动者的工资照发。

C. 住院看护假。

a. 住院看护假的依据是《西安市养老服务促进条例》第 28 条。因此，用人单位应当关注所在地区的地方性规定。

b. 住院看护假的理解：

第一，适用条件：老年人（年满 60 周岁）患病住院治疗期间。

第二，看护假期：独生子女为每年累计 20 天；非独生子女为每年累计 10 天的护理时间。其子女的用人单位应当支持护理照料。

第三，假期工资：看护假期间享受与正常工作期间相同的工资福利待遇。

D. 带薪年休假、婚育假期（婚假、产假、护理假）、停工留薪期、医疗期的具体说明参见本书要素三的相关内容。

（2）事假。劳动者因个人原因（但不属于法定休假情形）不能按照约定或用人单位规定的时间提供劳动时的缺勤称为事假。

（3）用人单位自行规定的福利性假期。

①用人单位可以在休息时间、法定节假日以外自主设置劳动者的休假时间。

②单位福利假期既可以是在法定节假日以外新设置的休假，例如用人单位的重要纪念日等；也可以是在法定节假日休假时间的基础上再增加的休假的时间。

3. 法定休假期间的工资标准。

（1）关于劳动者享受法定休假期间的工资标准，有以下多种描述方式：

a. 按劳动合同约定的工资标准支付；

b. 按出勤对待；

c. 原工资福利待遇不变；

d. 与正常工作期间相同的工资福利待遇；

e. 按正常出勤。

无论哪一种描述，其本质都体现了在法定休假期间，劳动者虽然未实际出勤，但是用人单位仍应按照劳动者实际出勤来支付工资。

（2）对于真正意义上的绩效工资，简而言之，就是通过评定劳动者的工作表现、工作成绩来确定的应得工资部分。如计件工资部分，根据实际工作产出计算劳动者的报酬的，法定休假期间的工资是否可以只发固定工资部分，目前司法审判实践中有两种认定方式：一是只要用人单位和劳动者在劳动合同中明确约定或者在经过民主程序和公示程序的规章制度中明确规定了工资结构、浮动工资部分的支付条件的，认定仅支付固定工资部分为合法。二是以劳动者实际休假前的 12 个月的平均工资作为法定休假期间的工资报酬的。这个结论的理由是,劳动者休假期间没有实际提供劳动,也就不会有可以计算浮动工资的劳动成果,因此,认为应当结合劳动者在一段时间内的实际工作表现来确定法定休假期间的工资标准。

二、合规实践

(一)休息休假管理制度

1. 用人单位应当切实保障劳动者的休息时间及享受法定节日、法定休假的权利。注意在管理制度中对法定节日、法定休假种类的完善,假期天数应保证在下限休假时间以上方为合法。

2. 用人单位还可以设定劳动者的福利性休假。福利性休假的具体内容和要求由用人单位依法确定。至少应当包括以下几方面内容。

(1)休假条件,例如工作年限满几年的可以享受福利假期。

(2)休假天数,应不占用法定节假日的休假天数,在此前提下天数自定。

(3)休假形式,例如根据设置的休假天数的多少,可以规定是一次性休假还是可以分散休假。

(4)休假启动方式,可以由劳动者提出申请,也可以由用人单位安排等。

(5)休假期间的劳动报酬标准,之所以称为福利性假期,就是因为该休假属于带薪假期,故应当规定劳动者休假期间的工资标准。

(6)休假的时效性,例如福利假期在一个自然年度内有效,过期不累计;还是可以"攒假"等。

(7)未休假补偿,是指劳动者未实际享受福利假期的,用人单位是否给予补偿。例如,可以统一设置为均无补偿,也可以设置为因用人单位原因导致劳动者未能享受的则给予补偿等等。若给予补偿的,也应当明确补偿标准。

3. 针对医疗期、带薪年休假、停工留薪期、产检假、产假等需要循环统计或者休假时间较长的假期,用人单位应当建立劳动者休假管理台账。台账的内容至少包括:

(1)劳动者姓名、身份证号码、入职日期、入职前工作年限;

(2)劳动者享有的各类法定假期的休假时长。若用人单位设置了带薪事假的,也应一并管理;

(3)劳动者已休假情况(结合请假申请、用人单位的请假安排以及考勤记录)统计;

4. 用人单位还应当注意所在地是否有其他法定的休息休假,如有,应当保障劳动者的休假权利,并依照规定向劳动者足额支付休假期间的工资。

（二）假期工资管理制度

1.用人单位根据不同的休息休假类型，依法确定相应的工资标准。

（1）事假期间原则上可以不支付工资。

（2）法定节假日期间的工资标准在不低于法定下限最低工资标准的基础上自行规定。

（3）对用人单位自行设置的福利假期，休假期间的工资标准可以参考法定节假日工资标准的相关要求。

2.劳动合同。

劳动者休假期间的工资是以劳动者提供正常劳动时的工资为参照的，同时劳动报酬作为劳动合同的必备条款，还应当约定劳动者休息休假期间的工资标准；未在劳动合同中约定的，应当约定按照用人单位的薪酬相关管理制度执行。

（三）考勤管理制度

1.考勤记录应能够体现劳动者的实际出勤时间和未出勤时间，并配合请假制度及相关记录确定未出勤原因。

2.考勤记录也是证明用人单位足额支付劳动报酬的核心基础证明。

三、其他法律风险提示

1.劳动者在法定休假期间内的，用人单位非因劳动者有过失之原因单方解除劳动合同以及劳动合同因期限届满终止时，属于不得解除、逾期终止的情形，用人单位应当注意避免违法解除或者违法终止劳动合同的法律风险。

2.法定节假日的工资是《国家统计局关于工资总额组成的规定》第4条规定的特殊情况下支付的工资，属于劳动报酬的范畴。用人单位未及时足额支付法定节假日工资的，劳动者有权单方解除劳动合同，并要求用人单位支付经济补偿。

3.应当注意的是，也可能存在对劳动者享有的法定休假时长判断有误导致的法定休假期间的工资未及时足额发放的情形。

3-3-2 休假程序

一、合规要求

(一) 合规要求的要点

表3-3-2 休假管理程序的法律应用流程

阶段	操作流程	操作内容与说明	涉及主体	记录
休假的种类	休假程序：带薪年休假/用人单位自主规定的假期；其他法定休假；事假	全日制劳动关系劳动者的休假主要分为法定节日、法定假日、事假以及用人单位自主决定的休息休假	1.劳动者 2.用人单位	休息休假管理制度
休假的发起方	由用人单位安排的；劳动者一方提出休假申请；用人单位审核休假条件、资料齐备性；劳动者一方提出休假申请	1.带薪年休假原则上由用人单位统筹安排，但实践中大都由劳动者一方提出休假申请 2.由用人单位自主决定的休假可以由公司统一安排（如公司重要纪念日等），也可以规定由劳动者一方提出申请 3.劳动者提出休假申请时，应按用人单位的管理规定提交相应的请假资料	1.劳动者 2.用人单位	请假申请单（或用人单位发布的放假通知）
休假许可	用人单位向劳动者发出书面休假通知；符合性判断；用人单位根据规定综合判断是否准许	1.用人单位依照法律规定和/或管理规定对劳动者的休假申请进行审查和逐级审批 2.符合休假条件的，经用人单位规定的请假程序准许后，劳动者方可休假	1.劳动者 2.用人单位	请假审批流程（可纳入休息休假管理制度）
休假的安排	劳动者实际休假；劳动者未休假或未完全休假（重新安排或依法/依单位规定处理）；劳动者享受法定休假；用人单位不予准许或改休事假；劳动者根据批准的假期休假；劳动者应按时出勤，避免旷工；程序结束	1.劳动者应遵守用人单位的请假程序，非经准许应继续按时出勤，避免旷工 2.劳动者休假期间的待遇应依法事先规定。事假可扣除休假当日工资 3.由用人单位自主决定的休息休假，除规定休息休假期间的福利待遇外，还应规定劳动者未享受该休假的处理方式 4.对于假期较长的休假，建议设置假期到期通知制度	1.劳动者 2.用人单位	1.假期工资管理制度 2.各类休假管理台账（可纳入休息休假管理制度） 3.假期到期通知函

(二)合规要求的理解

1.劳动法律制度仅规定了劳动者依法享有休息休假的权利,但是劳动者实际休假的流程则由用人单位自行规定。这也是用人单位自主管理权的体现之一。

2.休假管理流程首先是为了确保用人单位的正常生产经营秩序,其次是对劳动者提供劳动过程的管理,也是确定劳动者未出勤是否构成旷工或者是否存在迟到早退等情况的一项重要判定依据。当用人单位与劳动者之间发生旷工、迟到早退等违纪处理相关争议时,要根据用人单位的管理制度来具体分析和认定。因此,用人单位应当根据自身需要设置必要的劳动者休假管理流程,既要保证劳动者的法定休假权利,还要兼顾用人单位的生产经营需求。流程的具体内容可参见表3-3-2。

二、合规实践与法律风险提示

休息休假管理制度包括:

1.关于休假的程序,用人单位的管理内容至少包括以下内容:

(1)明确劳动者提出请假申请、审核、批准的流程及流转步骤;

(2)关于审批权限,可针对不同假期类型设置不同的审批权限,也可按照休假时间长短设置审批权限;

(3)对于需要在申请休假时一并提交证明资料的休假,例如婚假、医疗期等,应当明确规定证明资料的类型、提交时间及方式;

(4)应当明确履行休假流程所需的过程记录。

①请假申请单

由劳动者提交的请假申请至少包括以下内容:

a.劳动者姓名、工作岗位;

b.申请休假类型及拟休假时间;

c.用人单位审批结论;

d.实际休假日期记录(如销假记录,可由劳动者填写)。

②用人单位安排的休假,休假通知至少包含以下内容:

a.休假适用的劳动者的范围;

b.休假类型及休假时间;

c.休假期间的工资待遇(如已被管理制度规定的,可描述为"按××××制度执行")。

2.假期到期通知函。当劳动者的休假假期(如产假、医疗期等)时间较长时,用人单位可以设置假期到期书面通知程序,通知函至少包含以下内容:

(1)劳动者姓名;

(2)对休假类型、申请休假时间的描述；

(3)提示劳动者的假期到期时间及应出勤时间；

(4)落款(用人单位名称、时间)。

通知如采用工作邮箱、工作微信等方式的,应确保劳动者在休假期间也可以无障碍登录使用。

三、其他法律风险提示

劳动者申请休假,用人单位不予准许且无正当理由,但是劳动者又确需休假的,若劳动者在未获得用人单位的准许自行休假,用人单位又据此认为劳动者属于严重违反规章制度并单方解除劳动合同的,该解除行为可能构成违法解除劳动合同。

表3-3-3 与法定节假日及其工资支付相关的其他管理项点

相关要素名称	说明
假期工资管理	1. 用人单位规定的劳动者在法定节假日期间的工资标准应依法确定 2. 明确劳动者在享受用人单位自设福利假期期间的工资待遇 3. 明确劳动者在事假期间有无工资
劳动合同管理	主要是指劳动合同的必备条款——劳动报酬条款,应当约定劳动者的工资水平、工资结构(如有)等,还应约定有薪假期法定休假及用人单位自设福利假期的工资标准
劳动合同解除管理	1. 一方面是因劳动者休假未履行用人单位规定的请假流程而构成旷工等严重违反规章制度的情形,用人单位可以依法与劳动者解除劳动合同 2. 另一方面是指劳动者以用人单位未及时足额支付休息休假期间的工资,与用人单位依法解除劳动合同,并要求单位支付经济补偿的情形 3. 劳动者在法定休假期间内,除非劳动者有过失(《劳动合同法》第39条),否则,用人单位不得单方解除劳动合同
劳动合同终止管理	劳动者在法定休假期间内,劳动合同期限届满且不续订需要终止的,劳动合同的实际终止应延续至法定休假期间结束后
考勤管理制度	1. 确定劳动者未出勤的时间是否属于法定节假日的休假 2. 是工资支付的核心基础证明

表3-3-4 法律分析之法定节日

文件名称及文号	法条序号
《劳动法》(2018年修正)(主席令第24号)	第40条
劳动部办公厅《关于印发〈关于《劳动法》若干条文的说明〉的通知》(劳办发〔1994〕289号)	第40条
《全国年节及纪念日放假办法》(2013年修订)(国务院令第644号)	第2条、第3条、第4条、第6条

表 3-3-5　法律分析之丧假

内容	文件名称及文号	法条序号
丧假假期	国家劳动总局、财政部《关于国营企业职工请婚丧假和路程假问题的通知》（〔80〕劳总薪字 29 号）	第 1 条
丧假路程假		第 2 条
丧假工资		第 3 条
	《劳动法》（2018 年修正）（主席令第 24 号）	第 51 条

表 3-3-6　法律分析之独生子女父母陪护假

文件名称及文号	法条序号
《陕西省人口与计划生育条例》（2022 年修订）（陕西省人民代表大会常务委员会公告〔13 届〕第 74 号）	第 57 条

表 3-3-7　法律分析之老人住院护理假

文件名称及文号	法条序号
《西安市养老服务促进条例》（西安市人民代表大会常务委员会公告第 69 号）	第 28 条

表 3-3-8　法律分析之探亲假设置目的与休假条件

内容	文件名称及文号	法条序号
设置目的	国务院《关于职工探亲待遇的规定》（国发〔1981〕36 号）	第 1 条
休假条件	国务院《关于职工探亲待遇的规定》（国发〔1981〕36 号）	第 2 条
	陕西省《国务院关于职工探亲待遇规定》实施细则（2014 年修订）（陕西省人民政府令第 176 号）	第 2 条、第 4 条、第 5 条、第 6 条、第 7 条、第 8 条、第 9 条、第 11 条、第 12 条、第 16 条、第 17 条

表 3-3-9　法律分析之探亲假假期

文件名称及文号	法条序号
国务院《关于职工探亲待遇的规定》（国发〔1981〕36 号）	第 3 条、第 4 条
陕西省《国务院关于职工探亲待遇规定》实施细则（2014 年修订）（陕西省人民政府令第 176 号）	第 10 条、第 13 条

表 3-3-10　法律分析之探亲假待遇

内容	文件名称及文号	法条序号
一般规定	国务院《关于职工探亲待遇的规定》（国发〔1981〕36 号）	第 8 条
探亲假期工资	国务院《关于职工探亲待遇的规定》（国发〔1981〕36 号）	第 5 条
	陕西省《国务院关于职工探亲待遇规定》实施细则（2014 年修订）（陕西省人民政府令第 176 号）	第 14 条
休假路费	国务院《关于职工探亲待遇的规定》（国发〔1981〕36 号）	第 6 条
	财政部《关于职工探亲路费的规定》（2005 年）（〔81〕财事字第 113 号）	第 2 条、第 3 条、第 4 条、第 5 条
	陕西省《国务院关于职工探亲待遇规定》实施细则（2014 年修订）（陕西省人民政府令第 176 号）	第 3 条、第 12 条、第 18 条

表3-3-11　法律分析之法定节假日工资标准的一般规定

文件名称及文号	法条序号
《劳动法》(2018年修正)(主席令第24号)	第51条
劳动部办公厅《关于印发〈关于《劳动法》若干条文的说明〉的通知》(劳办发〔1994〕289号)	第51条
劳动部《关于印发〈工资支付暂行规定〉的通知》(劳部发〔1994〕489号)	第11条
《陕西省企业工资支付条例》(2015年修正)(陕西省人民代表大会常务委员会公告第16号)	第17条

表3-3-12　法律分析之部分公民放假期间的工资

文件名称及文号	法条序号
劳动和社会保障部办公厅《关于部分公民放假有关工资问题的函》(劳社厅函〔2000〕18号)	1. 关于部分公民放假的节日期间，用人单位安排职工工作，如何计发职工工资报酬问题 2. 按照国务院《全国年节及纪念日放假办法》(国务院令第270号)中关于妇女节、青年节等部分公民放假的规定，在部分公民放假的节日期间，对参加社会或单位组织庆祝活动和照常工作的职工，单位应支付工资报酬，但不支付加班工资 3. 如果该节日恰逢星期六、星期日，单位安排职工加班工作，则应当依法支付休息日的加班工资
《陕西省企业工资支付条例》(2015年修正)(陕西省人民代表大会常务委员会公告第16号)	第18条

表3-3-13　法律分析之劳动者参加社会活动期间的工资

文件名称及文号	法条序号
劳动部《关于印发〈工资支付暂行规定〉的通知》(劳部发〔1994〕489号)	第10条
《工会法》(2021年修正)(主席令第107号)	第41条
《陕西省企业工资支付条例》(2015年修正)(陕西省人民代表大会常务委员会公告第16号)	第21条

医疗期的合规管理

3-4-1 医疗期的期限

一、合规要求

（一）合规要求的要点

表3-4-1 医疗期期限及劳动关系处理速查

要素	具体内容			
医疗期释义	医疗期是劳动者因病或非因工负伤，需要停止工作治病休息，而用人单位不得违法解除劳动合同的期限			
医疗期的期限	实际工作年限	在本单位工作年限	医疗期	累计病休时间
	10年以下	5年以下	3个月	6个月内
		5年以上	6个月	12个月内
	10年以上	5年以下	6个月	12个月内
		5年以上10年以下	9个月	15个月内
		10年以上15年以下	12个月	18个月内
		15年以上20年以下	18个月	24个月内
		20年以上	24个月	30个月内
	医疗期期限理解示例	应享受3个月医疗期的职工，如果从2023年3月5日起第一次病休，该职工的医疗期应在3月5日至9月4日之间确定，在此期间累计病休3个月即视为医疗期满。其他依此类推		
	病休期间，公休、法定节假日包括在内			
	对某些患有特殊疾病(如癌症、精神病、瘫痪等)的职工，在24个月内尚不能痊愈的，经企业和劳动主管部门批准，可以适当延长医疗期			
医疗期工资	劳动者患病或者非因工负伤治疗期间，在规定的医疗期内，用人单位应按不低于劳动合同约定的工资标准的70%支付病假工资，但病假工资不得低于当地最低工资标准的80%			
医疗期与劳动关系	1.医疗期期内	(1)患病或者非因工负伤在规定的医疗期内，用人单位不得因《劳动合同法》第40条(无过失性辞退)、第41条(经济性裁员)解除劳动合同 (2)患病或者非因工负伤在规定的医疗期内劳动合同期满的，劳动合同应当续延至相应的情形消失时终止		
	2.医疗期期满后	劳动者患病或者非因工负伤，在规定的医疗期满后不能从事原工作，也不能从事由用人单位另行安排的工作的，用人单位提前30日以书面形式通知劳动者本人或者额外支付劳动者1个月工资后，可以解除劳动合同		

注：系陕西省规定，用人单位应当以所在地的相关规定为准。

(二)合规要求的理解

1. 医疗期的理解。根据劳动部《关于发布〈企业职工患病或非因工负伤医疗期规定〉的通知》第2条,医疗期是指劳动者因病或非因工负伤需要停止工作治病休息期间,是受不得解除劳动合同法律保护的期限。医疗期的设置一方面有助于保护劳动者的权益,让劳动者的劳动能力得以恢复;另一方面,有助于保护用人单位不会因劳动者病休时间过长而影响正常的生产经营秩序。

2. 医疗期的期限。

(1)"双工作年限"。劳动者的医疗期是根据"双工作年限"确定的,具体是指不仅应当考虑劳动者在本单位的工作年限,还要考虑劳动者在其他用人单位的工作年限,即先看劳动者的"实际工作年限"是10年以下还是以上,再看劳动者在本单位工作年限来确定。

(2)"周期循环式"(周而复始)。劳动关系存续期间,劳动者可享受的医疗期并不是"一次性"的,而是在一个累计计算周期届满后,重新开始又一次累计计算周期,也就是累计病休时间。

例如,应当享受3个月医疗期的劳动者,如果从2023年3月5日起第一次病休,该劳动者的医疗期应在3月5日至9月5日之间确定,在此期间累计病休3个月即视为医疗期满。若在此期间,该劳动者又因病需要休息的,其休息时间属于非医疗期的病假。但是,自2023年9月6日起,根据劳动者的"双工作年限",重新确定劳动者的累计病休期间以及可以享受的医疗期休假时长。

3. 医疗期与病假。广义上的病假,是指劳动者因生病需要停止工作休息、治疗的时间;医疗期就是病假中法定的被特殊保护的特殊时期。医疗期的保护具体体现在不得解除、逾期终止及工资待遇方面。非医疗期的病休期间并不是《劳动合同法》中受不得解除、逾期终止限制的期间,且该期间的工资标准由用人单位规定。

二、合规实践

医疗期、病假管理制度包括:

1. 适用对象。

(1)医疗期适用于全日制劳动关系的劳动者。

(2)被派遣劳动者需要病休的,首先,应当肯定被派遣劳动者享有休息休假的权利。其次,考虑到与被派遣劳动者建立劳动关系的是劳务派遣单位,因此用工单位与劳务派遣单位签订《劳务派遣协议》时,应事先约定被派遣劳动者病休(含医疗期)期间的待遇承担主体。

(3)试用期劳动者应当享有医疗期。试用期是劳动关系存续期间的一个组成部分,同时试用期也是全日制劳动关系项下的合规内容之一,因此试用期劳动者理应享有医疗期。

试用期旨在考察劳动者是否符合录用条件,而劳动者的出勤时间、身体条件等是试用期考察的基础,因此试用期的出勤天数和休息时间长短,可以列为录用条件的一项考察内容。

2. 用人单位应当结合入职管理,及时与劳动者确认其在入职本单位前的实际工作年限。

3. 用人单位应通过建立医疗期管理台账对每位劳动者的医疗期休假情况进行管理。台账示例如表3-4-2所示。

表3-4-2 医疗期管理台账

姓名	身份证号码	入职时间	本单位工作年限	入职前工作年限	可休医疗期时长	累计计算周期		实际休假统计			
						时长	起始时间	截止时间	休假事由	起始时间	截止时间	就诊医院	医嘱时长
		年月日	×年×个月	×年×个月	3个月	6个月	年月日	年月日	骨折	年月日	年月日		

三、其他法律风险提示

用人单位将劳动者应当享有的医疗期期限确定错误的,可能会因在不得解除、逾期终止的期间内解除、终止劳动合同而构成用人单位的违法解除或者违法终止。

3-4-2 医疗期期间的确认

一、合规要求

(一)合规要求的要点

表3-4-3 医疗期期间确认的法律应用流程

阶段	操作流程	操作内容与说明	涉及主体	记录
医疗期释义	医疗期期间确认 → 劳动者患病或非因工负伤	1. 医疗期是指劳动者因病或非因工负伤,需要停止工作治病休息的期间。该期间内,用人单位不能以劳动者无过失或经济性裁员为由解除劳动合同 2. 医疗期内劳动合同期满的,应延期至医疗期届满时方可终止 3. 医疗期是病假,但病假不一定是医疗期。医疗期是法律概念	劳动者	—

续表

阶段	操作流程	操作内容与说明	涉及主体	记录
适用条件	需要停工治疗 → 劳动者向用人单位申请医疗期休假,并按规定或约定提交资料	1. 劳动者因病或非因工负伤,且需要暂停工作,进行治疗和休息时,享受医疗期 2. 医疗期的请假程序及请假资料由用人单位规定,应注意所提供资料的合理性与适当性。一般以医院出具的医嘱为准 3. 因请假资料事关劳动者个人隐私,故用人单位应当注意信息安全	1. 劳动者 2. 用人单位 3. 就诊医院	医疗期/病假管理制度
请假审核	单位审核劳动者提供的请假资料是否齐备（不齐备/齐备）→ 单位确认劳动者医疗期休假情况	1. 用人应当预先规定医疗期请假资料的类型、提交资料的时限。用人单位应当按规定予以审批 2. 确认劳动者的医疗期休假情况,具体参见本书 3－4 医疗期的合规管理 3. 计算余假时应当注意计算周期,一个周期结束后重新起算	1. 劳动者 2. 用人单位	1. 医疗期/病假请假申请单 2. 请假申请及审批流程
医疗期假期	有余假—劳动者依法享有医疗期—用人单位书面通知劳动者医疗期到期情况—程序结束；无余假—劳动者可休病假,或者单位对劳动关系进行相应处理（表4-5-1、表4-6-1、表5-2-1、表5-7-1）	1. 劳动者有剩余可休医疗期且符合休假条件的,用人单位应保证劳动者的休假权利 2. 没有剩余可休医疗期但所提交请假资料符合病休条件的,可以休病假。病假期间的福利待遇由用人单位予以规定 3. 表 4－5－1 是变更工作内容/地点的事由速查,参见本书 4－5 变更工作内容/地点之事由的合规管理；表 4－6－1 是变更工作内容/地点的法律应用流程,参见本书 4－6 变更工作内容/地点之操作程序的合规管理；表 5－2－1 是劳动合同期满终止的法律应用流程参见本书 5－2 劳动合同的期满终止与续订的合规管理；表 5－7－1 是患病或非因工负伤解除的法律应用流程参见本书 5－7 劳动者患病或非因负伤工解除的合规管理	1. 劳动者 2. 用人单位	1. 假期工资管理制度 2. 医疗期间确认表 3. 医疗期台账 4. 假期(医疗期)到期通知函

(二)合规要求的理解

1.医疗期期间的确认主要是指劳动者向用人单位申请医疗期休假,用人单位进行休假审批时的工作流程。

2.医疗期请假程序的注意事项。

（1）医疗期因劳动者生病或非因工受伤而起，劳动者理应证明其"病""伤"客观存在的事实。因此，在劳动者申请病休时间时，用人单位有权要求劳动者提供证明资料。同时，因用人单位并非专业医护人员，对于病休的合理期间，可以通过医疗机构出具的诊断证明、医嘱确定。

（2）用人单位根据劳动者提供的申请休假的证明资料，结合劳动者的"双工作年限"来确定劳动者是否可以享受医疗期，以及当次可享受的医疗期的期间。

（3）用人单位要求劳动者提供的资料应注意合理界限以及劳动者隐私保护。例如，要求劳动者提供挂号单、病历、医疗检查缴费单、医药费结算单等；劳动者住院的，可以要求其提供住院病案资料中的入院、出院、医嘱记录等。休假期间可按医嘱确定。

（4）关于用人单位可否要求就诊医院、病情复查，原则上不应限制就诊医院和要求病情复查。若要求的，应当具有充分的合理性。例如频繁因同一病因病休的，或者因不同疾病申请病休频繁、时间较长的，可以考虑由更具权威性的医院诊断。

（5）若劳动者符合医疗期休假条件，且在一个累计病休时间内尚有未休假期的，用人单位应当准许；若劳动者当次不符合医疗期休假条件，但又确需停止工作休息治疗的，可以按非医疗期的病假处理。

（6）对于劳动者存在经常或反复病休的情况，用人单位可以依法为劳动者调整工作岗位，直至依法解除劳动合同。

二、合规实践

医疗期、病假管理制度包括：

1.事先规定医疗期、非医疗期的病休请假程序、请假应当提供的资料（一般是交复印件、原件核对后返还本人）、请假审批流程、审批级别和权限。

2.有些劳动者存在医疗期届满后还不能正常提供劳动情形，因此用人单位应当事先设置处理方式，合理运用《劳动合同法》第40条第1款规定，即劳动者患病或者非因工负伤，在规定的医疗期满后不能从事原工作，也不能从事由用人单位另行安排的工作的，用人单位提前30日以书面形式通知劳动者本人或者额外支付劳动者1个月工资后，可以解除劳动合同。

3.劳动者申请病休的，可以采用医疗期/病假请假申请单的形式：

（1）劳动者姓名、工作岗位；

（2）申请休假类型及拟休假时间；

（3）用人单位审批结论；

(4)实际休假日期记录(配合销假记录,可由劳动者填写)。

4. 针对申请单,用人单位依法确定了劳动者的医疗期期间的,尽可能让病休劳动者及时签署医疗期期间确认单。确认单的内容至少包括以下几个方面:

(1)劳动者姓名、身份证号码;

(2)劳动者开始当次医疗期休假时在本单位的工作年限以及劳动者参加工作的全部年限;

(3)当次医疗期的计算周期起止时间,该周期内应休医疗期和已休的医疗期时间。若没有未休医疗期的,也应当一并注明;

(4)劳动者对上述内容无异议的签字确认、时间。

5. 针对较长的休假,可以设置休假期满书面提醒程序,提示劳动者假期即将到期及提醒按时返岗事宜。例如,以假期到期通知函的形式,在劳动者休假结束前,及时书面通知劳动者假期届满时间及返岗时间。通知函至少包含以下内容:

(1)劳动者姓名;

(2)对休假类型、申请休假时间的描述;

(3)提示劳动者的假期的到期时间及应出勤时间;

(4)落款(用人单位名称、时间)。

通知如采用工作邮箱、工作微信等方式通知的,应确保劳动者在休假期间也可以无障碍登录使用。

6. 根据《职工带薪年休假条例》第4条、《企业职工带薪年休假实施办法》第8条的有关规定:

(1)劳动者因病休时长符合以下情况的,不享受当年的带薪当年休假;若劳动者已享受了当年带薪年休假的,则不享受下一年度的带薪年休假;

①累计工作满1年不满10年的职工,请病假累计2个月以上的;

②累计工作满10年不满20年的职工,请病假累计3个月以上的;

③累计工作满20年以上的职工,请病假累计4个月以上的。

(2)因病假的时间长短直接关系到劳动者的带薪年休假,且病假既包括医疗期的病休时间,也包括非医疗期的病休时间,因此用人单位不仅要准确确定劳动者的医疗期,还要对具体病休时间做好记录与确认。

3-4-3 医疗期工资

一、合规要求

(一)合规要求的要点

表3-4-4 医疗期工资标准的法律应用流程

阶段	操作流程	操作内容与说明	涉及主体	记录
适用条件	医疗期工资标准 → 医疗期期间确认程序	1. 医疗期工资标准依法确定,因此首先需要正确确定医疗期的起止时间,可参见本书3-4医疗期的合规管理 2. 医疗期期间的工资属于工资总额中特殊情况下支付的工资,应依法定标准执行	1. 用人单位 2. 劳动者	—
医疗期期间	医疗期内 / 医疗期外	1. 一般将劳动者因患病需停工治疗的期间统称为病假 2. 病假中被依法保护的医疗期期间的工资标准有法定下限要求,非医疗期的病休时间的工资由用人单位自行规定。因此首先应区分劳动者的病休时间是否在医疗期内	1. 用人单位 2. 劳动者	1. 医疗期、病假管理制度 2. 医疗期期间确认单
医疗期内外工资标准	按照国家、用人单位所在地法律法规规定的标准支付 / 依劳动合同约定或用人单位自行规定 → 用人单位是否及时足额支付 → 否:5-12、5-14；是:程序结束	1. 医疗期内的工资标准按照用人单位所在地规定的标准确定。《陕西省企业工资支付条例》第20条规定:劳动者患病或者非因工负伤治疗期间,在规定的医疗期内,按照不低于劳动合同约定的工资标准的70%支付病假工资,但病假工资不得低于当地最低工资标准的80%。其他地区以当地规定为准 2. 医疗期结束未治愈且仍需停工治疗的,该期间的工资标准依照劳动合同约定,或者用人单位自行规定 3. 若用人单位未及时足额支付的,劳动者有权单方解除劳动合同并要求用人单位支付经济补偿 4. 医疗期工资计算基数参见本书3-4医疗期的合规管理 5. 5-12是指本书5-12经济补偿的合规管理,5-14是指本书5-14劳动者单方解除劳动合同的合规管理	1. 用人单位 2. 劳动者	1. 假期工资管理制度 2. 关于假期工资的约定

(二)合规要求的理解

1. 医疗期工资是指在依法确定的医疗期内,劳动者的工资标准受法律保护。

2. 医疗期工资标准因地而异,例如,《陕西省企业工资支付条例》第20条规定:劳动者患病或者非因工负伤治疗期间,在规定的医疗期内,用人单位应当按照不低于劳动合同约定的工资标准的70%支付病假工资,但病假工资不得低于当地最低工资标准的80%。因此,用人单位还应当以所在地的相关工资支付规定为准。

(1)劳动合同约定的工资标准。

①是指用人单位与劳动者在劳动合同中约定的工资,包括工资结构、数额标准。

②如果是单一化工资,例如,约定工资为3000元/月,按照陕西省的标准,医疗期工资应以3000元为基数。

③如果是结构型工资,至少应当是以固定工资部分(基础工资+职务工资+工龄工资之)作为计算基数。浮动部分(例如绩效工资部分)是否可以排除在计算基数以外,在司法审判实践中略有不同,有按照劳动者医疗期开始前12个月的含有绩效工资的月平均收入作为计算基数的法院判例。

(2)医疗期工资遵循的两个比例:70%与80%。

①以陕西省的标准为例,若劳动者劳动合同约定的工资为3000元/月,其医疗期工资为3000元×70%=2100元/月;西安市目前最低工资标准为2160元,2160元×80%=1728元。因2100元/月高于1728元,故该数额合法。

②关于"不低于"的理解。不低于是下限性规定,用人单位根据自身情况,可以设置70%以上的任何比例。另外,当用人单位设定了医疗期内为固定数额的,若该数额符合上述不低于的标准则为合法;反之,应依法补足劳动者医疗期内的工资。

3. 非医疗期的病休期间属于广义上的病假期间,劳动者在非医疗期的病休期间的工资由用人单位规定。

二、合规实践

(一)假期工资管理制度

1. 医疗期工资应与医疗期、病假休假的管理衔接,并区分病休期间哪一段属于医疗期,哪一段属于非医疗期。

2. 病休时间属于医疗期的,医疗期期间的工资应当遵守用人单位所在地有关医疗期工资标准的下限性规定。用人单位在下限以上可以根据自身情况具体规定。

3. 病休时间不属于医疗期的,支付劳动报酬的数额标准,可由用人单位结合自身情况合情合理地确定,但是应注意区别于事假。

(二)关于假期工资的约定

1. 劳动合同中除了约定劳动者正常工作情形下的工资标准外,还应约定医疗期工资的计算基数。

2. 非医疗期的病休期间的工资,若在相关制度中有规定的,可以按制度执行,没有制度规定的,应在劳动合同中约定。数额设置原则同上页"二、合规实践""(一)假期工资管理制度"第3项。

三、其他法律风险提示

医疗期工资属于劳动报酬,若用人单位未在依法确定的医疗期内及时足额支付劳动报酬的,劳动者有权单方解除劳动合同,并有权要求用人单位支付经济补偿。

3-4-4 医疗期与劳动关系

一、合规要求

(一)合规要求的要点

表3-4-5 医疗期期限及劳动关系处理速查

要素		具体内容
医疗期与劳动关系	医疗期期内	(1)患病或者非因工负伤在规定的医疗期内的,用人单位不得因《劳动合同法》第40条(无过失性辞退)、第41条(经济性裁员)解除劳动合同 (2)患病或者非因工负伤在规定的医疗期内劳动合同期满的,劳动合同应当续延至相应的情形消失时终止
	医疗期期满后	劳动者患病或者非因工负伤,在规定的医疗期满后不能从事原工作,也不能从事由用人单位另行安排的工作的,用人单位提前30日以书面形式通知劳动者本人或者额外支付劳动者一个月工资后,可以解除劳动合同

(二)合规要求的理解

1. 关于劳动合同的解除或者终止。

(1)从医疗期的意义可知,医疗期于劳动者而言是一段劳动关系"冻结"的时间段,劳动合同的解除或者期满终止都受医疗期的直接影响,具体表现为不得解除、逾期终止。

但是,劳动者存在《劳动合同法》第39条规定的(过失性辞退)情形的,不受不得解除的限制。

(2)当劳动者的劳动合同在医疗期内期限届满的,劳动合同的终止日期应当续延至相应的情形消失时。但是,因劳动合同期满以外的其他原因导致劳动合同终止的不在此限。

(3)根据劳动部《关于发布〈企业职工患病或非因工负伤医疗期规定〉的通知》(劳部发[1994]479号)第6条、第7条,若劳动者非因工致残和经医生或医疗机构认定患有难

以治疗的疾病的:

①在医疗期内医疗终结,不能从事原工作,也不能从事用人单位另行安排的工作的,或者医疗期限届满的,应当由劳动鉴定委员会参照工伤与职业病致残程度鉴定标准进行劳动能力的鉴定;

②被鉴定为1级至4级的,应当退出劳动岗位,终止劳动关系,办理退休、退职手续,享受退休、退职待遇。

(4)劳动合同解除和终止的合规管理参见指引要素五的相关章节。

2. 关于变更工作内容。

(1)根据《劳动合同法》第40条第1款的规定,劳动者在医疗期满后不能从事原工作的,用人单位可以根据劳动者的实际情况调整劳动者的工作内容/岗位。

(2)关于本节的具体内容,参见本书4-5变更工作内容/地点之事由的合规管理和4-6变更工作内容/地点之操作程序的合规管理。

二、合规实践

"医疗期与劳动关系"一节涉及了四个要素,分别是医疗期、劳动合同的变更、劳动关系的解除和劳动关系的终止,充分体现了各劳动要素间的高度关联性。本节的合规实践请参见各相关要素的具体说明。

三、其他法律风险提示

用人单位因劳动者有过失以外的其他原因单方与劳动者解除劳动合同、或劳动合同期满终止时,应当注意劳动者是否处于医疗期的不得解除或逾期终止的期间。否则,可能构成违法解除或者违法终止劳动合同。

表3-4-6 与医疗期管理相关的其他管理项点

相关要素名称	说明
假期工资管理	病休时间属于医疗期的部分,劳动者的工资标准受到法律下限规定的保护。若用人单位向劳动者支付的医疗期工资低于当地规定标准的,属于未及时足额支付劳动报酬的情形
劳动合同管理	劳动合同的条款是劳动合同管理中的重要内容,而劳动报酬又是劳动合同的必备条款,且劳动报酬的约定标准直接关系到劳动者医疗期工资的计算基数,因此,医疗期合规管理的相关要素也包括劳动合同管理
变更工作地点/内容管理	根据《劳动合同法》第40条规定,患病或者非因工负伤的劳动者,在其规定的医疗期满后不能从事原工作时用人单位可为其另行安排工作。因此,为医疗期满后不能从事原工作的劳动者调整工作岗位也可以认为是用人单位的一项法定调岗事由
劳动合同解除管理	医疗期内属于《劳动合同法》第42条规定的不得解除的情形之一。因此,用人单位在劳动合同解除管理时也应考虑医疗期这一要素
劳动合同终止管理	根据《劳动合同法》第45条规定,患病或者非因工负伤的劳动者在其医疗期内劳动合同因期限届满终止的,劳动合同应续延至医疗期届满后方可终止

续表

相关要素名称	说明
带薪年休假管理	根据《职工带薪年休假条例》第4条规定,不同工作年限的劳动者其医疗期的休假时长超过一定时间长度后,就不再享受当年的年休假
休息休假管理	包括医疗期在内的病休时间都属于对休息休假进行管理的范畴,因此劳动者不出勤的就应当履行请假程序
考勤管理制度	在医疗期问题上,主要是指体现劳动者未出勤的时间及事由的记录

表3-4-7　法律分析之医疗期

内容		文件名称及文号	法条序号
医疗期的法律意义		劳动部《关于发布〈企业职工患病或非因工负伤医疗期规定〉的通知》(劳部发〔1994〕479号)	第2条
医疗期的期限	一般规定	劳动部《关于发布〈企业职工患病或非因工负伤医疗期规定〉的通知》(劳部发〔1994〕479号)	第3条
		劳动部《关于印发〈关于贯彻执行《中华人民共和国劳动法》若干问题的意见〉的通知》(劳部发〔1995〕309号)	第76条
	特殊疾病	劳动部《关于贯彻〈企业职工患病或非因工负伤医疗期规定〉的通知》(劳部发〔1995〕236号)	第2条
		陕西省劳动厅转发劳动部《关于贯彻〈企业职工患病或非因工负伤医疗期规定〉的通知》的通知(陕劳发〔1995〕283号)	第6条
医疗期的计算周期		劳动部《关于发布〈企业职工患病或非因工负伤医疗期规定〉的通知》(劳部发〔1994〕479号)	第4条
		劳动部《关于贯彻〈企业职工患病或非因工负伤医疗期规定〉的通知》(劳部发〔1995〕236号)	第1条
医疗期与劳动能力鉴定		劳动部《关于发布〈企业职工患病或非因工负伤医疗期规定〉的通知》(劳部发〔1994〕479号)	第6条、第7条

表3-4-8　法律分析之医疗期工资标准

文件名称及文号	法条序号
劳动部《关于印发〈关于贯彻执行《中华人民共和国劳动法》若干问题的意见〉的通知》(劳部发〔1995〕309号)	第59条
劳动部《关于发布〈企业职工患病或非因工负伤医疗期规定〉的通知》(劳部发〔1994〕479号)	第5条
《陕西省企业工资支付条例》(2015年修正)(陕西省人民代表大会常务委员会公告第16号)	第20条

表3-4-9　法律分析之医疗期与劳动合同的变更、解除和终止

内容	文件名称及文号	法条序号
用人单位变更、单方解除劳动合同	《劳动合同法》(2012年修正)(主席令第73号)	第40条、第42条第1款第3项
	劳动部《关于发布〈企业职工患病或非因工负伤医疗期规定〉的通知》(劳部发〔1994〕479号)	第6条、第7条

续表

内容	文件名称及文号	法条序号
用人单位不得解除	《劳动合同法》(2012年修正)(主席令第73号)	第42条第1款第3项
劳动合同的逾期终止	《劳动合同法》(2012年修正)(主席令第73号)	第45条
经济补偿支付		第46条第3项
	劳动部《关于发布〈企业职工患病或非因工负伤医疗期规定〉的通知》(劳部发〔1994〕479号)	第8条
劳动合同期满终止的医疗补助费	劳动部《关于实行劳动合同制度若干问题的通知》(劳部发〔1996〕354号)	第22条
	劳动部《关于因病或非因工负伤医疗期管理等若干问题的请示》的复函(劳办函〔1996〕40号)	第3条
	劳动部办公厅《关于对劳部发〔1996〕354号文件有关问题解释的通知》(劳办发〔1997〕18号)	第2条

带薪年休假的合规管理

一、合规要求

(一)合规要求的要点

表 3-5-1 带薪年休假速查

要素	具体内容
休假条件	1. 机关、团体、企业、事业单位、民办非企业单位、有雇工的个体工商户等单位的劳动者,连续工作1年以上的,享受带薪年休假 2. 该连续工作1年以上,既包括劳动者在同一单位连续工作1年以上的情形,也包括劳动者在不同单位连续工作1年以上的情形 3. 累计工作时间包括在机关、团体、企业、事业单位、民办非企业单位、有雇工的个体工商户等单位从事全日制工作期间,以及依法服兵役和其他按照法律、行政法规和国务院规定可以计算为工龄的期间(视同工作期间) 4. 劳动者的累计工作时间可以根据档案记载、单位缴纳社保缴费记录、劳动合同或其他具有法律效力的证明材料确定

要素	累计工作年限	休假天数
休假天数	已满1年不满10年的	5天
	已满10年不满20年的	10天
	已满20年的	15天
	1. 劳动合同、集体合同约定的或用人单位规章制度规定的年休假天数、未休年休假工资报酬高于法定标准的,用人单位应当按照有关约定或规定执行 2. 国家法定休假日、休息日、探亲假、婚丧假、产假等国家规定的假期以及因工伤停工留薪期间不计入年休假假期 3. 年休假在1个公历年度内集中或分段安排,一般不跨年度安排。单位因生产、工作特点确有必要跨年度安排劳动者年休假的,可以跨1个年度安排	

要素	符合休假条件的新进员工	符合休假条件的离职员工
休假天数的折算	当年度年休假天数,按照在本单位剩余日历天数折算确定,折算后不足1整天的部分不享受年休假	用人单位与劳动者解除或终止劳动合同时,当年度未安排劳动者休满应休年休假的,应当按照劳动者当年已工作时间折算应休未休年休假天数,并支付未休年休假工资报酬,但是折算后不足1整天的部分不支付未休年休假工资报酬
	折算方法为: (当年度在本单位剩余日历天数/365天)×劳动者本人全年应当享受的年休假天数	折算方法: (当年度在本单位已过日历天数/365天)×劳动者本人全年应当享受的年休假天数 – 当年度已安排年休假天数
	—	用人单位当年已安排劳动者年休假的,多于折算应休年休假的天数不再扣回

续表

要素		具体内容
不享受当年带薪年休假的情形	寒暑假	1.劳动者依法享受寒暑假,其休假天数多于年休假天数的; 2.确因工作需要,劳动者享受的寒暑假天数少于其年休假天数的,用人单位应安排补足年休假天数
	事假	劳动者请事假累计20天以上且单位按照规定不扣工资的
	病假	1.累计工作满1年不满10年的劳动者,请病假累计2个月以上的; 2.累计工作满10年不满20年的劳动者,请病假累计3个月以上的; 3.累计工作满20年以上的劳动者,请病假累计4个月以上的
	劳务派遣劳动者	被派遣职工在劳动合同期限内无工作期间由劳务派遣单位依法支付劳动报酬的天数多于其全年应当享受的年休假天数的,不享受当年的年休假
	以上情形,劳动者已享受当年年休假,年度内又出现前述事假和病假的情形之一的,不享受下一年度年休假	

(二)合规要求的理解

1.适用情形的一些说明。

(1)试用期内的劳动者,只要符合表3-5-1的休假条件,也依法享有带薪年休假。

(2)劳动者入职用人单位属于初次就业的,可以只按本单位的工作年限计算;劳动者非初次就业的,应当在入职时确定其在入职本单位之前的工作年限。

(3)这里的工作年限是指作为全日制劳动者的工作时间。

2.根据《职工带薪年休假条例》《企业职工带薪年休假实施办法》,劳动者带薪年休假的休假具体安排有以下两个要点。

(1)由用人单位根据生产、工作的具体情况,并考虑劳动者本人意愿,统筹安排劳动者的带薪年休假。

(2)年休假在1个年度(公历年度)内可以集中安排,也可以分段安排。一般不跨年度安排。

用人单位因生产、工作特点确有必要跨年度安排劳动者年休假的,可以跨1个年度安排,但是应征得劳动者本人同意。

3.带薪年休假的带薪是指将劳动者的休假期间视为劳动者提供了正常劳动,用人单位仍应依法向劳动支付劳动报酬。具体内容参见本书3-3法定节假日及其工资支付。

4.带薪年休假的休假天数根据劳动者的累计工作时间确定,具体内容见表3-5-1带薪年休假速查。

(1)一个公历年度内,全年度在职的劳动者的带薪年休假天数依法确定。

(2)一个公历年度内,非全年度在职的劳动者,如新进员工、离职员工,符合带薪年休假的休假条件的,则存在带薪年休假的休假天数折算问题。

①新进员工,应当折算其入职的当年应当享受的带薪年休假天数。

②离职员工,应当折算其离职的当年是否还有应休而未休的带薪年休假,如有,用人

单位应当向该劳动者支付未休年休假的工资。

5. 关于不享受当年带薪年休假情形的一些说明。

(1)劳动者出现特定情形时,不享受当年度的带薪年休假,具体内容见表3-5-1带薪年休假速查。当出现特定情形时,若劳动者已休当年带薪年休假的,则不享受下一年度的带薪年休假。

(2)应当注意不享受当年带薪年休假中的事假,是指不扣工资的带薪事假。这类假期通常作为劳动者的福利性假期由用人单位自行规定,作为劳动者的福利性假期。若是扣薪事假,用人单位则不应排除劳动者享受带薪年休假的休假权利。

(3)关于请病假累计一定时间以上的,凡是劳动者因自身原因导致的病、伤休假的,属于此类情形。应当注意的是,累计病休时间不是一刀切,而是要根据每位劳动者的实际累计工作年限而异。

二、合规实践

带薪年休假管理制度包括:

1. 适用对象。用人单位的带薪年休假适用于全日制劳动关系的全部劳动者(含试用期内的劳动者)。有劳务派遣用工的,也适用于被派遣劳动者。

2. 适用条件及休假天数。

(1)劳动者连续工作1年以上即可,无论该1年工作年限是否在本用人单位。

(2)劳动者入职用人单位的时间可以通过入职登记表、劳动合同证明;劳动者在入职本单位之前的工作年限可以通过工作年限确认书予以确认。确认书的内容至少包括:

①劳动者的姓名、身份证号码;

②劳动者入职时间;

③劳动者入职本单位前的工作年限;

④落款(劳动者签字确认、时间)。

(3)一个自然年度结束前,劳动者尚有未休带薪年休假的,用人单位应当予以处理,并设置管理流程。

管理内容至少包括:有剩余假期的劳动者名单、剩余假期的处理方式(统一安排休假或者直接支付未休带薪年休假的工资报酬等),如需支付未休假工资的,还应计算具体支付数额。

管理程序至少包括:相关信息在责任部门、配合部门之间的流转,剩余假期处理方式的审批以及处理方式的落实等。

(4)依法确定不享受带薪年休假的情形。

3. 休假程序。结合实践,带薪年休假可以由用人单位统一安排,也允许由劳动者提出休假申请。

(1)带薪年休假请假申请单。

①劳动者姓名、工作岗位;

②申请休假类型及拟休假时间;

③用人单位审批结论;

④实际休假日期记录(可由劳动者填写)。

(2)用人单位的安排休假通知。

①被安排休假的劳动者范围;

②安排休假事由描述;

③休假起止时间;

④落款(用人单位名称、日期)。

4. 与其他程序的关联。

(1)考勤管理制度。

对劳动者实际休假的情况,应当明确休假的类型,休假的起止时间,并做好考勤记录(考勤打卡情况、休假通知或休假申请单)。

(2)假期管理台账。

①台账的内容至少包括:

a. 劳动者姓名、身份证号码、入职日期、入职前工作年限;

b. 劳动者当年享有的带薪年休假的时长。若用人单位设置了带薪事假的,也应一并管理;

c. 劳动者已休假情况(结合请假申请、用人单位的请假安排以及考勤记录)统计。

②用人单位应当根据劳动者的累计工作年限动态调整应休假天数。

③做好带薪年休假的应休假天数、已休假天数、未休假天数的动态管理。

(3)离职程序管理制度。

在劳动者办理离职程序时,应当进行未休带薪年休假的结算。尚有未休假期的,可以安排休完折算后的带薪年休假后离职,也可直接支付未休年休假的工资报酬。

三、其他法律风险提示

用人单位关于带薪年休假的规章制度违反法律、法规规定的,由劳动行政部门责令改正,给予警告;给劳动者造成损害的,应当承担赔偿责任。

表 3-5-2　与带薪年休假管理相关的其他管理项点

相关要素名称	说明
劳动报酬	1. 用来确定劳动者在带薪年休假期间的工资标准 2. 作为计算劳动者未休带薪年休假工资的基数
劳动用工管理	既适用于全日制劳动关系的劳动者,也适用于被派遣劳动者
试用期管理	试用期劳动者只要其工作年限符合规定,也享有带薪年休假
离职程序管理	劳动者离职时,应当对劳动者离职当年的带薪年休假的休假情况进行结算
休息休假管理	用人单位应当对劳动者的应休假、休假申请、实际休假(类型、起止时间)进行统计、管理
考勤管理	考勤制度是体现劳动者实际未出勤时间和未出勤事由的记录

表 3-5-3　法律分析之带薪年休假的适用范围和休假条件

文件名称及文号	法条序号
《劳动法》(2018 年修正)(主席令第 24 号)	第 45 条
劳动部办公厅《关于印发〈关于《劳动法》若干条文的说明〉的通知》(劳办发〔1994〕289 号)	第 45 条
《职工带薪年休假条例》(国务院令第 514 号)	第 2 条[本条另参考国务院法制办《对〈关于《职工带薪年休假条例》有关问题的请示〉的复函》(国法秘政函〔2009〕5 号)]
《企业职工带薪年休假实施办法》(人力资源和社会保障部令第 1 号)	第 2 条、第 3 条[本条另参考人力资源和社会保障部办公厅《关于〈企业职工带薪年休假实施办法〉有关问题的复函》(人社厅函〔2009〕149 号)第 1 条]
国务院法制办《对〈关于《职工带薪年休假条例》有关问题的请示〉的复函》(国法秘政函〔2009〕5 号)	第 1 条
人力资源和社会保障部办公厅《关于〈企业职工带薪年休假实施办法〉有关问题的复函》(人社厅函〔2009〕149 号)	第 1 条、第 14 条、第 17 条
陕西省人民政府《关于进一步落实职工带薪年休假制度的意见》(陕政发〔2012〕48 号)	第 2 条、第 7 条
西安市人民政府《关于进一步落实职工带薪年休假制度的实施意见》(市政发〔2013〕30 号)	第 2 条、第 7 条

表 3-5-4　法律分析之带薪年休假的休假安排

文件名称及文号	法条序号
《职工带薪年休假条例》(国务院令第 514 号)	第 5 条第 1 款、第 5 条第 2 款、第 6 条
《企业职工带薪年休假实施办法》(人力资源和社会保障部令第 1 号)	第 9 条、第 18 条
陕西省人民政府《关于进一步落实职工带薪年休假制度的意见》(陕政发〔2012〕48 号)	第 5 条、第 8 条
西安市人民政府《关于进一步落实职工带薪年休假制度的实施意见》(市政发〔2013〕30 号)	第 5 条、第 8 条

表 3-5-5 法律分析之带薪年休假的天数

内容		文件名称及文号	法条序号
一般规定		《职工带薪年休假条例》(国务院令第514号)	第3条
		《企业职工带薪年休假实施办法》(人力资源和社会保障部令第1号)	第4条
		国务院法制办《对〈关于《职工带薪年休假条例》有关问题的请示〉的复函》(国法秘政函〔2009〕5号)	第2条
		人力资源和社会保障部办公厅关于《企业职工带薪年休假实施办法》有关问题的复函(人社厅函〔2009〕149号)	第2条、第6条、第13条
		陕西省人民政府《关于进一步落实职工带薪年休假制度的意见》(陕政发〔2012〕48号)	第3条
		西安市人民政府《关于进一步落实职工带薪年休假制度的实施意见》(市政发〔2013〕30号)	第3条
带薪年休假的折算	新进员工	《企业职工带薪年休假实施办法》(人力资源和社会保障部令第1号)	第5条
	离职员工		第12条

表 3-5-6 法律分析之劳动者不享受带薪年休假的情形

文件名称及文号	法条序号
《职工带薪年休假条例》(国务院令第514号)	第4条
《企业职工带薪年休假实施办法》(人力资源和社会保障部令第1号)	第7条、第8条

表 3-5-7 法律分析之带薪年休假工资

文件名称及文号	法条序号
《职工带薪年休假条例》(国务院令第514号)	第2条
《企业职工带薪年休假实施办法》(人力资源和社会保障部令第1号)	第11条
陕西省人民政府《关于进一步落实职工带薪年休假制度的意见》(陕政发〔2012〕48号)	第4条
西安市人民政府《关于进一步落实职工带薪年休假制度的实施意见》(市政发〔2013〕30号)	第4条

未休带薪年休假工资的合规管理

一、合规要求

(一)合规要求的要点

表 3-6-1　应休未休带薪年休假工资支付的法律应用流程

阶段	操作流程	操作内容与说明	涉及主体	记录
适用条件	应休未休带薪年休假工资的支付 → 3-5 带薪年休假的合规管理	机关、团体、企业、事业单位、民办非企业单位、有雇工的个体工商户等单位的劳动者,连续工作1年以上的,用人单位应当保证劳动者享受带薪年休假	1.用人单位 2.劳动者	带薪年休假管理制度
确定未休假天数	确定当年应休带薪年休假天数 → 有无尚未休假的天数	1.累计工作已满1年不满10年的,年休假5天;已满10年不满20年的,年休假10天;已满20年的,年休假15天 2.年休假在1个公历年度内集中或分段安排,一般不跨年度安排。单位因生产、工作特点确有必要跨年度安排职工年休假的,可以跨1个年度安排	1.用人单位 2.劳动者	1.带薪年休假请假申请单(或用人单位的安排休假通知) 2.劳动合同
判明原因	未休假原因是否为劳动者自愿放弃	1.用人单位确因工作需要不能安排年休且经职工本人同意的,可以不安排职工休年休假。对未休的年休假天数,应支付年休假工资报酬 2.用人单位安排职工休年休假,但是职工因本人原因且书面提出不休年休假的,用人单位可以只支付其正常工作期间的工资收入	1.用人单位 2.劳动者	劳动者自愿放弃年休假说明

续表

阶段	操作流程	操作内容与说明	涉及主体	记录
未休假工资计算过程	否 → 用人单位应当支付未休带薪年休假工资的天数 → 计算支付未休带薪年休假工资的日工资	1. 职工年休假天数少于应休年休假天数,应当在本年度内对职工应休未休年休假天数,按照其日工资收入的300%支付未休年休假工资报酬。 2. 计算未休年休假工资报酬的日工资收入按照职工本人的月工资除以月计薪天数(21.75天)进行折算;实行计件工资、提成工资或者其他绩效工资制的,日工资收入亦依此计算。 3. 月工资是指职工在用人单位支付其未休年休假工资报酬前12个月剔除加班工资后的月平均工资。在本用人单位工作时间不满12个月的,按实际月份计算月平均工资。 4. 实行计件工资、提成工资或者其他绩效工资制的,日工资收入的计发办法同上	用人单位	1. 劳动报酬的约定/规定 2. 薪酬管理制度
未休假工资的支付	未休假当天按日工资300%支付应休未休年休假工资报酬 → 程序结束	1. 按照日工资收入的300%支付,该300%中包含用人单位支付职工正常工作期间的工资收入。即除该100%外,应再支付200% 2. 值得注意的是,人力资源社会保障部《对十三届全国人大一次会议第3825号建议的答复》(人社建字〔2018〕62号)中提到"三是明确未休年休假工资报酬属于劳动报酬,适用特殊申请仲裁时效规定,即自劳动关系终止之日起算,更好保障劳动者维护带薪休假权利"	1. 用人单位 2. 劳动者	

(二)合规要求的理解

1. 根据《企业职工带薪年休假实施办法》第10条第1款、第11条,用人单位经劳动者同意不安排年休假或者安排劳动者年休假天数少于应休年休假天数,对劳动者应休未休年休假天数,应当在本年度内按照其日工资收入的300%支付未休年休假工资报酬,其中包含用人单位支付职工正常工作期间的工资收入。

(1)计算未休年休假工资报酬的日工资收入按照劳动者本人的月工资(劳动者在用人单位支付其未休年休假工资报酬前12个月剔除加班工资后的月平均工资)除以月计薪天数(21.75天)进行折算。

实行计件工资、提成工资或者其他绩效工资制的劳动者的日工资收入依照计算未休年休假工资报酬的方式计算。

(2)适用性分析

①劳动者符合享受带薪年休假的条件；

②经过劳动者本人同意用人单位未给劳动者安排年休假，或者劳动者实际享受的带薪年休假天数少于其当年应休年休假天数的；

③用人单位针对劳动者的应休而未休的带薪年休假天数，向劳动者支付未休年休假的工资报酬；

④若用人单位已向劳动者支付正常工作期间的劳动报酬的，还应另行按照劳动者本人日工资收入的200%支付未休年休假工资报酬；

⑤未休年休假工资的计算基数是劳动者本人日工资，故用人单位向劳动者支付未休年休假工资时，应当分别按照每位劳动者其本人的日工资基数和实际应休而未休的带薪年休假天数，据实计算。

(3)本节所指带薪年休假是指符合《劳动法》《职工带薪年休假条例》等法律法规规定的休假。

由用人单位自主设置的福利性带薪休假不在此限。该等休假的未休假期是否予以补偿由用人单位自主决定。

2.根据《企业职工带薪年休假实施办法》第10条第2款，用人单位安排劳动者休年休假，但是劳动者因本人原因以书面形式提出不休年休假的，用人单位可以只支付其正常工作期间的工资收入。

适用性分析：

(1)劳动者符合享受带薪年休假的条件；

(2)用人单位依法安排劳动者休年休假；

(3)劳动者因为个人原因不休假，也不另行申请休假；

(4)劳动者对其不休年休假事宜以书面形式向用人单位提出；

(5)用人单位收到劳动者的书面说明后，可以不用另行支付其未休年休假的工资报酬。

二、合规实践

带薪年休假管理制度包括：

1.针对未休带薪年休假的工资报酬支付问题适用情形：

(1)每个自然年度末，用人单位应当对本年度劳动者带薪年休假的休假情况进行例行汇总统计，确定是否有剩余假期。

(2)劳动者离职时的带薪年休假假期折算与结算在离职程序中处理。

2.用人单位应当明确责任部门、配合部门以及各自的职责权限。

3.用人单位应当明确带薪年休假的折算、结算所需记录。记录包括既有的休假情况记录(考勤记录、休假记录、假期管理台账等),也包括折算、结算过程中新产生的记录。

4.对带薪年休假的结算结果做好记录与统计,有应休而未休带薪年休假的,应当予以处理,例如安排休假,或者支付未休年休假的工资报酬。

5.属于用人单位无须对未休年休假支付工资报酬的情形的,应当收集劳动者不休假的书面证明,例如劳动者自愿放弃休假的说明。说明的内容至少包括以下内容:

(1)劳动者姓名、工作岗位;

(2)注明当年带薪年休假应休天数、未休天数;

(3)描述用人单位安排劳动者继续休完未休带薪年休假的事实,同时表明自愿放弃该休假;

(4)劳动者签字确认、日期。

6.用人单位向劳动者支付未休年休假工资的,应当依法据实计算应付金额。

三、其他法律风险提示

用人单位不能提供记录有效证明在用人单位为劳动者安排带薪年休假时,劳动者因自身原因不休假或放弃休假的,应当依法向劳动者支付未休带薪年休假的报酬。

表3-6-2 与未休带薪年休假工资管理相关的其他管理项点

相关要素名称	说明
劳动报酬	作为计算劳动者未休带薪年休假工资报酬的基数
劳动用工管理	全日制劳动关系的劳动者、被派遣劳动者有未休带薪年休假的,用人单位应当向其支付未休年休假工资报酬
离职程序管理	劳动者离职时尚有未休带薪年休假的,若劳动者未实际休假,除非用人单位能证明属于不支付未休年休假报酬的情形,否则用人单位应当与劳动者依法结算并支付未休年休假的工资报酬
休息休假管理	用人单位应当对劳动者的应休假、休假申请、实际休假(类型、起止时间)进行统计、管理;确认劳动者是否存在不享受当年带薪年休假的情况,以便确认劳动者是否有剩余假期

表3-6-3 法律分析之未休带薪年休假工资

文件名称及文号	法条序号
《职工带薪年休假条例》(国务院令第514号)	第5条第3款、第7条
《企业职工带薪年休假实施办法》(人力资源和社会保障部令第1号)	第10条、第11条、第15条
陕西省人民政府《关于进一步落实职工带薪年休假制度的意见》(陕政发〔2012〕48号)	第4条
西安市人民政府《关于进一步落实职工带薪年休假制度的实施意见》(市政发〔2013〕30号)	第4条

停工留薪期的合规管理

一、合规要求

(一)合规要求的要点

表 3-7-1 停工留薪期的法律应用流程

阶段	操作流程	操作内容与说明	涉及主体	记录
停工留薪期的申请	停工留薪期 → 工伤职工及时向用人单位申请停工留薪期	1.停工留薪期是指职工发生工伤或者患职业病后,需要暂停工作接受治疗,继续享受原工资福利待遇的期限 2.工伤职工应按照用人单位的管理制度及时办理请假手续	1.工伤职工 2.用人单位	休息休假管理制度
期限的确认与通知	用人单位根据诊断证明及停工留薪期分类目录确认期限 → 用人单位书面通知停工留薪期期限	1.停工留薪期由用人单位根据工伤医疗服务机构的诊断证明,按照《陕西省工伤职工停工留薪期分类目录(试行)》确定工伤职工的停工留薪期,并书面通知工伤职工本人 2.停工留薪期期限应以用人单位所在地的规定为准 3.停工留薪期一般不超过 12 个月;所受伤害部位或组织器官未列入《陕西省工伤职工停工留薪期分类目录(试行)》的,以临床治愈或者经治疗相对稳定的时间为停工留薪期,一般不超过 6 个月。停工留薪期连续计算	1.工伤职工 2.用人单位	停工留薪期限确认通知
期限的争议处理	工伤职工有无异议 → 有 → 工伤职工或其直系亲属可报请各设区市劳动能力鉴定委员会确认 / 无	4.多部位、多组织器官受到伤害的工伤职工,以对应的各停工留薪期中最长的期限作为该工伤职工的停工留薪期,各受伤部位的停工留薪期的时间不累加 5.遭受原发性损伤引起感染及并发症的,根据工伤医疗服务机构的诊断证明,可以在原停工留薪期的基础上增加 2 个月 6.工伤职工对用人单位确定的期限有异议的,其本人或其直系亲属有权申请劳动能力鉴定委员会予以最终确认	1.工伤职工 2.用人单位 3.用人单位所在地劳动能力鉴定委员会	停工留薪确认申请表

续表

阶段	操作流程	操作内容与说明	涉及主体	记录
期限的延长申请	停工留薪期休假 → 是否延长	1. 一般情况下，停工留薪期期限届满即告结束 2. 停工留薪期未满，但经工伤医疗服务协议机构证明工伤治愈的，停工留薪期终止 3. 工伤职工或其直系亲属未在规定的时间内提出延长停工留薪期申请的，停工留薪期终止	1. 工伤职工 2. 用人单位 3. 用人单位所在地劳动能力鉴定委员会	延长停工留薪期申请表
是否延长的结论与通知	是→向劳动能力鉴定委员会提出延长申请→劳动能力鉴定委员会作出是否延长的结论→将结论书面通知用人单位、工伤职工；否	1. 需要延长停工留薪期的，须经劳动能力鉴定委员会确认 2. 伤情严重或者情况特殊，经设区的市级劳动能力鉴定委员会确认，可以适当延长，但延长不得超过12个月 3. 劳动能力鉴定委员会作出确认结论前，工伤职工继续享受停工留薪期待遇 4. 延长申请的提交主体是用人单位还是工伤职工，具体以用人单位所在地规定为准	1. 工伤职工 2. 用人单位 3. 用人单位所在地劳动能力鉴定委员会	—
停工留薪期结束	停工留薪期结束→程序结束	1. 停工留薪期期限届满即告结束 2. 停工留薪期未满，但经工伤医疗服务协议机构证明工伤治愈的，停工留薪期终止 3. 工伤职工旧伤复发，需要重新确定停工留薪期的，适用以上程序 4. 停工留薪期满后需要继续治疗的，用人单位、工伤职工或其直系亲属必须出具工伤医疗服务机构的休假证明，继续享受工伤医疗待遇，不享受停工留薪期待遇	1. 工伤职工 2. 用人单位	假期到期通知函

注：停工留薪期延长流程各地基本一致，但是具体细节还应以用人单位所在地规定为准。

（二）合规要求的理解

1. 停工留薪期是指劳动者发生工伤或者患职业病后，需要暂停工作接受治疗，继续享受原工资福利待遇的期间。

2. 停工留薪期的期间根据受伤部位或受伤组织器官确定；停工留薪期应连续计算。而劳动者非因工负伤或患病的医疗期则是依据劳动者的工作年限来确定。

3. 停工留薪期的初次确认由工伤劳动者向用人单位申请，并提交相关证明资料。用人单位具体确定停工留薪期的时长。停工留薪期的期限延长由劳动能力鉴定委员会确认。

4. 工伤职工旧伤复发,需要重新确定停工留薪期的,适用以上程序。

5. 停工留薪期满后需要继续治疗的,用人单位、工伤职工或其直系亲属必须出具工伤医疗服务机构的休假证明,继续享受工伤医疗待遇,不享受停工留薪期待遇。

6. 停工留薪期的具体内容详见表3-7-1。停工留薪期的相关规定应以用人单位所在地的相关规定为准。

二、合规实践

休息休假管理制度中,关于停工留薪期,用人单位的管理内容至少包括以下几个方面:

1. 明确停工留薪的法律意义,避免将其与由用人单位自行定义的"停工留薪期"相混淆。

2. 原则上,工伤劳动者也应当遵循假期审批原则,但是应当考虑劳动者的伤情,适当优化请假程序,并保留劳动者实际休假的相关记录。

3. 应注意停工留薪期的请假程序的特殊性,应区别于病假、医疗期的请假程序。

(1)停工留薪期限确认通知

①劳动者姓名以及事故发生时间、伤情简介;

②用人单位确定停工留薪期的依据及起止时间;

③告知停工留薪期的延长的申请、确认程序;

④劳动者已知悉的记录。

(2)假期到期通知函

停工留薪期期限较长的,用人单位应尽量在期限届满前书面通知工伤劳动者到期时间。

①劳动者姓名、休假原因、停工留薪期的起止时间;

②明确告知停工留薪期的届满时间及返岗时间;

③期限届满不能返岗的,若需要申请停工留薪期延长的,告知其应履行延长申请手续;或延长申请未被认可或无须延长停工留薪期的,但是仍需继续治疗的,应提供工伤医疗机构的休假证明;

④劳动者已收悉的记录。

(3)停工留薪确认申请表、延长停工留薪期申请表

①停工留薪确认申请表

工伤职工或其直系亲属对停工留薪期的期限有争议时报请劳动能力鉴定委员会确认用。申请表按办理部门要求填写。

②延长停工留薪期申请表

工伤职工或其直系亲属在原停工留薪期满前10日内,向劳动能力鉴定委员会提出

延长停工留薪期时使用的书面申请。申请表按办理部门要求填写。

三、其他法律风险提示

停工留薪期是一个具有法律意义的期间,若停工留薪期期间计算有误的,可能导致劳动者在停工留薪期的劳动报酬未能足额支付,或者在不得解除的期间发生违法解除劳动合同的情形。

表 3-7-2 与停工留薪期管理相关的其他管理项点

相关要素名称	说明
劳动报酬	用以确定停工留薪期内劳动者的工资标准
休息休假管理	1. 用人单位应当设置停工留薪期的休假程序、休假管理程序 2. 用人单位应当确保劳动者享受停工留薪期的权利
工伤保险责任的主体	工伤劳动者由其劳动关系所在用人单位承担工伤保险责任
工伤认定	工伤保险待遇的大前提是劳动者的病、伤被认定为工伤

表 3-7-3 法律分析之停工留薪期

内容	文件名称及文号	法条序号
一般规定	《工伤保险条例》(2010 年修订)(国务院令第 586 号)	第 33 条第 1 款、第 2 款
	陕西省劳动和社会保障厅《关于印发〈陕西省工伤职工停工留薪期管理暂行规定〉的通知》(陕劳社发〔2008〕46 号)	第 2 条第 2 款、第 3 条、第 9 条第 2 款、第 10 条第 2 款、第 11 条
申请程序		第 5 条
期限确定		第 4 条、第 6 条
期限延长	陕西省实施《工伤保险条例》办法(2011 年修订)(陕西省人民政府令第 148 号)	第 18 条
	陕西省劳动和社会保障厅《关于印发〈陕西省工伤职工停工留薪期管理暂行规定〉的通知》(陕劳社发〔2008〕46 号)	第 7 条、第 9 条第 1 款
	陕西省劳动厅《关于颁发〈陕西省企业职工工伤保险实施细则(试行)〉的通知》(陕劳发〔1997〕232 号)	第 12 条
期限终止	陕西省劳动和社会保障厅《关于印发〈陕西省工伤职工停工留薪期管理暂行规定〉的通知》(陕劳社发〔2008〕46 号)	第 8 条、第 9 条第 3 款

表 3-7-4 法律分析之停工留薪期工资及劳动关系

文件名称及文号	法条序号
《工伤保险条例》(2010 年修订)(国务院令第 586 号)	第 33 条第 1 款
实施《中华人民共和国社会保险法》若干规定(人力资源和社会保障部令第 13 号)	第 12 条
陕西省劳动和社会保障厅《关于印发〈陕西省工伤职工停工留薪期管理暂行规定〉的通知》(陕劳社发〔2008〕46 号)	第 2 条第 1 款、第 10 条第 1 款
《陕西省企业工资支付条例》(2015 年修正)(陕西省人民代表大会常务委员会公告第 16 号)	第 19 条
陕西省实施《工伤保险条例》办法(2011 年修订)(陕西省人民政府令第 148 号)	第 18 条

婚育假期的合规管理

一、合规要求

(一) 合规要求的要点

表 3-8-1 婚育假期速查

假期种类		具体内容
婚假		1. 法定婚假 3 天 ※2. 在结婚登记前参加婚前医学检查的,在国家规定婚假的基础上增加假期 10 天 ※3. 婚假不含公休日和国家法定假日
孕产假	产检假	1. 怀孕女职工在劳动时间内进行产前检查,所需时间计入劳动时间 2. 产检周期与时间应遵医嘱
	产假	1. 女职工生育享受 98 天产假,其中产前可以休假 15 天 2. 难产的,增加产假 15 天 3. 生育多胞胎的,每多生育 1 个婴儿,增加产假 15 天 ※4. 职工合法生育子女的,在法定假的基础上增加产假 60 天 ※5. 女职工参加孕前检查的,在法定产假的基础上增加产假 10 天 ※6. 女职工生育 3 孩的,在前款规定的产假基础上增加产假 15 天 ※7. 产假含公休日和国家法定假日,但不含其工作所在行业或者系统内部规定的假期
	流产假	1. 女职工怀孕未满 4 个月流产的,享受 15 天产假;怀孕满 4 个月流产的,享受 42 天产假 ※2. 怀孕未满 4 个月流产的,休产假 15 天;怀孕满 4 个月未满 7 个月流产的,休产假 42 天;怀孕 7 个月以上终止妊娠,符合国家生育规定的,休产假 98 天
	男方护理假	※1. 职工合法生育子女的,给予男方护理假 15 天;夫妻异地居住的,给予男方护理假 20 天 ※2. 女职工生育 3 孩的,男方增加护理假 10 天 ※3. 护理假不含公休日和国家法定假日
哺乳时间/假		1. 对哺乳未满 1 周岁婴儿的女职工,用人单位应当在每天的劳动时间内为哺乳期女职工安排 1 小时哺乳时间 2. 女职工生育多胞胎的,每多哺乳 1 个婴儿每天增加 1 小时哺乳时间 ※3. 哺乳时间可以一次使用,也可以分开使用,哺乳时间计入劳动时间 ※4. 单位确因特殊情况无法保证哺乳时间并提供哺乳条件的,经单位与本人协商,可以给予 3 个月到 6 个月的哺乳假 ※5. 哺乳假期间比照生育津贴标准发给津贴,不影响晋级、调整工资,并计算工龄
育儿假		※符合政策生育或者依法收养子女的,在子女 3 周岁以内,每年给予父母双方各累计 10 天的育儿假

注:"※"内容系陕西省规定,用人单位应以当地规定为准。

(二)合规要求的理解

1. 婚育假期主要包括婚假、孕产假、哺乳时间/假、育儿假等。

2. 婚假、产假由两部分组成,即国家规定的基础性假期和地方规定的奖励性假期。以陕西为例,在这些假期中应当注意以下几个方面:

(1)婚假和男方护理假不含公休日和法定节假日。

(2)关于结婚登记前参加婚前医学检查中的"登记前"的理解。若婚前医学检查证明和结婚登记均不能显示具体时间的,在认定"登记前"会有不同的认识,解决思路如下:

①若婚前医学检查时间和检查报告出具有时间差的,如果能够证明婚前医学检查实施的时间在结婚登记日前的,可以认为属于"登记前";

②无法证明的,如果婚前医学检查报告和结婚登记日为同一日的,建议用人单位可以视同"登记前",并给予婚假的奖励假期。

(3)难产假、生育多胞胎的假期属于国家规定的基础性假期的组成部分。

(4)女职工的奖励性产假、男方护理假(名称因地而异,如有些地方称为陪产假),假期的天数以及是否包含公休日、法定节假日也应以用人单位所在地的相关规定为准。

3. 关于女职工在孕期的休假。

(1)孕期安胎的休假。法律并未规定该类休假的具体内容,用人单位可以:

①对医嘱需要停止工作安胎的,用人单位可以按"医疗期"对待;

②医疗期期满的,可以按病休处理;

③医疗期的劳动报酬依法支付,非医疗期的病休期间的劳动报酬按照劳动合同的约定或者用人单位的规定支付。

(2)产前检查假。

①产前检查的频率和时间随着孕期阶段的发展以及女职工个体情况的不同而有所不同,用人单位应当以医嘱为准。

②产前检查时间,用人单位应当依法支付工资。

二、合规实践

(一)休息休假管理制度

婚育假期属于休息休假管理的范畴,同时也是女职工保护内容的重要组成部分。因此,作为二者交集的婚育假期,无论在哪个管理制度中规定,至少包含以下内容。

1. 适用对象。婚育假期适用于全日制劳动关系的劳动者,且不应排除试用期内的劳动者。

2. 婚育假期的内容。

(1)根据具体类别,依法确定相应的假期。确定假期时应查明用人单位所在地的地方规定。

(2)用人单位还可以在法定休假时长的基础上设置福利性假期,同时对享受条件、假期待遇等予以规定。

(3)婚育假期期间的福利待遇支付标准。其中,劳动报酬应当依法支付,具体说明可参见本书2-7生育津贴与产假工资的合规管理。

由用人单位自行规定的福利待遇在婚育假期期间是否同样享受,由用人单位自行规定。

3.请假程序。

(1)明确请假程序、审批级别与权限、流转过程。

(2)明确申请假期应当提交以下所列的资料:

①婚假,应当提供结婚证,享受奖励婚假的还应提供婚前医学检查报告(陕西);

②产检假,应当提供结婚证、孕期检查证明及医嘱(确定产检时间);

③产假,应当提供结婚证,医生注明的预产期记录;

④男职工申请护理假的,应当提供结婚证、配偶生产证明;

⑤流产假,应当提供结婚证、终止妊娠的医学证明。

(3)休假请假单(请假申请单)。

①劳动者姓名、工作岗位;

②申请休假类型及拟休假时间;

③用人单位审批结论;

④实际休假日期记录(配合销假记录,可由劳动者填写)。

(4)用人单位根据劳动者的休假申请及证明资料,确定劳动者的休假类型及休假期间。

4.正确确定假期的期间,是保证劳动者及时足额获取假期工资的基础。女职工在产假期间的工资包括两部分,即由生育保险基金支付的生育津贴和由用人单位补足或支付的工资。

(二)考勤管理制度

1.用人单位应当做好休假劳动者的出勤记录、休假申请及实际休假情况的统计与管理。其中,体现实际休假情况的记录应当能确认劳动者休假的起止时间及休假的类型。

2.针对较长假期建议使用假期到期通知函,在休假结束前,及时书面通知劳动者假期届满时间及返岗时间。通知函至少包括以下内容:

(1)劳动者姓名、休假原因及休假的起止时间;

(2)明确告知休假的届满时间及要求劳动者返岗的时间;

(3)劳动者休假期限届满不能返岗且有正当理由的,告知其应履行事先请假手续;

(4)劳动者已收悉的记录。

三、其他法律风险提示

当劳动者在法定假期期间,用人单位在解除、终止劳动关系时应当注意劳动者是否存在不得解除、应逾期终止的情形,否则有构成违法解除或者终止劳动合同的法律风险。

表 3-8-2　与婚育假期管理相关的其他管理项点

相关要素名称	说明
假期工资管理	婚育假期属于法定休假,用人单位应当依法足额向劳动者支付劳动报酬
劳动用工管理	全日制劳动关系的劳动者(含试用期劳动者)都有权享受婚育假期
劳动合同解除管理	不得解除:法定婚育假期期间,除劳动者具有《劳动合同法》第 39 条的情形外,用人单位不得单方解除劳动合同
劳动合同终止管理	逾期终止:法定婚育假期期间,劳动合同到期,且符合终止情形的,应当将劳动合同的终止日期延期至法定婚育期间结束时
考勤管理制度	对劳动者的实际休假期间、休假事由予以记录
女职工保护管理	孕期、产期、哺乳期等也是女职工保护的内容

表 3-8-3　法律分析之婚假

内容	文件名称及文号	法条序号
婚假假期	国家劳动总局、财政部《关于国营企业职工请婚丧假和路程假问题的通知》([80]劳总薪字 29 号)	第 1 条
	《陕西省人口与计划生育条例》(2022 年修订)(陕西省人民代表大会常务委员会公告[13 届]第 74 号)	第 45 条第 1 款
	陕西省卫生计生委《关于印发〈陕西省人口与计划生育条例〉实施中有关问题具体应用的指导意见的通知》(陕卫政法发[2016]88 号)	第 2 条第 4 款、第 5 款
婚假路程假	国家劳动总局、财政部《关于国营企业职工请婚丧假和路程假问题的通知》([80]劳总薪字 29 号)	第 2 条

表 3-8-4　法律分析之产前检查及工资

文件名称及文号	法条序号
《女职工劳动保护特别规定》(国务院令第 619 号)	第 5 条、第 6 条第 3 款
《陕西省实施女职工劳动保护特别规定》(陕西省人民政府令第 209 号)	第 12 条第 4 款

表 3-8-5　法律分析之流产假

文件名称及文号	法条序号
《女职工劳动保护特别规定》(国务院令第 619 号)	第 7 条第 2 款
《陕西省实施女职工劳动保护特别规定》(陕西省人民政府令第 209 号)	第 14 条第 1 款第 4、5、6 项

表 3-8-6 法律分析之产假和男方护理假

内容	文件名称及文号	法条序号
产假	《陕西省实施女职工劳动保护特别规定》(陕西省人民政府令第 209 号)	第 14 条
男方护理假	《陕西省人口与计划生育条例》(2022 年修订)(陕西省人民代表大会常务委员会公告〔13 届〕第 74 号)	第 45 条之第 2 款、第 3 款
	陕西省卫生计生委《关于印发〈陕西省人口与计划生育条例〉实施中有关问题具体应用的指导意见的通知》(陕卫政法发〔2016〕88 号)	第 2 条第 5 款

表 3-8-7 法律分析之哺乳假/时间及哺乳假工资

文件名称及文号	法条序号
《女职工劳动保护特别规定》(国务院令第 619 号)	第 5 条、第 9 条
《陕西省实施女职工劳动保护特别规定》(陕西省人民政府令第 209 号)	第 15 条
陕西省劳动厅《关于对女职工哺乳期放假规定的通知》(陕劳人险发〔1983〕59 号)	第 1 条、第 2 条、第 3 条
《陕西省人口与计划生育条例》(2022 年修订)(陕西省人民代表大会常务委员会公告〔13 届〕第 74 号)	第 45 条第 4 款

表 3-8-8 法律分析之育儿假

文件名称及文号	法条序号
《陕西省人口与计划生育条例》(2022 年修订)(陕西省人民代表大会常务委员会公告〔13 届〕第 74 号)	第 45 条第 6 款

表 3-8-9 法律分析之婚假工资

文件名称及文号	法条序号
《劳动法》(2018 年修正)(主席令第 24 号)	第 51 条
国家劳动总局、财政部《关于国营企业职工请婚丧假和路程假问题的通知》(〔80〕劳总薪字 29 号)	第 3 条
《陕西省人口与计划生育条例》(2022 年修订)(陕西省人民代表大会常务委员会公告〔13 届〕第 74 号)	第 45 条第 7 款

要素四
劳动合同的订立、履行和变更

章节编号	章节名称
4-1	订立书面劳动合同的合规管理
4-2	预防二倍工资的合规管理
4-3	无固定期限劳动合同的合规管理
4-4	培训服务期的合规管理
4-5	变更工作内容/地点之事由的合规管理
4-6	变更工作内容/地点之操作程序的合规管理
4-7	试用期的合规管理

4-1 订立书面劳动合同的合规管理

4-1-1 订立书面劳动合同

一、合规要求

(一)合规要求的要点

表4-1-1 订立书面劳动合同的法律应用流程

阶段	操作流程	操作内容与说明	涉及主体	记录
关系性质确认	劳动关系用工的劳动合同 → 非全日制劳动关系／全日制劳动关系	1.全日制劳动关系必须订立书面劳动合同 2.非全日制劳动关系订立劳动合同的方式可以是口头,也可以是书面 3.用人单位自用工之日起即与劳动者建立劳动关系	1.用人单位 2.劳动者本人	1.劳动合同管理制度 2.非全日制用工确认书
订立劳动合同	口头/书面劳动合同／双方协商劳动合同条款 → 订立书面劳动合同	1.劳动合同的内容分为必备条款和可选条款 2.必备条款齐备的书面文件就是劳动合同。劳动合同应由用人单位和劳动者协商一致 3.订立书面劳动合同应在用工之日起1个月内完成,二倍工资的内容可参见本书4-2预防二倍工资的合规管理 4.劳动合同由双方签字盖章后视为订立完成	1.用人单位 2.劳动者本人	劳动合同文本
合同文本各执一份	双方各执一份 → 程序结束	1.劳动合同应由用人单位和劳动者本人双方签字/盖章 2.劳动合同应当返还给劳动者一份,否则,由劳动行政部门责令改正;给劳动者造成损害的,应当承担赔偿责任 3.向劳动者返还经用人单位签字/盖章的劳动合同时,应留存返还记录	1.用人单位 2.劳动者本人	劳动合同签收记录

注:《劳动合同法》第17条规定:"劳动合同应当具备以下条款:
(一)用人单位的名称、住所和法定代表人或者主要负责人;

(二)劳动者的姓名、住址和居民身份证或者其他有效身份证件号码;
(三)劳动合同期限;
(四)工作内容和工作地点;
(五)工作时间和休息休假;
(六)劳动报酬;
(七)社会保险;
(八)劳动保护、劳动条件和职业危害防护;
(九)法律、法规规定应当纳入劳动合同的其他事项。
劳动合同除前款规定的必备条款外,用人单位与劳动者可以约定试用期、培训、保守秘密、补充保险和福利待遇等其他事项。"

(二)合规要求的理解

1. 订立书面劳动合同不仅使事实劳动关系显性化,还是劳动关系上升为劳动法律关系的体现。劳动合同的内容用以约定在劳动关系存续期间,用人单位与劳动者各方的权利和义务。

2. 用人单位提供的劳动合同文本未载明劳动合同必备条款的,由劳动行政部门责令改正;给劳动者造成损害的,应当承担赔偿责任。

以下是对劳动合同必备条款的一些说明。

(1)必备条款1和必备条款2:劳动关系的双方主体。

①用人单位和劳动者在劳动合同履行过程中均没有可替代性,各自的权利和义务均由签订劳动合同的双方享有和履行。

②变更主要是指用人单位的名称、住所和法定代表人或者主要负责人的变化;劳动者的姓名、住址、联系方式的变化等。

在订立劳动合同时,建议增加"当任何一方的基本信息发生变化时,应及时通知对方,否则一方按该地址向对方寄送任何文书时,视为已送达"等内容。

(2)必备条款3:劳动合同期限。

①订立劳动合同时劳动合同期限的选择。

A.劳动合同的期限分为固定期限、无固定期限和以完成一定工作任务为期限三种类型。

a.固定期限劳动合同是指有起始时间和终止时间的劳动合同。

b.无固定期限劳动合同是指有起始时间无确定终止时间的劳动合同。

c.以完成一定工作任务为期限的劳动合同是指以某项工作的完成为终止时间的劳动合同。

B.用人单位与劳动者签订劳动合同选择劳动合同期限时,应根据用人需求、岗位要求以及劳动者的年龄、工作经验、专业技术能力等,并结合试用期的期限来确定。

用人单位与劳动者首次订立劳动合同的,劳动合同的期限由双方协商确定。具体如下:

a.不约定试用期的,以上3种期限均可根据实际情况选择;

b.约定试用期的,则应当根据试用期长短选择3个月以上固定期限或者无固定期限。

C.劳动者在用人单位连续工作满10年的,或者连续订立两次固定期限劳动合同的,除非劳动者要求或同意签订固定期限劳动合同,否则双方应当签订无固定期限的劳动合同。

关于无固定期限的劳动合同,具体说明参见本书4-3无固定期限劳动合同的合规管理。

②关于劳动合同期限的履行。

劳动合同期限一旦确定,除非具有可依法解除或者终止的情形,否则应当履行至约定的期限届满时止。

③关于劳动合同期限的变更。

理论上,在劳动关系存续期间,用人单位与劳动者双方当事人协商一致时,可以变更(缩短或延长)已约定的劳动合同的期限。

劳动合同期限的延长又可分为法定延长和意定延长。

A.法定延长。

一是指劳动合同的逾期终止。具体说明参见5-1劳动合同终止的事由与逾期终止的合规管理。

二是指基层工会的主席、副主席或者委员的劳动合同终止时间与任职期间的关系。《工会法》第19条规定,基层工会专职主席、副主席或者委员自任职之日起,其劳动合同期限自动延长,延长期限相当于其任职期间;非专职主席、副主席或者委员自任职之日起,其尚未履行的劳动合同期限短于任期的,劳动合同期限自动延长至任期期满。但是,任职期间个人严重过失或者达到法定退休年龄的除外。

B.意定延长。

a.意定延长主要是指用人单位与劳动者协商一致将已经订立的固定期限劳动合同的终止日期延后。例如,原定于2022年12月31日终止的劳动合同,劳动者与用人单位协商一致将劳动合同终止日期延后2年,即2024年12月31日终止。被延长的这两年在审判实践中大多被认定为又一次签订了固定期限的劳动合同。

b.当用人单位与劳动者签订的培训服务合同中约定的培训服务期的终止时间晚于劳动合同的终止时间时,劳动关系应当延长至约定的服务期届满时止。

④与劳动合同期限有关的法律责任。

a.缺乏必备条款的法律责任,即由劳动行政部门责令改正;给劳动者造成损害的,应当承担赔偿责任。

b.用人单位违反《劳动合同法》规定不与劳动者订立无固定期限劳动合同的,自应当订立无固定期限劳动合同之日起,每月向劳动者支付二倍的工资。

(3)必备条款4:工作内容和工作地点。

《劳动合同法》规定"工作内容和工作地点"是劳动合同的必备条款,在劳动合同中约定工作内容和工作地点时应遵循"依需原则"。

①工作内容,根据用人单位的实际生产经营需要和用工需求确定。

②工作地点,应当结合劳动者的工作内容实际可能涉及的地点确定。例如司机或者销售人员,其工作范围会随着用人单位经营业务涉及的地域的变化而变化,因此针对这类劳动者,可以将其工作地点的范围合理放宽;若劳动者从事内勤工作,其工作地点相对固定,对这类劳动者的工作地点约定相对宽泛的,则应具备充分合理性。

工作内容和工作地点的变更作为用人单位用工管理的一项重要内容,具体说明参见本书4-5变更工作内容/地点之事由的合规管理、4-6变更工作内容/地点之操作程序的合规管理。

(4)必备条款5:工作时间和休息休假。

①用人单位与劳动者约定工作时间和休息休假时,应当兼顾最高工作时间的上限、休息时间的下限以及用人单位的生产经营需求。

②工作时间应当符合劳动者适用的工时制度。以标准工时工作制为例:

a.根据国务院《关于职工工作时间的规定》第3条和第7条的规定,标准工时工作制的每日工作时间为8小时、每周工作时间为40小时,星期六和星期日为周休息日。若用人单位不能保证每周两天休息日,根据《劳动法》第38条的规定,也应当保证劳动者每周至少休息一日。因此,在用工实务中,用人单位应以符合上述强制性上下限的规定为前提,根据整体生产经营需要以及劳动者的工作内容,确定具体的工作日、具体的工作时间(工作时段),并约定在劳动合同中。

b.标准工时工作制下,若劳动者的工作时间、休息时间违反前述规定,违法部分对双方不具有约束力;给劳动者造成损失的,用人单位还应承担赔偿责任。

c.工时制度的说明参见本书3-1工时制度与工作时间的合规管理。

③休息休假。

A.关于休息时间。休息时间与工作时间相对应,无论工作时间约定的是每周工作5天、每天工作8小时、每周休息2天,还是每周工作6天、每日工作6.6小时、每周休息1天,都应符合工作时长和周休息时间的法律规定。

B.关于休假。

a.休假可以分为法定节日、法定休假、事假以及用人单位自设的福利性休假。

b.法定节日、法定假日是劳动法律制度的强制性规定,休假条件依法确定。用人单位不得限制试用期员工享受法定节假日。

c.事假是指劳动者因个人原因不能在用人单位规定的出勤时间出勤而需要请假的情形。

d.用人单位自行设置的各种福利假期。

综上,劳动合同应当依法对劳动者有权享受的休假进行约定,且约定的休息时间、法定节日、法定休假不得低于法律规定的标准。

④关于工作时间和休息休假的变更。

加班加点延长了劳动者法定/约定的工作时间、缩短了劳动者休息休假时间。用人单位由于生产经营需要,经与工会和劳动者协商后可以延长工作时间。

⑤相关法律责任。鉴于工作时间的上限和休息时间的下限属于法律强制性规定,若约定内容违法的,违法部分属于无效约定。给对方造成损害的,有过错的一方还应当承担赔偿责任。

(5)必备条款6:劳动报酬。

劳动报酬是劳动关系中最重要的内容,是劳动合同的必备条款,也是劳动争议的高频争议内容。劳动合同应当如实约定劳动报酬的结构、数额标准、支付条件、支付时间,以及特殊情况下的劳动报酬支付标准。

①关于劳动报酬约定的履行和变更。

a. 在劳动合同履行过程中,劳动者每月获得的劳动报酬的数额与劳动合同约定的数额相比可能会有增有减,但无论是增还是减,都应有理有据。

b. 一般情况下,若劳动报酬数额的增减时点、增减原因和增减幅度等已经事先在劳动合同中约定,或者是由经过民主程序和公示程序的劳动报酬管理制度规定的,这类增减倾向于被认定为是对劳动报酬约定的"履行";反之,则倾向于被认定为是对原劳动报酬的"变更"。属于变更的,应当经用人单位和劳动者协商一致。

②与劳动报酬条款相关的法律责任。

a. 经济补偿。根据《劳动合同法》第38条、第46条的相关规定,用人单位未及时足额向劳动者支付劳动报酬的,劳动者有权单方解除劳动合同,并要求用人单位支付经济补偿。

b. 赔偿金。这里的赔偿金并非违法解除情形下以经济补偿数额双倍计算的赔偿金,而是指用人单位未及时足额支付劳动报酬、支付的劳动报酬低于最低工资标准、不依法支付加班工资、不依法支付经济补偿时的赔偿金。

根据《劳动合同法》第85条的规定,用人单位有该条规定的违法行为之一的,由劳动行政部门责令限期支付劳动报酬、补足与最低工资的差额、支付加班费或者经济补偿;逾期不支付的,责令用人单位按应付金额百分之五十以上百分之一百以下的标准向劳动者加付赔偿金。

应当注意,劳动者主张这项赔偿金时应具备前置程序,即先由劳动行政部门责令用人单位限期支付,只有用人单位逾期不支付的,劳动者才能要求支付相应的赔偿金。

c. 刑事责任。用人单位因未及时足额支付劳动报酬构成刑事犯罪的相关法律规定参见表2-2-17。

(6)必备条款7:社会保险。

①缴纳社会保险是劳动关系下用人单位向劳动者履行的法定义务,任何情况下均不能免除用人单位缴纳社会保险的义务;劳动者有权要求用人单位为其缴纳,同时也负有承担社会保险个人缴费部分的缴纳义务。

②劳动合同应当约定"用人单位依法为劳动者缴纳社会保险,劳动者依法承担个人应缴纳的费用,并同意由用人单位在每月支付工资时代扣代缴"。

③社会保险缴纳随着劳动关系的成立而开始,随着劳动关系的结束而结束。劳动关系存续过程中,用人单位和劳动者均应依法按时缴纳各项社会保险;非全日制用工的,用人单位应当为劳动者依法缴纳工伤保险。

④社会保险的变更限于缴费基数或者缴费比例的变更,且这些变更是基于法定要求,而非用人单位与劳动者之间的约定。

⑤与社会保险相关的法律责任。

a. 经济补偿。用人单位未依法为劳动者缴纳社会保险费的,劳动者有权单方解除劳动合同并有权要求用人单位支付经济补偿。

b. 劳动者的损失赔偿。用人单位未为劳动者办理社会保险缴纳手续,且社会保险经办机构不能为劳动者补办,导致劳动者无法享受社会保险待遇的,劳动者有权要求用人单位赔偿损失。

c. 行政处罚。用人单位未依法按时缴纳社会保险的,社会保险行政部门可依法予以相应处罚。

(7)必备条款8:劳动保护、劳动条件和职业危害防护。

①劳动保护、劳动条件和职业危害防护是劳动合同的必备条款,与劳动报酬一起被纳入宪法,是劳动者的一项基本权利。

②订立劳动合同时,应根据用人单位所在行业、生产经营需求、劳动者的工作内容,具体约定用人单位应当为劳动者提供的劳动保护、劳动条件和职业危害防护;劳动者也负有遵守劳动安全制度的义务。

③劳动者劳动安全保证的相关条款应在劳动合同中依需、依法约定,依约履行,并随着劳动者工作内容、工作岗位,甚至工作环境的变化而进行动态调整。

④相关法律后果。

a. 经济补偿。根据《劳动合同法》第38条和第46条的规定,若用人单位未按照劳动合同约定提供劳动保护或者劳动条件,劳动者可以解除劳动合同,并有权要求用人单位支付经济补偿。

b. 赔偿责任、行政处罚、刑事责任。《劳动合同法》第88条规定,用人单位违章指挥或者强令冒险作业危及劳动者人身安全的,或者劳动条件恶劣、环境污染严重,给劳动者身心健康造成严重损害的,依法给予行政处罚;构成犯罪的,依法追究刑事责任;给劳动者造成损害的,应当承担赔偿责任。

另外,根据《劳动合同法》第32条的规定,劳动者有权拒绝用人单位管理人员的违章指挥、强令冒险作业的指令,且该拒绝行为不视为违反劳动合同。用人单位的劳动条件会危害到劳动者的生命安全和身体健康的,劳动者有权对用人单位提出批评、检举和控告。

二、合规实践

（一）劳动合同管理制度

针对"订立、变更书面劳动合同",应当规定：

（1）订立、变更劳动合同的责任部门、职责权限；

（2）订立、变更劳动合同的程序,至少包括以下内容：

①书面劳动合同签订的时限；

②劳动合同为纸质形式的,应当采用可靠的方式确认劳动合同系由本人亲自签署；

③用人单位对劳动合同的用印流程；

④用人单位向劳动者返还劳动合同时的签收形式；

⑤拟签订劳动合同的劳动者名单、变更事项需经事先审批的,应确定审批人、审批流程。

（3）对劳动合同条款内容的要求；

（4）劳动合同的保存方式及年限；

（5）已签订的劳动合同的查阅、借用方式及其审批程序。

（二）非全日制用工确认书

虽然《劳动合同法》对非全日制劳动关系签订书面劳动合同没有强制性要求,但是根据司法实践,建议非全日制用工也及时签订书面劳动合同。

若用人单位与非全日制劳动关系的劳动者不签订书面劳动合同,也可以由劳动者对"非全日制用工"的事实予以书面确认。

确认书至少包括：

1. 劳动者的姓名、性别、身份证号、联系电话及联系地址；

2. 劳动者的就职岗位、入职时间、工作内容、具体工作时间；

3. 劳动者确认双方的用工形式为"非全日制劳动关系"；

4. 落款（劳动者署名、日期）。

（三）劳动合同

建议使用用人单位所在地劳动行政管理部门发布的劳动合同样本。若实际用工与样本内容不一致,根据用人单位和劳动者的约定内容,对相关条款进行修改即可。

（四）劳动合同签收记录

1. 用人单位向劳动者返还劳动合同时,应当留存劳动者的签收记录。

2. 形式上可以是单独的签收表格,也可由劳动者在用人单位留存的劳动合同上书写。

3. 记录至少应当包括以下内容：

(1)签收的文件名称、份数;
(2)签收人及签收时间。

表4-1-2 与订立书面劳动合同管理相关的其他管理项点

相关要素名称	说明
劳动报酬	劳动报酬是劳动合同的必备条款,用人单位和劳动者之间对劳动报酬的约定应当如实写入劳动合同
劳动关系与灵活用工	书面劳动合同的强制性订立限于全日制劳动关系。另外,用人单位与劳动者之间建立的是否是劳动关系以及是哪种劳动关系,取决于用工实质
劳动合同的订立、履行和变更	1. 用人单位应当对订立书面劳动合同的流程、内容、时限、保管等全流程予以管理 2. 劳动关系存续期间各方权利义务的主要依据来源于签订的劳动合同 3. 劳动合同的变更是对已约定的双方权利义务的改变,原则上应当协商一致。除非用人单位单方变更具有合法合理的事由
工作时间和休息休假	1. 用人单位应当保证劳动者的休息时间和休息休假权利 2. 作为劳动合同必备条款,其应当被如实写入劳动合同
社会保险	缴纳社会保险是劳动合同的必备条款,用人单位和劳动者之间应当予以约定。同时,社会保险缴纳更注重实际是否缴纳。因此,在实务中,不仅要将其写入劳动合同,更重要的是应实际缴纳
工伤与劳动安全	劳动保护也是劳动合同的必备条款,用人单位和劳动者之间应当予以约定。同时,更应注重的是根据实际工作环境、岗位需求实际提供相应的保护
劳动争议	全日制劳动关系未依法订立劳动合同或未依法约定相关条款的,可能引发争议,该争议属于劳动争议

表4-1-3 法律分析之劳动合同订立的一般规定

文件名称及文号	法条序号
《劳动法》(2018年修正)(主席令第24号)	第16条、第17条、第98条
《劳动合同法》(2012年修正)(主席令第73号)	第3条、第10条第1款
劳动部办公厅《关于印发〈关于《劳动法》若干条文的说明〉的通知》(劳办发〔1994〕289号)	第16条、第17条
劳动部《关于印发〈关于贯彻执行《中华人民共和国劳动法》若干问题的意见〉的通知》(劳部发〔1995〕309号)	第44条
劳动部《关于实行劳动合同制度若干问题的通知》(劳部发〔1996〕354号)	第6条

表4-1-4 法律分析之订立书面劳动合同的时间要求

内容	文件名称及文号	法条序号
劳动关系的建立时间	《劳动合同法》(2012年修正)(主席令第73号)	第7条
劳动合同的订立时间		第10条第2款、第97条第2款
劳动合同的续订	劳动部《关于实行劳动合同制度若干问题的通知》(劳部发〔1996〕354号)	第14条

表 4-1-5　法律分析之劳动合同的条款内容

文件名称及文号	法条序号
《劳动法》(2018 年修正)(主席令第 24 号)	第 19 条、第 22 条
《劳动合同法》(2012 年修正)(主席令第 73 号)	第 17 条、第 22 条第 1 款、第 23 条、第 25 条、第 81 条
劳动部办公厅《关于印发〈关于《劳动法》若干条文的说明〉的通知》(劳办发〔1994〕289 号)	第 19 条、第 22 条
劳动部《关于印发〈关于贯彻执行《中华人民共和国劳动法》若干问题的意见〉的通知》(劳部发〔1995〕309 号)	第 47 条
陕西省高级人民法院《关于审理劳动争议案件若干问题的解答》(陕高法〔2020〕118 号)	第 13 条

表 4-1-6　法律分析之劳动合同期限的类型

内容	文件名称及文号	法条序号
一般规定	《劳动法》(2018 年修正)(主席令第 24 号)	第 20 条第 1 款
	劳动部办公厅《关于印发〈关于《劳动法》若干条文的说明〉的通知》(劳办发〔1994〕289 号)	第 20 条第 1 款
	劳动部《关于实行劳动合同制度若干问题的通知》(劳部发〔1996〕354 号)	第 1 条
	《劳动合同法》(2012 年修正)(主席令第 73 号)	第 12 条
固定期限劳动合同	《劳动合同法》(2012 年修正)(主席令第 73 号)	第 13 条、第 97 条第 1 款
无固定期限劳动合同	《劳动法》(2018 年修正)(主席令第 24 号)	第 20 条第 2 款
	《劳动合同法》(2012 年修正)(主席令第 73 号)	第 14 条
	劳动部办公厅《关于印发〈关于《劳动法》若干条文的说明〉的通知》(劳办发〔1994〕289 号)	第 20 条第 2 款
	劳动部《关于印发〈关于贯彻执行《中华人民共和国劳动法》若干问题的意见〉的通知》(劳部发〔1995〕309 号)	第 20 条、第 22 条
	劳动部《关于实行劳动合同制度若干问题的通知》(劳部发〔1996〕354 号)	第 2 条
	《劳动合同法实施条例》(国务院令第 535 号)	第 9 条、第 11 条
	最高人民法院《关于审理劳动争议案件适用法律问题的解释(一)》(法释〔2020〕26 号)	第 34 条第 2 款
以完成一定工作任务为期限的劳动合同	《劳动合同法》(2012 年修正)(主席令第 73 号)	第 15 条
特殊工作岗位的劳动合同期限	《实施〈劳动法〉中有关劳动合同问题的解答》(劳部发〔1995〕202 号)	第 5 条
	劳动部《关于印发〈关于贯彻执行《中华人民共和国劳动法》若干问题的意见〉的通知》(劳部发〔1995〕309 号)	第 21 条

表 4-1-7　法律分析之劳动合同的效力

内容	文件名称及文号	法条序号
劳动合同的生效	《劳动合同法》(2012 年修正)(主席令第 73 号)	第 16 条
	劳动部《关于实行劳动合同制度若干问题的通知》(劳部发〔1996〕354 号)	第 5 条
劳动合同的无效	《劳动法》(2018 年修正)(主席令第 24 号)	第 18 条、第 97 条
	《劳动合同法》(2012 年修正)(主席令第 73 号)	第 26 条、第 27 条、第 86 条
	劳动部办公厅《关于印发〈关于《劳动法》若干条文的说明〉的通知》(劳办发〔1994〕289 号)	第 18 条
	劳动部《关于印发〈关于贯彻执行《中华人民共和国劳动法》若干问题的意见〉的通知》(劳部发〔1995〕309 号)	第 16 条、第 27 条
	最高人民法院《关于审理劳动争议案件适用法律问题的解释(一)》(法释〔2020〕26 号)	第 41 条

表 4-1-8　法律分析之劳动合同的履行

内容		文件名称及文号	法条序号
一般规定		《劳动合同法》(2012 年修正)(主席令第 73 号)	第 29 条、第 33 条
		劳动部《关于实行劳动合同制度若干问题的通知》(劳部发〔1996〕354 号)	第 9 条
用人单位	职工名册	《劳动合同法》(2012 年修正)(主席令第 73 号)	第 7 条
		《劳动合同法实施条例》(国务院令第 535 号)	第 8 条
	规章制度	《劳动法》(2018 年修正)(主席令第 24 号)	第 4 条
		《劳动合同法》(2012 年修正)(主席令第 73 号)	第 4 条
	职业培训	《劳动法》(2018 年修正)(主席令第 24 号)	第 55 条、第 68 条
		劳动部办公厅《关于印发〈关于《劳动法》若干条文的说明〉的通知》(劳办发〔1994〕289 号)	第 68 条
		《就业促进法》(2015 年修正)(主席令第 24 号)	第 51 条
	劳动安全卫生	《劳动法》(2018 年修正)(主席令第 24 号)	第 52 条、第 53 条、第 54 条、第 92 条、第 93 条、第 96 条
		《劳动合同法》(2012 年修正)(主席令第 73 号)	第 88 条
	补充保险	《劳动法》(2018 年修正)(主席令第 24 号)	第 75 条
		劳动部办公厅《关于印发〈关于《劳动法》若干条文的说明〉的通知》(劳办发〔1994〕289 号)	第 75 条
	福利	《劳动法》(2018 年修正)(主席令第 24 号)	第 76 条
		劳动部办公厅《关于印发〈关于《劳动法》若干条文的说明〉的通知》(劳办发〔1994〕289 号)	第 76 条

续表

内容		文件名称及文号	法条序号
劳动者	权利	《劳动法》(2018年修正)(主席令第24号)	第3条第1款、第56条第2款
		劳动部办公厅《关于印发〈关于《劳动法》若干条文的说明〉的通知》(劳办发〔1994〕289号)	第3条第1款、第56条第2款
		《劳动合同法》(2012年修正)(主席令第73号)	第32条、第77条
		《劳动合同法实施条例》(国务院令第535号)	第14条
	义务	《劳动法》(2018年修正)(主席令第24号)	第3条第2款、第56条第1款
		劳动部办公厅《关于印发〈关于《劳动法》若干条文的说明〉的通知》(劳办发〔1994〕289号)	第3条第2款、第56条第1款
		《劳动合同法》(2012年修正)(主席令第73号)	第50条第2款
	法律责任	《劳动法》(2018年修正)(主席令第24号)	第102条
		劳动部办公厅《关于印发〈关于《劳动法》若干条文的说明〉的通知》(劳办发〔1994〕289号)	第102条
		《劳动合同法》(2012年修正)(主席令第73号)	第90条

表4-1-9　法律分析之劳动合同的中止

文件名称及文号	法条序号
劳动部《关于印发〈关于贯彻执行《中华人民共和国劳动法》若干问题的意见〉的通知》(劳部发〔1995〕309号)	第28条

预防二倍工资的合规管理

一、合规要求

(一)合规要求的要点

表 4-2-1　未订立书面劳动合同 2 倍工资的法律应用流程

阶段	操作流程	操作内容与说明	涉及主体	记录
适用条件	全日制劳动关系	2 倍工资的适用限于标准劳动关系,即全日制劳动关系	1. 用人单位 2. 劳动者本人	劳动用工管理制度
未订立的原因判明	用人单位原因不订立的 / 用人单位书面通知劳动者订立 → 劳动者书面确认	1. 订立书面劳动合同的时限:自入职之日起 1 个月内完成订立 2. 只有因用人单位的原因导致未在时限内订立书面劳动合同的,方可对用人单位适用 2 倍工资的罚则。同时应注意对劳动者签订意愿的确认 3. 建议以制度形式规定劳动合同订立的具体操作流程	1. 用人单位 2. 劳动者本人	劳动合同订立通知函
未依法订立书面劳动合同的法律后果	是:双方签订书面劳动合同;否:确定支付期间、确定支付基数、计算支付数额→支付二倍工资→视为已订立无固定期限劳动合同,并立即补订书面合同。用人单位及时书面通知终止用工(1个月内)；用人单位向劳动者支付劳动报酬(大于1个月但小于1年)；用人单位向劳动者支付劳动报酬和经济补偿→程序结束	1. 用人单位与劳动者同意签订劳动合同的,应依法订立 2. 因用人单位的原因导致未能及时订立书面劳动合同的,用人单位"支付二倍工资"的期间为劳动者入职的第 2—12 个月 3. 劳动者入职满 12 个月的次日起,对用人单位的罚则由支付 2 倍工资转变为视为已订立无固定期限的劳动合同 4. 劳动者不愿订立书面劳动合同的,用人单位应及时终止用工: (1)劳动者入职之日起 1 个月内,用人单位向劳动者支付劳动报酬 (2)劳动者入职超过 1 个月但不满 1 年时,除劳动报酬外,用人单位还应支付经济补偿	1. 用人单位 2. 劳动者本人	1. 劳动合同 2. 终止用工通知书

(二)合规要求的理解

1.2倍工资的法律分析过程。判断2倍工资的适用条件→判明未订立书面合同的原因→经判断属于应当支付2倍工资的情形→确定支付期间→确定计算基数→计算应支付的2倍工资的数额→向劳动者支付2倍工资。

2.2倍工资的"5W要素"。Who——用人单位与劳动者之间,Where——在全日制劳动关系下,Why——因用人单位的原因,When——在用工之日起1个月内,What——未订立书面的劳动合同。

(1)要素1:用人单位与劳动者之间。用人单位与劳动者双方都应当具备成立劳动关系的主体资格。具体说明参见本书1-1劳动关系合规管理。

(2)要素2:全日制劳动关系。

①不包含非全日制劳动关系。

②以完成一定工作任务为期限的劳动合同是标准劳动关系的劳动合同期限的一种。标准工时工作制、综合计算工时工作制和不定时工作制是标准劳动关系下的三种工时制度。无论劳动者的劳动合同是以完成一定工作任务为期限的劳动合同,还是执行综合计算工时工作制和不定时工作制的劳动合同,都是2倍工资的适用对象。

(3)要素3:因用人单位的原因。

①劳动合同需经用人单位和劳动者协商一致后签订,若任何一方不愿签订,都会导致未订立书面劳动合同。

②2倍工资是用人单位未积极履行书面劳动合同的订立义务而应当承担的法律后果。在理解用人单位的原因时,应注意以下几点:

a.用人单位是否积极履行劳动合同订立义务,例如用人单位书面通知劳动者订立劳动合同的时间、程序等;

b.排除劳动者的原因,如劳动者是否有因非单位一方原因的故意拖延、不愿签订、明确拒绝签订或者故意让他人代签等情况;

c.劳动者是否有拖延或者不愿签订的情况。

(4)要素4:在用工之日起1个月内。

①用人单位与劳动者的劳动关系始于实际用工之日,用人单位应当自实际用工之日起的1个月将劳动合同签订完毕。(如10月17日入职,最晚应当在11月16日签订完成)

②劳动合同的补签是指在法律规定的1个月经过后,用人单位和劳动者才签订劳动合同,且订立日期签署在实际签订日;劳动合同的倒签是指在法律规定的1个月经过后实际签订劳动合同时,用人单位和劳动者将订立日期写在了法律规定的入职之日起1个月内,甚至是入职当日。

③劳动合同倒签的,若不能证明劳动者在签订劳动合同时存在被欺诈、胁迫等违背真实意思的情形,一般情况下,不支持2倍工资的请求。

(5)要素5:未订立书面劳动合同。

①书面即排除了口头达成的协议,指以文字形式体现的纸质的劳动合同或者数据电文形式的电子劳动合同。

②劳动合同,被用以确定用人单位和劳动者在劳动关系存续过程中各自的权利和义务。换言之,即便是由劳动者填写的入职登记表,只要具备劳动合同的必备条款,内容上也可以视为"劳动合同"。

③订立是指劳动者亲笔签名、用人单位签字或者盖章。

3. 劳动合同无效与2倍工资。

(1)劳动合同无效的情形。

根据《劳动合同法》第26条的规定,若劳动合同是以欺诈、胁迫的手段或者乘人之危,使对方在违背真实意思的情况下订立或者变更的;用人单位在劳动合同中免除自己的法定责任、排除劳动者权利的;劳动合同内容违反法律、行政法规强制性规定的,劳动合同无效或部分无效。

(2)劳动合同无效是对已经订立的劳动合同的效力评价;未签订劳动合同是指双方形成了事实劳动关系,但未依法订立书面劳动合同的违法情形。

①未订立书面劳动合同的法律后果是用人单位支付2倍的工资或者视为用人单位与劳动者订立了无固定期限劳动合同。

②劳动合同无效的法律后果是因劳动合同的全部或部分无效给对方造成损害的,有过错的一方应当承担赔偿责任。

4. 自用工之日起超过1年,因用人单位的原因未订立书面劳动合同的,用人单位承担法律责任的方式由"向劳动者支付二倍的工资"转变为"视为用人单位与劳动者之间已订立了无固定期限的劳动合同"。

也就是说,支付2倍工资的月数不超过11个月,即从入职第二个月起算至满1年的期间。例如,1月1日入职,计算2倍工资的期间为2月1日至12月31日共计11个月,从次年1月1日就视为双方订立了无固定期限劳动合同。

5. 因劳动者不愿订立书面劳动合同的处理方式。

(1)劳动者不愿订立书面劳动合同时,用人单位应当及时书面通知劳动者终止用工。

(2)终止用工时间在用工之日起1个月内的,用人单位应依法向劳动者支付其实际工作时间对应的劳动报酬,但无须支付经济补偿。

(3)终止用工时间在用工之日起超过1个月不满1年的,用人单位应当向劳动者支付实际工作时间的劳动报酬和经济补偿。经济补偿按照《劳动合同法》第47条的规定确定。

6. 劳动合同到期后，用人单位继续用工却未在用工之日起 1 个月内与劳动者续订书面劳动合同，且未订立书面劳动合同符合"5W 要素"的，一般倾向于将其认定为属于用人单位应当支付 2 倍工资的情形。

7. 2 倍工资作为一项用人单位承担法律责任的形式，主要用于下列情形：

（1）用人单位自用工之日起超过 1 个月不满 1 年未与劳动者订立书面劳动合同的；

（2）用人单位违反"应当订立无固定期限劳动合同"的规定不与劳动者订立无固定期限劳动合同的，自应当订立无固定期限劳动合同之日起向劳动者每月支付 2 倍的工资。

8. 2 倍工资的计算基数与仲裁时效。2 倍工资的计算基数、仲裁时效的起算在司法实践中存在地方差异的情况，以下仅做简要示明。

（1）2 倍工资的计算基数主要存在以下几种情形：

①劳动合同约定的工资数额，一般常见于非结构型工资；

②实际支付的当月工资数额；

③结构型工资或者含有浮动工资中的固定工资部分；

④工资中含有加班工资、奖金、绩效工资等时，仅将常规工资作为计算基数。

（2）2 倍工资的仲裁时效主要有以下两种情形：

首先需要明确的是"二倍工资"虽然含有"工资"二字，但其性质是对用人单位未订立书面劳动合同的惩罚方式，并不具有"劳动报酬"的性质。假设劳动者于 1 月 1 日入职，同年 12 月 31 日离职，在职期间未订立书面劳动合同，用人单位依法应当支付 2 倍工资的期间为 2 月 1 日至 12 月 31 日，共计 11 个月。

①将 11 个月作为一个整体，在 11 个月全部结束的次日开始起算仲裁时效。

代入到前述假设时间，只要劳动者在次年 12 月 31 日前申请劳动仲裁，若符合 2 倍工资支付条件，其就可以获得上一年 2 月 1 日至 12 月 31 日期间共计 11 个月的 2 倍工资。

②将入职第二个月起未订立书面劳动合同的时间按月/日单独作为计算时效的起点。

代入到前述假设时间，劳动者于次年 7 月 1 日申请劳动仲裁，若符合 2 倍工资支付条件，其就可以获得自申请仲裁之日起往前推 12 个月的时点至实际离职之日止的 2 倍工资。

二、合规实践

（一）劳动合同管理制度

1. 主要针对"全日制劳动关系"的劳动者。
2. 程序性管理事项。

（1）确定负责签订劳动合同的时限、责任部门、职责权限。

(2)应当体现劳动合同订立前的通知或者订立意愿收集过程,例如"劳动合同订立通知函(含续订)"。

为了体现用人单位主动签订劳动合同的意向,可以在向劳动者交付劳动合同文本之前或同时附"劳动合同订立通知函",并要求劳动者一方书面回复同意与否。

通知函中至少应包含:

①劳动者的姓名、身份证号码;

②用人单位同意与劳动者签订劳动合同的意愿及拟签订的劳动合同期限;

③劳动者是否同意签订的意愿,并经劳动者本人签字及确认时间。

(3)用人单位应当使用确保每位劳动者都能亲笔签名的签订方式。

(4)用人单位在对劳动合同用印后向劳动者返还1份,并留存劳动合同签收记录。

3.劳动合同的内容(劳动合同)。劳动合同是指具备《劳动合同法》第17条规定的必备条款的书面文件,并应当由用人单位和劳动者签字/盖章以示订立完成。

4.用人单位应当建立劳动合同管理台账,对劳动合同的到期、续订或者终止进行动态管理。

(二)离职程序管理制度

1.当劳动者表示其不再与用人单位订立书面劳动合同时,用人单位应当及时终止用工,并向劳动者发出"终止用工通知书"。终止用工通知书至少包含以下内容:

(1)劳动者姓名、身份证号码;

(2)描述终止的原因,即劳动者不愿订立书面劳动合同,以及终止用工的日期;

(3)离职交接手续办理时间和内容;

(4)落款:用人单位名称(盖章)、日期。

2.离职交接、结算。

(1)工作交接;

(2)自用人单位实际用工之日起至终止用工之日期间的劳动报酬结算;

(3)自用工之日起超过1个月但不满1年期间终止的,用人单位还应当支付经济补偿。

表4-2-2 与2倍工资管理相关的其他管理项点

相关要素名称	说明
劳动报酬	主要用于确定支付2倍工资时的计算基数
劳动用工管理	仅适用于全日制劳动关系的劳动者
劳动合同管理	根据"5W要素",对劳动合同签订流程、时限、内容、保管等内容进行管理
离职程序管理	虽然实务中鲜有企业主动支付2倍工资,但是从法律规定的角度看,在离职程序中应当结清所有直接欠款和间接欠款

表4-2-3　法律分析之未订立书面劳动合同的法律后果

内容	文件名称及文号	法条序号
用人单位不订立的	《劳动合同法》(2012年修正)(主席令第73号)	第14条第3款、第82条
	《劳动合同法实施条例》(国务院令第535号)	第6条、第7条
	人力资源社会保障部、最高人民法院《关于劳动人事争议仲裁与诉讼衔接有关问题的意见(一)》(人社部发〔2022〕9号)	第20条
劳动者不订立的	《劳动合同法实施条例》(国务院令第535号)	第5条、第6条
	陕西省高级人民法院《关于审理劳动争议案件若干问题的解答》(陕高法〔2020〕118号)	第15条
补签劳动合同的		第16条
2倍工资的起止时间		第17条

无固定期限劳动合同的合规管理

一、合规要求

(一)合规要求的要点

表4-3-1 无固定期限劳动合同的适用速查

类别	适用情形	说明
可以订立无固定期限劳动合同	用人单位与劳动者协商一致	只要协商一致,即使是入职之初,也可以签订无固定期限劳动合同
应当订立无固定期限劳动合同	1.劳动者在该用人单位连续工作满10年的 2.用人单位初次实行劳动合同制度或者国有企业改制重新订立劳动合同时,劳动者在该用人单位连续工作满10年且距法定退休年龄不足10年的 3.连续订立两次固定期限劳动合同,且劳动者没有《劳动合同法》第39条和第40条第1项、第2项规定的情形,续订劳动合同的	劳动者提出或者同意续订、订立劳动合同的,除劳动者提出订立固定期限劳动合同外,应当订立无固定期限劳动合同
视为已订立无固定期限劳动合同	用人单位自用工之日起满1年不与劳动者订立书面劳动合同的	该内容属于未签订书面劳动合同超过1年,用人单位承担法律责任的情形
视为存在无固定期限劳动合同关系	用人单位应当与劳动者签订无固定期限劳动合同而未签订的,人民法院可以视为双方之间存在无固定期限劳动合同关系,并以原劳动合同确定双方的权利义务关系	用人单位违反《劳动合同法》规定不与劳动者订立无固定期限劳动合同的,自应当订立无固定期限劳动合同之日起向劳动者每月支付2倍的工资

注:《劳动合同法》第39条规定:"劳动者有下列情形之一的,用人单位可以解除劳动合同:
(一)在试用期间被证明不符合录用条件的;
(二)严重违反用人单位的规章制度的;
(三)严重失职,营私舞弊,给用人单位造成重大损害的;
(四)劳动者同时与其他用人单位建立劳动关系,对完成本单位的工作任务造成严重影响,或者经用人单位提出,拒不改正的;
(五)因本法第二十六条第一款第一项规定的情形致使劳动合同无效的;
(六)被依法追究刑事责任的。"
《劳动合同法》第40条第1项、第2项规定:"有下列情形之一的,用人单位提前三十日以书面形式通知劳动者本人或者额外支付劳动者一个月工资后,可以解除劳动合同:
(一)劳动者患病或者非因工负伤,在规定的医疗期满后不能从事原工作,也不能从事由用人单位另行安排的工作的;
(二)劳动者不能胜任工作,经过培训或者调整工作岗位,仍不能胜任工作的。"

(二)合规要求的理解

1.无固定期限劳动合同是指用人单位与劳动者订立了有起始时间、无确定终止时间的劳动合同。

2. 无固定期限又分为可以订立、应当订立、视为已订立、视为存在四种类型。具体说明详见上表。其中视为已订立被视为存在属于用人单位未依法履行可以订立、应当订立之义务时的法律后果。

3. 关于表4-3-1"应当订立无固定期限劳动合同"项中"连续订立两次固定期限劳动合同……"的说明。

该内容源于《劳动合同法》第14条第2款第3项,简要分析如下:

(1)用人单位与劳动者之间已经连续签订过两次固定期限的劳动合同;

(2)劳动者在劳动合同到期前没有因劳动者原因(过失解除、不胜任解除、医疗期满解除)应当解除劳动合同的情形;

(3)用人单位和劳动者应当继续保持劳动关系,并依法签订劳动合同;

(4)用人单位与劳动者续订劳动合同的期限应当是无固定期限,除非劳动者提出同意签订固定期限的劳动合同。

针对前述第3点的"应当继续保持劳动关系"的说法,司法实践中存在与此不同的观点,即便劳动者表现优良,用人单位依旧可以根据自身情况决定不与劳动者续订劳动合同以结束劳动关系。而无固定期限是劳动合同期限的一种,只有双方都同意继续保持劳动关系,才会有签订什么期限劳动合同的问题。因此,当第二次的固定期限劳动合同到期后,用人单位是否有权不签订还应注意参考所在地的司法观点,否则可能构成违法终止。

4. "视为已订立无固定期限劳动合同"是因用人单位原因未与劳动者在法定时限内签订书面劳动合同达到一定时间长度后,与2倍工资相连接的一种法律责任承担方式。

二、合规实践

(一)劳动合同管理制度

1. 用人单位应建立劳动合同管理台账,以便确定劳动合同的终止日期、已签订劳动合同的次数以及劳动者在用人单位的工作年限。

2. 用人单位可以将无固定期限劳动合同的适用情形分为"可以订立"和"应当订立"。

(1)"可以订立",由用人单位根据自身经营需求、工作岗位/内容、劳动者个人情况等与劳动者协商确定。

(2)劳动者符合"应当订立"情形的,除非劳动者有《劳动合同法》第39条(过失性解除)和第40条第1项、第2项(无过失性解除)规定的情形,否则应当订立无固定期限的劳动合同。若劳动者提出订立固定期限劳动合同或者用人单位和劳动者协商一致的,可以订立固定期限的劳动合同。

(二) 劳动合同续订意见征询书

对劳动合同期限即将届满的,用人单位应当收集劳动者的续订意愿及其对续订期限的要求。

符合签订无固定期限劳动合同的,用人单位可询问劳动者是否愿意续订固定期限的劳动合同。

三、其他法律风险提示

劳动者符合《劳动合同法》第 14 条规定的应当订立无固定期限劳动合同的情形而用人单位未订立的,除非用人单位能够证明劳动者同意订立固定期限的劳动合同,否则用人单位自应当订立无固定期限劳动合同之日起向劳动者每月支付 2 倍的工资。

表 4-3-2　与无固定期限劳动合同管理相关的其他管理项点

相关要素名称	说明
劳动合同管理	1. 主要是指订立书面劳动合同选择劳动合同期限时,区分可以订立、应当订立的情形 2. 当"可以订立""应当订立"不符合法律规定时,就会导致"视为已订立""视为存在"的法律后果
劳动合同解除管理	1. 无固定期限劳动合同的解除与其他期限劳动合同的解除情形一致 2. 对劳动者日常工作表现的管理,尤其是劳动者是否有因其自身原因导致的劳动合同解除的情形,关系到劳动合同的第三次续订及劳动合同期限的问题
劳动合同终止管理	无固定期限劳动合同因没有固定的终止期限,故不会因劳动合同期限届满而终止,但是其可以基于劳动者主体资格灭失、用人单位主体资格灭失而终止

表 4-3-3　无固定期限劳动合同的合规管理

文件名称及文号	法条序号
《劳动法》(2018 年修正)(主席令第 24 号)	第 20 条第 2 款
《劳动合同法》(2012 年修正)(主席令第 73 号)	第 14 条
劳动部办公厅《关于印发〈关于《劳动法》若干条文的说明〉的通知》(劳办发〔1994〕289 号)	第 20 条第 2 款
劳动部《关于印发〈关于贯彻执行《中华人民共和国劳动法》若干问题的意见〉的通知》(劳部发〔1995〕309 号)	第 20 条、第 22 条
劳动部《关于实行劳动合同制度若干问题的通知》(劳部发〔1996〕354 号)	第 2 条
《劳动合同法实施条例》(国务院令第 535 号)	第 9 条、第 11 条
最高人民法院《关于审理劳动争议案件适用法律问题的解释(一)》(法释〔2020〕26 号)	第 34 条第 2 款
陕西省高级人民法院《关于审理劳动争议案件若干问题的解答》(陕高法〔2020〕118 号)	第 14 条

4-4 培训服务期的合规管理

一、合规要求

(一)合规要求的要点

表4-4-1 培训服务期的注意事项

要素	注意事项
适用条件	1. 专业技术培训 2. 用人单位支付了培训费用
服务期	服务期期限的长短应当根据以下因素综合判断: 1. 劳动者习得的技术对用人单位的重要性、适用性 2. 用人单位承担的培训费用数额的多少 3. 劳动者脱产参加培训时间的长短等因素
违约金	1. 劳动者违反服务期约定的,应当按照约定向用人单位支付违约金 2. 违约金的数额以用人单位提供的培训费用为限制 3. 培训费用包括用人单位对劳动者进行专业技术培训而支付的有凭证的培训费用、培训期间的差旅费用及因培训产生的用于该劳动者的其他直接费用 4. 劳动者违反服务期约定的,其向用人单位支付的违约金不得超过服务期尚未履行部分所应分摊的培训费用 5. 劳动者解除劳动合同属于应当依约支付违约金的情形的,可以在协议中约定支付方式、支付时间
培训服务期的解除	主要根据用人单位的动态需求考虑,以便双方明确解除条件
与劳动合同期限的衔接	1. 劳动合同期满,但是用人单位与劳动者约定的服务期尚未到期的,劳动合同应当续延至服务期满 2. 双方另有约定的,从其约定
约定形式	1. 专项协议,如《培训服务协议》 2. 专项条款,如《劳动合同》等合同/协议中的培训服务期条款

注:1. 劳动者提出解除,但是不视为劳动者违反培训服务期的情形。劳动者因用人单位存在过错,依照《劳动合同法》第38条的规定解除劳动合同的。

2. 用人单位提出解除,但是视为劳动者违反培训服务期的情形。用人单位因劳动者有下列情形之一解除劳动合同的:
(1)劳动者严重违反用人单位的规章制度的;
(2)劳动者严重失职,营私舞弊,给用人单位造成重大损害的;
(3)劳动者同时与其他用人单位建立劳动关系,对完成本单位的工作任务造成严重影响,或者经用人单位提出,拒不改正的;
(4)劳动者以欺诈、胁迫的手段或者乘人之危,使用人单位在违背真实意思的情况下订立或者变更劳动合同的;
(5)劳动者被依法追究刑事责任的。

(二)合规要求的理解

1. 培训服务期的理解与适用。

(1)根据《劳动合同法》第22条的规定,培训服务期是指由用人单位提供专项培训费用,对劳动者进行专业技术培训,用人单位可以与该劳动者约定培训结束后劳动者为用人单位提供劳动并不得因其自身原因离职(主要指解除劳动合同)的一定期限。

(2)用人单位与劳动者的约定形式可以是专项协议,如《培训服务协议》,也可以是专项条款,如《劳动合同》等合同/协议中的培训服务期条款。

培训服务期的适用性分析详见本节表4-4-1。

2. 培训服务期与劳动合同。

(1)与劳动合同的履行。劳动者参加培训期间,其向用人单位履行劳动义务的方式、地点会在一段时期内发生变化;培训完成后,劳动者的工作内容也可能会根据劳动者的技术能力的提高有所变化。

(2)与劳动合同的解除。培训服务期与原劳动合同期限出现重叠,在培训服务期届满前,劳动者因自身原因离职的权利会受到一定的限制,但是并非禁止,若劳动者依约支付了违约金,其依然可以与用人单位解除劳动合同。

(3)与劳动合同的终止。根据《劳动合同法实施条例》第17条的规定,若用人单位与劳动者无特别约定,当原劳动合同期限届满,培训服务期尚未届满时,劳动合同的终止时间延长至服务期限届满。

3. 违约金。

(1)劳动者离职且应当支付违约金的情形。

①根据《劳动合同法》第22条的规定,用人单位与劳动者签订培训服务协议时,可以约定若劳动者违反服务期约定,即劳动者在约定的服务期届满前因自身原因提出解除劳动合同时,应当向用人单位支付违约金。

②虽由用人单位根据《劳动合同法》第39条(劳动者有过失的)的规定解除劳动合同,但视为"劳动者违反服务期约定"的。具体情形详见表4-4-1注2。

(2)劳动者离职但无须支付违约金的情形。

①劳动者根据《劳动合同法》第38条(用人单位过错)的规定提出解除劳动合同的。

②用人单位主动要求劳动者无须继续履行服务期的,劳动者无须支付违约金。例如,劳动合同期限届满但培训服务期尚未到期的,若用人单位认为劳动者无须继续履行服务期约定的,可以终止。此时,视为用人单位主动放弃剩余服务期,劳动者可不支付该期间分摊的培训费用。

(3)违约金的数额。

①用人单位与劳动者约定的违约金数额不得超过用人单位提供的培训费用。

②适用性分析。

a.用人单位聘请第三方为劳动者提供专业技术培训时,由第三方收取的培训费用;
b.用人单位为劳动者支出的因培训产生的差旅费用,如交通食宿费、差旅补贴等;
c.该费用不包括用人单位在培训期间支付给劳动者的劳动报酬。

(4)违约金的支付。

①若劳动者因自身原因在约定的服务期届满前离职,用人单位有权要求劳动者按照约定支付违约金。劳动者承担的违约金数额不得超过服务期尚未履行部分所应分摊的培训费用。

②违约金的具体数额应当根据事先约定的违约金总额在培训服务期内的分摊方式确定。分摊方式可以是将培训费用总额在服务期内的平均化分配,也可以是随着服务期的履行分摊额递减等。

(5)培训服务协议的解除。

①培训服务期本质上是用人单位为提高劳动者技能水平而出资为其提供培训,作为对价,劳动者应当以其提高后的技能继续为用人单位服务合理的期间。因此,用人单位有权放弃"培训服务期"。

②用人单位可根据生产经营需要,确定是否解除双方对"培训服务期"的约定。其主要表现为虽然劳动者的离职事由属于应当支付违约金的情形,但是用人单位不再要求劳动者支付违约金。

二、合规实践

培训服务协议相关内容包括:

1.用人单位应在实施培训前与劳动者签订培训服务协议。培训服务协议的内容至少应包括:

(1)参与专业技术培训的内容、培训地点、培训起止时间;
(2)培训费用的项目及对应数额(具体数额以用人单位的支付凭证为准);
(3)培训结束后的服务期限、工作地点与工作内容;
(4)违约金支付条件及数额分摊方法等;
(5)与劳动合同期限的衔接,即劳动合同届满而培训服务期尚未届满时,劳动合同终止时间延长至服务期限届满。

2.培训服务期关键步骤的操作提示。

(1)用人单位决定设置培训服务期的,应与劳动者沟通培训事宜,并告知劳动者可能产生的费用项目及费用区间,必要时还可以以"专业技术培训沟通函"的形式,由劳动者确认其知晓培训内容、培训可能产生的费用、服务期长短等事宜,并同意参加培训。"专业技术培训沟通函"的内容至少应包括:

①培训的内容、培训的计划起始时间;

②培训的实施主体、培训地点；

③培训相关的费用构成及数额；

④培训服务期的时长(一般由培训管理制度规定)；

⑤劳动者的参加意愿和对前述内容无异议的确认签字、日期。

(2)用人单位应在培训结束后,由参加技术培训的劳动者本人及时书面确认培训花费的总额。培训时间较长的,可以在培训中途增加确认的次数。

3.若用人单位放弃"服务期",应当将劳动者无须支付违约金的事宜以书面形式通知劳动者,或由用人单位与劳动者以协议等书面形式确定。通知或协议的内容至少应包括：

(1)用人单位与劳动者签订的培训服务协议的基本信息,如双方在××××年××月××日签订了协议(协议如有编号应注明),约定的服务期起止时间,服务期的履行情况等。

(2)用人单位决定劳动者自××××年××月××日起无须继续履行协议,且因劳动者自身原因离职的,无须支付违约金。

(3)落款(署名、日期)。

三、其他法律风险提示

1.用人单位涉及培训服务期的,应当对培训服务期的期限与劳动合同的期限的衔接进行管理。

2.劳动者参加培训后的工作地点/内容如与参加培训前有所不同的,若未在培训服务协议中约定,应当注意另行签订书面变更合同。

表 4-4-2 与培训服务期管理相关的其他管理项点

相关要素名称	说明
劳动合同管理	用人单位与劳动者约定服务期的,应当书面约定。该书面约定构成劳动合同的一个组成部分
变更工作地点/内容管理	1.培训期间,劳动者向用人单位履行劳动义务的地点、方式发生变更 2.培训结束后,劳动者的工作岗位、工作内容若发生变化,也属于劳动合同变更的范畴,应当注意完善书面约定
劳动合同解除管理	应当注意的是,培训服务期并不能限制劳动者的"单方解除权",只是劳动者需要在劳动合同解除符合支付违约金的情形时支付违约金
劳动合同终止管理	主要是指培训服务期限的期满时间与劳动合同期限的衔接处理
离职程序管理	劳动者离职时,若劳动者与用人单位签订了培训服务协议,应当在离职程序中确定劳动者是否需要支付违约金并计算具体的支付数额

表 4-4-3 培训服务期的合规管理

内容	文件名称及文号	法条序号
培训服务期的约定	《劳动合同法》(2012年修正)(主席令第73号)	第22条第1款
培训费用	《劳动合同法实施条例》(国务院令第535号)	第16条
违约金	《劳动合同法》(2012年修正)(主席令第73号)	第22条第2款、第25条
违约金	《劳动合同法实施条例》(国务院令第535号)	第26条第2款
违约金	劳动部《关于印发〈关于贯彻执行《中华人民共和国劳动法》若干问题的意见〉的通知》(劳部发〔1995〕309号)	第23条
不视为违反服务期的情形	《劳动合同法实施条例》(国务院令第535号)	第26条第1款

变更工作内容/地点之事由的合规管理

一、合规要求

(一)合规要求的要点

表 4-5-1　变更工作内容/地点的事由速查

类型	变更事由 内容	变更方式 可单方通知	应经双方协商一致
当事人意思自治	协商一致	—	是
法定事由	劳动者医疗期期满后不能从事原工作的	是	—
法定事由	劳动者不胜任工作的	是	—
法定事由	工伤伤残职工5—6级	是	—
法定事由	职业健康原因	是	—
法定事由	女工孕期 禁忌类	是	—
法定事由	女工孕期 非禁忌类	—	是
法定事由	女工哺乳期 禁忌类	是	—
法定事由	女工哺乳期 非禁忌类	—	是
用人单位有特定情形	客观情况发生重大变化	—	是
用人单位有特定情形	企业转产、重大技术革新或经营方式调整	—	是

注:职业健康、职业禁忌类必须进行工作内容变更的情形属于法定必须变更的,无须经双方协商一致。本表中的"可单方通知"是指当出现该变更事由时,用人单位一方无须与劳动者协商一致即可履行变更程序。本表中的"应经双方协商一致"是指非经用人单位与劳动者协商一致,用人单位不可单方变更。

(二)合规要求的理解

1.变更事由的类型。变更事由可分为协商一致(意思自治)、法定事由、因用人单位生产经营需要等3种类型。

2.关于"依法定事由变更"的具体说明。

(1)劳动者医疗期满后不能从事原工作的。

①原文为"(一)劳动者患病或者非因工负伤,在规定的医疗期满后不能从事原工作的"(《劳动合同法》第40条)。

②适用性分析。

a. 患病或非因工负伤(非工伤);

b. 医疗期已届满;

c. 不能从事原工作,且用人单位有证据证明的;

d. 用人单位为该劳动者另行安排与其身体状况相适应的工作。

(2)劳动者不胜任工作的。

①原文为"(二)劳动者不能胜任工作,经过培训或者调整工作岗位,仍不能胜任工作的"(《劳动合同法》第40条)。

②"不能胜任工作"是指不能按要求完成劳动合同中约定的任务,或者同工种、同岗位人员的工作量,且用人单位不得故意提高定额标准,使劳动者无法完成。(《关于〈劳动法〉若干条文的说明》第26条第3款)

③适用性分析。用人单位因劳动者不胜任工作而对其进行调岗的,应当能够证明劳动者存在不胜任的客观事实。证明过程分为三个部分,即胜任条件、胜任度表现、胜任度判定结果。

a. 劳动者因自身原因不能完成其已知悉的工作内容;

b. 用人单位能够证明属实的;

c. 调整工作时,用人单位应当考虑劳动者的能力,进行合理调整。

劳动者不胜任工作时,调整工作岗位不是唯一的解决方式,用人单位还可以安排该劳动者参加与其本职工作有关的技能提升的培训。

(3)劳动者因工伤致残与职业健康原因。

①5—6级伤残的:

A. 职工因工致残被鉴定为五级、六级伤残的,保留与用人单位的劳动关系,由用人单位安排适当工作。难以安排工作的,由用人单位按月发给伤残津贴,并由用人单位按照规定为其缴纳应缴纳的各项社会保险费(《工伤保险条例》第36条)。

B. 适用性分析。

a. 劳动者被认定为工伤,且由劳动能力鉴定委员会鉴定为5—6级伤残。

b. 劳动者发生工伤前的工作不再适合劳动者的身体情况。

c. 由用人单位根据劳动者的身体情况为其安排适当、合理的工作。若因用人单位的经营需求或者劳动者的身体健康无法为劳动者安排适当工作的,劳动者退出工作岗位,并由用人单位按月向劳动者发放伤残津贴。

②7—10级伤残的:

A.《工伤保险条例》并未规定对因工伤致7—10级伤残的劳动者调整岗位,因此是否需要为劳动者调整工作内容,还应当根据劳动者的伤情及其所从事原工作的适应性进行具体判定。

B.适用性分析。

a.劳动者被认定为工伤,且由劳动能力鉴定委员会鉴定为7—10级伤残;

b.劳动者发生工伤前的工作不再适合劳动者身体情况,且用人单位有证据证明的;

c.由用人单位根据劳动者的身体情况为其安排适当、合理的工作,并与劳动者协商确定。

③职业健康原因。

A."对在职业健康检查中发现有与所从事的职业相关的健康损害的劳动者,应当调离原工作岗位,并妥善安置"(《职业病防治法》第35条第2款)的适用性分析:

a.劳动者的健康发生了损害;

b.该健康损害与劳动者所从事的工作内容之间有因果关系;

c.用人单位应当立即停止劳动者在原岗位的工作;

d.待劳动者的身体状况稳定后,为劳动者安排适当、合理的工作;

e.必要时劳动者应进行劳动能力鉴定,用人单位根据鉴定结果为劳动者安排适当、合理的工作。

B."用人单位对不适宜继续从事原工作的职业病病人,应当调离原岗位,并妥善安置"(《职业病防治法》第56条第3款)的适用性分析:

a.劳动者患有职业病;

b.劳动者的健康状况不适合在原工作岗位继续工作;

c.用人单位应当立即停止劳动者在原岗位的工作;

d.待劳动者的身体状况稳定后,为劳动者安排适当、合理的工作;

e.必要时劳动者应进行劳动能力鉴定,用人单位根据鉴定结果为劳动者安排适当、合理的工作。

C."各企业、事业单位对已确诊为尘肺病的职工,必须调离粉尘作业岗位,并给予治疗或疗养"(《尘肺病防治条例》第21条第1句)的适用性分析:

a.劳动者已患尘肺病;

b.用人单位应当立即停止劳动者在原岗位的工作并安排其治疗、疗养;

c.待劳动者的身体状况稳定后,为劳动者安排适当、合理的工作;

d.必要时劳动者应进行劳动能力鉴定,用人单位根据鉴定结果为劳动者安排适当、合理的工作。

(4)女职工孕期、哺乳期。

①孕期。

A.根据《劳动法》第61条、《女职工劳动保护特别规定》第6条第1款的规定,女职工孕期禁止从事国家规定的第三级体力劳动强度的劳动和孕期禁忌从事的劳动;女职工孕期不能适应原劳动的,用人单位应当根据医疗机构的证明,予以减轻劳动量或者安排其他能够适应的劳动。

B.适用性分析。

a.女职工所从事的工作内容属于国家规定的第三级体力劳动强度的劳动或孕期禁忌从事的劳动的,用人单位在女职工怀孕后,应当立即调整女职工的工作内容,即用人单位具有单方法定调岗权。这既是用人单位的权利,也是用人单位的义务,且调整后的工作内容/岗位应与孕期女职工的身体情况相适应。

b.女职工从事的工作不属于a.所述情形,但是女职工怀孕后因身体情况不能适应原工作的劳动条件、劳动时间、劳动强度、劳动方式等时,其可以向用人单位提出变更意愿并提交医疗机构的证明。用人单位应当根据医疗机构的证明,减轻其劳动量或者安排其他能够适应的劳动。

该情形的调整是基于女职工提出的变更需求,由用人单位根据自身经营需求与女职工的身体情况,综合考虑后采取的相应对策,或减轻原有工作量,或调整为与孕期女职工身体情况相适应的其他工作岗位/内容。

②哺乳期。

A.根据《劳动法》第63条、《女职工劳动保护特别规定》附录第4条的规定,女职工在哺乳未满一周岁的婴儿期间,用人单位不得安排其从事国家规定的第三级体力劳动强度的劳动和哺乳期禁忌从事的其他劳动。

B.适用性分析。

a.哺乳期是指在婴儿未满一周岁以内的这段时间;

b.如果女职工的工作内容属于禁忌从事的劳动范围或第三级体力劳动强度,用人单位有权利亦有义务确保女职工在孕期、哺乳期期间的工作内容符合法律规定;

c.除b.的情形外,用人单位还应当注意不得安排女职工加班或从事夜班工作。若女职工从事的工作属于该种情形的,也应当予以调整。

3.因用人单位生产经营需求。

(1)用人单位享有用工自主权,有权根据生产经营需求,对其与劳动者协商一致的劳动合同内容进行变更,以便劳动者能够配合实现用人单位的生产经营需求。

(2)用人单位的生产经营需要的主要表现:

①企业转产,指用人单位的主营业务发生了变化,例如制造型企业改为销售型企业等。

②重大技术革新,指用人单位为了提高产品的市场竞争力,提高生产率,对既有生产技术进行的重大改革。

③经营方式调整,例如由自行生产转变为部分或者全部生产线外包、委外生产等。

④组织结构调整,例如部门、岗位的取消、新设、合并、分立等。

⑤岗位聘任方式,例如实施竞聘上岗制度。

(3)用人单位上述生产经营需求产生的原因既可能是应对所处外部环境(客观情况)的变化,也可能是用人单位为了防范商业风险的主动行为。

①客观情况。根据《关于〈劳动法〉若干条文的说明》第26条的规定,劳动关系范畴的"客观情况"是指发生不可抗力或企业迁移、被兼并、企业资产转移等致使劳动合同全部或部分条款无法履行的情况。

②不可抗力。根据《民法典》第180条第2款的规定,不可抗力是指不能预见、不能避免且不能克服的客观情况,即不受用人单位或者劳动者的主观意识决定或者支配。

二、合规实践

(一)针对"劳动者医疗期满后不能从事原工作"引起的变更

1. 根据劳动者的全部工作年限以及其在本单位的工作年限依法确定劳动者的医疗期期限。具体说明参见本书3-4医疗期的合规管理。

2. 用考勤记录、医疗期/病假请假申请单、假期到期通知函(医疗期连续休假较长时间可使用)共同证明劳动者已依法享受了全部医疗期。

3. 认定不能从事原工作的记录。

(1)医疗期满后不能正常出勤或者虽然能出勤,但是无法完成原工作内容、岗位职责的,都可以视为"不能从事原工作"。

(2)不能从事原工作应当以考勤记录、返岗沟通记录以及返岗工作后工作职责未完成情况等的内容加以证明。

4. 针对该情形下的调岗,用人单位应当根据劳动者身体状况,进行适当、合理的调整。

(二)针对"劳动者不胜任工作"引起的变更

1. 胜任条件。

(1)胜任条件是劳动者对其所从事工作内容完成程度的衡量指标。

(2)胜任条件的形式可以是劳动者个人承诺,也可以是用人单位确定的岗位职责,与工作目标相关的管理制度、会议决定等。

(3)以管理制度、决定事项形式确定的胜任条件,应当履行民主程序和公示程序。

2. 胜任条件的劳动者签收/知悉记录。

(1)由用人单位规定的胜任条件或岗位职责,用人单位应当事先告知劳动者,并留存劳动者已知悉的书面记录。

(2)书面记录至少包含:

①对工作岗位/工作内容胜任条件的完整描述;

②劳动者胜任情况的评价标准、评价方式、评价周期、评价实施主体等;

③劳动者对内容知悉并无异议的描述;

④劳动者亲笔签名、日期。

3.胜任性工作过程管理、考评的记录。

(1)用人单位应当对劳动者的工作完成情况与岗位职责或胜任条件进行对照、管理、确认、评价。

(2)管理、考评的过程和方式应当注重客观性、合理性、可操作性、可追溯性。对较为主观的评价方式,应当尽可能让"主观评价"客观化。

(3)管理、考评的过程和方式应当根据劳动者事先知悉的内容进行。

4.胜任性评定结果通知书。用人单位应当将评价结果书面通知劳动者。通知书至少包含:

(1)劳动者姓名、工作岗位(工作内容);

(2)胜任性评定涉及的期间、内容、评定依据;

(3)评定结果的详细内容。

5.对用人单位作出的评定结果,应当允许劳动者申辩和陈述。

(1)劳动者对评定结果异议的事实描述以及能提供的相关证明。

(2)用人单位进行复核。复核方式可以是重新核实据以作出评价结论的相关评价资料等。

(3)复核责任部门的复核意见、结论及其审批权限、审批结论。

如果用人单位认为原评价结论是正确的,可以不认可劳动者的异议。但是,若因此引发劳动争议,针对用人单位的评价结论是否正确、劳动者的异议是否成立的问题,劳动争议仲裁机构或者人民法院要依据前述全部的评价过程和相关证明(证据)裁判。

6.评定结论还可作为绩效工资、奖金等劳动报酬的支付依据或者任职、晋升等的依据。

(三)针对"劳动者因工伤致残与职业健康原因"引起的变更

1.因劳动者工伤伤残需要调整劳动者的工作内容的,应当注意:

(1)以工伤伤残鉴定为前提,并根据鉴定结论判断用人单位是否可单方为劳动者调整工作内容;

(2)只有工伤伤残被鉴定为5—6级的,用人单位方有权单方为工伤劳动者调整与其身体状况和劳动能力水平相适应的工作内容;

(3)用人单位应注意保留工伤劳动者的伤残鉴定结论记录;

(4)当劳动者伤残等级鉴定发生变化时,例如伤残等级变为1—4级的,劳动者应当在与用人单位保留劳动关系的前提下,退出工作岗位;伤残等级变为7—10级的,用人单位应当谨慎单方变更劳动者的工作内容。

2.因职业健康需要调整劳动者的工作内容的,应当注意:

(1)劳动者经职业病诊断机构被诊断为职业病。

(2)用人单位应当让劳动者即刻停止引起健康危害或继续从事将会产生健康损害的工作内容。此时,用人单位有权单方停止劳动者在原工作岗位的工作。

(3)劳动者可以继续提供劳动的,用人单位应当安排与劳动者身体状况和劳动能力水平相适应的工作内容;需要治疗、休养的,劳动者依法享受工伤职工的医疗待遇、伤残待遇。

(4)当工伤劳动者的伤残等级发生变化时,用人单位应当依法采取适当的处理方式。

(四)针对"女职工孕期、哺乳期"引起的变更

1. 女职工在特殊时期的变更工作内容/岗位是女职工劳动保护与劳动合同(工作内容)变更这两项合规要素的综合运用,应当注意:

(1)变更是因为女职工处于孕期、哺乳期;

(2)变更一般限于孕期、哺乳期等特殊时期的持续期间。

2. 用人单位在实际管理中应当注意:

(1)依法确定女职工的孕期、哺乳期的起止时间。孕期起始时间由女职工自行说明,并向用人单位提交诊断证明;哺乳期可根据婴儿出生证明载明的出生日期来确定截止日。

(2)对该女职工的工作内容/岗位进行调整时,应当书面通知其变更事由、变更后的工作内容、变更期间以及薪酬待遇(用人单位不得在该期间降低女职工的工资待遇)。

(3)用人单位应当留存女职工签收并同意记载内容的书面记录。

(五)针对"因用人单位生产经营需求"引起的变更

用人单位基于生产经营需求启动劳动者的工作地点/内容变更程序时:

1. 应当准确辨别变更事由,当变更事由并非协商一致或者非因劳动者出现了法定变更事由的,用人单位应当进一步确认具体的变更事由。

2. 因"用人单位根据自身生产经营需求的变更"在实践中灵活性较大,所以应当注意以下几点:

(1)确因生产经营需要而变更,并非针对某个或某几个劳动者;

(2)生产经营需要可以是用人单位搬迁、转产、经营方式改变、合并或分立、企业改制等倾向于被视为"客观情况"的情形,也可以是为了减员增效的机构精简等情形。应当注意的是,变更事由属于"客观情况"的,用人单位即具备可依法解除的前提;变更事由不属于"客观情况"的,用人单位应避免直接行使单方解除权,尽量采取保留劳动关系,或者采用协商一致的解除方式。

(3)无论变更事由属于生产经营需求中的哪一种类型,用人单位变更劳动者的工作岗位/内容的,都应尽可能做到:

①针对变更原因、变更方案,与员工充分沟通、说明与协商,尽量发挥民主讨论在这个过程中的积极作用;

②对于像"竞争上岗"这类可能导致劳动者不能继续从事原工作的情形,应当设计全面客观的竞争评判标准以及适当的安置方案,尽量避免用人单位直接解除劳动合同或者劳动者以用人单位未提供约定的劳动条件或未及时足额支付劳动报酬而解除劳动合同的情况发生。

③变更方案应履行民主程序和公示程序,并根据既定的方案实施,除非既定方案不会优于实际履行的方案,否则未按照履行了民主程序和公示程序的方案实施的变更,会大大增加违法变更,甚至违法解除的法律风险。

三、其他法律风险提示

变更事由的合法性、合理性和正当性直接决定着变更的合法性以及变更所导致的用人单位单方解除劳动合同的合法性。因此,在判定用人单位的单方解除劳动合同是否合法、劳动者以用人单位存在过错而要求解除劳动合同的主张是否成立时,变更事由起着决定性作用。

表4-5-2 与变更工作内容/地点之事由管理相关的其他管理项点

相关要素名称	说明
劳动合同管理	1."变更"针对的是已经在劳动合同中约定的工作内容、工作岗位。变更应采用书面形式,例如签订变更协议/补充协议等 2.与劳动合同的履行有关。劳动者是否能完成约定的工作内容、工作任务,用人单位需对此进行评价性管理
劳动合同解除管理	在实务中,变更时会递进至劳动合同的解除。但劳动合同解除只是"果",判定用人单位单方解除的合法性或者劳动者单方解除时关于经济补偿等的请求是否成立,还是要根据"因"——引起变更的事由、变更的程序来具体判定
医疗期、病假管理	医疗期满调岗,从程序上讲以医疗期届满为前提,因此其与医疗期的期限、起止时间的管理有关
工伤处理程序管理	主要是与工伤的认定、劳动能力鉴定及鉴定结论有关。伤残等级直接决定了劳动者的工作状态、工作岗位等
女职工保护管理	主要是当孕期、产假、哺乳期的女员工符合特定条件时,用人单位可以为其调岗
规章制度	用人单位在规章制度中,可以依法合理的规定用人单位有权单方调岗的情形,但该制度应当依法履行民主程序和公示程序

表4-5-3 法律分析之劳动合同的变更

内容	文件名称及文号	法条序号
协商一致变更	《劳动合同法》(2012年修正)(主席令第73号)	第35条
	最高人民法院《关于审理劳动争议案件适用法律问题的解释(一)》(法释〔2020〕26号)	第43条
企业法人分立、合并的	劳动部《关于印发〈关于贯彻执行《中华人民共和国劳动法》若干问题的意见〉的通知》(劳部发〔1995〕309号)	第13条、第37条
	《劳动合同法》(2012年修正)(主席令第73号)	第34条

续表

内容	文件名称及文号	法条序号
岗位变更	《劳动合同法》(2012年修正)(主席令第73号)	第40条
	劳动部《关于印发〈关于贯彻执行《中华人民共和国劳动法》若干问题的意见〉的通知》(劳部发〔1995〕309号)	第46条
	《工会法》(2021年修正)(主席令第107号)	第18条、第52条第1款
	《工伤保险条例》(2010年修订)(国务院令第586号)	第35条第1款、第36条第1款第2项
	《女职工劳动保护特别规定》(国务院令第619号)	第6条第1款
	《陕西省实施〈中华人民共和国工会法〉办法》(2010年修订)	第11条
	《陕西省实施女职工劳动保护特别规定》(陕西省人民政府令第209号)	第11条
	陕西省高级人民法院《关于审理劳动争议案件若干问题的解答》(陕高法〔2020〕118号)	第20条
劳动合同期限的变更	《工会法》(2021年修正)(主席令第107号)	第19条
	《劳动合同法实施条例》(国务院令第535号)	第17条
	《陕西省实施〈中华人民共和国工会法〉办法》(2010年修订)	第13条

4-6

变更工作内容/地点之操作程序的合规管理

一、合规要求

(一)合规要求的要点

表 4-6-1 变更工作内容/地点的法律应用流程

阶段	操作流程	操作内容与说明	涉及主体	记录
变更理由	（流程图：变更工作内容/地点 → 因用人单位的生产经营需求 / 通过用人单位与劳动者双方协商 / 劳动者出现法定应变更的情形 → 用人单位与劳动者协商确定新的工作岗位 / 双方未事先约定的 / 有约定且符合约定的变更条件的）	1. 用人单位单方变更劳动合同时应有合法、充分和合理的理由和依据 2. 用人单位有权在用人单位、劳动者发生法定情形即"法定事由"时依法变更 3. 双方协商一致可以变更劳动合同，协商一致还可分为事先已经约定/规定好即时协商 4. 应当正确理解"劳动合同订立时所依据的客观情况发生重大变化"，其指用人单位以外的客观因素（不含商业风险）导致用人单位不得不作出调整的情形。因此，生产经营需求可否视为客观情况在司法实践中有不同的认识	1. 用人单位 2. 劳动者	1. 变更工作地点/内容管理制度 2. 变更事由认定记录 3. 女职工保护的管理
变更的准备与实施	（流程图：双方是否协商一致 否/是；双方是否协商一致 是/否 → 签订变更协议 / 依原约定履行 / 用人单位合法合理安排新岗位 → 向劳动者送达调岗通知）	1. 出现变更事由，可以进入变更通知/协商阶段 2. 变更劳动合同不仅需要变更原因合法，对调整后的岗位合理性，司法实践考虑的因素还有：调整劳动者工作岗位是用人单位生产经营的需要、调整岗位后劳动者的工资水平与原岗位基本相当、调岗不具有侮辱性和惩罚性等情形 3. "调岗通知"应有新岗位名称、到岗日期、薪资待遇等内容	1. 用人单位 2. 劳动者	1. 变更工作地点/内容通知函 2. 变更协商记录/变更协议书

续表

阶段	操作流程	操作内容与说明	涉及主体	记录
变更结果	依新约定履行 / 实际到岗 / 未到岗 → 5-4用人单位单方解除劳动合同程序 / 程序结束	1.变更劳动合同常常会涉及解除劳动合同。用人单位因变更劳动合同导致的解除劳动合同的行为是否合法，由变更原因和变更后的内容的合法性共同决定 2.劳动者拒绝用人单位合法合理的调岗的，用人单位有权解除劳动合同；若用人单位的调岗缺乏合法合理性，但却依然坚持变更甚至解除的，可能被认定为未提供约定的劳动条件、违法解除劳动合同 3.无论是何种原因，都建议在变更成功后进行书面确认	1.用人单位 2.劳动者	变更情况确认书（用人单位单方变更用）

（二）合规要求的理解

1.变更工作内容/地点的流程大致如下：

确定变更理由→变更前的准备→实施变更→确认变更结果。

其中，变更理由详见本书 4-5 变更工作内容/地点之事由的合规管理。

2.变更前的准备。

（1）变更前的准备是指用人单位与劳动者就变更事宜的协商，或者由用人单位为劳动者安排新岗位的程序。

（2）变更的协商。

①用人单位不具有法定变更权利的，用人单位在与劳动者就变更事项协商一致后方可变更。

②根据最高人民法院《关于审理劳动争议案件适用法律问题的解释（一）》第 43 条的规定，用人单位与劳动者就变更劳动合同事宜口头协商一致且已经实际履行变更后的内容超过一个月的，如果变更后的劳动合同内容不存在违反法律、行政法规且违背公序良俗的情形，当事人以未采用书面变更形式主张变更无效的，人民法院不予支持。因此，如果用人单位和劳动者未及时签订书面变更协议，用人单位至少应当能够证明曾与劳动者"以口头形式、协商过变更事宜、并达成了一致"的事实。

③用人单位和劳动者未协商一致的，仍应继续按照原劳动合同履行。

（3）"协商一致"既可以体现为劳动合同的形式，也可以体现为用人单位依法制定的、履行了民主程序和公示程序的规章制度的形式。

（4）当用人单位与劳动者约定的变更条件成就，或者出现因法定事由或用人单位经营需求需要变更劳动者的工作内容/地点的情形时，用人单位应当在考虑实际情况的基础上,结合劳动者的个人情况,进行合理地调整。

3. 变更实施程序。

(1)双方协商一致变更。

①应当签订书面变更协议,就变更后的工作内容/地点、劳动报酬及其他劳动权益是否受到影响的情况一并明确约定。

②劳动者应当根据变更内容实际履行劳动义务。

(2)用人单位单方变更。

①用人单位所作的变更应当合理,变更后的工作内容不仅要符合生产经营实际需求,对劳动者而言还具有合理性,且无歧视性、无侮辱性、无惩罚性。

②变更情况应当书面通知劳动者,劳动者无异议的,应当按变更后的内容履行劳动义务;有异议的,应当采取正向的积极沟通的方式解决。

4. 确认变更结果。

(1)无论是基于何种事由、何种方式的变更,都应对所作变更的实际履行情况(一般是指是否实际到岗)进行确认。

(2)劳动者未实际到岗的,用人单位可否以"劳动者存在旷工、不服从工作安排等严重违反规章制度的行为"为由解除劳动合同?判断该解除行为合法性的依据是"合法事由+合理调整"。

①合法事由。

A. 合法合理的变更事由是用人单位变更劳动合同和单方解除劳动合同行为具备合法性的大前提。

B. 须经用人单位与劳动者双方协商一致才能变更的,若双方未达成一致,用人单位却强行要求劳动者不再继续履行原劳动合同,并与劳动者解除劳动合同的,一般情况下,该种情形会因解除事由不合法而被认定为违法解除。

C. 基于法定事由的变更,应当注意法定事由的真实性证明。

D. 基于用人单位的生产经营需求引起的变更在管理实践中常常会引起劳动合同的解除,解除类型大致如下:

a. 劳动者以用人单位未提供劳动条件或者未及时足额支付劳动报酬为由提出解除劳动合同,并要求用人单位支付经济补偿;

b. 用人单位以劳动者存在旷工、不服从工作安排等严重违反规章制度的行为为由提出解除劳动合同;

c. 用人单位与劳动者协商一致解除。

除协商一致解除劳动合同的情形外,其他两种无论是劳动者提出的解除还是用人单位提出的解除,劳动者的要求能否被支持或者用人单位的解除是否合法,都要看其所依据的变更理由是否合法合理。因此,还应当注意变更事由与解除事由的联系与区别。若变更事由不合法,变更导致的用人单位单方解除必然不合法。《劳动合同法》规定的与解除具有递进关系的变更包括医疗期、不胜任、客观情况发生重大变化和企业转产、重大技术革新或者经营方式调整等情形。特别是客观情况发生重大变化和企业转产、重大技术革新或者经营方式调整这两种情况,只有用人单位的经营需求属于这两种情形,但双方未就变更事项协商一致时,用人单位的单方解除才属于合法。若用人单位的经营需求不属于这两种情况,人民法院一般会具体考察用人单位经营需求的真实性,防止用人单位作出以经营需求为名但实为对劳动者有针对性的、以解除劳动合同为目的的变更。

②合理调整。

A. 变更后的工作岗位(工作内容/地点)对劳动者不具有侮辱性和惩罚性等情形;

B. 若用人单位在变更劳动者的工作岗位时对劳动报酬也一并调整,应当事先就变更后的劳动报酬向劳动者进行说明,并保留劳动者已知悉且无异议的书面记录。

二、合规实践

(一)变更工作地点/内容管理制度

1. 针对变更工作地点/内容的应用,管理内容至少包括:

(1)变更原因确认,实施变更的责任部门、配合部门;

(2)变更原因确认的内部实施流程、资料收集;

(3)实施变更的内部流转流程;

(4)未协商一致或者劳动者未实际履行变更的处理流程及处理方式。

2. 变更事由认定记录。该项记录是指一类记录,并非某个具体记录的名称。用人单位根据变更事由的种类分别收集能够证明变更事由客观存在的证明文件。

3. 变更协商记录/变更协议书。

(1)变更协商记录的内容至少包括:

①参与协商的主体以及进行协商的时间;

②协商结论,应当包含变更后的工作内容/地点、劳动报酬变动情况、变更起始时间;

③协商过程参加人签字确认。

(2)变更协议书至少包括:

①协议书双方主体信息:用人单位名称、劳动者的姓名和身份证号;

②协商事宜及结论,应当包含变更后的工作内容/地点、薪酬变动情况、变更起始时间;

③用人单位和劳动者签字(盖章)、签订日期。

4. 变更工作地点/内容通知函。通知函的内容至少包括:

(1)劳动者的姓名;

(2)变更事由;

(3)变更后的工作内容/地点、劳动报酬;

(4)变更起始时间、报到程序;

(5)其他说明事项,即本通知函记载内容视为用人单位与劳动者双方对原劳动合同进行的与函载内容相关的变更。

(6)落款(发文单位/部门、日期)。

5.变更情况确认书(用人单位单方变更用)。确认书主要用于用人单位单方通知变更的情形,目的是保留劳动者对变更无异议的书面记录。确认书的内容至少包括:

(1)变更后的工作内容/地点、劳动报酬的调整情况、变更起始时间;

(2)劳动者对该变更的确认,例如×××(劳动者姓名)确认对以上内容无异议。

(3)劳动者签署姓名、时间。

(二)劳动合同解除管理制度

针对用人单位因变更工作地点/内容引起的劳动合同解除的情形,解除本身只是某个事由导致的结果,解除是否合法还要看导致解除的原因是否成立,具体如下:

1.应判断变更是否符合"合法事由+合理调整",并完成相关证明资料的收集;

2.劳动合同解除程序的实施。解除程序具体参见本书5-4用人单位单方解除劳动合同的合规管理。

三、其他法律风险提示

当用人单位的变更行为被认为不具有合法性、合理性时:

1.劳动者以用人单位未提供劳动条件、未足额支付劳动报酬为由解除劳动合同并要求支付经济补偿的,劳动者的该项请求会被支持。

2.用人单位以劳动者不服从工作安排等严重违反管理制度为由与劳动者解除劳动合同的,该行为会被认定为违法解除。

表4-6-2 与变更工作内容/地点之操作程序管理相关的其他管理项点

相关要素名称	说明
劳动报酬	1."岗"变不一定"薪"变,无论调整工作内容/地点后,劳动报酬是否有变动,都应明确告知劳动者 2.薪随岗变的,薪酬的变动应当按照用人单位的薪酬体系和相关制度确定,并遵循按劳分配、同工同酬的基本原则
劳动合同管理	其在这里主要是指发生变更的情形,用人单位与劳动者应当签订变更合同,或者其他可以体现双方就变更达成一致的书面记录

注:法律分析参见表4-5-2法律分析之劳动合同的变更。

试用期的合规管理

4-7-1 试用期的适用条件

一、合规要求

(一)合规要求的要点

表4-7-1 试用期适用性速查

劳动合同类型		试用期期限(不超过)			
		不约定	1个月	2个月	6个月
全日制劳动合同	固定期限	√	3个月以上不满1年	1年以上不满3年	3年以上
	无固定期限	√	√	√	√
	以完成一定工作任务为期限	√	×	×	×
非全日制劳动合同		√	×	×	×

(二)合规要求的理解

1.试用期的含义。试用期是用人单位和劳动者为了相互了解、相互适应而自劳动关系建立之日(实际用工之日)起,约定的一定期限的考察期间。

试用期具有特定的法律意义。

2.关于试用期适用性的几点说明:

(1)试用期是劳动合同的非必备条款,即用人单位也可以对劳动者"不试用"。

(2)用人单位对于不适用试用期的劳动合同约定了试用期的,属无效约定。

(3)对"试用期不得超过1/2/6个月"中"不得超过"的理解。

"不得超过"是对试用期时间长度的上限规定,用人单位与劳动者约定的试用期的期限超过其劳动合同期限对应试用期上限的,超过上限的部分属于无效约定。

二、合规实践

关于试用期管理制度包括:

1.从劳动关系角度看,试用期适用于与用人单位建立全日制劳动关系的劳动者,即用人单位不得与非全日制劳动关系的劳动者约定试用期。

2.从与劳动合同期限的匹配要求角度看,用人单位只能对无固定期限和期限在3个月以上的固定期限的劳动合同约定试用期。

三、其他法律风险提示

用人单位违法与劳动者约定试用期的,由劳动行政部门责令改正。违法约定的试用期:未履行的不再履行;已经履行的,以劳动者试用期满月工资为标准,用人单位按已经履行的超过法定试用期的期间向劳动者支付赔偿金。

4-7-2 试用期工资

一、合规要求

(一)合规要求的要点

表4-7-2 试用期工资的法律应用流程

阶段	操作流程	操作内容与说明	涉及主体	记录
要素	试用期→工资标准	试用期工资与"试用期"相对应	1.用人单位 2.劳动者	1.薪酬管理制度(试用期) 2.试用期管理制度
合法性判断	不低于约定工资或本单位同岗位最低档工资的80%→工资数额的合法性判断	1.试用期期间的工资不得低于本单位相同岗位最低档工资的80%,或者劳动合同约定工资的80% 2.同时不得低于用人单位所在地的最低工资标准	1.用人单位 2.劳动者	
法律后果	不合法→按标准补足试用期工资；合法→程序结束	1.用人单位向劳动者支付的试用期期间的工资标准不符合前述标准的,用人单位应当依法补足 2.试用期工资属于劳动报酬,若用人单位未及时足额支付的,劳动者有权与用人单位解除劳动合同,并要求支付经济补偿	1.用人单位 2.劳动者	1.劳动报酬的规定/约定 2.试用期期限及工资确认单

(二)合规要求的理解

1.试用期工资的性质和适用前提。

(1)试用期工资是劳动者在劳动关系建立后,约定的试用期期间内对应的劳动报酬标准。

(2)用人单位与劳动者约定了试用期的,可以约定试用期工资;未约定试用期的,则不适用试用期工资。

2.对"80%"相关内容的分析。

(1)根据《劳动合同法》第20条、《劳动合同法实施条例》第15条之下限性规定,劳动者在试用期内的工资标准不得低于本单位相同岗位最低档工资的80%或者不得低于劳动合同约定工资的80%,并不得低于用人单位所在地的最低工资标准。

(2)"80%"的基数可以是本单位相同岗位最低档工资,也可以是用人单位与劳动者在劳动合同中约定的正常工资标准。

(3)应当注意的是,按照80%计算的工资若低于用人单位所在地当期最低工资标准,则应当按照最低工资标准计发。

二、合规实践

(一)薪酬管理制度

针对试用期工资,管理内容至少应包含:

(1)劳动者在试用期期间的工资可以与转正后的工资标准相同。

(2)若试用期的工资标准低于试用期届满后(转正后)的工资标准,应事先依法予以规定或约定。

(3)"80%"的比例为下限性规定,劳动者在试用期期间的工资标准究竟是转正后工资的百分之多少,由用人单位在"80%—100%"的比例之间自行规定,该比例亦可以因岗而异。

(4)若用人单位与劳动者约定的试用期工资以"本单位相同岗位最低档工资"作为计算基数,用人单位应当能够证明"相同岗位"及该岗位所适用的工资水平,这就要求用人单位有较为完善的工资体系。

(二)劳动报酬的约定或规定

1.劳动报酬作为劳动合同的必备条款应当在劳动合同中予以约定,试用期的工资也不例外。

2.若用人单位与劳动者依法约定了试用期,且试用期工资与试用期届满后的工资标准不同的,应当明确约定试用期期间的工资标准和试用期届满后的工资标准。

3.未在劳动合同中约定试用期工资标准的,也可在劳动合同中设置引致条款,即依照用人单位的相关管理制度(如薪酬管理制度)确定。应当注意的是,该管理制度应当履行民主程序和公示程序。

(三) 试用期期限及工资确认单

除劳动合同外,劳动者也可以"试用期期限及工资确认单"的形式对试用期期间及试用期工资标准表示无异议并以亲笔签名的方式予以确认。

三、其他法律风险提示

1. 试用期工资对应的是"试用期",但在实务管理中,有可能会出现超过法律规定的试用期期间即"转正后"仍旧按试用期工资支付的情况。因此,应当注意试用期期间长短的合法性,以及试用期工资仅适用于试用期间的规范管理。

2. 试用期的工资低于依法约定的标准,或者试用期届满后未及时按试用期届满后的工资标准支付工资的,劳动者有权以用人单位未及时足额支付劳动报酬而单方解除劳动合同,并有权要求用人单位支付经济补偿。

4-7-3 试用期的应用

一、合规要求

(一) 合规要求的要点

表 4-7-3 试用期的法律应用流程

阶段	操作流程	操作内容与说明	涉及主体	记录
要素	试用期 → 试用期期限 / 试用期工资标准	试用期需要关注的要素包括试用期的期限和试用期的工资标准两个部分	1. 用人单位 2. 劳动者	试用期管理制度
合法性判断	1个月、2个月、6个月；不低于约定工资或本单位同岗位最低档工资的80%；期限延长的合法性判断；期限的合法性判断；工资数额的合法性判定（合法/不合法）	1. 试用期长短与劳动合同的种类和期限有关: (1) 以完成一定工作任务为期限或劳动合同期限不满3个月、非全日制用工不得约定试用期 (2) 试用期长短因劳动合同期限长短而异,该期限要求为上限性规定,不超过即合法 2. 同一用人单位与同一劳动者只能约定一次试用期 3. 试用期包含在劳动合同期限内。劳动合同仅约定试用期的,试用期不成立,该期限为劳动合同期限	1. 用人单位 2. 劳动者	1. 劳动合同文本 2. 试用期期限及工资确认单

续表

阶段	操作流程	操作内容与说明	涉及主体	记录
法律后果	按满月工资标准支付已履行违法期间的赔偿金 → 按标准补足工资 → 程序结束；按标准补足工资	1.试用期根据相应的劳动合同期限依法约定，超出法律规定最高上限的部分即为违法履行期间。2.违法履行期间，用人单位除向劳动者支付赔偿金外，还应补足该期间的工资差额。3.涉及应补足试用期合法期间和违法履行期间的工资差额的，有用人单位未足额支付劳动报酬的法律风险，进而，劳动者有权依此与用人单位解除劳动合同，并要求支付经济补偿	1.用人单位 2.劳动者	劳动报酬的规定/约定

注：劳动合同期限3个月以上不满1年的，试用期不得超过1个月；劳动合同期限1年以上不满3年的，试用期不得超过2个月；3年以上固定期限和无固定期限的劳动合同，试用期不得超过6个月。

(二)合规要求的理解

1.对符合约定试用期条件的劳动合同，用人单位决定约定试用期的，应当注意的合规事项主要包括试用期的期限、试用期期间以及试用期期间工资的符合性管理。

2.试用期期限的延长。试用期的延长只有同时满足以下三个条件，才能够降低法律风险：

(1)实际约定的试用期期限短于劳动合同期限对应的试用期期限的上限；

(2)就试用期的延长，用人单位应与劳动者协商一致；

(3)原试用期期间与延长的试用期期间累计不得超过劳动合同期限对应的试用期期限的上限。

在此必须说明的是，鉴于"用人单位与同一劳动者只能约定一次试用期"的要求，延长试用期即便满足了以上几个条件，也有被认定为违法的可能。

3.几个相关问题。

(1)试用期的约定次数。试用期只适用于初次入职用人单位或再次入职同一用人单位时改变劳动岗位或工种的劳动者，即用人单位对同一劳动者只能"试用"一次。

(2)试用期与劳动合同期限。试用期以劳动关系为基础，理应包含在劳动合同期限内。以试用期期限为劳动合同期限的，试用期不成立，该期限会被认定为劳动合同的期限。

例如，如果用人单位与劳动者双方签订了6个月的"试用期劳动合同"，这份为期6个月的"试用期劳动合同"会被认定为用人单位与劳动者之间已经签订了1次劳动合同，劳动合同的期限是6个月。

（3）试用期的适用程序。未与劳动者事先书面约定，用人单位不得单方主张试用期，更不得以"劳动者不符合录用条件"为由单方解除劳动合同。

（4）试用期与见习、实习。试用期以成立全日制劳动关系为前提，而见习、实习是在校学生进行社会实践的体现形式，有法定的流程与要求，其本身不属于劳动关系的范畴。但是，若见习、实习本身不符合相关法律法规规定的资质、时间、劳动条件要求等，则有被认定为劳动关系的可能。

（5）用人单位应当为试用期内的劳动者依法缴纳社会保险。

（6）试用期内的劳动者有享受法定节日、假日并依法获得劳动报酬的权利。对于用人单位自行设置的福利性休息休假或者福利性待遇，用人单位可自行规定是否适用于试用期的劳动者。

二、合规实践

关于试用期管理制度包括：

1. 试用期管理内容包括试用期的适用条件、试用期期限、试用期劳动报酬以及劳动者工作表现的符合性管理。

2. 试用期期间的劳动报酬参见本书4-7-2试用期工资。

3. 试用期期限的确定。

（1）对法律允许约定试用期的劳动者和劳动合同期限种类，用人单位可以根据生产经营需要、劳动者个人情况等决定是否约定试用期。

（2）试用期的期限务必根据劳动合同的期限，在不超过法律规定与所约定的劳动合同期限相对应的试用期的上限范围内具体确定。

（3）用人单位对试用期的适用进行个性化处理的，例如无须约定试用期的岗位或者劳动者，可以设置内部评估、确认流程。

4. 用人单位决定与劳动者约定试用期的，应当在书面劳动合同中明确约定试用期的期限及试用期的工资标准。

5. 用人单位应当对试用期的过程进行管理，至少包含：

（1）明确责任部门、职责权限、用人单位内部所需审批程序及流程中所需的过程性记录。

（2）依据录用条件，对劳动者试用期的工作表现进行考核和评价。若劳动者不符合录用条件，用人单位决定解除劳动合同的，应当在试用期结束前履行劳动合同的解除程序。

（3）动态管理试用期的到期日，并足额支付转正后的劳动报酬。用人单位可以根据劳动者的具体表现决定提前结束试用期。

（4）试用期无论是提前结束还是期满结束，都建议设置试用期满转正的程序（试用期满转正申请/通知），具体而言：

①用人单位既可以约定/规定由劳动者提交转正的申请、试用期工作报告，由用人单位审批；也可以约定/规定直接由用人单位单方进行内部通知、流转手续。

②根据用人单位设置的管理方式，由劳动者提交"试用期满转正申请"或者由用人单位向劳动者发出"试用期满转正通知"。

试用期满转正申请至少包括以下内容：

a. 劳动者姓名、入职时间、工作岗位、约定的试用期届满时间、申请转正的时间。若试用期提前结束，应予以说明。

b. 试用期间工作报告（总结），以及其他用人单位要求的内容。

试用期满转正通知至少应当包括以下内容：

a. 劳动者姓名、入职时间、工作岗位、试用期届满时间，如有提前终止的应予以说明；

b. 转正后的工资结构、数额及支付起始时间。

试用期满转正通知既可以用于对劳动者转正申请的审批结论，也可以用于用人单位单方实施的劳动者转正程序。

③对于试用期结束的劳动者，试用期管理部门应及时通知工资结算部门在何时起应当按照试用期满后的工资标准向劳动者支付工资。

6. 试用期劳动者的休息休假与社会保险。

（1）用人单位不能排除劳动者在试用期期间享受社会保险和休息休假的权利。

（2）劳动者在依法约定的试用期内是否享受用人单位自设的福利性待遇由用人单位自主决定，但相关决定/规定应当履行民主程序和公示程序。

7. 与录用条件相关的内容。

（1）录用条件。

①录用条件根据用人单位的生产经营需求、工作内容的具体要求确定，录用条件应当客观、可衡量；

②录用条件可以包括劳动者的道德、品行、身体条件、心理素质、工作能力，还可以包括可能会影响用人单位合法用工但需要由劳动者一方配合的事项（如劳动者是否与原用人单位解除/终止了劳动关系、劳动者的社会保险转移/接续等）。

（2）劳动者知悉录用条件的记录。该项记录是一类记录的统称，主要用于证明劳动者已事先明知录用条件且无异议。其体现形式既可以是劳动合同的主文、劳动合同的附件，也可以是单独的录用条件告知函。录用条件的告知记录至少应当包括以下内容：

①劳动者姓名及其工作内容/岗位；

②劳动者适用的录用条件的具体内容；

③劳动者表示"已知悉、无异议"，签名确认、日期。

表4-7-4 与试用期管理相关的其他管理项点

相关要素名称	说明
劳动用工管理	试用期仅适用于劳动关系中的全日制劳动关系,非全日制劳动关系以及其他非劳动关系的用工形式不存在试用期问题
劳动报酬	1. 试用期工资标准 2. 试用期期间的同工同酬问题
劳动合同管理	1. 虽然全日制劳动关系可以约定试用期,但是还应根据用人单位与劳动者签订的劳动合同的期限的种类具体看是否能约定试用期以及能约定多长时间的试用期 2. 用人单位对劳动者设定试用期的,应当在劳动合同中事先约定
劳动合同解除	一方面是指用人单位基于劳动者不符合录用条件提起的解除劳动合同;另一方面是指劳动者基于用人单位未及时足额支付劳动报酬提出解除劳动合同
工作时间和休息休假	试用期劳动者亦依法享有休息、休假的权利。用人单位不得限制其享受各类法定节假日的权利
社会保险	用人单位应为试用期劳动者依法缴纳社会保险

表4-7-5 试用期的合规管理

内容	文件名称及文号	法条序号
试用期约定限制	劳动部办公厅《关于印发〈关于《劳动法》若干条文的说明〉的通知》(劳办发[1994]289号)	第21条第2款
	劳动部《关于印发〈关于贯彻执行《中华人民共和国劳动法》若干问题的意见〉的通知》(劳部发[1995]309号)	第19条
	劳动部《关于实行劳动合同制度若干问题的通知》(劳部发[1996]354号)	第4条
	《劳动合同法》(2012年修正)(主席令第73号)	第19条第2款、第3款,第70条
试用期期限	《劳动法》(2018年修正)(主席令第24号)	第21条
	劳动部办公厅《关于印发〈关于《劳动法》若干条文的说明〉的通知》(劳办发[1994]289号)	第21条第1款
	劳动部《关于印发〈关于贯彻执行《中华人民共和国劳动法》若干问题的意见〉的通知》(劳部发[1995]309号)	第18条
	劳动部《关于实行劳动合同制度若干问题的通知》(劳部发[1996]354号)	第3条
	《劳动合同法》(2012年修正)(主席令第73号)	第19条第1款、第4款,第83条
试用期工资	《劳动合同法》(2012年修正)(主席令第73号)	第20条
	《劳动合同法实施条例》(国务院令第535号)	第15条

要素五
劳动合同的解除、终止

章节编号	章节名称
5-1	劳动合同终止的事由与逾期终止的合规管理
5-2	劳动合同的期满终止与续订的合规管理
5-3	用人单位单方解除之"不得解除"的合规管理
5-4	用人单位单方解除劳动合同的合规管理
5-5	劳动者不符合录用条件解除的合规管理
5-6	劳动者不胜任解除的合规管理
5-7	劳动者患病或非因工负伤解除的合规管理
5-8	经济性裁员的合规管理
5-9	工伤伤残劳动者劳动合同解除、终止的合规管理
5-10	被派遣劳动者劳动合同解除的合规管理
5-11	离职办理事项的合规管理
5-12	经济补偿的合规管理
5-13	竞业限制的合规管理
5-14	劳动者单方解除劳动合同的合规管理

5-1 劳动合同终止的事由与逾期终止的合规管理

5-1-1 劳动合同终止的事由

一、合规要求

（一）合规要求的要点

表 5-1-1 劳动合同终止事由

终止事由类型	具体内容
劳动合同到期	劳动合同约定的期限届满
用人单位原因	1. 被依法宣告破产 2. 被吊销营业执照 3. 责令关闭、撤销 4. 用人单位决定提前解散
劳动者原因	1. 开始依法享受基本养老保险待遇 2. 劳动者死亡 3. 被人民法院宣告死亡 4. 被人民法院宣告失踪

注：1. 劳动合同的终止事由系法定的，用人单位和劳动者不得约定终止条件。
2.《劳动合同法实施条例》第21条规定："劳动者达到法定退休年龄的，劳动合同终止。"
（1）该内容在审判实践中大多是指劳动者入职时已超过法定退休年龄的，因其不具备"劳动法"范畴的"劳动者"的主体资格，不具备成立劳动关系的条件。具体以当地审判实践为准。
（2）劳动者在职期间达到法定退休年龄但不符合领取职工基本养老保险待遇条件的，用人单位能否终止劳动合同，实践中对此有争议。用人单位应当关注所在地的认定倾向。

（二）合规要求的理解

1. 根据《劳动合同法》第44条的规定，引起劳动合同终止的事由主要有三类，即劳动合同期限届满、劳动者主体资格灭失、用人单位主体资格灭失。具体内容详见表5-1-1 劳动合同终止事由。

（1）只有有结束日期的劳动合同才存在"终止"，因此固定期限的劳动合同和以完成一定工作任务为期限的劳动合同才会"因劳动合同期限届满而终止"。

（2）无固定期限的劳动合同虽然不会因劳动合同期限届满而终止，但却可以因用人单位或劳动者一方的主体资格灭失而终止。无固定期限劳动合同也可以依法解除。

2.《劳动合同法实施条例》第13条规定，用人单位与劳动者不得在法定劳动合同终止条件以外自行约定终止事由。因此,认定劳动合同是否终止的依据仅限于《劳动合同法》第44条。

二、合规实践

（一）劳动合同管理制度

用人单位与劳动者订立书面劳动合同时,针对劳动合同的终止,不得在法定条件(《劳动合同法》第44条)之外自行约定终止事由。

（二）劳动合同终止管理制度

1. 用人单位不得在法定条件之外规定劳动合同终止的条件,即便该制度经过民主程序和公示程序,也会因其内容违法而无效。

2. 针对劳动合同到期的终止,用人单位应当建立劳动合同清单,对全部劳动者的劳动合同的到期时间进行动态管理。同时根据该清单,应当能够确认劳动者在本单位的全部工作年限。

3. 因劳动者达到法定退休年龄而终止的,用人单位应当及时为劳动者办理退休手续;劳动者死亡的,应当以相关机构出具的死亡证明为准;劳动者被宣告死亡、宣告失踪的,应当以人民法院的判决为准。

4. 对于上述第2、3项,用人单位应当设置相应的确认程序、责任部门,并形成最终的确认结论。

三、其他法律风险提示

若劳动合同被用人单位终止,但却不符合法定终止条件时,该终止行为会被认定为违法终止。用人单位违法终止的法律后果如下:

(1) 劳动者有权要求继续履行;

(2) 劳动者有权要求用人单位支付赔偿金。

5-1-2　劳动合同的逾期终止

一、合规要求

（一）合规要求的要点

表5-1-2　不得解除与逾期终止情况

情形	不得解除	逾期终止
从事接触职业病危害作业的劳动者未进行离岗前职业健康检查,或者疑似职业病病人在诊断或者医学观察期间	√	√

续表

情形	不得解除	逾期终止
在本单位患职业病或者因工负伤并被确认丧失或者部分丧失劳动能力	√	按照国家有关工伤保险的规定执行
劳动者因工负伤或视同工伤,在停工留薪期内以及劳动能力鉴定期间	√	√
患病或者非因工负伤,在规定的医疗期内	√	√
女职工在孕期、产期、哺乳期	√	√
在本单位连续工作满十五年,且距法定退休年龄不足5年	√	√
用人单位符合"客观情况发生重大变化"或"经济性裁员"的情形,需要单方解除劳动关系时,针对试用期劳动者	√	×

注:1. "不得解除"是指当劳动者出现上述情形时,用人单位不得依照《劳动合同法》第40条"劳动者无过失解除"、第41条"经济性裁员"的规定解除劳动合同。但是,若劳动者符合过失性解除的情形或经用人单位与劳动者协商一致解除的,不在此限。

2. "逾期终止"是指当劳动合同符合终止条件,但劳动者出现上述情形时,劳动合同应当续延至相应的情形消失时再终止。

3. "法律、行政法规规定的其他情形",如基层工会的专职/非专职主席、副主席、委员的劳动合同的解除、终止;规定培训服务期与劳动合同期限衔接的《劳动合同法实施条例》第17条的规定。

(二)合规要求的理解

1. 根据《劳动合同法》第42条、第45条的规定,逾期终止是指当劳动合同期限届满且不再续订时,因出现特定的情形,终止之日延续至该情形消失之日。但是,除劳动合同期限届满以外的其他两种终止事由(劳动者主体资格灭失、用人单位主体资格灭失)不适用。

2. 从事接触职业病危害作业的劳动者未进行离岗前职业健康检查的,劳动合同的终止时间为职业健康检查的完成时间。疑似职业病的,诊断或医学观察期结束时间为终止时间。经检查或诊断被确认为职业病的,劳动合同的解除、终止参见本书5-3用人单位单方解除之"不得解除"的合规管理、5-9工伤伤残劳动者劳动合同解除、终止的合规管理。

3. 劳动合同期限届满时恰逢劳动者在医疗期内的,劳动合同的终止时间应延期至劳动者当次医疗期休假届满时。

4. 女职工怀孕的,一般情况下,劳动合同的终止时间是至婴儿满1岁之时。女职工流产的,应当延期至其流产假结束之时。

5. 劳动者在本单位连续工作满15年,且距法定退休年龄不足5年的,劳动合同的终止原因是因"劳动者开始依法享受基本养老保险待遇"而终止。

6. 法律、行政法规规定的其他情形。

(1)《工会法》第19条规定,基层工会专职主席、副主席或者委员自任职之日起,其劳动合同期限自动延长,延长期限相当于其任职期间;非专职主席、副主席或者委员自任职之日起,其尚未履行的劳动合同期限短于任期的,劳动合同期限自动延长至任期期满。但是,任职期间个人严重过失或者达到法定退休年龄的除外。

(2)用人单位与劳动者约定培训服务期的,如无特别约定,劳动合同期限应当履行至约定的培训服务期满时止。

二、合规实践

关于劳动合同终止管理制度包括：

1.从逾期终止的合规要求来看，劳动合同到期后用人单位一方拟终止时，用人单位还应当对劳动者是否具有逾期终止的情形进行调查与认定。

2.调查与认定应当结合医疗期管理、工伤职工管理、女职工三期管理、在本单位工作年限等合规事项进行。

3.针对调查与认定程序，用人单位应当设置专门的确认程序、责任部门及工作流程，并出具结论。

三、其他法律风险提示

劳动合同期限届满，但是劳动者在劳动合同期限届满时存在应当逾期终止情形的，若用人单位坚持终止，该终止行为会被认定为违法终止。用人单位违法终止的法律后果：

（1）劳动者有权要求继续履行；

（2）劳动者要求用人单位支付赔偿金。

表5–1–3 与劳动合同终止的事由和逾期终止管理相关的其他管理项点

相关要素名称	说明
劳动合同管理	1.劳动合同终止事由是法定的，用人单位与劳动者不得在法定事由之外约定其他终止事由/原因 2.劳动合同可以作为计算劳动者在本单位工作年限的依据之一 3.签订了《培训服务协议》的劳动者，其劳动合同终止时间早于服务期届满时间的，劳动合同一般在服务期届满时终止 4.劳动者担任工会主席、副主席、委员等职务时，劳动合同的终止时间不得早于其任期到期时间
工伤与劳动安全	1.应当注意的是被认定为工伤的劳动者且经劳动能力鉴定有1—10级伤残等级的情形 2.主要是指从事接触职业病危害作业的劳动者或者疑似职业病病人的劳动者
婚育假期	主要指用人单位应当依法对劳动者孕期、产期、哺乳期的休假条件、起止时间、休假情况进行管理
医疗期、病假管理	主要指用人单位对劳动者因患病或非因工负伤而需要停工治疗、休息的时间中，属于医疗期部分的起止时间、休假情况的管理

表5–1–4 法律分析之劳动合同终止的事由与终止协议

文件名称及文号	法条序号
《劳动合同法》(2012年修正)(主席令第73号)	第44条
《劳动合同法实施条例》(国务院令第535号)	第13条、第21条
《工会法》(2021年修正)(主席令第107号)	第19条
《陕西省实施〈中华人民共和国工会法〉办法》(2010年修订)	第13条
最高人民法院《关于审理劳动争议案件适用法律问题的解释(一)》(法释〔2020〕26号)	第35条

表 5-1-5　法律分析之劳动合同的逾期终止

文件名称及文号	法条序号
劳动部办公厅《关于印发〈关于《劳动法》若干条文的说明〉的通知》(劳办发[1994]289号)	第 29 条
劳动部《关于印发〈关于贯彻执行《中华人民共和国劳动法》若干问题的意见〉的通知》(劳部发[1995]309号)	第 34 条
《劳动合同法》(2012 年修正)(主席令第 73 号)	第 45 条
《劳动合同法实施条例》(国务院令第 535 号)	第 17 条
《陕西省实施女职工劳动保护特别规定》(陕西省人民政府令第 209 号)	第 7 条第 2 款

劳动合同的期满终止与续订的合规管理

一、合规要求

(一)合规要求的要点

表5-2-1 劳动合同期满终止的法律应用流程

阶段	操作流程	操作内容与说明	涉及主体	记录
终止事由	劳动合同期满终止 → 劳动合同期满	1. 本流程适用于劳动合同期满终止 2. 劳动合同终止事由法定化,用人单位和劳动者不得约定其他终止条件 3. 应注意逾期终止、工伤劳动者的劳动合同终止、工会主席的劳动合同终止的处理方式	1. 用人单位 2. 劳动者	1. 劳动合同终止管理制度 2. 医疗期、病假管理 3. 工伤处理程序管理 4. 女职工保护的管理
通知程序	用人单位续订意愿（有/无）→ 向劳动者发出续订意见征询 / 向劳动者发出期满终止通知	劳动合同期限届满,根据用人单位有无续订意愿,向劳动者发出的通知类型有所分别	1. 用人单位 2. 劳动者	1. 劳动合同续订意见征询书 2. 劳动合同期满终止通知书
劳动者续订意愿	劳动者续订意愿 → 无 → 判定原因 → 用人单位维持或提高劳动条件的 / 用人单位降低劳动条件的	1. 当用人单位有续订意愿时,还要考虑劳动者是否愿意续订劳动合同 2. 若劳动者不愿续订劳动合同,应当进一步明确其不愿续订的原因,以判断用人单位是否需要向劳动者支付经济补偿 3. 在征询劳动者续订意愿时,应当明确续订劳动合同的期限类型及续订条件	1. 用人单位 2. 劳动者	劳动者是否同意续订的书面记录

续表

阶段	操作流程	操作内容与说明	涉及主体	记录
终止或续订	（流程图：有→4-1 订立书面劳动合同的合规管理；办理离职交接手续→于离职日付清劳动报酬；办理离职交接手续→付清劳动报酬和支付经济补偿→离职之日起15日内办理档案和社会保险关系转移手续→程序结束；办理离职交接手续→付清劳动报酬和支付经济补偿）	1.用人单位与劳动者均愿意续订的，双方签订书面劳动合同，详见本书4-1订立书面劳动合同的合规管理。 2.注意支付经济补偿的情况，即劳动者因用人单位降低劳动条件而不愿续订，或者用人单位不愿续订的，用人单位应依法支付经济补偿。 3.关于第二次固定期限的劳动合同期满，用人单位是否有权单方决定终止的问题，其在实践中有不同的认识，应结合当地司法实践确定	1.用人单位 2.劳动者	1.离职交接单 2.终止劳动合同协议 3.转移档案/社会保险通知单 4.离职程序管理

注：1.《劳动合同法》第44条规定："有下列情形之一的，劳动合同终止：
（一）劳动合同期满的；
（二）劳动者开始依法享受基本养老保险待遇的；
（三）劳动者死亡，或者被人民法院宣告死亡或者宣告失踪的；
（四）用人单位被依法宣告破产的；
（五）用人单位被吊销营业执照、责令关闭、撤销或者用人单位决定提前解散的；
（六）法律、行政法规规定的其他情形。"
2.《劳动合同法》第45条规定："劳动合同期满，有本法第四十二条规定情形之一的，劳动合同应当续延至相应的情形消失时终止。但是，本法第四十二条第二项规定丧失或者部分丧失劳动能力劳动者的劳动合同的终止，按照国家有关工伤保险的规定执行。"
《劳动合同法》第42条规定："劳动者有下列情形之一的，用人单位不得依照本法第四十条、第四十一条的规定解除劳动合同：
（一）从事接触职业病危害作业的劳动者未进行离岗前职业健康检查，或者疑似职业病病人在诊断或者医学观察期间的；
（二）在本单位患职业病或者因工负伤并确认丧失或者部分丧失劳动能力的；
（三）患病或者非因工负伤，在规定的医疗期内的；
（四）女职工在孕期、产期、哺乳期的；
（五）在本单位连续工作满十五年，且距法定退休年龄不足五年的；
（六）法律、行政法规规定的其他情形。"
3.工伤致残职工的劳动合同终止，应依照《工伤保险条例》第35条至第37条执行。详情参见5-9-1"工伤职工劳动合同解除、终止情况速查"。
4.基层工会的专职或非专职主席、副主席及委员的劳动合同的届满期限，依照《工会法》第18条及用人单位所在地相关规定执行。
《工会法》第18条规定："基层工会专职主席、副主席或者委员自任职之日起，其劳动合同期限自动延长，延长期限相当于其任职期间；非专职主席、副主席或者委员自任职之日起，其尚未履行的劳动合同期限短于任期的，劳动合同期限自动延长至任期期满。但是，任职期间个人严重过失或者达到法定退休年龄的除外。"

(二)合规要求的理解

1.劳动合同期限届满的,可以依法终止,也可以续订。无论是选择终止还是续订,都应当履行通知程序。

2.劳动合同期满与通知。

(1)用人单位与劳动者首次订立的固定期限劳动合同到期的。

①用人单位没有续订意愿的,用人单位有权在劳动合同期限届满时终止与劳动者的劳动关系。该种情形下,用人单位应当书面通知劳动者劳动合同期限届满即告终止,并依法向劳动者支付经济补偿。

②用人单位有续订意愿的,用人单位应当征询劳动者是否具有续订的意愿,并保留劳动者意愿表达的书面记录。若用人单位维持或提高劳动条件而劳动者不愿意续订的,原劳动合同在期限届满时终止,双方应当及时办理交接手续及相关事项,用人单位无须支付经济补偿。用人单位虽然愿意续订但降低了续订条件,劳动者不愿意续订的,劳动合同期限届满终止的,用人单位还应支付经济补偿。

(2)用人单位与劳动者第二次订立的固定期限劳动合同到期的,用人单位仍应按照首次到期时的程序操作。劳动者愿意续订的,用人单位还应当确认劳动者对将要续订的劳动合同期限(固定期限、无固定期限)的意愿。

根据《劳动合同法》第14条的规定,用人单位与劳动者连续订立了两次固定期限劳动合同,且劳动者没有《劳动合同法》第39条(过失性辞退)和第40条(无过失性辞退)第1项、第2项规定的情形的,用人单位一般应当与劳动者续订劳动合同,否则可能被视为违法终止。

针对这一问题,也有个别地方有不同的观点,即用人单位依然有不予续订的权利,即便终止,也仍属合法。因此用人单位还应注意所在地的司法判例。

劳动者符合应当订立无固定期限劳动合同条件的,若劳动者要求或者同意订立固定期限劳动合同,可以订立固定期限的劳动合同。

(3)关于劳动合同期限届满终止的通知时限问题,《劳动合同法》对劳动合同解除时是否需要提前通知,以及提前通知的时限、方式等有明确规定,但是对劳动合同期满终止,却并未像解除劳动合同那样明确要求提前通知时限和方式。

鉴于用人单位的管理需要,建议可以参考"提前三十天"的这一时限来具体确定。

(4)劳动合同期满终止时是否支付经济补偿的问题。

①当用人单位以原条件或提高条件与劳动者续订劳动合同,而劳动者不同意续订时,用人单位无须支付经济补偿;

②当用人单位降低条件与劳动者续订劳动合同,劳动者不同意续订时,用人单位应当依法支付经济补偿;

③用人单位提出不予续订劳动合同的,应当依法支付经济补偿。

二、合规实践

劳动合同终止管理制度包括:劳动合同终止管理事项至少包括终止事由、逾期终止、劳动合同终止的通知以及是否续订劳动合同的沟通。

1. 劳动合同的终止流程。

(1)用人单位应当建立劳动合同管理台账,对全部劳动合同进行全方位的动态管理。管理台账至少应当体现:

①劳动者当次所订立劳动合同的起止时间,是否签订过培训服务协议以及培训服务期的起止时间。

②劳动者自入职以来所签订劳动合同的次数及单次的劳动合同期限、合计期限。

③能够确定员工总人数、已订立书面劳动合同的人数、尚未订立书面劳动合同的人数。对尚未订立书面劳动合同的,应当进一步明确未订立的原因。

(2)对即将到期的劳动合同,应当设置适当的提前通知时限,例如可以参考解除劳动合同时提前30日通知的这一时限,以便用人单位启动续订意愿沟通程序,同时也使用人单位有足够的时间做好离职交接。具体时间应根据用人单位的规模、组织结构、审批流程具体确定。

(3)终止劳动合同的流程至少包括:

①终止流程的责任部门、配合部门、职责权限及流转程序。

②终止流程的关键事项确认的工作节点以及所需的过程记录。

③尽量让终止时间和终止流程的结束时间保持一致,如果不能保持一致,也应在终止后的合理时间内完成离职程序。离职程序的合规事项参见本书5-11离职办理事项的合规管理。

2. 劳动合同终止与续订程序中的几项必备记录。

(1)劳动合同续订意见征询书。

征询书的内容至少包括:

①劳动者的姓名以及双方签订的劳动合同即将于某年某月某日到期。

②用人单位对续订条件(维持、提高、降低)以及续订期限的描述。续订条件包括续订的劳动合同期限、劳动报酬、工作时间、休息休假和福利待遇等。

③劳动者描述对上述内容的意见、是否同意等,并签字确认。

(2)劳动合同期满终止通知书。

劳动合同期满且不再续订的,用人单位可以向劳动者发出终止通知书。终止通知书的内容至少包括:

①劳动者姓名、身份证号;

②描述"劳动合同即将于某年某月某日到期且不再续订(因劳动者不同意续订的,还

应说明续订条件的情况)";

③离职交接手续办理时间和内容(如劳动报酬结算、经济补偿等);

④落款:用人单位名称(盖章)、日期。

用人单位向劳动者发出书面通知的,应当留存劳动者已收悉的书面记录。

(3)终止劳动合同协议。

用人单位与劳动者终止劳动合同的,建议签订"终止劳动合同协议",协议的内容至少包括:

①双方当事人的基本信息(名称/姓名、住址、联系方式、劳动者身份证号码等);

②所终止的劳动合同及终止日期的描述,例如"双方于2020年1月1日签订的2020年1月1日起至2022年12月31日止的劳动合同,将于2023年1月1日起终止";

③描述终止的决定,如劳动合同到期后即告终止,双方不再续订;

④对劳动报酬、休息休假等的结算截止日及支付时间、支付方式,经济补偿的计算金额及支付时间、支付方式;

⑤对社会保险转移及档案转移的转移时间(注意应在法律规定的时限内);

⑥劳动者收到用人单位基于协议的应付款项后又提起劳动仲裁/诉讼的,对其已收取款项的处理方式,或全额返还,或劳动者退差额,或用人单位补差额等;

⑦关于离职交接的要求,如办结时间等;

⑧应当表达本协议是双方出于自愿,且基于自身真实意思表示所签署的协议;是对双方劳动关系存续期间双方各自的权利义务处置情况的最终结论;

⑨落款:用人单位与劳动者签字/盖章、签字日期。

三、其他法律风险提示

若用人单位与劳动者决定继续保持劳动关系的,双方应当及时订立书面劳动合同,否则用人单位会承担"未在用工之日起1个月内订立书面劳动合同"的法律责任。

表5-2-2 与劳动合同的期满终止与续订管理相关的其他管理项点

相关要素名称	说明
劳动用工管理	1. 劳动合同期限届满终止与续订的管理程序主要适用于全日制劳动关系的劳动者 2. 在劳动合同到期后,用人单位继续用工的,若用人单位与劳动者之间无其他特别约定,用人单位与劳动者之间仍是劳动关系
劳动合同管理	劳动合同期满后用人单位继续用工的,应注意及时与劳动者签订书面劳动合同
离职程序管理	若用人单位与劳动者不再续订劳动合同,劳动者应当按照用人单位的离职管理制度办理相关手续

注:法律分析参见5-1劳动合同终止的事由与逾期终止的合规管理、4-1订立书面劳动合同的合规管理。

5-3 用人单位单方解除之"不得解除"的合规管理

一、合规要求

（一）合规要求的要点

表 5-3-1　不得解除与逾期终止情况速查

情形	不得解除	逾期终止
从事接触职业病危害作业的劳动者未进行离岗前职业健康检查，或者疑似职业病病人在诊断或者医学观察期间的	√	√
在本单位患职业病或者因工负伤并被确认丧失或者部分丧失劳动能力的	√	按照国家有关工伤保险的规定执行
劳动者因工负伤或视同工伤，在停工留薪期内以及劳动能力鉴定期间的	√	√
患病或者非因工负伤，在规定的医疗期内的	√	√
女职工在孕期、产期、哺乳期的	√	√
在本单位连续工作满15年，且距法定退休年龄不足5年的	√	√
用人单位符合"客观情况发生重大变化"或"经济性裁员"的情形需要单方解除劳动关系时，针对试用期劳动者	√	×

注：1. "不得解除"是指当劳动者出现上述情形时，用人单位不得依照《劳动合同法》第40条"劳动者无过失解除"、第41条"经济性裁员"的规定解除劳动合同。但是，劳动者符合过失性解除或经用人单位与劳动者协商一致解除的，不在此限。

2. "逾期终止"是指当劳动合同符合终止条件时，劳动者出现上述情形的，劳动合同应当续延至相应的情形消失时终止。

3. "法律、行政法规规定的其他情形"，例如基层工会的专职/非专职主席、副主席、委员的劳动合同的解除、终止，规定培训服务期与劳动合同期限衔接的《劳动合同法实施条例》第17条。

（二）合规要求的理解

1. 劳动合同的解除方式。

（1）协商一致解除。根据《劳动法》第24条、《劳动合同法》第36条的规定，只要用人单位与劳动者双方基于真实意思表示，就解除劳动关系达成一致，就可以解除劳动合同。

（2）劳动者单方解除。根据《劳动合同法》第37条、第38条的规定，劳动者享有单方解除权。

①劳动者因个人原因解除劳动合同的,应当通知用人单位。

a. 试用期内需提前3日通知用人单位,通知形式可口头,也可书面。

b. 在试用期以外的劳动合同存续期间,劳动者应提前30日以书面形式通知用人单位。

②劳动者因用人单位存在过错提出解除劳动合同时是否需要通知用人单位,因解除原因而异,具体如下:

a. 劳动者应当向用人单位明示解除意愿及解除原因。劳动者根据《劳动合同法》第38条第1款的规定提出与用人单位解除合同的,应当明示解除意愿及解除原因。例如,用人单位未按照劳动合同约定向劳动者提供劳动保护或者劳动条件的,用人单位未及时足额向劳动者支付劳动报酬的,用人单位未依法为劳动者缴纳社会保险费的,用人单位的规章制度违反法律、法规的规定并损害劳动者权益的,用人单位以欺诈、胁迫的手段或者乘人之危,使劳动者在违背真实意思的情况下订立或者变更劳动合同致使劳动合同无效等的情形。

b. 劳动者无须事先告知用人单位即可立即解除劳动合同。劳动者根据《劳动合同法》第38条第2款的规定与用人单位解除劳动合同的,例如用人单位以暴力、威胁或者非法限制人身自由的手段强迫劳动者劳动,用人单位违章指挥、强令冒险作业危及劳动者人身安全。

(3)用人单位单方解除。根据《劳动合同法》第39条(劳动者过失性辞退)、第40条(劳动者无过失性辞退)、第41条(经济性裁员)的规定,用人单位享有单方解除劳动合同的权利。若用人单位的单方解除不符合这些情形,其解除行为被视为"违法解除"。

关于用人单位单方解除的具体说明参见本书5-3用人单位单方解除之"不得解除"的合规管理、5-4用人单位单方解除劳动合同的合规管理和5-8经济性裁员的合规管理。

2. "不得解除"的理解与适用性分析。

(1)"不得解除"仅适用于"用人单位单方解除",劳动者的单方解除权不受限制。

(2)在用人单位的三类合法解除事由中,"不得解除"仅限于用人单位以"劳动者无过失性辞退""经济性裁员"为由提出的解除情形,若劳动者存在过失(过失性辞退),用人单位单方解除劳动合同的权利不受限制。

(3)关于几个"期间"。

①从事接触职业病危害作业的劳动者未进行离岗前职业健康检查,或者疑似职业病病人在诊断或者医学观察期间的。

a. 劳动者从事有职业病危害作业的工作,在其离开该岗位前,用人单位应当安排劳动者进行职业健康检查,以确认劳动者的身体健康状况是否受到了职业危害。否则,属于不得解除的情形。

b. 若劳动者属于疑似职业病病人,在尚未得出是不是职业病的最后诊断结论前,属于不得解除的情形。

c. 劳动者被诊断为职业病且被认定为工伤的,应当按照工伤职工解除劳动合同的相关规定执行。详情参见本书5-9工伤伤残劳动者劳动合同解除、终止的合规管理。

②劳动者患病或者非因工负伤,在规定的医疗期内的。伤病治愈与医疗期的关系,伤病可能在医疗期内治愈,也可能在医疗期届满时治愈,也可能在医疗期满时仍未治愈。用人单位被限制单方解除权利的期限为"医疗期内",与伤病是否治愈无直接关系。因此,用人单位应当依法确定劳动者的医疗期,避免因医疗期计算错误而造成违法解除的不利后果。

医疗期的具体说明可参见本书3-4医疗期的合规管理。

③女职工在孕期、产期、哺乳期的。本项是针对女职工特殊时期而规定的,用人单位应当依法确定女职工的孕期、产期和哺乳期的起止时间,避免因期间计算错误而造成违法解除的不利后果。

孕期、产期、哺乳期及女职工保护的相关说明参见本书3-8婚育假期的合规管理、7-11女职工保护的合规管理相关内容。

④试用期解除的限制。用人单位有权根据《劳动合同法》第39条(劳动者过失性辞退)、第40条(劳动者无过失性辞退)、第41条(经济性裁员)的规定与劳动者单方解除劳动合同。但是,根据《劳动合同法》第21条,劳动者在试用期内的,除劳动者有《劳动合同法》第39条和第40条第1项(医疗期)、第2项(不胜任)规定的用人单位可以单方解除劳动合同的情形外,用人单位不得以《劳动合同法》第40条第3项"客观情况发生重大变化"或第41条(经济性裁员)的规定为由与劳动者解除劳动合同。

试用期的具体说明参见本书4-7试用期的合规管理。

⑤被认定为工伤的职工的劳动合同解除期间的限制。劳动者被认定为工伤的,在停工留薪期和劳动能力鉴定期间用人单位不得解除劳动合同。

停工留薪期、劳动能力鉴定的具体说明参见本书3-7停工留薪期的合规管理、7-8劳动能力鉴定的合规管理。

(4)劳动者在本单位患职业病或者因工负伤并被确认丧失或者部分丧失劳动能力的。

①劳动者丧失或部分丧失劳动能力是患职业病或者工伤所致的,劳动者因疾病或者非因工负伤而丧失劳动能力的不在此限;

②劳动者的劳动能力情况应当经过劳动能力鉴定委员会的鉴定,并以劳动能力鉴定结论为准。经劳动能力鉴定委员鉴定,伤残等级结论为1—10级的,用人单位不得解除劳动合同。

(5)劳动者在本单位连续工作满十五年,且距法定退休年龄不足五年的。

①"本单位连续工作"的认定。

劳动者非因本人原因从原用人单位被安排到新用人单位工作的,劳动者在原用人单位的工作年限合并计算为新用人单位的工作年限。根据最高人民法院《关于审理劳动争议案件适用法律问题的解释(一)》第46条第2款的规定,劳动者仍在原工作场所、工作岗位工作,劳动合同主体由原用人单位变更为新用人单位;用人单位以组织委派或任命形式对劳动者进行工作调动;用人单位合并、分立等原因导致劳动者工作调动;用人单位及其关联企业与劳动者轮流订立劳动合同等;劳动者符合上述情形之一的,应当认定为"非因本人原因从原用人单位被安排到新用人单位工作"。

②法定退休年龄。法定退休年龄根据国务院《关于工人退休、退职的暂行办法》确定。

a. 一般情况下,男年满60周岁,女工人年满50周岁,女干部年满55周岁即达到法定退休年龄。

b. 特殊工种(从事井下、高空、高温、特别繁重体力劳动或其他有害身体健康工作的)的劳动者,男年满55周岁、女年满45周岁即达到退休年龄。

c. 劳动者因病或非因工致残,由医院证明并经劳动鉴定委员会确认完全丧失劳动能力的,男年满55周岁、女年满45周岁达到退休年龄。

二、合规实践

劳动合同解除管理制度针对劳动合同的解除以及"不得解除"的强制性要求,用人单位应当注意:

1. 前述法律规定的适用限于全日制劳动关系的劳动者。

2. 劳动者享有解除劳动合同的自由权,用人单位对此不应限制。

3. 用人单位与劳动者协商一致解除劳动合同的,用人单位应当保留"协商一致"的书面记录,或者签订解除协议。

4. "解除劳动合同"并非独立运行的事项,需要结合其他管理项点。解除行为只是结果,更重要的是解除原因。换言之,如果解除原因不成立,就不能达到合法解除的效果。

(1) 劳动者确有过错的,用人单位在任何时候均有权与劳动者解除劳动合同。

(2) 鉴于用人单位单方解除权受"不得解除"的限制,用人应当做好劳动者个人情况的确认,从解除程序上设置"劳动者个人情况确认"的流程、责任部门及职责权限、具体处理方式。

(3) 用人单位应当确认解除原因的真实性,确保有充分的记录证明劳动者符合该等情形。

三、其他法律风险提示

用人单位违反"不得解除"的规定单方与劳动者解除劳动合同的,可能构成违法解除。违法解除的,劳动者可以要求继续履行劳动合同,或者要求用人单位支付赔偿金。

表 5–3–2　与用人单位单方解除之"不得解除"管理相关的其他管理项点

相关要素名称	说明
劳动用工管理	"不得解除"的限制仅适用于全日制劳动关系
试用期管理	在试用期内的劳动者，用人单位不得以"客观情况发生重大变化"或经济性裁员为由单方解除劳动合同
劳动合同解除管理	用人单位应当在劳动合同解除管理中设置劳动者是否存在"不得解除"情形的确认程序
婚育假期	主要指用人单位应当依法对劳动者的孕期、产期、哺乳期的起止时间、休假情况进行管理，确认劳动者是否存在"不得解除"的情形
医疗期、病假管理	主要指用人单位应当依法对劳动者医疗期的起止时间、休假情况进行管理，确认劳动者是否存在"不得解除"的情形
工伤保险待遇	1. 主要指用人单位应当依法对劳动者的停工留薪期、劳动能力鉴定期间的起止时间和休假情况进行管理，确认劳动者是否存在"不得解除"的情形 2. 劳动者享受工伤伤残待遇的，除非劳动者存在过错（过失性辞退），否则用人单位无单方解除劳动合同的权利

表 5–3–3　法律分析之用人单位不得单方解除劳动合同的情形

内容	文件名称及文号	法条序号
一般规定	《劳动法》(2018 年修正)(主席令第 24 号)	第 29 条
	劳动部办公厅《关于印发〈关于《劳动法》若干条文的说明〉的通知》(劳办发〔1994〕289 号)	第 29 条
	《劳动合同法》(2012 年修正)(主席令第 73 号)	第 42 条
试用期解除限制	《劳动合同法》(2012 年修正)(主席令第 73 号)	第 21 条
女职工解除限制	《劳动法》(2018 年修正)(主席令第 24 号)	第 29 条第 3 项
	《劳动合同法》(2012 年修正)(主席令第 73 号)	第 42 条第 4 项
	《女职工劳动保护特别规定》(国务院令第 619 号)	第 5 条
	《陕西省实施女职工劳动保护特别规定》(陕西省人民政府令第 209 号)	第 7 条第 2 款
工伤伤残职工的劳动合同解除	《工伤保险条例》(2010 年修订)(国务院令第 586 号)	第 36 条、第 37 条第 2 项

用人单位单方解除劳动合同的合规管理

一、合规要求

(一)合规要求的要点

表 5-4-1　用人单位单方解除劳动合同的法律应用流程

阶段	操作流程	操作内容与说明	涉及主体	记录
解除理由判明	用人单位单方解除劳动合同 → 发生用人单位单方解除的事由(过失性解除、无过失性解除)	1.本流程图针对的是由用人单位单方发起的劳动合同解除程序 2.解除劳动合同不仅应有合法的解除理由,还应注意不得解除的情形。劳动者过失导致的用人单位单方解除,不受该不得解除的情形的限制	1.用人单位 2.劳动者	1.劳动合同解除管理制度 2.员工违纪的证明记录
通知工会	将解除理由书面通知工会 → 工会对解除理由的合法性进行判断 —不合法→ 向用人单位提出工会意见；合法→ 工会向用人单位回函无异议；单位研究意见,书面通知处理结果	1.工会在劳动合同解除中负有监督职责,应对用人单位提出的解除理由的合法性进行判断 2.若解除理由不合法,应书面告知用人单位纠正意见 3.用人单位应当考虑工会的意见,确保解除劳动合同事由的合法性和合理性 4.虚线:当解除理由不合法而用人单位坚持单方解除时,有构成违法解除的法律风险 5.用人单位单方解除,但未事先通知工会的,劳动者以用人单位违法解除劳动合同为由请求用人单位支付赔偿金的,人民法院应予支持,但起诉前用人单位已经补正有关程序的除外	1.用人单位 2.工会	1.解除理由通知函(工会) 2.工会意见回函 3.工会意见处理结果通知书

续表

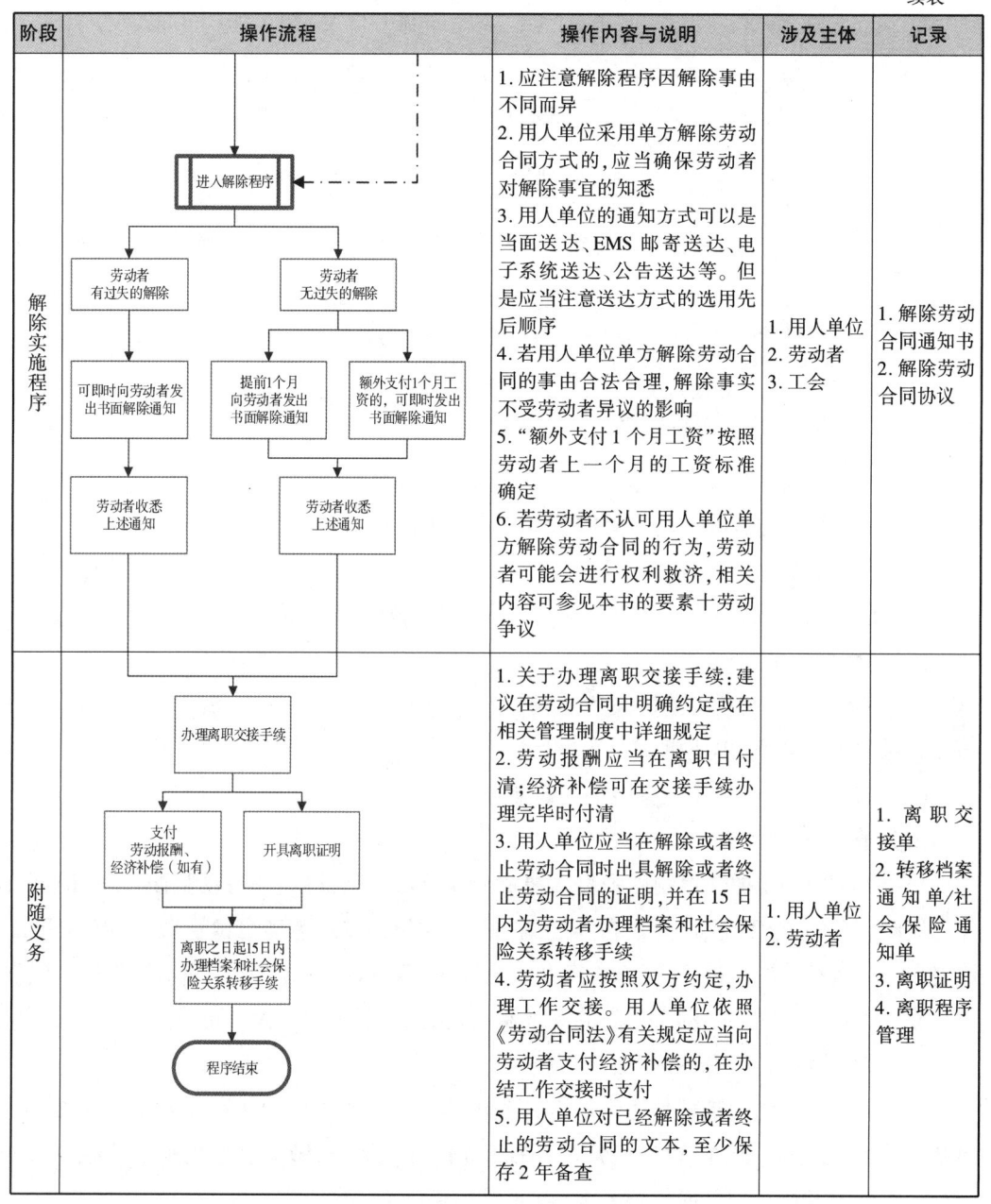

阶段	操作流程	操作内容与说明	涉及主体	记录
解除实施程序	进入解除程序 → 劳动者有过失的解除 / 劳动者无过失的解除；可即时向劳动者发出书面解除通知；提前1个月向劳动者发出书面解除通知；额外支付1个月工资的，可即时发出书面解除通知；劳动者收悉上述通知	1. 应注意解除程序因解除事由不同而异 2. 用人单位采用单方解除劳动合同方式的，应当确保劳动者对解除事宜的知悉 3. 用人单位的通知方式可以是当面送达、EMS邮寄送达、电子系统送达、公告送达等。但是应当注意送达方式的选用先后顺序 4. 若用人单位单方解除劳动合同的事由合法合理，解除事实不受劳动者异议的影响 5. "额外支付1个月工资"按照劳动者上一个月的工资标准确定 6. 若劳动者不认可用人单位单方解除劳动合同的行为，劳动者可能会进行权利救济，相关内容可参见本书的要素十劳动争议	1. 用人单位 2. 劳动者 3. 工会	1. 解除劳动合同通知书 2. 解除劳动合同协议
附随义务	办理离职交接手续 → 支付劳动报酬、经济补偿（如有）/ 开具离职证明 → 离职之日起15日内办理档案和社会保险关系转移手续 → 程序结束	1. 关于办理离职交接手续：建议在劳动合同中明确约定或在相关管理制度中详细规定 2. 劳动报酬应当在离职日付清；经济补偿可在交接手续办理完毕时付清 3. 用人单位应当在解除或者终止劳动合同时出具解除或者终止劳动合同的证明，并在15日内为劳动者办理档案和社会保险关系转移手续 4. 劳动者应按照双方约定，办理工作交接。用人单位依照《劳动合同法》有关规定应当向劳动者支付经济补偿的，在办结工作交接时支付 5. 用人单位对已经解除或者终止的劳动合同的文本，至少保存2年备查	1. 用人单位 2. 劳动者	1. 离职交接单 2. 转移档案通知单/社会保险通知单 3. 离职证明 4. 离职程序管理

注：1.《劳动合同法》第39条规定："劳动者有下列情形之一的，用人单位可以解除劳动合同：
（一）在试用期间被证明不符合录用条件的；
（二）严重违反用人单位的规章制度的；
（三）严重失职，营私舞弊，给用人单位造成重大损害的；
（四）劳动者同时与其他用人单位建立劳动关系，对完成本单位的工作任务造成严重影响，或者经用人单位提出，拒不改正的；
（五）因本法第二十六条第一款第一项规定的情形致使劳动合同无效的；
（六）被依法追究刑事责任的。"
第40条规定："有下列情形之一的，用人单位提前三十日以书面形式通知劳动者本人或者额外支付劳动者

一个月工资后,可以解除劳动合同:

(一)劳动者患病或者非因工负伤,在规定的医疗期满后不能从事原工作,也不能从事由用人单位另行安排的工作的;

(二)劳动者不能胜任工作,经过培训或者调整工作岗位,仍不能胜任工作的;

(三)劳动合同订立时所依据的客观情况发生重大变化,致使劳动合同无法履行,经用人单位与劳动者协商,未能就变更劳动合同内容达成协议的。"

2.《劳动合同法》第 42 条规定:"劳动者有下列情形之一的,用人单位不得依照本法第四十条、第四十一条的规定解除劳动合同:

(一)从事接触职业病危害作业的劳动者未进行离岗前职业健康检查,或者疑似职业病病人在诊断或者医学观察期间的;

(二)在本单位患职业病或者因工负伤并被确认丧失或者部分丧失劳动能力的;

(三)患病或者非因工负伤,在规定的医疗期内的;

(四)女职工在孕期、产期、哺乳期的;

(五)在本单位连续工作满十五年,且距法定退休年龄不足五年的;

(六)法律、行政法规规定的其他情形。"

(二)合规要求的理解

1.用人单位单方解除劳动合同的基本流程如下:

(1)判明解除理由;

(2)用人单位将解除事由及解除意向以书面形式通知工会并取得工会意见的回函;

(3)进入解除的实施程序;

(4)劳动关系结束后的附随义务的履行。

2.对部分解除理由的说明。

(1)劳动者严重违反用人单位的规章制度的。

①关于"规章制度"。

a.用人单位制定的规章制度中直接涉及劳动者切身利益的,如劳动报酬、工作时间、休息休假、劳动安全卫生、保险福利、职工培训、劳动纪律以及劳动定额管理等,应经职工代表大会或者全体职工讨论,提出方案和意见,与工会或者职工代表平等协商确定。

b.用人单位将需要劳动者遵守的规章制度进行了公示,劳动者已知悉。

②劳动者确有违反上述制度的行为。

③劳动者违反管理制度且达到了"严重"的程度。严重程度的认定没有统一标准,应当结合用人单位的生产经营状况、劳动者的工作内容及职责、劳动者的主观过错程度、违规行为的性质及造成的负面影响范围、程度等综合判定。

(2)劳动者严重失职,营私舞弊,给用人单位造成重大损害的。

①用人单位明确规定了劳动者的工作内容、工作职责,且劳动者知悉其工作职责。

②营私舞弊是指劳动者为了谋求个人私利而做出违背职责、损害用人单位利益的行为;或者劳动者无视其工作职责,不负责任且达到严重的程度。

③劳动者的上述行为给用人单位造成了"重大"损害。例如,经济损失达到某个数额时可认定为"重大",或者企业名誉、荣誉受损达到某个范围时可认定为"重大"。

④用人单位应当能够证明劳动者确有"严重失职""营私舞弊",用人单位因此遭受"重大损害"的事实。

(3)劳动者同时与其他用人单位建立劳动关系,对完成本单位的工作任务造成严重影响,或者经用人单位提出,拒不改正的。

①劳动者与"用人单位A"之间建立了劳动关系,该劳动者又与"用人单位B"建立了劳动关系。

②劳动者因为执行"用人单位B"的工作任务而对"用人单位A"安排的工作任务的完成造成了严重的影响;或者虽未影响"用人单位A"的工作任务,但是"用人单位A"禁止劳动者建立双重或多重劳动关系,向劳动者提出让其终止与"用人单位B"的劳动关系,而劳动者不听从、不改正的。

③"用人单位A"有证据证明以上事实客观存在。

(4)劳动者以欺诈、胁迫的手段或者乘人之危,使用人单位在违背真实意思的情况下订立或者变更劳动合同,致使劳动合同无效的。

①劳动者以欺诈、胁迫的手段或者乘人之危,使用人单位与劳动者订立或变更了劳动合同。换言之,若劳动者没有实施前述行为,用人单位不会与其订立或变更劳动合同。

②劳动合同因此被认定无效。对劳动合同的无效或者部分无效有争议的,由劳动争议仲裁机构或者人民法院确认。

(5)劳动者被依法追究刑事责任的。

根据劳动部办公厅《关于印发〈关于《劳动法》若干条文的说明〉的通知》第25条第4款、劳动部《关于贯彻执行〈中华人民共和国劳动法〉若干问题的意见》第29条的规定,刑事责任是指:

①劳动者被人民检察院免予起诉的。

②劳动者被人民法院判处刑罚(刑罚包括主刑和附加刑。主刑:管制、拘役、有期徒刑、无期徒刑、死刑;附加刑:罚金、剥夺政治权利、没收财产)的。

③劳动者被依法免予刑事处分的。

3. 用人单位应将解除事由及解除意向书面通知工会。

(1)通知工会程序适用于用人单位单方解除劳动合同的情形。

(2)通知工会程序是用人单位与工会之间相互沟通的过程:

①用人单位应当将解除理由书面通知工会;

②工会对解除事由进行合法性判断,并将工会意见书面通知用人单位;

③用人单位对工会的否定性建议应当进行讨论研究,并将讨论结果再次书面通知工会;

④若用人单位坚持在解除事由可能违法时继续予以解除的,可能构成劳动合同的违法解除;

⑤通知工会程序的合法性认定,根据最高人民法院《关于审理劳动争议案件适用法律问题的解释(一)》第47条的规定,用人单位实施解除前未依法履行通知工会程序,但是起诉前用人单位已经补正的,劳动者再以用人单位属于违法解除劳动合同为由请求用人单位支付赔偿金的,人民法院不予支持。

(3)用人单位没有工会时的处理方式。

①用人单位因未建立工会而未履行将解除理由书面通知工会程序的,在实务中更倾向于被认定为程序违法。

②用人单位未建立工会的,可以向用人单位的上级工会或者本单位的职工代表征求意见,以此代替"通知本单位的工会"。

4. 解除的实施程序。

(1)用人单位单方解除劳动合同的,应通知劳动者;

(2)用人单位单方解除的事由不同,适用的程序也有所不同,具体内容详见表5-4-1用人单位单方解除劳动合同的法律应用流程;

(3)人力资源管理实务中常说的"N+1"中的"N"是指经济补偿,"1"是指额外支付的1个月工资,又称为"代通知金",用于代替"提前1个月通知"。

5. 附随义务的履行。附随义务是指劳动合同解除或者终止时的离职办理事项,具体事项参见本书5-11离职办理事项的合规管理。

二、合规实践

(一)劳动合同解除管理制度

1. 用人单位应当对单位一方的单方解除劳动合同的权利予以管理,管理事项至少包括:

(1)依法规定用人单位发起单方解除的合法事由;

(2)推进解除流程的责任部门、职责权限、解除事由记录收集程序、审批流程(含工会)、解除通知发送等,以及推进过程所需的记录。

2. 员工违纪的证明记录。该记录是一类记录的统称,并非某一个具体记录,主要是指"严重违反规章制度""严重失职、营私舞弊并造成重大损失"等用于证明劳动者存在过错的记录。

用人单位主张劳动者存在过错的,应当设置调查程序,确保劳动者提出异议的权利。

3. 工会沟通程序。

(1)解除理由通知函(工会)。用人单位将解除事由书面通知工会时,通知的内容至少包括:

①劳动者基本信息(姓名、身份证号、工作岗位);

②拟解除所依据的理由描述;

③拟解除的时间、是否支付经济补偿；

④落款（发文单位名称、日期）。

（2）工会意见回函。工会对用人单位发来的解除通知进行研判后应当给予是否合法的回函，回函的内容至少包括：

①首先描述回函针对的"通知函"的信息，例如，"工会于某年某月某日收到关于×××（劳动者姓名）的通知函"；

②明确对该"通知函"的意见，如同意，可表述为"对该函载明的全部内容无异议"；如有异议，应阐明异议对象、异议原因及建议。

③落款（发文单位名称、日期）。

（3）工会意见处理结果通知书。本项记录是用人单位针对有异议的工会意见回函的书面回复。通知的内容至少包括：

①首先描述针对的工会意见回函的信息，例如"公司于某年某月某日收到关于×××（劳动者姓名）解除劳动合同的工会意见回函"；

②对回函载明的异议、建议的处理结果；

③落款（发文单位名称、日期）。

（4）解除劳动合同通知书。用人单位单方与劳动者解除劳动合同并书面通知劳动者的，通知的内容至少包括：

①通知书接收人姓名。

②用人单位拟解除劳动合同的意思表示、拟解除时间、离职交接办理要求、附随义务（如支付劳动报酬、经济补偿、开具离职证明、办理社会保险和档案关系转移）的具体内容。

③落款（发文单位名称、日期）。

通知书可以当面交付（保留劳动者签收记录，或者视像资料），可以 EMS 邮寄方式交付（邮寄地址应当由劳动者提供），也可以经劳动者确认的数据电文形式（微信、邮箱、手机短信等）的方式通知。建议尽量采用当面交付或者 EMS 邮寄的方式。

（二）解除劳动合同协议

用人单位与劳动者解除劳动关系的，建议签订书面解除劳动合同协议。协议的内容至少包括：

（1）用人单位与劳动者双方当事人的基本信息（名称/姓名、住址、联系方式、劳动者身份证号码等）。

（2）描述解除事由：

①协商一致解除的，应当体现"经双方平等协商就解除劳动合同达成一致"的描述；

②属于其他解除事由的，据实描述。

（3）对所解除的劳动合同及解除日期的描述，例如"双方于 2020 年 1 月 1 日签订了

2020年1月1日起至2022年12月31日止的劳动合同,经协商一致,同意于2021年12月14日起解除"。

(4)劳动报酬、休息休假等的结算截止日及支付时间、支付方式,经济补偿的计算金额及支付时间、支付方式。

(5)转移社会保险及档案的办理程序(注意应在法律规定的时限内)。

(6)劳动者收到用人单位基于本协议的应付款项后又提起劳动仲裁/诉讼的,对其已收取款项的处理方式,例如全额返还、劳动者退差额、用人单位补差额等。

(7)关于离职交接的要求,如办结时间等。

(8)表达本协议是双方出于自愿,且基于自身真实意思表示所签署的协议,是对双方劳动关系存续期间双方各自的权利义务处置情况的最终结论。

(9)落款:用人单位与劳动者签字/盖章、签字日期。

三、其他法律风险提示

1. 用人单位单方解除劳动合同的,"解除"本身只是结果,用人单位单方解除劳动合同的行为是否合法取决于解除原因是否合法,以及"通知工会"的程序。

2. 用人单位务必注意对与解除原因有关要素的管理,例如试用期解除、变更工作地点/内容导致的解除、休息休假导致的解除、违反劳动纪律或者规章制度导致的解除等,应在实施解除行为前进行充分论证,以避免产生违法解除的法律风险。

表5-4-2 与用人单位单方解除劳动合同管理相关的其他管理项点

相关要素名称	说明
劳动用工管理	"不得解除"的限制仅适用于全日制劳动关系
劳动合同的订立、履行	1. 主要是指劳动合同订立时是否存在欺诈、胁迫或乘人之危等影响真实意思表示的情况 2. 根据劳动合同(含变更合同)确定劳动者的工作岗位、工作职责
试用期管理	主要是指用人单位以劳动者"试用期被证明不符合录用条件"为由解除劳动合同
变更工作地点/内容管理	劳动者因医疗期满后不能从事原工作或者不胜任工作或者用人单位因客观情形发生重大变化而为劳动者调整工作岗位,劳动者不认可,用人单位单方解除的
离职程序管理	劳动者因用人单位单方解除劳动合同而离职的,劳动者办理离职手续的问题
休息休假管理	1. 一方面是指与医疗期、孕期、哺乳期等期间相关的岗位调整,需要准确确认各类"期" 2. 另一方面就是指与"不得解除"有关的各类期限的认定与期间确认
规章制度的制定与适用	主要是指用人单位以劳动者"严重违反用人单位的规章制度"为由解除劳动合同

表 5-4-3　法律分析之劳动合同解除概览

内容	文件名称及文号	法条序号
劳动合同解除的理解	劳动部《关于贯彻执行〈中华人民共和国劳动法〉若干问题的意见》(劳部发〔1995〕309号)	第26条
解除劳动合同的协议	最高人民法院《关于审理劳动争议案件适用法律问题的解释(一)》(法释〔2020〕26号)	第35条
协商一致解除	《劳动法》(2018年修正)(主席令第24号)	第24条
	劳动部办公厅《关于印发〈关于《劳动法》若干条文的说明〉的通知》(劳办发〔1994〕289号)	第24条
	《劳动合同法》(2012年修正)(主席令第73号)	第36条
	《劳动合同法实施条例》(国务院令第535号)	第19条第1项

注：劳动合同的解除,除双方协商一致解除外,还包括用人单位单方解除和劳动者单方解除。
用人单位单方解除劳动合同的法律分析图见本书5-3、5-4。
劳动者单方解除劳动合同的法律分析图见本书5-14。

表 5-4-4　法律分析之用人单位单方解除劳动合同的工会通知程序

文件名称及文号	法条序号
《劳动法》(2018年修正)(主席令第24号)	第30条
《劳动合同法》(2012年修正)(主席令第73号)	第43条
劳动部办公厅《关于印发〈关于《劳动法》若干条文的说明〉的通知》(劳办发〔1994〕289号)	第30条
最高人民法院《关于审理劳动争议案件适用法律问题的解释(一)》(法释〔2020〕26号)	第47条
《工会法》(2021年修正)(主席令第107号)	第22条
《陕西省实施〈中华人民共和国工会法〉办法》(2010年修订)	第20条

表 5-4-5　法律分析之用人单位单方解除之劳动者过失性解除

文件名称及文号	法条序号
《劳动法》(2018年修正)(主席令第24号)	第25条
劳动部办公厅《关于印发〈关于《劳动法》若干条文的说明〉的通知》(劳办发〔1994〕289号)	第25条
劳动部《关于印发〈关于贯彻执行《中华人民共和国劳动法》若干问题的意见〉的通知》(劳部发〔1995〕309号)	第29条、第30条、第87条
《劳动合同法》(2012年修正)(主席令第73号)	第39条
《劳动合同法实施条例》(国务院令第535号)	第19条第2、3、4、5、6、7项

表 5-4-6　法律分析之用人单位单方解除之劳动者无过失性解除

文件名称及文号	法条序号
《劳动法》(2018 年修正)(主席令第 24 号)	第 26 条
劳动部办公厅《关于印发〈关于《劳动法》若干条文的说明〉的通知》(劳办发〔1994〕289 号)	第 26 条
劳动部《关于实行劳动合同制度若干问题的通知》(劳部发〔1996〕354 号)	第 11 条
《劳动合同法》(2012 年修正)(主席令第 73 号)	第 40 条
《劳动合同法实施条例》(国务院令第 535 号)	第 19 条第 8、9、10 项、第 20 条

5-5 劳动者不符合录用条件解除的合规管理

一、合规要求

（一）合规要求的要点

表 5-5-1 不符合录用条件解除的法律应用流程

阶段	操作流程	操作内容与说明	涉及主体	记录
录用条件告知	不符合录用条件解除 → 用人单位向劳动者告知录用条件	1. 不符合录用条件的解除属于用人单位单方法定解除事由之一，是专用于试用期的解除 2. 以劳动者事先知悉录用条件为本流程适用前提 3. 录用条件因岗位而异；客观、可量化；内容至少包括德、能、勤、绩、廉、避免多重劳动关系等	1. 用人单位 2. 劳动者	1. 试用期管理制度 2. 录用条件 3. 劳动者知悉录用条件的记录
符合性管理	试用期期间，单位依据录用条件对劳动者进行考评 → 符合性判定	1. 录用条件于试用期而言的主要目的在于考察劳动者对岗位需求的适用性，因此，依据预先设置的录用条件，对试用期期间劳动者的工作表现进行管理、考核是必不可少的 2. 经考核，劳动者被评定为不符合录用条件的，用人单位可以选择依法解除劳动合同 3. 考评程序是一个证明劳动者与录用条件符合与否的过程	1. 用人单位 2. 劳动者	1. 考评过程记录 2. 考评结果通知书
法律后果	不符合→用人单位单方解除程序；符合→继续用工；程序结束	1. 用人单位以劳动者不符合录用条件而单方解除劳动合同的，解除程序依用人单位单方解除程序进行 2. 用人单位以劳动者不符合录用条件而单方解除劳动合同的，应确保解除程序在试用期期间届满时实施完毕	1. 用人单位 2. 劳动者	1. 试用期满转正申请/通知 2. 解除程序参见本书5-4用人单位单方解除劳动合同的合规管理

(二)合规要求的理解

1. 根据《劳动合同法》第 39 条的规定,劳动者在试用期间被证明不符合录用条件的,用人单位可与其解除劳动合同。

关键词:试用期、录用条件、不符合、证明。

2. 关键词的适用性分析

(1)试用期。试用期是用人单位与劳动者在订立书面劳动合同时依法约定的。结合试用期的意义,用人单位基于劳动者不符合录用条件的解除劳动合同仅适用于试用期。

(2)录用条件。录用条件的功能主要在于考察劳动者是否适应用人单位的管理要求、是否具备从事相应工作内容的基本能力。

录用条件应当合理、客观、可衡量,以用人单位的生产经营需求、工作内容为制定依据。若没有录用条件或录用条件不明确时,就没有将劳动者试用期实际表现进行比较的对象,也就没有适用"不符合录用条件"的必备前提。

录用条件具体内容可参见本书 4-7 试用期的合规管理。

(3)证明不符合。对于劳动者的实际工作情况是否符合录用条件的要求,用人单位应当通过符合性管理过程予以确认,即用人单位应当根据预先设置的录用条件和评价程序、评价方法、评价标准等,对试用期劳动者的工作表现进行管理和评价,并保留管理过程、评价过程的记录。

(4)用人单位解除劳动合同。当用人单位能够证明劳动者在试用期间确实不符合录用条件时,用人单位有权决定是否与该劳动者解除劳动合同。

劳动合同解除的具体操作程序和注意事项参见本书 5-3 用人单位单方解除之"不得解除"的合规管理、5-4 用人单位单方解除劳动合同的合规管理。

3. 根据《劳动合同法》第 39 条的规定,用人单位因劳动者"不符合录用条件"解除劳动合同的情形属于劳动者过失性辞退,未在《劳动合同法》第 42 条规定的"不得解除"的规制范围内。

二、合规实践

1. 用人单位以劳动者在试用期间不符合录用条件为由单方解除劳动合同的,应当与试用期管理制度相结合。

(1)对在劳动合同中约定了试用期的劳动者,应当为其设置符合性管理环节。

(2)明确符合性管理的责任部门、配合部门、职责权限。

(3)符合性管理包括:

①用人单位应当事先书面告知劳动者录用条件的全部内容、评价程序、评价方法、评价标准等,并以此作为判定依据。用人单位应保留劳动者已知悉且无异议的记录。

②符合性评价也是证明的过程,是因劳动者不符合录用条件而解除劳动合同的承上

启下的核心环节。"承上"是指用人单位要对劳动者试用期内的工作表现不符合其明知的录用条件的事项进行管理、评价并对管理过程予以记录;"启下"是指其决定用人单位的单方解除劳动合同的行为是否合法。

③考评过程记录。该项记录是一类记录的统称,能够反映录用条件符合性管理的过程。

a. 针对录用条件的内容逐条进行符合性评价。例如,对劳动者试用期的出勤率有要求的,则需要体现劳动者的出勤记录、请假记录等以相互印证;对工作完成率有要求的,应当对工作完成情况及时统计;对团队配合度有要求的,应当及时收集相关部门或相关人员的书面意见(如问卷调查)等。

b. 评价方式应当尽量客观、可量化、可衡量。对于主观评价的事项,应当尽可能采取如民主评议的方式,制定合理的评价标准、民主化的评价过程,使主观评价尽量客观化。

④考评结果通知书。用人单位应当将试用期考评结果书面通知劳动者本人,特别是在考评结果为"不符合录用条件"时,更应当注重结果通知。通知的内容至少包括:

a. 劳动者姓名、工作内容/岗位、试用期期间。

b. 考评结果描述,例如:根据您确认的录用条件,经过考评,您在××方面与录用条件的××项不符,您的评定结果为"不符合录用条件"。

c. 若用人单位决定解除劳动合同,可以一并写入通知。例如,"根据《劳动合同法》第三十九条之规定,公司决定与您解除劳动关系,请于收到本通知后××日内至公司××部门办理离职手续"。

d. 落款(公司名称、日期)。

提示:该通知用于解除事由客观存在且能形成完整证据链的解除,通过起草考评结果通知有助于用人单位避免违法解除;相反,该通知可能会成为认定用人单位违法解除的证据。因此,解除行为只是结果,无论是任何原因导致的劳动合同解除,重点都应当是导致解除的原因是否客观属实且能够被证明。

2. 劳动合同解除管理制度。

用人单位以劳动者不符合录用条件为由解除劳动合同的:

(1)应当以试用期符合性管理的考评结果为前提,并收集全部的管理记录。

(2)劳动者存在不符合录用条件的客观事实时,用人单位就具有了合法的单方解除劳动合同的权利,是否行使该权利由用人单位决定。

(3)用人单位决定与劳动者解除劳动合同的,应在试用期届满前及时明确告知劳动者,并确保在试用期届满时完成离职手续。

(4)用人单位应当将解除事由书面通知工会。具体内容可参见本书 5-4 用人单位单方解除劳动合同的合规管理。

(5)根据《劳动合同法》第 21 条的规定,用人单位在试用期解除劳动合同的,应当向劳动者说明理由。

三、其他法律风险提示

当用人单位不能依照前述内容举证证明劳动者存在不符合录用条件的情形或者操作解除程序中有瑕疵时,例如,劳动者并不知晓其录用条件或者用人单位在试用期经过后才主张劳动者不符合录用条件等,用人单位单方解除劳动合同的行为可能会被认定为违法解除。

表 5-5-2　与劳动者不符合录用条件解除管理相关的其他管理项点

相关要素名称	说明
订立书面劳动合同	在劳动合同中依法约定了试用期,是用人单位以"劳动者不符合录用条件"为由解除劳动合同的先决条件
试用期管理	对劳动者试用期内的实际工作表现的管理、评价
劳动合同解除管理	当劳动者确属"不符合录用条件"且用人单位决定行使单方解除权时,应当按照劳动者过失性辞退的程序操作
离职程序管理	劳动者因解除劳动合同而离职时需办理的离职手续事宜

注:法律分析参见本书 5-4 用人单位单方解除劳动合同的合规管理。

5-6 劳动者不胜任解除的合规管理

一、合规要求

(一)合规要求的要点

表 5-6-1　劳动者不胜任解除的法律应用流程

阶段	操作流程	操作内容与说明	涉及主体	记录
胜任标准告知	不胜任解除 → 用人单位将工作任务及要求告知劳动者	1. 不胜任解除属于劳动者无过失的用人单位法定单方解除的事由 2. 以劳动者事先知悉具体胜任标准为本流程的适用前提 3. 胜任标准因岗而异,应客观、可量化 4. 管理制度形式的胜任标准应当履行民主程序和公示程序,相关内容参见本书9-1、9-2、9-3章节	1. 用人单位 2. 劳动者	1. 劳动合同解除管理 2. 胜任标准(个人承诺、管理制度、会议决定等) 3. 劳动者签收/知悉记录
胜任标准符合性管理	用人单位对工作过程及结果进行管理 → 工作完成情况的考核	1. 设置胜任标准的主要目的在于考察劳动者对岗位要求的完成程度。用人单位理应依据胜任标准对劳动者的工作表现进行管理、考核 2. 考评程序是一个证明劳动者对其岗位胜任与否的过程。非经考评评定,不可主观认定劳动者不胜任 3. 表中符合1、不符合1是指第一次评定结果;符合2、不符合2是指经培训或调整岗位后再次评定的结果	1. 用人单位 2. 劳动者	工作过程管理、考评的记录
工作结果的考核评定	工作结果评定 → 符合1:用人单位继续用工并支付相应的待遇；不符合1:培训或者调整岗位 → 符合2/不符合2 → 再上岗	4. 应当注意若劳动者是第一次出现不胜任的情况,不能以不胜任直接解除,而是应进行培训或调岗,再次不胜任的,方可解除 5. 调岗时应注意结合劳动者的个人情况和能力合理安排 6. 采用培训方式的,应保留相关过程记录	1. 用人单位 2. 劳动者	1. 评定结果通知书 2. 培训/调岗通知书
不胜任解除	用人单位单方解除程序 → 程序结束	解除劳动合同的合规要求详见本书5-4用人单位单方解除劳动合同的合规管理	1. 用人单位 2. 劳动者	—

（二）合规要求的理解

1. 根据《劳动合同法》第 40 条第 1 款第 2 项的规定，用人单位在劳动者不胜任工作时有权与劳动者解除劳动合同。

2. 劳动者"不胜任解除"与"试用期间不符合录用条件解除"的应用逻辑相同，即还是要通过"符合性管理"来判定劳动者是否胜任，用人单位是否有权依法解除劳动合同。

实体上，劳动者应当有两次不胜任工作的客观事实；程序上，两次不胜任之间应当有一个缓冲期，即技能培训或调整工作岗位。换言之，劳动者只有一次不胜任情形的，用人单位不得直接解除劳动合同，否则属于违法解除。

因此，"用人单位告知劳动者胜任标准→用人单位对劳动者的实际工作表现进行过程管理→将实际工作表现按照已告知劳动者的评价周期、方式、判断标准、程序等进行评价→用人单位对劳动者的工作结果进行评定"的内容应当进行两次。

二、合规实践

1. 劳动者"不胜任"的问题既与劳动合同履行有关，也与变更工作地点/内容管理制度有关。

（1）用人单位应当对劳动者的工作表现进行管理，最终目的是确保用人单位的用工需求被切实满足。但是，对劳动者工作表现的管理还可作为激励劳动者的依据、作为工作提升改进的基础，直至为用人单位合法的单方解除劳动合同的权利作支撑。

（2）胜任标准是基于工作内容/岗位职责所需的、用以衡量劳动者工作实绩以及劳动者应当具备的德、能、勤、绩等的标准。不同的岗位，其胜任标准也是不同的。胜任标准应当是可执行、可衡量、合理的。

胜任标准的形式可以是用人单位的管理制度、决定，也可由劳动者自行承诺。如果胜任标准的形式是管理制度、决定的形式，应当履行民主程序和公示程序。

（3）用人单位应告知劳动者其适用的胜任标准以及胜任度判定标准。用人单位应当保留劳动者已知悉无异议的记录（劳动者签收/知悉记录）。

关于告知时点：

①一般情况下，劳动者就职时，用人单位应当明确告知其所从事工作的胜任性判断标准。

②当劳动者的工作内容/岗位发生非临时性变化时，用人单位应当告知其变更后的工作内容/岗位的胜任性判断标准。

③劳动者的工作内容/岗位虽未发生变化，但是用人单位鉴于其经营需要，对原胜任性标准进行变更的，用人单位应当在胜任标准发生变化时告知劳动者。

关于告知方式：

①可以将劳动合同约定的工作内容/岗位适用的胜任标准作为劳动合同的附件一并

签署。

②可以以单独文本(例如×××岗位胜任标准)的方式,由劳动者单独签署,并明确"已知悉无异议"。

③胜任标准内容的变更属于提高标准的,应根据《劳动合同法》第4条规定的"直接涉及劳动者切身利益的规章制度或者重大事项决定",履行民主程序与公示程序;仅涉及个别劳动者的,可以由劳动者单独签署知悉无异议的确认记录。

④无论采用何种告知方式,在确认记录中都必须详细明确阐述"胜任标准"的详细内容,以及胜任度的评价方式、周期、程序及判断标准等。

⑤用人单位应当妥善保管相关记录。

(4)用人单位将劳动者已知晓的胜任标准及相关评价过程、判断标准作为评判其是否胜任的依据。

①工作过程管理、考评的记录。该项记录是这一类记录的统称,并非某个具体记录的名称,主要产生于用人单位对劳动者的日常工作管理中。用人单位应当根据胜任标准的内容,按照既定管理周期、考核评定方式进行管理,并保留相关记录。该记录除可作为劳动者不胜任的证明外,还可以作为激励劳动者的依据,或者计发绩效工资、奖金的依据。

②评定结果通知书。用人单位经过考核评定,确定劳动者不能胜任工作的,应当将评定结果书面通知劳动者本人。通知的内容至少包括:

a.劳动者的姓名、工作内容/岗位;

b.考核评定的依据、方式、结论;

c.用人单位的解决方式(培训、调岗);

d.落款(公司/部门名称、日期)。

提示:关于"c.用人单位的解决方式",只有在劳动者接受培训后或调岗后再次不胜任时,用人单位才有权解除劳动合同。

③培训/调岗通知书。劳动者第一次出现不能胜任工作的情形的,用人单位可根据自身情况、劳动者的个人情况,确定处理方式(培训或调岗)。

用人单位选择对劳动者进行培训的,应向劳动者发出培训通知,其内容至少包括:

a.劳动者的姓名;

b.培训原因描述(不胜任评定情况简述);

c.劳动者参加培训的内容、时间、地点;

d.劳动者无正当理由不参加培训的后果;

e.落款(用人单位名称、落款)。

用人单位选择对劳动者进行调岗的,应向劳动者发出调岗通知,调岗通知至少包含以下内容:

a. 劳动者的姓名、工作岗位；

b. 调岗原因描述（不胜任评定情况简述）；

c. 调整后的工作内容、报到时间和地点、劳动报酬有无变化；

d. 调整后的工作胜任要求（可以附件等形式体现）；

e. 劳动者未按照前述要求前往新的工作岗位的后果；

f. 落款（用人单位名称、落款）。

用人单位为劳动者重新安排工作的，新工作内容的复杂程度、难度、完成要求等方面不应高于原岗位。

④对劳动者进行胜任度评价的方式应当尽量客观、可量化、可衡量。对于主观评价的事项，应当尽可能采取如民主评议的方式，制定合理的评价标准，使主观评价尽量客观化。

⑤"通知"的形式。用人单位在向劳动者进行书面通知时可以采取的方式：

a. EMS 邮寄。该方式应当以劳动者书面告知用人单位的收件地址为准。

b. 通过电子邮箱、用人单位的办公系统等数据电文的形式送达。使用此种方式时，应当确保劳动者对邮箱、办公系统享有正常的使用权限。若邮箱为非工作邮箱，用人单位应当以劳动者书面告知的电子邮箱为准。

c. 当面交送。应当由劳动者本人进行签收，用人单位应当保留签收记录。签收记录应载明劳动者所签收的文件名称。

（5）对于用人单位出具的不胜任结论，劳动者有权提出异议。针对劳动者提出的异议，用人单位应当设置处理流程。异议处理基本流程如下：

a. 用人单位书面通知劳动者其不胜任工作的评定结果；

b. 劳动者对结果提出异议（提出方式由用人单位规定）；

c. 用人单位对劳动者的异议进行核实调查；

d. 将调查结果通知劳动者；

e. 落款（用人单位/责任部门名称、日期）。

（6）针对劳动者不胜任的管理和评判，用人单位应当明确责任部门、配合部门、职责权限、推进流程。

2. 劳动合同解除管理制度。

（1）用人单位以劳动者不能胜任工作为由解除劳动合同的，启动解除程序的关键点在于劳动者存在两次不能胜任工作的客观事实。因此，用人单位应当收集与"不胜任"之事实相关的全部记录。

（2）用人单位决定与劳动者解除劳动合同的：

①应当事先将解除事由通知工会；

②提前 30 天通知劳动者，或者以支付一个月的劳动报酬代替提前通知的程序，并依

法向劳动者支付经济补偿。

解除程序具体说明参见用人单位单方解除劳动合同的章节,即本书 5-4 用人单位单方解除劳动合同的合规管理。

三、其他法律风险提示

劳动者不能胜任工作并符合解除劳动合同的条件时,用人单位可单方解除劳动合同。但是若劳动者此时同时存在《劳动合同法》第 42 条规定的"不得解除"情形,用人单位若单方解除劳动合同,则属于违法解除。

表 5-6-2　与劳动者不胜任解除管理相关的其他管理项点

相关要素名称	说明
订立书面劳动合同	用来确定劳动合同中约定的劳动者的工作内容、工作岗位
劳动合同的履行	用人单位对约定的工作任务、工作职责、工作目标完成情况的管理过程
变更工作地点/内容管理	当劳动者第一次出现不胜任工作之情况时,用人单位除可对劳动者培训外,还可以选择为劳动者调整工作内容
劳动合同解除管理	用人单位在劳动合同解除管理中,应当设置劳动者是否存在"不得解除"情形的确认程序
婚育假期	用人单位应当依法对劳动者的孕期、产期、哺乳期的起止时间、休假情况进行管理,确认劳动者是否存在"不得解除"的情形
医疗期、病假管理	用人单位应当依法对劳动者医疗期的起止时间、休假情况进行管理,确认劳动者是否存在"不得解除"的情形
工伤保险待遇	在本单位患职业病或者因工负伤并被确认丧失或者部分丧失劳动能力的,除非劳动者存在过错(过失性辞退),否则用人单位无单方解除劳动合同的权利

注:法律分析参见本书 5-4 用人单位单方解除劳动合同的合规管理。

劳动者患病或非因工负伤解除的合规管理

一、合规要求

(一)合规要求的要点

表 5 – 7 – 1　劳动者患病或非因工负伤解除的法律应用流程

阶段	操作流程	操作内容与说明	涉及主体	记录
医疗期期间	患病或非因工负伤解除 → 医疗期期间确认程序	1. 劳动者患病或非因工负伤解除劳动合同属于用人单位单方解除的法定事由 2. 本流程只能在劳动者医疗期届满后才能启动 3. 医疗期可参见本书 3 - 4 医疗期合规管理	1. 用人单位 2. 劳动者	—
医疗期满后工作调整	医疗期满后不能从事原工作 → 安排劳动者从事其他工作	劳动者在医疗期满后不能从事原工作的,用人单位不能直接单方解除劳动合同,还应经过调岗程序	1. 用人单位 2. 劳动者	1. 医疗期期间确认表 2. 认定不能从事原工作的记录 3. 调岗程序所需文书参见本书 4 - 5、4 - 6 章节中变更工作内容/地点的相关内容
不能从事时的解除	劳动者能否从事 → 能:继续履行／不能:用人单位单方解除程序 → 程序结束	1. 只有调岗后劳动者仍然不能从事新岗位工作的,用人单位方可启动单方解除程序 2. 不能"从事"可以理解为不能达到岗位最基本的要求,例如按时出勤等都无法满足,更不论是否能够出色完成工作任务 3. 用人单位为劳动者重新安排工作时,应当在经营范围内,结合劳动者的个人履历、经历,安排与劳动者身体情况相适应的工作 4. 因涉及用人单位的单方解除,用人单位应注意保留劳动者不能从事原工作及新安排的工作的记录	1. 用人单位 2. 劳动者	1. 认定不能从事新工作的记录 2. 解除程序的文书参见本书 5 - 4 章节内容

（二）合规要求的理解

1. 根据《劳动合同法》第40条第1款第1项的规定,因劳动者患病或非因工负伤解除劳动合同的基本操作流程如下：

劳动者医疗期届满→劳动者不能从事原工作→用人单位为劳动者安排了新的工作→劳动者仍不能从事新工作→用人单位可单方解除劳动关系。

2. 适用性分析。

（1）医疗期已届满。用人单位应当依法确定劳动者病休时间中属于医疗期期间的具体起止时间,并确保其当次病休的医疗期已结束。

医疗期的具体说明参见本书3-4医疗期的合规管理。

（2）医疗期届满后,劳动者既不能从事原工作,也不能从事用人单位另行安排的工作。

①医疗期届满后不能从事原工作,可以是尚未治愈导致不能出勤或者身体情况不满足从事原工作的条件,也可以是治愈后身体情况发生变化,导致不能从事原工作。

②用人单位结合劳动者身体情况为劳动者安排新的工作内容/岗位时,新安排的工作的难度、强度等应低于原工作,并与劳动者的身体情况相适应。

③劳动者仍然不能从事重新安排的工作,如出勤率、工作完成率、工作成果的符合性等。

④针对以上事实,用人单位有证据能够证明。

应当注意的是,用人单位为劳动者调整工作内容是必经程序,未经该调整程序直接解除的,会被认定为违法解除。

（3）用人单位实施解除的程序。

①劳动者确有本节所述情况时,用人单位有权决定是否行使其单方解除权。

②用人单位决定与劳动者解除劳动合同的：

a. 应当事先将解除事由书面通知工会；

b. 提前30天通知劳动者,或者以支付一个月的劳动报酬代替提前通知的程序,并依法向劳动者支付经济补偿。

具体说明参见本书5-4用人单位单方解除劳动合同的合规管理。

二、合规实践

1. 用人单位以劳动者医疗期满后不能从事原工作,也不能从事由用人单位另行安排的工作为由解除劳动合同的,应当与医疗期管理、变更工作内容管理相结合。

2. 劳动合同解除管理制度。用人单位以"劳动者患病或非因工负伤"为由解除劳动合同的几项必备记录：

（1）医疗期期间确认单。确认单的内容至少包括：

①劳动者的姓名、身份证号码。

②劳动者开始当次医疗期休假时在本单位的工作年限以及劳动者参加工作的全部年限。

③当次医疗期的计算周期起止时间、周期内应休和已休的医疗期期限。如没有未休医疗期的,也应当一并注明。

④劳动者对上述内容无异议的签字确认、时间。

(2)认定不能从事原工作的记录。

①若劳动者医疗期届满后仍能从事原工作的,用人单位不得单方调整劳动者的工作内容/岗位。相反,当劳动者不能从事原工作时,用人单位有权为劳动者适当调整工作内容。用人单位应当保留相关记录。

②该记录是一类记录的统称,并非某一个具体记录。记录的内容至少包括:

a. 用人单位与劳动者对劳动者原来从事的工作内容/岗位无异议;

b. 劳动者无法完成其原工作的内容和工作职责的相关记录,该项记录在用人单位的日常工作管理生成;

c. 用人单位能证明上述事实,并留存了过程记录。

(3)认定不能从事新工作的记录。

①用人单位为医疗期满不能从事原工作的劳动者安排了新的工作的,对于劳动者的完成情况,用人单位应当予以管理。

②用人单位应当能够证明新工作比原工作易于完成,即工作难度、强度等低于原工作的要求。

③该记录是一类记录的统称,并非某一个具体记录。记录的内容至少包括:

a. 劳动者知悉新工作的工作内容、工作要求;

b. 劳动者仍无法完成工作内容,达不到工作要求;

c. 用人单位能证明上述事实,并留存了过程记录。

(4)用人单位决定与劳动者解除劳动合同。

①应当事先将解除事由通知工会;

②提前30天通知劳动者,或者以支付一个月的劳动报酬代替提前通知的程序,并依法向劳动者支付经济补偿。

三、其他法律风险提示

1. 若劳动者符合《劳动合同法》第42条规定的"不得解除"的情形,用人单位单方解除劳动合同的行为属于违法解除。

2. "患病或非因工负伤的解除"涉及变更工作内容/地点的程序和用人单位单方解除劳动合同的程序,应当注意二者的衔接。

表 5-7-2　与劳动者患病或非因工负伤解除管理相关的其他管理项点

相关要素名称	说明
订立书面劳动合同	用来确定劳动合同中约定的劳动者的工作内容、工作岗位
劳动合同的履行	用人单位对约定的工作任务、工作职责、工作目标完成情况的管理过程
变更工作地点/内容管理	1. 变更是因为劳动者不能从事原工作 2. 变更后的工作应与劳动者的身体情况相适应
医疗期、病假管理	用人单位应当依法对劳动者医疗期的起止时间、休假情况进行管理
劳动合同解除管理	用人单位在劳动合同解除管理中,应当设置劳动者是否存在"不得解除"情形的确认程序

注:法律分析参见 5-4 用人单位单方解除劳动合同的合规管理。

经济性裁员的合规管理

一、合规要求

(一) 合规要求的要点

表 5-8-1　经济性裁员的法律应用流程

阶段	操作流程	操作内容与说明	涉及主体	记录
适用条件	经济性裁员 → 出现需要执行经济性裁员的情形	1. 经济性裁员属于用人单位单方解除劳动合同的一种表现形式 2. 当用人单位出现《劳动合同法》第 41 条规定的情形,且需要裁减人员 20 人以上或者裁减不足 20 人但占企业职工总数 10% 以上时,方可启动"经济性裁员"的程序	用人单位	1. 劳动合同解除管理制度 2. 女职工保护的管理
说明程序	提前30日向工会或全体职工说明情况 → 听取工会或职工的意见	用人单位在初步决定进行经济性裁员后、具体实施前,应当向工会或全体职工说明情况,听取工会或者职工的意见	1. 用人单位 2. 劳动者 3. 工会	1. 说明会议记录 2. 意见收集记录
报告备案	向劳动行政部门报告裁员方案	1. 劳动行政部门对企业报送的裁员方案仅作备案。用人单位应当注意遵守不得裁减人员、优先留用人员、优先录用人员的规定 2. 方案内容包括:裁员依据的法定情形;裁员范围、裁员数量和比例;被裁减人员的选择标准;裁员时间及实施步骤;被裁减人员经济补偿方式和标准;欠缴社会保险费的补缴及被裁减人员社会保险关系接续办法;拖欠被裁减人员债务的偿还办法	1. 用人单位 2. 劳动行政部门	1. 经济性裁员报告 2. 经济性裁员方案
裁员程序	进入裁减程序 → 用人单位与劳动者签订解除协议 → 用人单位为劳动者办理离职手续 → 程序结束	与拟裁减人员签订解除协议,办理离职手续,具体参见本书 5-8 经济性裁员的合规管理	1. 用人单位 2. 劳动者	离职程序管理

注:1.《劳动合同法》第41条第1款规定:"有下列情形之一,需要裁减人员二十人以上或者裁减不足二十人但占企业职工总数百分之十以上的,用人单位提前三十日向工会或者全体职工说明情况,听取工会或者职工的意见后,裁减人员方案经向劳动行政部门报告,可以裁减人员:

(一)依照企业破产法规定进行重整的;
(二)生产经营发生严重困难的;
(三)企业转产、重大技术革新或者经营方式调整,经变更劳动合同后,仍需裁减人员的;
(四)其他因劳动合同订立时所依据的客观经济情况发生重大变化,致使劳动合同无法履行的。"

2.《劳动合同法》第21条规定:"在试用期中,除劳动者有本法第三十九条和第四十条第一项、第二项规定的情形外,用人单位不得解除劳动合同。用人单位在试用期解除劳动合同的,应当向劳动者说明理由。"

第42条规定:"劳动者有下列情形之一的,用人单位不得依照本法第四十条、第四十一条的规定解除劳动合同:

(一)从事接触职业病危害作业的劳动者未进行离岗前职业健康检查,或者疑似职业病病人在诊断或者医学观察期间的;
(二)在本单位患职业病或者因工负伤并被确认丧失或者部分丧失劳动能力的;
(三)患病或者非因工负伤,在规定的医疗期内的;
(四)女职工在孕期、产期、哺乳期的;
(五)在本单位连续工作满十五年,且距法定退休年龄不足五年的;
(六)法律、行政法规规定的其他情形。"

3.《劳动合同法》第41条第2款规定:"裁减人员时,应当优先留用下列人员:

(一)与本单位订立较长期限的固定期限劳动合同的;
(二)与本单位订立无固定期限劳动合同的;
(三)家庭无其他就业人员,有需要扶养的老人或者未成年人的。"

4.《劳动合同法》第41条第3款规定:"用人单位依照本条第一款规定裁减人员,在六个月内重新招用人员的,应当通知被裁减的人员,并在同等条件下优先招用被裁减的人员。"

(二)合规要求的理解

1. 经济性裁员的操作流程。

(1)《劳动合同法》对"经济性裁员"规定了区别于"非经济性裁员解除"(以下简称一般解除)的专门程序。经济性裁员主要是用人单位发生了经济性的特定情况,需要与20人以上或者虽不足20人但占用人单位职工总数10%以上的劳动者解除劳动合同的情形。

(2)用人单位出现的情形符合经济性裁员的适用条件的,实施流程如下:

①用人单位向工会或者全体职工说明情况;
②听取工会或者职工的意见;
③向劳动行政部门报告、备案裁减人员方案;
④启动裁减人员程序。

(3)经济性裁员的前置程序完成后,其内部实施程序与一般解除的程序大致相同,包括离职交接手续、签订解除协议、支付劳动报酬和经济补偿,开具离职证明,办理档案和社会保险关系转移手续等。

2. 劳动合同的一般解除应注意避免对"不得解除"劳动者的解除。经济性裁员时,可将作为解除排除对象的劳动者分为必须排除和可以排除。

(1)必须排除包括"不得解除"的劳动者和试用期劳动者;

（2）可以排除是指"两个优先"中的"优先留用"，即优先留用与本单位订立较长固定期限劳动合同、与本单位订立无固定期限劳动合同及家庭无其他就业人员、有需要扶养的老人或者未成年人的劳动者。

3. 经济性裁员还应当注意"两个优先"中的"优先录用"。优先录用是指裁员后，用人单位在6个月内重新招用人员的，应当通知被裁减的人员，并在同等条件下优先招用被裁减的人员。

二、合规实践

劳动合同解除管理制度。经济性裁员属于用人单位单方解除劳动合同比较特殊的形式，即便未在规章制度中事先规定，也应在具体操作时注意特别的程序要求。

1. 用人单位发生了经济性的特定情况，需要与20人以上或者虽不足20人但占用人单位职工总数10%以上的劳动者解除劳动合同的，应当以"经济性裁员"的操作程序实施。

用人单位应当注意留存"经济性的特定情况"事由的相关证明文件。

2. 与一般解除相比，除了"不得解除"的情形外，还应注意划定"优先留用"的劳动者。故用人单位应当在确定裁减人员名单前，进行劳动者个人情况调查，明确"不得解除"和"优先留用"的劳动者的范围。

3. 对于一般解除，用人单位应将解除事由书面通知工会，且该通知程序最晚可在劳动争议起诉前补正。

与一般解除不同的经济性裁员，用人单位向工会或者全体职工说明情况是启动经济性裁员的前提。另外，就经济性裁员而言，用人单位只有在向劳动行政部门报告备案后方可实施。

4. 用人单位向工会或者全体职工说明情况并听取意见。

（1）说明时间。用人单位作出说明的时间应当符合"提前30日"的要求，即开始实施经济性裁员的时间与进行说明的时间之间至少间隔30日。

（2）说明对象。工会或全体职工。工会是指用人单位依法成立的工会组织；全体职工是指用人单位召开说明会时在职的全体劳动者。

（3）说明内容。

①用人单位发生了经济性特定情况的事实、对生产经营造成的影响以及采取经济性裁员措施的法律依据。用人单位应当收集证据以证明情况属实。

②用人单位需要与劳动者解除劳动合同的原因及涉及的人数、范围、选择标准、经济补偿标准、裁员实施流程、安置方案等。

③说明对象（工会或全体职工）听取说明内容后，有权发表意见，用人单位应当对说明对象提出的意见予以记录，并作为确定最终方案时的参考。

(4)说明方式。法律未对说明方式作特别要求,建议实践中结合用人单位的规模、特点等实际情况,尽可能采用能够充分沟通的说明形式。

用人单位应当保留说明记录。以召开说明会为例,记录的内容至少包括:

①说明会的时间、地点、参加人员;

②说明内容摘要,具体内容可作为附件;

③参会人提出的建议或者意见,无意见或建议的,应当注明无异议。

④说明会初步结论。

5. 裁减人员方案。除前述"4."中的"(3)"的相关内容外,根据用人单位所在地劳动行政部门的要求,用人单位还可能被要求制定安置方案、附裁减人员明细表等。

用人单位应当根据所在地劳动行政部门要求的方式、内容进行裁员方案的报告、备案。

三、其他法律风险提示

若用人单位的裁员对象属于受"不得解除"保护的劳动者,用人单位对其裁员解除的行为可能构成违法解除。违法解除的,劳动者可以要求继续履行劳动合同,也可以要求用人单位支付赔偿金。

表 5-8-2 与经济性裁员管理相关的其他管理项点

相关要素名称	说明
劳动用工管理	"不得解除"的限制仅适用于全日制劳动关系
劳动合同管理	主要用于确认劳动者签订的劳动合同期限
试用期管理	试用期内的劳动者除因自身原因(过失和非过失)导致的用人单位单方解除劳动合同外,用人单位不得将试用期内的劳动者作为经济性裁员的对象
劳动合同解除管理	1. 经济性裁员是用人单位单方解除劳动合同的一种特殊形式,其在操作程序上与其他用人单位单方解除有所不同。但是,在前期准备手续全部完成后,内部的具体解除程序与其他用人单位单方解除方式基本无异 2. 除经济性裁员条款规定的"优先留用"外,用人单位还应遵守"不得解除"的限制要求
离职程序管理	劳动者因用人单位经济性裁员而离职,劳动者办理离职手续的问题
婚育假期	用人单位应当依法对劳动者的孕期、产期、哺乳期的起止时间、休假情况进行管理,确认劳动者是否存在"不得解除"的情形
医疗期、病假管理	用人单位应当依法对劳动者医疗期的起止时间、休假情况进行管理,确认劳动者是否存在"不得解除"的情形
工伤保险待遇	1. 主要指用人单位应当依法对劳动者的停工留薪期、劳动能力鉴定期的起止时间、休假情况进行管理,确认劳动者是否存在"不得解除"的情形 2. 劳动者享受工伤伤残待遇的,除非劳动者存在过错(过失性辞退),否则用人单位无单方解除劳动合同的权利
招聘和录用管理	用人单位在经济性裁员后6个月内重新招用人员的,应当通知被裁减的人员,并在同等条件下优先录用

表 5-8-3　法律分析之经济性裁员

内容	文件名称及文号	法条序号
适用条件及程序	《劳动法》(2018 年修正)(主席令第 24 号)	第 27 条第 1 款
	《劳动合同法》(2012 年修正)(主席令第 73 号)	第 41 条第 1 款
	劳动部办公厅《关于印发〈关于《劳动法》若干条文的说明〉的通知》(劳办发〔1994〕289 号)	第 27 条第 1 款
	《劳动合同法实施条例》(国务院令第 535 号)	第 19 条
优先留用人员	《劳动合同法》(2012 年修正)(主席令第 73 号)	第 41 条第 2 款
优先录用人员	《劳动法》(2018 年修正)(主席令第 24 号)	第 27 条第 2 款
	劳动部办公厅《关于印发〈关于《劳动法》若干条文的说明〉的通知》(劳办发〔1994〕289 号)	第 27 条第 2 款
	劳动部《关于实行劳动合同制度若干问题的通知》(劳部发〔1996〕354 号)	第 19 条
	《劳动合同法》(2012 年修正)(主席令第 73 号)	第 41 条第 3 款

5-9 工伤伤残劳动者劳动合同解除、终止的合规管理

一、合规要求

（一）合规要求的要点

表5-9-1　工伤伤残劳动者劳动合同解除、终止情况速查

伤残等级	解除 用人单位	解除 劳动者	期满终止 用人单位	期满终止 劳动者	说明
1—4级	×	√	×	√	理论上劳动者有解除、终止的权利
5—6级	×	√	×	√	用人单位无单方解除或单方决定不续订劳动合同的权利
7—10级	×	√	√	√	(1)用人单位无单方解除权 (2)用人单位有单方决定终止的权利

注：1. 用人单位依法终止工伤职工的劳动合同的，除依照《劳动合同法》第47条的规定支付经济补偿外，还应当依照国家有关工伤保险的规定支付一次性工伤医疗补助金和伤残就业补助金。

2. 符合《劳动合同法》第42条所列之不得解除情形的劳动者若有《劳动合同法》第39条所列情况的，用人单位亦有单方解除权。

（二）合规要求的理解

1. 本节针对的是工伤劳动者经劳动能力鉴定被确认丧失或者部分丧失劳动能力的情形。根据《工伤保险条例》第22条的规定，劳动功能障碍分为10个伤残等级，最重的为一级，最轻的为10级，在此基础上又分为1—4级、5—6级、7—10级这三个区间。

2. 劳动合同的解除、终止因不同伤残等级区间而异。

（1）被鉴定为1—4级伤残的工伤劳动者的劳动关系。针对此种情形，《工伤保险条例》第35条规定，保留劳动关系，劳动者退出工作岗位。劳动者达到法定退休年龄并办理退休手续后，停发伤残津贴，按照国家有关规定享受基本养老保险待遇。

换言之，用人单位无权单方与劳动者解除或者终止劳动合同。而劳动者理论上具有解除、终止劳动合同的权利。

（2）被鉴定为5—6级伤残的工伤劳动者的劳动关系。

①针对此种情形,《工伤保险条例》第 36 条规定,经工伤职工本人提出,该职工可以与用人单位解除或者终止劳动关系。换言之,除非工伤劳动者本人提出,否则用人单位既不可以解除劳动关系,也不可以终止劳动关系。

②伤残等级在 5—6 级的劳动者,用人单位应当为其安排适当工作。难以安排工作的,由用人单位按月发给伤残津贴。

(3)被鉴定为 7—10 级伤残的工伤劳动者的劳动关系。

针对此种情形,《工伤保险条例》第 37 条规定,劳动合同期满用人单位有权终止,而劳动者本人既可以提出解除,也可以提出终止劳动合同。

(4)应当注意的是,因工致残的伤残等级也可能发生变化,因此,当工伤劳动者的伤残等级经劳动能力鉴定确定发生变化时,用人单位可以通过复查鉴定结论所确定的等级作出相应的调整。

(5)工伤致残的劳动者若符合《劳动合同法》第 39 条(劳动者过失)规定的情形之一的,用人单位不受"不得解除"的限制。

二、合规实践

(一)工伤处理程序管理制度

1. 患职业病或因工负伤的劳动者被认定为工伤,后经劳动能力鉴定委员鉴定被确认伤残等级的,用人单位应当对伤残等级结论进行核实,并留存相关资料。

2. 用人单位应根据劳动者的伤残等级及身体情况,确定是否需要为劳动者调整工作内容。

3. 用人单位应当确定责任部门、配合部门及各自的职责权限,工作流转程序及所需记录。

(二)劳动合同解除管理制度

当用人单位拟与劳动者解除劳动合同时,应当确认劳动者是否存在"工伤致残不得解除"的情形。具体而言,应当:

1. 确定劳动者有无患职业病或因工负伤;

2. 如有,则应确认工伤劳动者是否被劳动能力鉴定委员会确定伤残等级;

3. 确定了伤残等级的,用人单位不得以无过失性解除和经济性裁员事由单方解除劳动合同。

(三)劳动合同终止管理制度

一般情况下,根据《劳动合同法》第 44 条规定,当劳动合同出现法定终止事由时,其即可被终止。对于工伤致残的劳动者,则应视其伤残等级,确定是否适用劳动合同期满

终止。因此,除逾期终止的情形外,用人单位还应对因工致残劳动者的劳动合同终止予以特别注意,具体而言:

1. 确定劳动者有无患职业病或因工负伤;

2. 如有,则应确认工伤劳动者是否被劳动能力鉴定委员会确认了伤残等级;

3. 如有因工致残等级,且伤残等级为7—10级的,用人单位可以在劳动合同期限届满时予以终止;伤残等级为1—6级的,用人单位无权终止,其中5—6级的,若劳动者不愿续订,可以提出终止。

4. 针对上述确认,用人单位应当设置劳动合同解除、终止前的内部审核确认程序(例如收集相关资料、依法是否可以解除或终止、用人单位的解除或终止决定等),责任部门及其职责权限、推进流程。

三、其他法律风险提示

因法律对不同伤残等级的工伤劳动者的劳动关系解除、终止规定的处理规则不同,用人单位应当谨慎对待工伤伤残劳动者劳动合同解除、终止的问题,否则用人单位解除或终止劳动合同的行为可能被认定为违法解除或者违法终止。

表5-9-2　与工伤伤残劳动者劳动合同解除、终止管理相关的其他管理项点

相关要素名称	说明
劳动合同解除管理	应当注意因工伤被鉴定为1—10级伤残的劳动者,除非劳动者有过失(《劳动合同法》第39条),否则用人单位无权单方解除劳动合同
劳动合同终止管理	7—10级伤残的工伤劳动者,用人单位有权提出依法终止劳动合同;1—6级的,用人单位无权终止
工伤认定	劳动者属于应当认定工伤或者视同工伤的情况
劳动能力鉴定	1. 工伤劳动者经过劳动能力鉴定,被确认为1—10级的伤残 2. 对伤残等级的鉴定结论有异议的,可以依法申请再次鉴定;自劳动能力鉴定结论作出之日起1年后,工伤职工或者其近亲属、所在单位或者经办机构认为伤残情况发生变化的,可以申请劳动能力复查鉴定

表5-9-3　法律分析之工伤伤残劳动者劳动合同的解除

文件名称及文号	法条序号
《劳动法》(2018年修正)(主席令第24号)	第29条第1项
劳动部办公厅《关于印发〈关于《劳动法》若干条文的说明〉的通知》(劳办发〔1994〕289号)	第29条第1项
《劳动合同法》(2012年修正)(主席令第73号)	第42条第2项
《工伤保险条例》(2010年修订)(国务院令第586号)	第35条、第36条第2款、第37条第2项

表 5-9-4　法律分析之工伤伤残劳动者劳动合同的终止

文件名称及文号	法条序号
劳动部《关于印发〈关于贯彻执行《中华人民共和国劳动法》若干问题的意见〉的通知》(劳部发〔1995〕309号)	第50条
《劳动合同法》(2012年修正)(主席令第73号)	第45条
《工伤保险条例》(2010年修订)(国务院令第586号)	第35条、第36条第2款、第37条第2项

5-10 被派遣劳动者劳动合同解除的合规管理

一、合规要求

(一) 合规要求的要点

表 5-10-1　劳务派遣用工的退回与劳动合同解除的法律应用流程

阶段	操作流程	涉及主体	记录
退回发生的时点和原因	派遣用工的退回与劳动合同的解除分为劳务派遣协议的派遣期限届满前退回和劳务派遣协议的派遣期限届满退回；派遣期限届满前退回的原因包括劳动者原因（过失性辞退的条件、无过失性辞退中患病或非因工负伤及不胜任工作的条件）和用工单位原因（被依法宣告破产，吊销营业执照，责令关闭、撤销，决定提前解散或者经营期限届满不再继续经营；客观情况发生重大变化或经济性裁员）	1.用工单位 2.劳动者 3.劳务派遣单位	1.劳务派遣用工管理制度 2.被派遣劳动者用工过程管理记录
退回程序	将被派遣劳动者退回至劳务派遣单位；判断劳动者有无延期退回情形，无则将被派遣劳动者退回至劳务派遣单位，有则待延期退回情形消失时将被派遣劳动者退回至劳务派遣单位	1.用工单位 2.劳动者 3.劳务派遣单位	1.被派遣劳动者个人情况调查表 2.被派遣劳动者退回通知函（劳务派遣单位/被派遣劳动者）
等待及重新派遣	劳动者等待派遣；重新派遣劳动者，按维持或提高劳动合同约定条件或降低劳动合同约定条件进行；劳动者同意派遣或不同意派遣	1.劳务派遣单位 2.劳动者	1.劳务派遣单位发给劳动者的报到通知 2.派遣条件确认单
劳动合同解除	不支付或支付情形下，劳务派遣单位可依法解除劳动合同、劳务派遣单位支付经济补偿；劳务派遣用工流程；劳动者可提出解除劳动合同，劳务派遣单位支付经济补偿；程序结束	1.劳务派遣单位 2.劳动者	—

注:1.被派遣劳动者有《劳动合同法》第39条和第40条第1项、第2项规定情形的,用工单位可以将劳动者退回劳务派遣单位,劳务派遣单位依照本法有关规定,可以与劳动者解除劳动合同。

《劳动合同法》第39条规定:"劳动者有下列情形之一的,用人单位可以解除劳动合同:

(一)在试用期间被证明不符合录用条件的;

(二)严重违反用人单位的规章制度的;

(三)严重失职,营私舞弊,给用人单位造成重大损害的;

(四)劳动者同时与其他用人单位建立劳动关系,对完成本单位的工作任务造成严重影响,或者经用人单位提出,拒不改正的;

(五)因本法第二十六条第一款第一项规定的情形致使劳动合同无效的;

(六)被依法追究刑事责任的。"

《劳动合同法》第40条规定:"有下列情形之一的,用人单位提前三十日以书面形式通知劳动者本人或者额外支付劳动者一个月工资后,可以解除劳动合同:

(一)劳动者患病或者非因工负伤,在规定的医疗期满后不能从事原工作,也不能从事由用人单位另行安排的工作的;

(二)劳动者不能胜任工作,经过培训或者调整工作岗位,仍不能胜任工作的;

……"

2.有下列情形之一的,用工单位可以将被派遣劳动者退回劳务派遣单位:(1)用工单位有《劳动合同法》第40条第3项、第41条第1款规定情形的;(2)用工单位被依法宣告破产、吊销营业执照,责令关闭、撤销,决定提前解散或者经营期限届满不再继续经营的;(3)劳务派遣协议期满终止的。被派遣劳动者被退回后在无工作期间,劳务派遣单位应当按照不低于所在地人民政府规定的最低工资标准,向其按月支付报酬。

《劳动合同法》第40条规定:"有下列情形之一的,用人单位提前三十日以书面形式通知劳动者本人或者额外支付劳动者一个月工资后,可以解除劳动合同:

……

(三)劳动合同订立时所依据的客观情况发生重大变化,致使劳动合同无法履行,经用人单位与劳动者协商,未能就变更劳动合同内容达成协议的。"

第41条规定:"有下列情形之一,需要裁减人员二十人以上或者裁减不足二十人但占企业职工总数百分之十以上的,用人单位提前三十日向工会或者全体职工说明情况,听取工会或者职工的意见后,裁减人员方案经向劳动行政部门报告,可以裁减人员:

(一)依照企业破产法规定进行重整的;

(二)生产经营发生严重困难的;

(三)企业转产、重大技术革新或者经营方式调整,经变更劳动合同后,仍需裁减人员的;

(四)其他因劳动合同订立时所依据的客观经济情况发生重大变化,致使劳动合同无法履行的。"

3.被派遣劳动者有《劳动合同法》第42条规定情形的,在派遣期限届满前,用工单位不得依据本规定第12条第1款第1项规定将被派遣劳动者退回劳务派遣单位;派遣期限届满的,应当延续至相应情形消失时方可退回。

《劳动合同法》第42条规定:"劳动者有下列情形之一的,用人单位不得依照本法第四十条、第四十一条的规定解除劳动合同:

(一)从事接触职业病危害作业的劳动者未进行离岗前职业健康检查,或者疑似职业病病人在诊断或者医学观察期间的;

(二)在本单位患职业病或者因工负伤并被确认丧失或者部分丧失劳动能力的;

(三)患病或者非因工负伤,在规定的医疗期内的;

(四)女职工在孕期、产期、哺乳期的;

(五)在本单位连续工作满十五年,且距法定退休年龄不足五年的;

(六)法律、行政法规规定的其他情形。"

(二)合规要求的理解

1.关于本节法律应用流程各阶段的操作内容与说明。

(1)退回发生的时点和原因。

①用工单位退回被派遣劳动者可以因劳务派遣协议期满终止而退回,也可以在劳务

派遣协议期限届满前因发生法定事由而退回。

②退回被派遣劳动者的原因依法确定,分为劳动者原因引起的退回和用工单位原因引起的退回。

③需要注意的是,用工单位退回劳务派遣用工的事由与用人单位解除自有劳动者的依据基本相同。

(2)退回程序。用工单位在派遣期限届满前因客观情况发生重大变化或经济性裁员退回被派遣劳动者,或者派遣期限届满退回劳动者的,应注意被派遣劳动者是否有应当延期退回的情形。

(3)等待及重新派遣。

①劳动者被退回劳务派遣单位后是否可以直接解除劳动合同取决于其被退回的原因。

②劳动者因自身原因被退回的,劳务派遣单位可以依法解除劳动合同。

③因用工单位原因被退回的,劳动者处于等待派遣状态。在其无工作期间,劳务派遣单位应当按照不低于所在地人民政府规定的最低工资标准,向其按月支付报酬。

④重新派遣时,劳动者不同意重新派遣的,应根据具体原因分别进行处理。

(4)劳动合同解除。

①劳务派遣单位与劳动者因退回而解除劳动合同的,除因劳动者有过失被退回而导致的劳动合同解除外,其余原因解除的,劳务派遣单位均应支付经济补偿。

②劳务派遣单位重新派遣时降低劳动合同约定条件,被派遣劳动者不同意的,劳务派遣单位不得解除劳动合同。

③劳动合同解除程序参见本书5-4用人单位单方解除劳动合同的合规管理。

④重新派遣参见本书1-3劳务派遣用工的合规管理。

2.劳务派遣单位单方解除劳动合同。

(1)用工单位退回被派遣劳动者,劳务派遣单位作为用人单位,其与被派遣劳动者单方解除劳动合同的依据与一般劳动关系相同。

(2)应当注意,被派遣劳动者被退回后,劳务派遣单位是否具有直接与该劳动者解除劳动合同的权利,取决于劳动者被退回的原因。换言之,解除原因形成于被派遣劳动者在用工单位工作期间。因此,用工单位非因劳务派遣期满退回被派遣劳动者的,其退回理由的正当性会对劳务派遣单位的解除是否合法产生递延的、直接的影响。

3.被派遣劳动者被退回且属于劳务派遣单位不得直接解除之情形的,劳动者处于等待再次被派遣的状态。当劳务派遣单位重新派遣劳动者:

(1)维持或提高派遣条件但劳动者不同意派遣的,劳务派遣单位可以解除劳动合同。

(2)降低派遣条件,劳动者不同意该派遣的,劳动者有权单方解除,但是劳务派遣单位无权单方解除劳动关系。

4. 根据《劳务派遣暂行规定》第 11 条的规定,劳务派遣单位行政许可有效期未延期或者《劳务派遣经营许可证》被撤销、吊销的,除非经双方协商一致解除劳动合同,否则劳务派遣单位已经与被派遣劳动者依法订立的劳动合同应当履行至期限届满。

二、合规实践

劳务派遣属于劳务派遣单位的经营业务,即以出租劳动力为经营内容。一般情况下,劳务派遣单位与被派遣劳动者解除劳动合同,主要取决于用工单位退回被派遣劳动者的原因。因此劳务派遣单位对单方解除劳动合同的问题,主要从以下两方面着手:

1. 劳务派遣协议。
(1)劳务派遣单位与用工单位依法约定用工单位退回被派遣劳动者的情形;
(2)确保派遣期间与用工单位之间的定期有效沟通,及时发现问题,并协助处理;
(3)因退回应当支付经济补偿的,劳务派遣单位可以与用工单位约定相关费用的承担主体。

2. 劳动合同解除管理制度。
(1)针对被派遣劳动者的劳动合同解除,劳务派遣单位的合规事项至少包括:
①劳动者的派遣、退回、解除的责任部门、职责权限以及工作流程。
②与用工单位建立日常沟通联络机制,如有退回的,派遣单位应当与用工单位及时沟通,确认退回的原因,确保及时收到用工单位的退回通知。
③针对被退回的劳动者,劳务派遣单位应当仔细核实退回原因,以确定是否有权解除劳动合同。若有权解除的,还应当进一步确认劳动者有无"不得解除"的情形。
④当解除劳动合同的条件具备,且劳务派遣单位决定解除时,解除程序可参照本单位的非派遣类劳动者的解除程序。具体内容参见用人单位单方解除劳动合同章节的相关内容。

(2)派遣条件确认单。
被派遣劳动者被用工单位退回,不符合解除劳动合同条件的,劳动者应当在劳务派遣单位等待重新被派遣。

劳务派遣单位重新派遣劳动者,劳动者不同意被派遣的,劳务派遣单位是否具有合法解除权应根据重新派遣的条件而定。因此,劳务派遣单位重新派遣劳动者时,应当书面通知劳动者重新派遣的条件,并由劳动者签署是否同意派遣。

派遣条件主要是指劳动报酬、工作地点、工作条件、工作时间等。派遣条件的维持、提高或降低主要是与原劳动合同约定条件相比较。

派遣条件确认单的内容至少包括:
①重新派遣的用工单位名称、工作地点、工作内容、劳动报酬、工作时间、休息休假等;

②劳动者对该派遣是否同意的意见并亲笔签名。

三、其他法律风险提示

劳务派遣单位依法与被派遣劳动者解除劳动合同前,应当确认劳动者是否属于《劳动合同法》第42条规定的"不得解除"的情形,若属于,劳务派遣单位的解除行为可能构成违法解除。

表5-10-2　与被派遣劳动者劳动合同解除管理相关的其他管理项点

相关要素名称	说明
劳务派遣用工管理	1. 劳务派遣单位依据与用工单位签订的劳务派遣协议对被派遣劳动者的合法权益和劳动义务进行保证与监督 2. 与被派遣劳动者依法解除劳动合同的关键在于用工单位的退回原因,故用工单位应注重对被派遣劳动者工作情况的日常管理
劳动合同解除管理	1. 劳务派遣单位与被派遣劳动者解除劳动合同的事由、程序与一般劳动关系相同 2. 劳务派遣单位为了确保单方解除劳动合同的合法性,应当对用工单位对被派遣劳动者的日常管理给予督促和协助 3. 劳务派遣单位与被派遣劳动者单方解除劳动合同时,也应注意避免违反"不得解除"的限制
婚育假期	用人单位应当依法对劳动者的孕期、产期、哺乳期的起止时间、休假情况进行管理,确认劳动者是否存在"不得解除"的情形
医疗期、病假管理	用人单位应当依法对劳动者医疗期的起止时间、休假情况进行管理,确认劳动者是否存在"不得解除"的情形
工伤保险待遇	在本单位患职业病或者因工负伤并被确认丧失或者部分丧失劳动能力的,除非劳动者存在过错(过失性辞退),否则用人单位无单方解除劳动合同的权利

表5-10-3　法律分析之被派遣劳动者劳动合同的解除

内容	文件名称及文号	法条序号
解除劳动合同	《劳动合同法》(2012年修正)(主席令第73号)	第65条第2款
	《劳动合同法实施条例》(国务院令第535号)	第32条
	《劳务派遣暂行规定》(人力资源和社会保障部令第22号)	第11条、第14条、第15条、第21条
经济补偿	《劳务派遣暂行规定》(人力资源和社会保障部令第22号)	第17条
	《劳动合同法实施条例》(国务院令第535号)	第31条

离职办理事项的合规管理

一、合规要求

(一)合规要求的要点

表 5-11-1 离职办理事项速查

办理事项	具体内容
工作交接	劳动者应当按照双方约定,办理工作交接
劳动报酬结算	1.《工资支付暂行规定》第 9 条规定,用人单位应当在劳动合同解除或终止时一次性付清劳动者工资 2.《陕西省企业工资支付条例》第 13 条规定,用人单位与劳动者依法解除或者终止劳动关系的,用人单位应当在办理劳动关系解除或终止手续之前一次性付清劳动者应得的工资。 3.用人单位应当以所在地的规定为准
休息、休假结算	1.劳动者离职时,当年度未安排劳动者休满应休年休假的,应当按照其当年已工作时间折算应休未休年休假天数并支付未休年休假工资报酬。但折算后不足 1 整天的部分不支付未休年休假工资报酬。 2.劳动者离职时,劳动者尚有休息日加班未调休的,用人单位应当予以调休,或者依法支付加班工资 3.用人单位自行设置的福利性假期是否需要离职折算,以用人单位的相关管理制度为准
经济补偿/赔偿金	1.劳动合同解除和终止时,符合《劳动合同法》第 46 条规定的,用人单位应当支付经济补偿 2.用人单位违法解除或者终止劳动合同,劳动者要求继续履行劳动合同的,用人单位应当继续履行;劳动者不要求继续履行劳动合同或者劳动合同已经不能继续履行的,用人单位应当依照《劳动合同法》第 87 条的规定支付赔偿金
竞业限制协议	1.对负有保密义务的劳动者,用人单位可以在劳动合同或者保密协议中与劳动者约定竞业限制条款,并约定在解除或者终止劳动合同后,在竞业限制期限内按月给予劳动者经济补偿 2.劳动者离职时,是否还需履行已签订的《竞业限制协议》的,用人单位应当向劳动者明示
培训服务期协议	用人单位为劳动者提供专项培训费用,对其进行专业技术培训的,可以与该劳动者订立协议,约定服务期。劳动者违反服务期约定的,应当按照约定向用人单位支付违约金
开具离职证明	用人单位应在劳动合同解除或终止时向劳动者出具解除或者终止劳动合同的证明
档案转移	用人单位应当在解除或者终止劳动合同之日起 15 日内为劳动者办理档案关系转移手续
社会保险转移	用人单位应当在解除或者终止劳动合同之日起 15 日内为劳动者办理社会保险关系转移手续
企业年金账户处理	1.职工变动工作单位时,新就业单位已经建立企业年金或者职业年金的,原企业年金个人账户权益应当随同转入新就业单位企业年金或者职业年金 2.职工新就业单位没有建立企业年金或者职业年金的,或者职工升学、参军、失业期间,原企业年金个人账户可以暂时由原管理机构继续管理,也可以由法人受托机构发起的集合计划设置的保留账户暂时管理;原受托人是企业年金理事会的,由企业与职工协商选择法人受托机构管理

续表

办理事项	具体内容
劳动合同档案留存	用人单位对已经解除或者终止的劳动合同的文本,至少保存2年备查
劳动报酬支付记录留存	1.用人单位必须书面记录支付劳动者工资的数额、时间、领取者的姓名以及签字,并保存两年以上备查 2.《陕西省企业工资支付条例》第11条第2款规定,用人单位按照工资支付周期编制工资支付表,并至少保存3年备查。工资支付表主要包括劳动者工资的支付项目、数额、时间、领取工资者的签名等事项 3.用人单位应当以所在地的规定为准
医疗补助费	1.请长病假的职工在医疗期满后能从事原工作的,可以继续履行劳动合同;医疗期满后既不能从事原工作也不能从事由单位另行安排的工作的,由劳动鉴定委员会参照工伤与职业病致残程度鉴定标准进行劳动能力鉴定。被鉴定为1—4级的,应当退出劳动岗位,解除劳动关系,办理因工或非因工负伤退休退职手续,享受相应的退休退职待遇;被鉴定为5—10级的,用人单位可以解除劳动合同,并按规定支付经济补偿金和医疗补助费 2.劳动者患病或者非因工负伤,劳动合同期满终止劳动合同时,劳动者医疗期满或者医疗终结时被劳动鉴定委员会鉴定为5—10级伤残的,用人单位应当支付不低于6个月工资的医疗补助费。对患重病或绝症的,还应适当增加医疗补助费。鉴定为1—4级的,应当办理退休、退职手续,享受退休、退职待遇

(二)合规要求的理解

1.离职办理事项是指解除或终止劳动合同时,用于清洁劳动关系存续期间权利义务的事项。

(1)工作交接。工作交接主要是指劳动者工作期间的工作内容、工作用品、财务结算等,既可以在劳动合同中约定劳动者办理离职交接工作的义务,也可以在履行了民主程序和公示程序的规章制度中予以规定。

(2)劳动报酬结算。关于表5-11-1"劳动报酬结算"中的"2."项的理解,例如,《吉林省企业工资支付办法》第11条规定,企业与劳动者依法解除或者终止劳动合同的,企业应当自解除或者终止劳动合同之日起5日内一次性结清工资。

据此可知,劳动合同解除或者终止时,对于劳动者报酬的具体支付时间,用人单位应当根据所在地的有关规定设置劳动关系解除/终止时的工资支付程序。

(3)休息、休假结算。

①未休带薪年休假工资结算。《企业职工带薪年休假实施办法》第12条规定,劳动者的应休年休假的折算方法为:(当年度在本单位已过日历天数÷365天)×职工本人全年应当享受的年休假天数-当年度已安排年休假天数。

用人单位当年已安排职工年休假的,多于折算应休年休假的天数不再扣回。

除支付未休带薪年休假工资外,用人单位也可以根据解除/终止时间提前安排劳动者享受应休未休的年休假。

②休息日加班调休。劳动合同解除或终止时,劳动者尚有未调休完毕的休息日加班的,用人单位应当予以处理:

a.用人单位可根据实际情况安排调休;

b. 于劳动合同解除/终止时直接支付未调休时间对应的加班工资。

③用人单位自行设置的假期。关于用人单位自行设置的福利性假期,若用人单位规定不参与离职结算,可不列为离职办理事项。

(4)经济补偿/赔偿金。经济补偿或者赔偿金与劳动合同的解除、终止具有因果关系。劳动合同解除、终止合法且符合支付经济补偿情形的,用人单位应当依法支付经济补偿;劳动合同违法解除、违法终止的,用人单位应当支付赔偿金。

经济补偿、赔偿金的具体说明参见本书5－12经济补偿的合规管理。

(5)竞业限制协议。

①根据《劳动合同法》第23条、第24条之规定,一般情况下,竞业限制协议是离职办理事项的非必选项,仅限于高级管理人员、高级技术人员和其他负有保密义务的人员,因此,当离职劳动者属于该类人员时,用人单位可以根据实际需要确定是否需要与这些劳动者签订竞业限制协议,或者是否有必要让劳动者在离职后实际履行已事先签订的竞业限制协议。

②竞业限制的具体说明参见本书5－13竞业限制的合规管理。

(6)培训服务期协议。本项内容限于与用人单位依法约定了服务期的劳动者。

①与用人单位约定了服务期的劳动者,在约定的服务期尚未履行完毕前离职的,用人单位有权依法依约要求劳动者支付违约金。

②培训服务期的具体说明参见本书4－4培训服务期的合规管理。

(7)企业年金账户处理。本项内容限于参加了企业年金的劳动者。

①对于参加了企业年金的用人单位和劳动者,用人单位应当将企业年金账户的处理作为离职办理事项之一。

②《企业年金办法》第22条规定,劳动者离职的,其新就业单位已经建立企业年金或者职业年金的,原企业年金个人账户权益应当随同转入新就业单位企业年金或者职业年金。新就业单位没有建立企业年金或者职业年金的,或者职工升学、参军、失业期间,原企业年金个人账户可以暂时由原管理机构继续管理,也可以由法人受托机构发起的集合计划设置的保留账户暂时管理;原受托人是企业年金理事会的,由企业与职工协商选择法人受托机构管理。

③用人单位在为劳动者办理离职手续时,应当与劳动者确定其企业年金账户的具体处理方式。

(8)开具离职证明。

①根据《劳动合同法》第50条、《劳动合同法实施条例》第24条的规定,劳动者离职时,用人单位为其出具解除或者终止劳动合同的证明。证明应当写明劳动合同期限、解除或者终止劳动合同的日期、工作岗位、在本单位的工作年限。

②离职证明的主要作用是一方面便于劳动者再次就业;另一方面,当劳动者符合失

业保险待遇领取条件时,便于劳动者办理失业保险待遇领取手续。

③用人单位未依法为劳动者开具解除或者终止劳动合同的书面证明的,由劳动行政部门责令改正;给劳动者造成损害的,应当承担赔偿责任。

(9)档案转移、社会保险转移。《劳动合同法》第50条第1款规定,用人单位应当在解除或者终止劳动合同后15日内为劳动者办理档案和社会保险关系转移手续。

(10)劳动合同档案留存。《劳动合同法》第50条第3款规定,劳动者解除或者终止劳动合同的,用人单位应当将劳动合同文本至少保存二年备查。

(11)劳动报酬支付记录的保存。

①用人单位向劳动者支付劳动报酬的记录保存时间因各地的规定而差异较大,用人单位应当按照当地规定执行。

②用人单位保留的劳动报酬相关记录,便于用人单位在劳动争议仲裁、诉讼过程中完成举证责任。

二、合规实践

关于离职程序管理制度,离职程序以劳动合同的解除或终止为前提,离职办理事项应当与其他相关要素相结合进行管理。

1. 管理程序。

(1)因离职程序涉及事项和要素较多,应当明确责任部门、配合部门以及各自的职责权限;

(2)可根据用人单位的组织结构等具体情况将各项离职办理事项分类,并确定责任部门、工作流程与推进方式、过程所需的记录;

(3)涉及支付经济补偿、劳动者违反服务期应支付违约金的、履行竞业限制义务的、企业年金根据方案应归属于劳动者个人账户等事项的,可以设置适当的审批程序。

2. 管理内容。

(1)离职交接单。离职交接单的内容,由用人单位自行设置。以下事项的归类仅为举例释义。

①工作交接。由用人单位根据自身情况、劳动者的工作情况确定工作交接流程(闭环)、交接事项(内容)、交接方式、交接时间、负责部门及责任人。

②劳动报酬结算。至劳动合同解除或者终止之日止,用人单位应当向劳动者支付的工资、奖金等属于劳动者提供劳动所得对价的全部收入。

交接时已支付的,注明已付清;未支付的,可注明支付时间和方式。

③休息休假结算。应当结算的带薪年休假、休息日加班调休等应当注明处理方式和结果。

若采用支付加班工资或支付未休带薪年休假工资的方式处理的,交接时已支付的,注明已付清;未支付的,可注明支付时间和方式。

若采用安排休假的方式处理的,交接时应注明安排休假的时间,若已休完,则注明无未休的休息休假。

④培训服务期。与用人单位约定了培训服务期的劳动者因劳动合同解除办理离职的,除正常的离职手续外,还应核实服务期实际履行情况,设置"违约金结算"程序。

a. 通过劳动合同管理台账确认劳动者是否签订过培训服务协议,签订了协议的,应确认服务期是否已届满,即用人单位与劳动者约定的服务期至劳动合同解除之时是否还有尚未履行的期限。

b. 如有,应当确定劳动合同解除的原因是否属于劳动者违约。在判定时应注意准确区分视为劳动者违约和不视为劳动者违约的情形。

c. 不属于劳动者违约的,劳动者无须向用人单位支付违约金;属于劳动者违约情形的,用人单位有权要求劳动者依照约定支付违约金。用人单位应当依法计算尚未履行期限对应的违约金数额,用人单位计算出的违约金数额,应当由劳动者签字确认。劳动者对该数额无异议的,应当依照约定的支付方式和支付时间向用人单位支付违约金。

⑤企业年金账户处理。用人单位建立了企业年金基金的,劳动者办理离职手续时,用人单位应当:

a. 确认劳动者是否参加了本单位的企业年金基金;

b. 确认企业年金个人账户中企业缴费及其投资收益是否应归属于劳动者个人;

c. 确认劳动者的企业年金个人账户处理方式;

d. 以上确认或处理情况由劳动者签字确认。

(2)离职证明。

①用人单位应当为劳动合同解除、终止的劳动者出具解除、终止劳动合同的证明。证明的内容如下:

a. 劳动者基本信息(姓名、性别、身份证号码);

b. 劳动者的工作岗位、劳动合同期限、连续工作期间首次签订劳动合同的时间;

c. 解除或者终止劳动合同的日期、在本单位的工作年限;

d. 落款(公司名称、日期)。

②用人单位向劳动者交付离职证明时,建议一式两份。由用人单位留存的一份离职证明的内容由两部分构成,一部分是交付劳动者的证明原文,另一部分是回执,表达两方面的内容:第一,劳动者认可用人单位出具的证明的内容;第二,劳动者已收到该证明。回执应当由劳动者亲笔书写并签署姓名、日期。

(3)档案转移、社会保险转移。

①对于该两项转移事项,建议用人单位主动、及时完成能够自行完成的手续。完成后书面通知劳动者应当及时办理手续。

②该通知也可以在"解除/终止劳动合同协议"中一并描述。若作专项通知的,书面通知(转移档案/社会保险通知单)的内容至少包括:

a. 收件人的基本信息(姓名、身份证号码)。

b. 通知主文:用人单位已完成档案、社会保险转移的准备工作,劳动者应当尽快前来办理相关手续;逾期未办理的,由劳动者自行负责。

c. 落款(公司名称、日期)。

③一般情况下,该通知应当面送达劳动者本人,并由劳动者签收,用人单位应当留存签收记录。签收记录应当体现所签收的文本名称、签收人姓名、日期。

(4)劳动合同解除协议、劳动合同终止协议。

①劳动合同解除协议的具体内容可参见本书5-4用人单位单方解除劳动合同的合规管理。

②劳动合同终止协议的具体内容可参见本书5-2劳动合同的期满终止与续订的合规管理。

③在劳动合同解除/终止协议中,还可以对经济补偿/赔偿金的支付情况予以说明:

a. 劳动合同解除或者劳动合同终止属于用人单位应当支付经济补偿的情形的,原则上,用人单位应当依法计算并实际支付经济补偿。换言之,若劳动者要求的数额高于依法计算出的经济补偿/赔偿金数额,用人单位有权拒绝。

b. 用人单位与劳动者就经济补偿数额进行协商的,用人单位应当告知劳动者依法计算的数额,并在此基础上经协商一致可以适当降低。

c. 关于经济补偿/赔偿金提高或降低的比例可以参照民事合同。例如,最高人民法院《关于适用〈中华人民共和国合同法〉若干问题的解释(二)》(已失效)第19条第2款规定,转让价格达不到交易时交易地的指导价或者市场交易价70%的,一般可以视为明显不合理的低价;对转让价格高于当地指导价或者市场交易价30%的,一般可以视为明显不合理的高价。

用人单位与劳动者进行协商时,相关法律法规对于前述内容有新规定的,具体参照比例应当以当时有效的法律法规为准。

(5)竞业限制协议。劳动合同解除或者终止时,若劳动者符合依法可以履行竞业限制义务的人员范围,用人单位应当进行确认。

与竞业限制相关的离职程序注意事项可参见本书5-13竞业限制的合规管理。

三、其他法律风险提示

在劳动报酬结算、出具离职证明、档案和社会保险转移手续、支付经济补偿等问题,用人单位未依法履行相关义务的,可能会导致向劳动者另行支付赔偿金(此赔偿金不是违法解除、违法终止时支付的赔偿金)的法律风险。

表 5-11-2　与离职办理事项管理相关的其他管理项点

相关要素名称	说明
劳动报酬	劳动者离职时，用人单位应当与劳动者结清其在职期间全部的劳动报酬
劳动合同的解除、终止	无论劳动合同是被解除还是被终止，都适用办理离职手续的问题
工作时间和休息休假	结算劳动者应休而未休的带薪年休假、加班调休等
社会保险	劳动者离职时，应当适时为劳动者办理社会保险缴费的停缴手续，并积极主动为劳动者办理社会保险的转移手续
招聘和录用	离职办理事项的主体是原单位，招聘和录用的主体是新单位。本项相关要素旨在明示任何用人单位有新进员工的，都应查验该员工入职本单位前的最后一家单位出具的离职证明、竞业限制协议（如有需要）、社会保险缴费手续办理用的资料等

表 5-11-3　法律分析之离职办理事项

内容	文件名称及文号	法条序号
工作交接	《劳动合同法》(2012 年修正)(主席令第 73 号)	第 50 条第 2 款
劳动报酬结算	劳动部《关于印发〈工资支付暂行规定〉的通知》(劳部发〔1994〕489 号)	第 9 条
	《陕西省企业工资支付条例》(2015 年修正)(陕西省人民代表大会常务委员会公告第 16 号)	第 13 条
开具离职证明	劳动部《关于实行劳动合同制度若干问题的通知》(劳部发〔1996〕354 号)	第 15 条
	劳动部《关于企业职工流动若干问题的通知》(劳部发〔1996〕355 号)	第 4 条
	《劳动合同法实施条例》(国务院令第 535 号)	第 24 条
	《劳动合同法》(2012 年修正)(主席令第 73 号)	第 59 条第 1 款、第 89 条
档案、社会保险转移	《劳动合同法》(2012 年修正)(主席令第 73 号)	第 50 条第 1 款
劳动合同档案留存	《劳动合同法》(2012 年修正)(主席令第 73 号)	第 50 条第 3 款
劳动报酬支付记录留存	劳动部《关于印发〈工资支付暂行规定〉的通知》(劳部发〔1994〕489 号)	第 6 条第 3 款
	《陕西省企业工资支付条例》(2015 年修正)(陕西省人民代表大会常务委员会公告第 16 号)	第 11 条第 2 款
医疗补助费	劳动部《关于印发〈关于贯彻执行《中华人民共和国劳动法》若干问题的意见〉的通知》(劳部发〔1995〕309 号)	第 35 条
	劳动部《关于实行劳动合同制度若干问题的通知》(劳部发〔1996〕354 号)	第 22 条
	对《关于因病或非因工负伤医疗期管理等若干问题的请示》的复函(劳办函〔1996〕40 号)	第 3 条
	劳动部办公厅《关于对劳部发〔1996〕354 号文件有关问题解释的通知》(劳办发〔1997〕18 号)	第 2 条
企业年金账户处理	《企业年金办法》(人力资源和社会保障部、财政部令第 36 号)	第 22 条

注：离职办理事项除表 5-11-3 法律分析之离职办理事项所载内容外，还包括竞业限制、培训服务期、休息休假结算、经济补偿/赔偿金等事项。这些事项的法律分析分别见本书 5-13、本书 4-4、本书 3-6、本书 5-12。

5-12 经济补偿的合规管理

5-12-1 经济补偿的支付程序

一、合规要求

(一)合规要求的要点

表5-12-1 经济补偿支付程序的法律应用流程

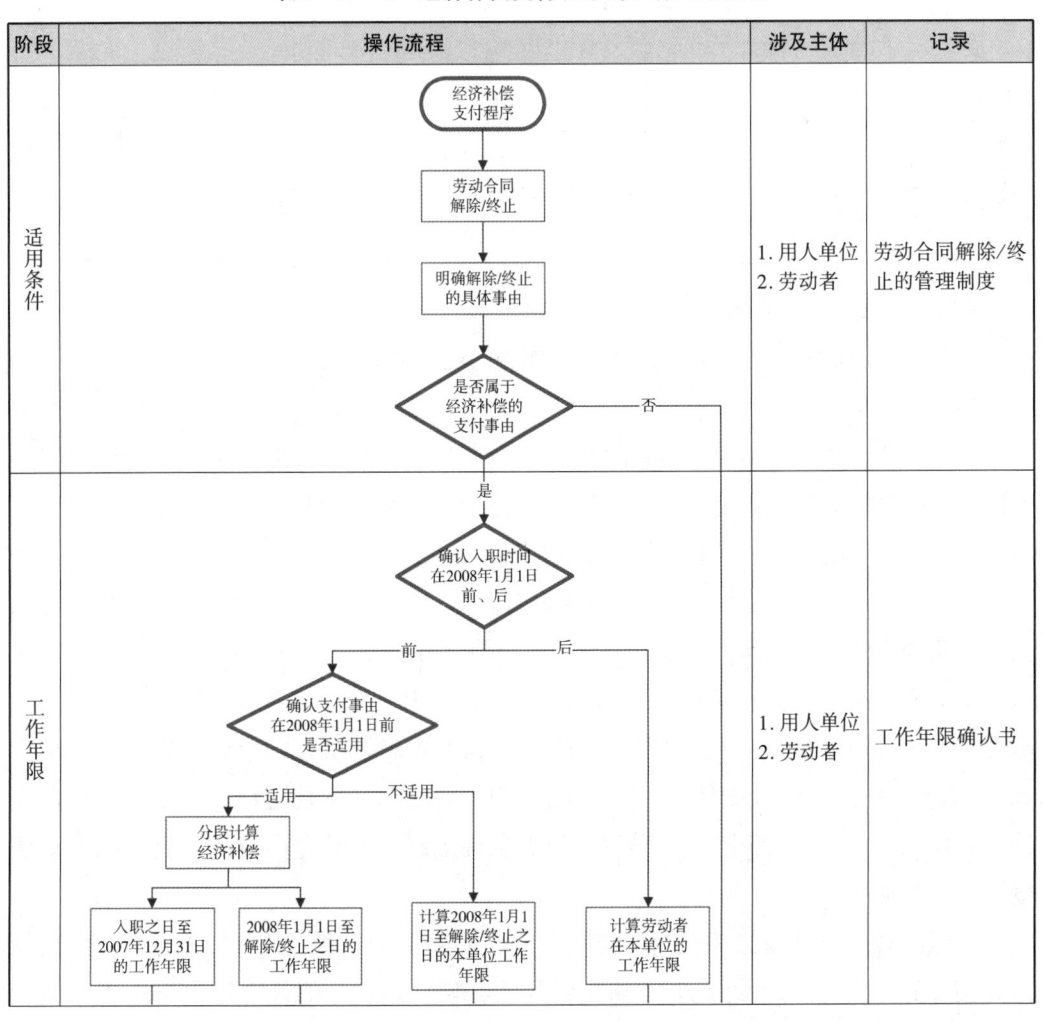

阶段	操作流程	涉及主体	记录
适用条件	经济补偿支付程序 → 劳动合同解除/终止 → 明确解除/终止的具体事由 → 是否属于经济补偿的支付事由	1.用人单位 2.劳动者	劳动合同解除/终止的管理制度
工作年限	是 → 确认入职时间在2008年1月1日前、后 前：确认支付事由在2008年1月1日前是否适用 适用：分段计算经济补偿（入职之日至2007年12月31日的工作年限；2008年1月1日至解除/终止之日的工作年限） 不适用：计算2008年1月1日至解除/终止之日的本单位工作年限 后：计算劳动者在本单位的工作年限	1.用人单位 2.劳动者	工作年限确认书

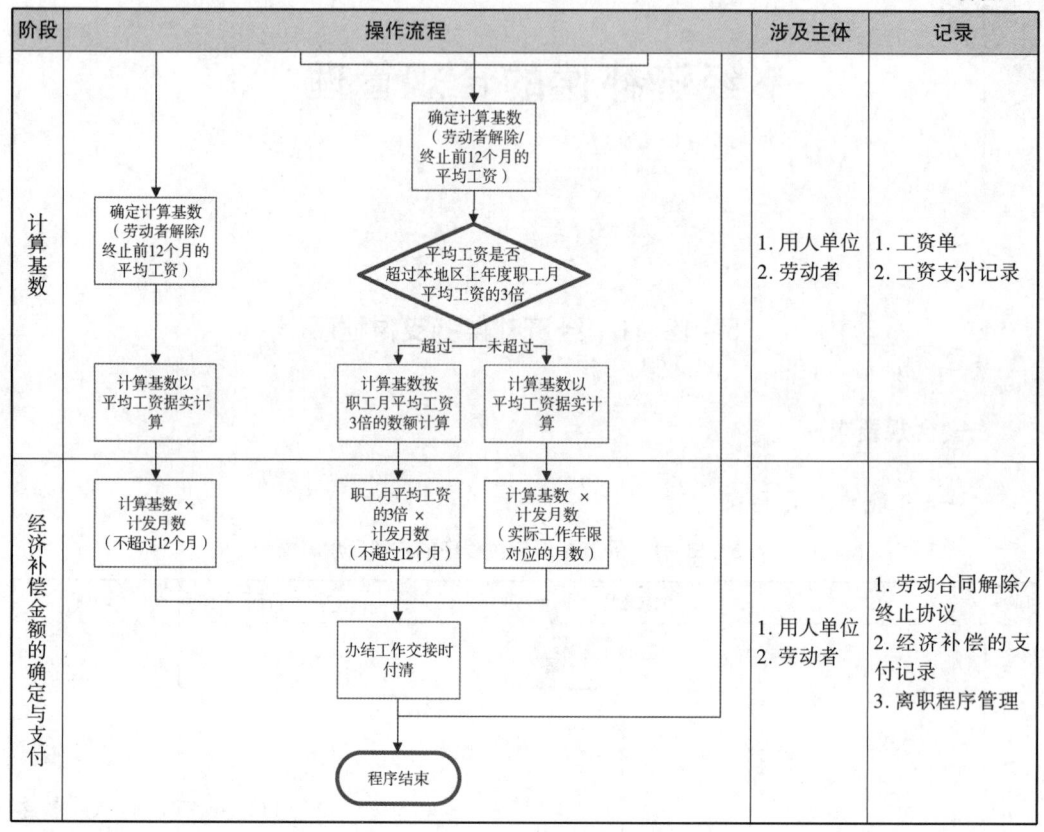

阶段	操作流程	涉及主体	记录
计算基数	确定计算基数（劳动者解除/终止前12个月的平均工资）→ 平均工资是否超过本地区上年度职工月平均工资的3倍？ 超过 → 计算基数按职工月工资3倍的数额计算 未超过 → 计算基数以平均工资据实计算 （另一分支）确定计算基数（劳动者解除/终止前12个月的平均工资）→ 计算基数以平均工资据实计算	1. 用人单位 2. 劳动者	1. 工资单 2. 工资支付记录
经济补偿金额的确定与支付	计算基数×计发月数（不超过12个月）；职工月平均工资的3倍×计发月数（不超过12个月）；计算基数×计发月数（实际工作年限对应的月数）→ 办结工作交接时付清 → 程序结束	1. 用人单位 2. 劳动者	1. 劳动合同解除/终止协议 2. 经济补偿的支付记录 3. 离职程序管理

（二）合规要求的理解

1. 关于本节法律应用流程各阶段的操作内容与说明。

（1）适用条件。

①首先应当明确的是并非所有的劳动合同解除或终止用人单位都要支付经济补偿，只有当劳动合同的解除或终止的原因符合法定支付经济补偿情形时，用人单位才需要支付。《劳动合同法》第46条规定："有下列情形之一的，用人单位应当向劳动者支付经济补偿：（一）劳动者依照本法第三十八条规定解除劳动合同的；（二）用人单位依照本法第三十六条规定向劳动者提出解除劳动合同并与劳动者协商一致解除劳动合同的；（三）用人单位依照本法第四十条规定解除劳动合同的；（四）用人单位依照本法第四十一条第一款规定解除劳动合同的；（五）除用人单位维持或者提高劳动合同约定条件续订劳动合同，劳动者不同意续订的情形外，依照本法第四十四条第一项规定终止固定期限劳动合同的；（六）依照本法第四十四条第四项、第五项规定终止劳动合同的；（七）法律、行政法规规定的其他情形。"

②违法解除或者违法终止劳动合同时支付的赔偿金数额，按照上述经济补偿金额的2倍计算。支付了赔偿金的，不再支付经济补偿。赔偿金的计算年限自用工之日起

计算。

(2)工作年限。

①注意"因支付事由分段+支付上限分段"时,工作年限应以2008年1月1日前后为分割点分段计算。

②劳动者非因本人原因从原用人单位被安排到新用人单位工作,且原用人单位已经依法向劳动者支付经济补偿的,劳动者在原用人单位的工作年限无须合并计算为新用人单位的工作年限。

(3)计算基数。

①平均工资是指劳动合同解除/终止前,劳动者提供正常劳动的12个月应取得的劳动报酬,包含计时工资、计件工资、奖金、津贴和补贴等货币性收入。

②2008年1月1日前,执行的是"支付事由上限+支付年限上限"。

③2008年1月1日后执行"计算基数上限+支付年限上限",即用人单位所在地上年度职工月平均工资3倍+支付经济补偿的年限不超过12个月的上限限制。

(4)经济补偿金额的确定与支付。

①符合支付经济补偿情形的,获得经济补偿是劳动者的权利,因此经济补偿的具体数额也可由用人单位与劳动者协商确定。但应当注意的是,协商的金额不得明显不合理地低于法定标准。

②经济补偿在工作交接办结时支付。

2.经济补偿的支付流程。适用经济补偿的事由确认→劳动者工作年限确认(年限、是否跨越2008年1月1日前后)→确定经济补偿的计算基数(是否超过用人单位所在地上年度职工月平均工资的3倍)→计算经济补偿数额(支付事由或计算基数是否受12个月上限的限制)→支付经济补偿。

经济补偿的支付事由确认(适用条件)、经济补偿的计算基数的合规事项详见本章节第二部分。

3.本单位工作年限的认定。劳动者的本单位工作年限自用人单位实际用工之日起算。每满1年支付1个月工资;6个月以上不满1年的,按1年计算,不满6个月的,向劳动者支付半个月工资。

(1)劳动者非因本人原因从原用人单位被安排到新用人单位工作的,劳动者在原用人单位的工作年限合并计算为新用人单位的工作年限的情形主要如下:

①劳动者仍在原工作场所、工作岗位工作,劳动合同主体由原用人单位变更为新用人单位;

②用人单位以组织委派或任命的形式对劳动者进行工作调动;

③因用人单位合并、分立等原因导致劳动者工作调动;

④用人单位及其关联企业与劳动者轮流订立劳动合同。

(2)原用人单位已经向劳动者支付经济补偿的,新用人单位在依法解除、依法终止劳动合同计算支付经济补偿的工作年限时,不再计算劳动者在原用人单位的工作年限。换言之,如果没有计算的,新用人单位向劳动者支付经济补偿时,还应当把劳动者在原用人单位的工作年限如实计算在内。

二、合规实践

(一)劳动用工管理制度

当用人单位的用工形式呈多种形态时,只有全日制劳动关系的劳动者解除、终止劳动合同的事由符合依法应当支付经济补偿的情形的,用人单位才应当支付经济补偿。

(二)离职程序管理制度

离职程序管理中应当包含与经济补偿相关的内容:

1. 在办理离职手续时,用人单位应当结合劳动合同的解除、终止事由判断是否需要支付经济补偿。

2. 对此,用人单位应当确定责任部门、权限职责、工作推进流程。具体内容可参见本节应用流程表5-12-1经济补偿支付程序的法律应用流程。

3. 确定关键节点所需记录。

(1)解除事由的相关记录。

(2)解除/终止劳动合同前至少一年的工资表、工资支付记录(如银行流水)。

(3)工作年限确认书。

①确认时间:一般在入职时或者在一些可能会引起劳动关系变化的时点予以确认;

②确认书的内容至少包括:

a. 劳动者的姓名、身份证号码;

b. 劳动者入职时间;

c. 劳动者在入职本单位前的工作年限;

d. 落款(劳动者签字确认、时间)。

工作年限确认书还可用于确定劳动者的带薪年休假、医疗期期间。

三、其他法律风险提示

若用人单位未依法向劳动者支付经济补偿,由劳动行政部门责令限期支付;逾期不支付的,责令用人单位按应付金额50%以上、100%以下的标准向劳动者加付赔偿金。

若用人单位解除或终止劳动合同的行为被认定为违法解除或者违法终止,用人单位应向劳动者支付以经济补偿标准2倍计算的赔偿金。

5-12-2 经济补偿的数额计算及赔偿金

一、合规要求

(一) 合规要求的要点

表 5-12-2 支付经济补偿的情形与经济补偿上限

类型	2008 年 1 月 1 日前		2008 年 1 月 1 日后	
	涉及经济补偿的解除或终止的情形	支付情形上限与支付年限上限	涉及经济补偿的解除或终止的情形	计算基数上限与支付年限上限
用人单位提出的解除	用人单位提出的协商一致解除	1. 每满 1 年发给相当于 1 个月工资的经济补偿金,最多不超过 12 个月 2. 工作时间不满 1 年的按 1 年的标准发给经济补偿	用人单位提出的协商一致解除	劳动者月工资高于用人单位所在直辖市、设区的市级人民政府公布的本地区上年度职工月平均工资 3 倍的,执行"3 倍+12 个月"的上限
	劳动者不胜任解除		劳动者不胜任解除	
	劳动者患病或非因工负伤医疗期满解除	—	劳动者患病或非因工负伤医疗期满解除	
	客观情况发生重大变化导致的解除	—	客观情况发生重大变化导致的解除	
	经济性裁员	—	经济性裁员	
劳动者提出的解除	用人单位未按照劳动合同约定支付劳动报酬或者提供劳动条件的	1. 每满 1 年发给相当于 1 个月工资的经济补偿金,最多不超过 12 个月 2. 工作时间不满 1 年的按 1 年的标准发给经济补偿	用人单位未按照劳动合同约定提供劳动保护或者劳动条件的	
			用人单位未及时足额支付劳动报酬的	
	用人单位以暴力、威胁或者非法限制人身自由的手段强迫劳动的		用人单位以暴力、威胁或者非法限制人身自由的手段强迫劳动者劳动的	
	—	—	用人单位未依法为劳动者缴纳社会保险费的	
	—	—	用人单位的规章制度违反法律、法规的规定,损害劳动者权益的	
	—	—	用人单位以欺诈、胁迫的手段或者乘人之危,使劳动者在违背真实意思的情况下订立或者变更劳动合同致使劳动合同无效的	
	—	—	用人单位违章指挥、强令冒险作业危及劳动者人身安全的	
劳动合同终止	—	—	劳动合同期限届满,除用人单位维持或提高工作条件而劳动者不同意续订外的终止情形	
	—	—	以完成一定工作任务为期限的劳动合同因任务完成而终止的	
	—	—	用人单位依法终止工伤伤残职工的劳动合同的	
	—	—	用人单位被依法宣告破产的	
	—	—	用人单位被吊销营业执照、责令关闭、撤销或者用人单位决定提前解散的	
	—	—	因用人单位经营期限届满不再继续经营导致劳动合同不能继续履行的	

表 5-12-3 经济补偿的计算方法

类型	须支付经济补偿的劳动合同解除或终止事由	在职期间跨越2008年1月1日前后的劳动者的经济补偿分段计算方法 本人离职前12个月平均工资不超过上年职工月平均工资3倍的	在职期间跨越2008年1月1日前后的劳动者的经济补偿分段计算方法 本人离职前12个月平均工资高于上年职工月平均工资3倍的	入职、离职时间均在2008年1月1日后的劳动者的经济补偿计算方法 本人离职前12个月平均工资不超过上年职工月平均工资3倍的	入职、离职时间均在2008年1月1日后的劳动者的经济补偿计算方法 本人离职前12个月平均工资高于上年职工月平均工资3倍的
用人单位提出的解除	用人单位提出的协商一致解除	本人平均工资×2008年1月1日前的工作年限(不超过12个月)+本人平均工资×2008年1月1日后的实际工作年限	本人平均工资×2008年1月1日前的工作年限(不超过12个月)+3倍上年职工月平均工资×2008年1月1日后的实际工作年限(不超过12个月)	本人平均工资×在本单位的实际工作年限	3倍上年职工月平均工资×在本单位的工作年限(不超过12个月)
用人单位提出的解除	劳动者不胜任解除	本人平均工资×2008年1月1日前的工作年限(不超过12个月)+本人平均工资×2008年1月1日后的实际工作年限	本人平均工资×2008年1月1日前的工作年限(不超过12个月)+3倍上年职工月平均工资×2008年1月1日后的实际工作年限(不超过12个月)	本人平均工资×在本单位的实际工作年限	3倍上年职工月平均工资×在本单位的工作年限(不超过12个月)
用人单位提出的解除	劳动者患病或非因工负伤医疗期满解除	本人平均工资×在本单位的实际工作年限(入职日起至离职日期间)	本人平均工资×2008年1月1日前在本单位的实际工作年限+3倍上年职工月平均工资×2008年1月1日后的实际工作年限(不超过12个月)	本人平均工资×在本单位的实际工作年限	3倍上年职工月平均工资×在本单位的工作年限(不超过12个月)
用人单位提出的解除	客观情况发生重大变化导致的解除	本人平均工资×在本单位的实际工作年限(入职日起至离职日期间)	本人平均工资×2008年1月1日前在本单位的实际工作年限+3倍上年职工月平均工资×2008年1月1日后的实际工作年限(不超过12个月)	本人平均工资×在本单位的实际工作年限	3倍上年职工月平均工资×在本单位的工作年限(不超过12个月)
劳动者提出的解除	经济性裁员	本人平均工资×2008年1月1日前的工作年限(不超过12个月)+本人平均工资×2008年1月1日后的实际工作年限	本人平均工资×2008年1月1日前的工作年限(不超过12个月)+3倍上年职工月平均工资×2008年1月1日后的实际工作年限(不超过12个月)	本人平均工资×在本单位的实际工作年限	3倍上年职工月平均工资×在本单位的工作年限(不超过12个月)
劳动者提出的解除	用人单位未按照劳动合同约定提供劳动保护或者劳动条件的	本人平均工资×2008年1月1日前的工作年限(不超过12个月)+本人平均工资×2008年1月1日后的实际工作年限	本人平均工资×2008年1月1日前的工作年限(不超过12个月)+3倍上年职工月平均工资×2008年1月1日后的实际工作年限(不超过12个月)	本人平均工资×在本单位的实际工作年限	3倍上年职工月平均工资×在本单位的工作年限(不超过12个月)
劳动者提出的解除	用人单位未及时足额支付劳动报酬的	本人平均工资×2008年1月1日前的工作年限(不超过12个月)+本人平均工资×2008年1月1日后的实际工作年限	本人平均工资×2008年1月1日前的工作年限(不超过12个月)+3倍上年职工月平均工资×2008年1月1日后的实际工作年限(不超过12个月)	本人平均工资×在本单位的实际工作年限	3倍上年职工月平均工资×在本单位的工作年限(不超过12个月)
劳动者提出的解除	用人单位以暴力、威胁或者非法限制人身自由的手段强迫劳动者劳动的	本人平均工资×2008年1月1日后在本单位的工作年限(2008年1月1日起至离职日期间)	3倍上年职工月平均工资×2008年1月1日后在本单位的工作年限(2008年1月1日起至离职日期间,但不超过12个月)	本人平均工资×在本单位的实际工作年限	3倍上年职工月平均工资×在本单位的工作年限(不超过12个月)
劳动者提出的解除	用人单位未依法为劳动者缴纳社会保险费的	本人平均工资×2008年1月1日后在本单位的工作年限(2008年1月1日起至离职日期间)	3倍上年职工月平均工资×2008年1月1日后在本单位的工作年限(2008年1月1日起至离职日期间,但不超过12个月)	本人平均工资×在本单位的实际工作年限	3倍上年职工月平均工资×在本单位的工作年限(不超过12个月)
劳动者提出的解除	用人单位的规章制度违反法律、法规的规定,损害劳动者权益的	本人平均工资×2008年1月1日后在本单位的工作年限(2008年1月1日起至离职日期间)	3倍上年职工月平均工资×2008年1月1日后在本单位的工作年限(2008年1月1日起至离职日期间,但不超过12个月)	本人平均工资×在本单位的实际工作年限	3倍上年职工月平均工资×在本单位的工作年限(不超过12个月)
劳动者提出的解除	用人单位以欺诈、胁迫的手段或者乘人之危,使劳动者在违背真实意思的情况下订立或者变更劳动合同而致使劳动合同无效的	本人平均工资×2008年1月1日后在本单位的工作年限(2008年1月1日起至离职日期间)	3倍上年职工月平均工资×2008年1月1日后在本单位的工作年限(2008年1月1日起至离职日期间,但不超过12个月)	本人平均工资×在本单位的实际工作年限	3倍上年职工月平均工资×在本单位的工作年限(不超过12个月)
劳动者提出的解除	用人单位违章指挥、强令冒险作业危及劳动者人身安全的	本人平均工资×2008年1月1日后在本单位的工作年限(2008年1月1日起至离职日期间)	3倍上年职工月平均工资×2008年1月1日后在本单位的工作年限(2008年1月1日起至离职日期间,但不超过12个月)	本人平均工资×在本单位的实际工作年限	3倍上年职工月平均工资×在本单位的工作年限(不超过12个月)

续表

类型	须支付经济补偿的劳动合同解除或终止事由	在职期间跨越2008年1月1日前后的劳动者的经济补偿分段计算方法		入职、离职时间均在2008年1月1日后的劳动者的经济补偿计算方法	
		本人离职前12个月平均工资不超过上年职工月平均工资3倍的	本人离职前12个月平均工资高于上年职工月平均工资3倍的	本人离职前12个月平均工资不超过上年职工月平均工资3倍的	本人离职前12个月平均工资高于上年职工月平均工资3倍的
劳动合同终止	劳动合同期限届满,除用人单位维持或提高工作条件而劳动者不同意续订外的终止情形	本人平均工资×2008年1月1日后在本单位的工作年限(2008年1月1日至离职日期间)	3倍上年职工月平均工资×2008年1月1日后在本单位的工作年限(2008年1月1日起至离职日期间,但不超过12个月)	本人平均工资×在本单位的实际工作年限	3倍上年职工月平均工资×在本单位的工作年限(不超过12个月)
	以完成一定工作任务为期限的劳动合同因任务完成而终止的				
	用人单位依法终止工伤伤残职工的劳动合同的				
	用人单位被依法宣告破产的				
	用人单位被吊销营业执照、责令关闭、撤销或者用人单位决定提前解散的				
	因用人单位经营期限届满不再继续经营导致劳动合同不能继续履行的				

注:1. 经济补偿分段计算的分段时点为2008年1月1日,即《劳动合同法》生效之日。分段计算的分析仅从法律规定视角的结论,审判实践中,部分地方已不再分段计算,因此以当地审判实践为准。

2. 经济补偿金额=计发月数(劳动者在本单位工作年限每满1年及6个月以上不满1年的支付1个月;不满6个月的支付0.5个月)×劳动合同解除或终止前12个月的平均工资。注意"3倍+12个月"的限制。

3. 2008年1月1日前,无"计算基数上限",有"支付事由上限+支付年限上限",部分支付情形下有计算年限的上限。

2008年1月1日后,无"支付事由上限",有"计算基数上限+支付年限上限",当劳动者在劳动合同解除或终止前12个月的平均工资高于用人单位所在直辖市、设区的市的人民政府公布的本地区上年度职工月平均工资3倍时,有计算基数上限即按职工月平均工资3倍的数额支付;同时有计算年限的上限即向其支付经济补偿的年限最高不超过12年。

4. 工作年限是否分段计算是指是否受到最高12个月上限的限制。

工作年限不分段计算是指不受最高12个月的上限限制,而是按照劳动者入职之日起的全部实际工作年限据实计算。

工作年限分段计算是以劳动者入职时间是在2008年1月1日前,劳动合同在2008年1月1日后解除或终止的,在计算经济补偿时,分别按照2008年1月1日前后的法律规定,判断是否受最高12个月上限的限制。

5. 计算基数是否分段计算是指是以劳动者的实际平均工资为即计算基数,还是以"3倍"数额作为计算基数。

计算基数不分段计算是指无论劳动者入职时间是否跨越2008年1月1日,经济补偿计算基数均按"劳动者在劳动合同解除或者终止前12个月的平均工资"执行。计算基数分段计算是指当劳动者在2008年1月1日前入职,用人单位在2008年1月1日后解除或终止的,若劳动者离职前12个月的平均工资高于用人单位所在直辖市、设区的市级人民政府公布的本地区上年度职工月平均工资3倍的,在计算经济补偿时,2008年1月1日前的工作年限部分对应的经济补偿的计算基数为离职前12个月的平均工资实际数额;2008年1月1日后的计算基数为职工月平均工资3倍计算,同时且支付年限最高不超过12年。

6. "涉及经济补偿的解除或终止的情形"是指劳动法律规范规定的劳动合同解除或终止时应依法支付经济补偿的情形,并非劳动合同解除或终止的全部事由。"本人平均工资"是指劳动合同解除或终止前12个月的平均工资。

(二)合规要求的理解

1.经济补偿支付事由及分段适用。

(1)《劳动法》第28条、《劳动合同法》第46条规定了经济补偿的适用情形。

《劳动合同法》第97条第3款规定了经济补偿的分段计算,即在《劳动合同法》施行之日前已订立的劳动合同在《劳动合同法》施行后解除或者终止,且属于应当支付经济补偿的情形的,经济补偿年限自《劳动合同法》施行之日起计算。该法施行前按照当时有关规定,用人单位应当向劳动者支付经济补偿的,按照当时有关规定执行。

(2)《劳动合同法》自2008年1月1日起施行,若劳动者于2008年1月1日前入职用人单位,当其劳动合同解除、终止时,用人单位是否应当支付经济补偿就应以2008年1月1日为分界点,从解除/终止的事由、计算基数上限、工作年限上限等分别考察是否需要分段计算。

2.劳动合同解除事由的经济补偿适用性分析。

(1)用人单位发起的解除——2008年1月1日前后均适用。

①用人单位提出解除劳动合同并与劳动者协商一致的;

②劳动者无过失性辞退(《劳动合同法》第40条);

③用人单位经济性裁员。

应当注意①和②在《劳动合同法》实施前有支付年限的上限规定。

(2)劳动者因用人单位过错发起的解除——2008年1月1日以后适用。

应当注意,当劳动者完全因为自身原因提出解除劳动合同时,用人单位无须支付经济补偿。

3.劳动合同终止的经济补偿适用性分析。劳动合同终止作为经济补偿的适用范围,始于《劳动合同法》实施后,即便劳动者在2008年1月1日前已经入职,但若在现在终止劳动合同,且符合支付经济补偿的条件的,计算经济补偿的工作年限也是从2008年1月1日开始。

4.经济补偿的计算基数。

(1)经济补偿金额=劳动合同解除或终止前劳动者本人12个月的平均工资×劳动者在本单位的工作年限。

(2)计算基数的一般规定。

《劳动合同法》第47条、《劳动合同法实施条例》第27条规定:

①劳动者在劳动合同解除或者终止前12个月的平均工资低于当地最低工资标准的,按照当地最低工资标准计算。

②劳动者在本单位工作不满12个月的,按照其实际工作的月数计算平均工资。

(3)关于"12个月的平均工资"的几个问题。

①《劳动合同法实施条例》第27条规定:

a. 经济补偿的月工资按照劳动者应得工资计算：

应得工资＝实发工资＋被扣减数额，其中被扣减数额的本质也是劳动者劳动报酬的一个组成部分，只是基于特定的原因，由用人单位代劳动者完成了支付。

b. 应得工资包括计时工资或者计件工资以及奖金、津贴和补贴等货币性收入。

国家统计局《关于工资总额组成的规定》第4条规定了工资总额的6个组成部分，分别为计时工资、计件工资、奖金、津贴和补贴、加班加点工资和特殊情况下支付的工资。

据此，一般认为，属于劳动者的劳动报酬的都应作为经济补偿的计算基数。但是个别地方对此有不同观点，如《上海高院民事法律适用问答（2013年第1期）》第5条则认为，"在计算经济补偿金计算基数时不应将加班工资包括在内。但是，如有证据证明用人单位恶意将本应计入正常工作时间工资的项目计入加班工资，以达到减少正常工作时间工资和经济补偿金计算标准的，则应将该部分加班工资计入经济补偿金的计算基数"。

另要注意"奖金"的问题。因经济补偿计算基数为劳动者离职前12个月的平均工资，所以对支付了奖金的劳动者，还应进一步确定奖金中属于其离职前12个月的数额。如果能切实证明奖金对应的时间区间，那么属于离职前12个月期间的奖金部分应当作为计算基数，不属于这12个月的则不计入计算基数。

②《劳动合同法》第47条第3款规定："本条所称月工资是指劳动者在劳动合同解除或者终止前十二个月的平均工资。"关于"12个月"的理解，应当将其理解为劳动者正常提供劳动的12个月，诸如可能引起劳动者工资降低的医疗期法定休假、停工停产超过1个月以上的期间等，应当不包括在内。

（4）计算基数上限。用以计算经济补偿的平均工资数额超过用人单位所在直辖市、设区的市级人民政府公布的本地区上年度职工月平均工资3倍的，应当注意"3＋12"的限制。

①"3"是指经济补偿的工资基数按职工月平均工资3倍的数额计算；

②"12"是指支付经济补偿的年限最高不超过12年。

5. 工作年限上限。

（1）经济补偿根据劳动者在本单位的工作年限计算。

（2）当劳动者的入职时间在2008年1月1日前，且支付经济补偿的事由是用人单位提出的协商一致解除劳动合同或者用人单位因劳动者不胜任工作而解除劳动合同的，应当注意从劳动者入职之日至2007年12月31日期间的支付年限即计发月数受12个月上限的限制，但是该时段内的计算基数据实确定，无须受到计算基数上限"三倍上限"的限制。

6. 用人单位依法应当向劳动者支付经济补偿的，应在办结工作交接时支付。

7.违法解除、违法终止的赔偿金。

(1)这里的赔偿金是指因用人单位违法解除劳动合同或者违法终止劳动合同而产生的以经济补偿标准2倍计算的赔偿金。

(2)赔偿金与经济补偿的适用规则。用人单位违反《劳动合同法》的规定解除或者终止劳动合同,依照支付了赔偿金的,不再支付经济补偿。

(3)赔偿金的计算。

①计算方法:以经济补偿标准的2倍计算。

②计发月数:自用人单位用工之日起计算。

例如,若劳动者于2006年1月1日入职,2021年12月31日被违法解除,其离职前12个月的平均工资为3000元/月,那么赔偿金数额=3000元/月×16个月×2。

二、合规实践

(一)劳动合同解除管理制度、劳动合同终止管理制度

1.支付经济补偿以劳动合同的合法解除和合法终止为前提,劳动合同的解除、终止并不是都需要支付经济补偿的,但是,违法解除、违法终止则应当支付赔偿金。同时,法律未禁止用人单位在法定情形基础上再设置其他的支付情形。

2.劳动合同解除或终止的,用人单位应当判断是否属于应当支付经济补偿的情形。

3.用人单位应当确定解除或终止事由判断的工作流程,明确责任部门、配合部门以及确定事由所需相关资料。因此,与劳动合同解除和终止相关的管理项点都应当注重日常管理。

(二)薪酬管理

用人单位应当做好劳动者在职期间,特别是离职前至少2年的工资支付的管理:

1.应发工资的构成、支付数额要有据可查;

2.实发工资已实际支付;

3.应发工资与实发工资差额有扣减依据,数额准确。

(三)离职程序管理制度

1.关于经济补偿的支付时间,用人单位应当向劳动者明确:

(1)劳动者应当按照双方约定,办理工作交接。

(2)用人单位在办结工作交接时向劳动者支付经济补偿。

2.用人单位内部应当做好沟通,确保依法计算经济补偿的数额,并按时支付给劳动者本人。

三、其他法律风险提示

解除或者终止劳动合同,用人单位未依法向劳动者支付经济补偿的,承担如下法律

责任：

（1）劳动行政部门责令用人单位限期支付；

（2）用人单位逾期不支付的，责令用人单位按应付金额 50% 以上 100% 以下的标准向劳动者加付赔偿金。

表 5-12-4　与经济补偿相关的其他管理项点

相关要素名称	说明
劳动报酬	这是计算经济补偿的重要基础，用人单位应当保留与劳动者劳动报酬的约定、计算过程、支付记录的详细记录
劳动用工管理	全日制劳动关系的劳动者离职时才有支付经济补偿的问题
劳动合同的订立、履行与变更	主要用于确定劳动者在本单位的工作年限
劳动合同解除管理	劳动合同解除是支付经济补偿的前提，是否需要支付则因解除原因而异。因此应对劳动合同解除及导致解除的"因"进行管理，并留存记录
劳动合同终止管理	劳动合同终止是支付经济补偿的前提，是否需要支付则因终止原因而异。因此，在劳动合同终止管理中，应当掌握需要支付经济补偿的终止情形有哪些
离职程序管理	一般情况下，用人单位在决定劳动合同解除或终止时就可以明确是否需要实际支付经济补偿。应当支付经济补偿的，应当在离职程序中确定经济补偿的金额，并在劳动者办结交接手续时付清

表 5-12-5　法律分析之应当支付经济补偿的情形

内容	文件名称及文号	法条序号
劳动合同解除的	《劳动法》(2018 年修正)(主席令第 24 号)	第 28 条
	劳动部办公厅《关于印发〈关于《劳动法》若干条文的说明〉的通知》(劳办发〔1994〕289 号)	第 28 条
	劳动部《关于印发〈关于贯彻执行《中华人民共和国劳动法》若干问题的意见〉的通知》(劳部发〔1995〕309 号)	第 36 条、第 43 条
	《劳动合同法》(2012 年修正)(主席令第 73 号)	第 46 条第 1、2、3、4、7 项
	最高人民法院《关于审理劳动争议案件适用法律问题的解释（一）》(法释〔2020〕26 号)	第 45 条
	陕西省高级人民法院《关于审理劳动争议案件若干问题的解答》(陕高法〔2020〕118 号)	第 11 条
劳动合同终止的	《劳动合同法》(2012 年修正)(主席令第 73 号)	第 46 条第 5、6、7 项
	《劳动合同法实施条例》(国务院令第 535 号)	第 22 条、第 23 条
	最高人民法院《关于审理劳动争议案件适用法律问题的解释（一）》(法释〔2020〕26 号)	第 48 条
应支付经济补偿但未支付的	《劳动合同法》(2012 年修正)(主席令第 73 号)	第 85 条
	《陕西省企业工资支付条例》(2015 年修正)(陕西省人民代表大会常务委员会公告第 16 号)	第 37 条

表5-12-6　法律分析之经济补偿支付时间

文件名称及文号	法条序号
《劳动合同法》(2012年修正)(主席令第73号)	第50条第2款

表5-12-7　法律分析之经济补偿支付标准

内容	文件名称及文号	法条序号
一般规定	《劳动合同法》(2012年修正)(主席令第73号)	第47条第1款
		第47条第3款
月工资的理解	《劳动合同法实施条例》(国务院令第535号)	第27条
	陕西省高级人民法院《关于审理劳动争议案件若干问题的解答》(陕高法〔2020〕118号)	第18条
月工资上限	《劳动合同法》(2012年修正)(主席令第73号)	第47条第2款
		第97条第3款
工作年限	《劳动合同法实施条例》(国务院令第535号)	第10条
	最高人民法院《关于审理劳动争议案件适用法律问题的解释(一)》(法释〔2020〕26号)	第46条
	陕西省高级人民法院《关于审理劳动争议案件若干问题的解答》(陕高法〔2020〕118号)	第14条
个人所得税	财政部、国家税务总局《关于个人所得税法修改后有关优惠政策衔接问题的通知》(财税〔2018〕164号)	第5条第1款

表5-12-8　法律分析之不支付经济补偿的情形

文件名称及文号	法条序号
劳动部《关于印发〈关于贯彻执行《中华人民共和国劳动法》若干问题的意见〉的通知》(劳部发〔1995〕309号)	第39条、第40条
《劳动合同法》(2012年修正)(主席令第73号)	第36条、第37条、第39条、第44条、第46条第1款第5项
《劳动合同法实施条例》(国务院令第535号)	第12条
人力资源社会保障部、最高人民法院《关于劳动人事争议仲裁与诉讼衔接有关问题的意见(一)》(人社部发〔2022〕9号)	第19条

表5-12-9　法律分析之违法解除、终止劳动合同的法律后果

内容	文件名称及文号	法条序号
一般规定	《劳动合同法》(2012年修正)(主席令第73号)	第48条、第87条
	《劳动合同法实施条例》(国务院令第535号)	第25条
	陕西省高级人民法院《关于审理劳动争议案件若干问题的解答》(陕高法〔2020〕118号)	第19条
工会工作人员	《工会法》(2021年修正)(主席令第107号)	第53条
	《企业工会主席合法权益保护暂行办法》(总工发〔2007〕32号)	第5条、第7条

表 5-12-10　法律分析之经济补偿、赔偿金在劳动争议裁审过程中的变更问题

文件名称及文号	法条序号
人力资源社会保障部、最高人民法院《关于劳动人事争议仲裁与诉讼衔接有关问题的意见（一）》（人社部发〔2022〕9 号）	第 5 条
陕西省高级人民法院《关于审理劳动争议案件若干问题的解答》（陕高法〔2020〕118 号）	第 21 条

5-13 竞业限制的合规管理

一、合规要求

(一) 合规要求的要点

表 5-13-1 竞业限制协议必备条款

要素	注意事项
适用主体	1. 高级管理人员 2. 高级技术人员 3. 其他负有保密义务的人员
范围	1. 与本单位生产或者经营同类产品、从事同类业务的有竞争关系的其他用人单位 2. 自己开业生产或者经营同类产品、从事同类业务
地域	合理的地域范围
期限	在解除或者终止劳动合同后,且不超过 2 年
经济补偿	1. 在竞业限制期限内按月给予劳动者经济补偿 2. 经济补偿的标准参考值,不低于劳动者在劳动合同解除或者终止前 12 个月平均工资的 30% 3. 该标准低于劳动合同履行地最低工资标准的,按照劳动合同履行地最低工资标准支付
违约金	1. 违约金的数额由双方协商确定 2. 在审判实践中,会综合考虑用人单位支付的竞业限制期内经济补偿、违约情况等调整过高或过低的违约金数额
损失赔偿	劳动者违反竞业限制义务,给用人单位造成损失的,应当承担赔偿责任
解除条款	主要从用人单位的动态需求及劳动者离职时的身份状态考虑,以便双方明确解除条件
约定形式	1. 专项协议,如竞业限制协议 2. 专项条款,如劳动合同、保密协议等合同/协议中的竞业限制条款

(二) 合规要求的理解

1. 适用主体。

(1) 用人单位并非与所有的劳动者都能签订竞业限制协议,只有用人单位的高级管理人员、高级技术人员以及其他负有保密义务的人才可以签订竞业限制协议。鉴于主体资格原因,非以上三类人员签订的协议会因主体资格瑕疵不被法律认可。

(2) 即便是符合资格条件的劳动者,用人单位也应当根据实际需要判断是否有必要与劳动者实际签订竞业限制协议,让劳动者履行竞业限制义务。

(3) 关于"其他负有保密义务的人员",法律没有对其具体规定,所以还是应当根据劳动者在职期间所从事的工作内容判断。

保密义务的对象是应当被保密的信息(如客户清单、技术文件等能直接为用人单位带来利益的信息),因此,用人单位应当能够证明劳动者所从事的工作会接触到应予保密的信息,且这等保密信息被用人单位作为商业秘密进行管理。

2.适用地域、范围、期限。

(1)对于竞业限制的范围、地域、期限,由用人单位与劳动者约定。

(2)地域应当考虑用人单位业务涉及地域的分布情况,合理约定,避免随意扩大范围。

(3)签订了竞业限制协议的劳动者再就业的单位是否属于"与本单位生产或者经营同类产品、从事同类业务的有竞争关系的其他用人单位,或者自己开业生产或者经营同类产品、从事同类业务",在实践中不能仅以证照所载经营范围作为主要依据,还应具体考察新单位的经营内容、客户群体等方面是否与原单位存在真正的竞争关系。

(4)竞业限制的义务履行应当自劳动合同解除、终止后起算,且最长不得超过2年。该期限是上限性的强制性规定,即用人单位和劳动者可以约定2年以内的任何时长,但是超过2年的部分则属无效约定。

3.竞业限制的经济补偿、违约金与赔偿责任。

(1)经济补偿。本节所指经济补偿是指在解除或者终止劳动合同后,劳动者在竞业限制期限内履行竞业限制义务,用人单位按月给予劳动者的经济性补偿。

①用人单位与劳动者签订竞业限制协议时,应当约定经济补偿的标准。该经济补偿独立于劳动者在职期间的劳动报酬,由用人单位在劳动者履行竞业限制义务期间另行支付给劳动者。劳动者在职期间所取得的劳动报酬仅能作为约定竞业限制经济补偿的参考标准,不能代替劳动者履行竞业限制义务期间用人单位应当支付给劳动者的对价。

②如未约定经济补偿,而劳动者履行了竞业限制义务,并要求用人单位支付经济补偿的,可以按照劳动者在劳动合同解除或者终止前12个月平均工资的30%按月支付;该月平均工资的30%低于劳动合同履行地最低工资标准的,按照劳动合同履行地最低工资标准支付。

③已签订的竞业限制协议未约定经济补偿条款的,依据合同的基本原理,司法审判实践中倾向于认定该协议是有效的,双方当事人应当履行,即劳动者履行了竞业限制义务后,可以要求用人单位向其支付经济补偿。

④劳动者违反竞业限制义务的,用人单位可以要求劳动者返还其违约期间已经支付的经济补偿。

(2)违约金。

①劳动者违反竞业限制约定的,应当按照约定向用人单位支付违约金。违反行为是指劳动者从原单位离职后在约定的竞业限制义务履行期内就业于属于竞业限制范围内的单位,或者以非劳动关系的形式与竞业限制范围内的单位合作,或者有自营行为等。

②关于违约金的金额标准,应综合考虑竞业限制的经济补偿标准、劳动者的过错程度、用人单位支付的经济补偿标准、劳动者所掌握的"秘密"对用人单位的影响程度、用人单位的损失程度等因素后确定。

③劳动者支付违约金后,竞业限制协议期限尚未届满,或者用人单位未明示可以不履行的,劳动者仍应继续履行。

(3)损失赔偿。

①《劳动合同法》第90条规定,劳动者违反竞业限制义务,给用人单位造成损失的,还应当承担赔偿责任。

②该项责任与劳动者违反竞业限制协议支付的违约金并不冲突。违约金针对的是劳动者未依照约定的地域、范围、期限履行其义务之行为;而赔偿责任针对的是因劳动者违约行为进一步导致了用人单位受到损失时,劳动者应当承担的责任。《民法典》第585条第2款规定,约定的违约金低于或者过分高于造成的损失的,人民法院或者仲裁机构可以根据当事人的请求予以增加或适当减少。

4.竞业限制约定的解除。

(1)在用人单位与劳动者约定的竞业限制期限届满前,用人单位有权要求不再让劳动者继续履行。

(2)劳动合同解除或者终止后,用人单位因自身原因三个月未向劳动者支付经济补偿的,劳动者有权请求解除竞业限制的约定。

(3)在竞业限制期限内,用人单位有权请求解除竞业限制协议,同时劳动者也有权请求用人单位额外支付3个月的竞业限制经济补偿。

5.竞业限制义务的事先约定。用人单位需要劳动者履行竞业限制义务的,应当事先与劳动者协商一致。约定的形式可以是专项协议如竞业限制协议,也可以是劳动合同书的条款、补充协议。形式还应根据签订的时点来选择。

二、合规实践

(一)劳动用工管理制度

用人单位应当明确需要在劳动合同解除、终止后履行竞业限制义务的劳动者范围,适用主体限于高级管理人员、高级技术人员或因工作内容负有保密义务的人员。

对竞业限制义务的适用岗位和劳动者的范围,用人单位应当根据其实际经营需求进行动态管理和调整。

（二）变更工作地点/内容管理制度

当劳动者的工作内容、职务发生变化时，用人单位应及时予以调整。

1. 若劳动者入职时的工作内容就表明其属于需要履行竞业限制义务的劳动者，可以考虑入职时签订竞业限制的专项协议或条款，但是该劳动者在离职前已不具备相关主体资格的，用人单位应当注意在离职程序中及时书面通知劳动者无须履行协议，但是劳动者应当履行保密义务。

2. 若劳动者入职时不符合履行竞业限制义务的条件，但是在劳动合同履行过程中，其因工作内容、职级变动而成为需要履行竞业限制义务的主体时，可以在工作变动时及时签订竞业限制协议。

3. 理论上，用人单位也可在劳动合同解除、终止时，与其认为依法有必要履行竞业限制义务的劳动者即时约定劳动者的竞业限制义务。但是，考虑到实际可行性，还是应当尽量在适当的时间及时完成竞业限制协议的签订。

（三）离职程序管理制度

离职程序中，用人单位应当对竞业限制状态进行确认与管理：

1. 确定已签订协议的劳动者是否需要实际履行竞业限制义务，或者根据用人单位的经营需要进行更改。无须实际履行的，用人单位应当书面通知劳动者本人。

2. 未签订协议的高级管理人员、高级技术人员和负有保密义务的人员离职的，如需其履行竞业限制义务，应当签订竞业限制协议。

3. 签订竞业限制协议但无须实际履行的，用人单位应当书面通知劳动者本人或者与劳动者订立解除协议。书面通知/解除协议的内容至少包括：

（1）用人单位与劳动者双方签订的竞业限制协议/条款的基本情况。

（2）明确告知劳动者，自劳动合同解除/终止后，劳动者将不用再履行该协议。

（3）落款。如果是通知，劳动者应当签字确认知悉；如果是协议，由双方签字（盖章）。

（四）竞业限制协议

竞业限制协议的具体内容可参见本节表5-13-1竞业限制协议必备条款，并结合本节合规要点具体约定。

三、其他法律风险提示

1. 用人单位与不属于应履行竞业限制义务的劳动者签订了竞业限制协议的，因劳动者主体不适格，劳动者无须遵守。

2. 用人单位未与应当履行竞业限制义务的劳动者约定其负有竞业限制义务的，用人单位不能以劳动者违反竞业限制义务为由主张权利。

表 5-13-2 与竞业限制管理相关的其他管理项点

相关要素名称	说明
订立书面劳动合同	1. 劳动合同中约定的工作内容、工作岗位、职务是确定劳动者是否属于负有竞业限制义务之主体的基本依据 2. 通过劳动合同及其变更协议、岗位聘任协议等能证明劳动者工作内容、工作岗位、职务的资料来证明劳动者符合签订竞业限制协议的主体资格
变更工作地点/内容管理	鉴于竞业限制义务适用主体的范围,劳动者是否需要履行竞业限制义务与其所从事的工作岗位、工作内容或者职务有关。因此,应当动态调整与管理
离职程序管理	在劳动者离职时,用人单位应当确认其是否需要签订、履行竞业限制义务,并根据实际需求签订竞业限制协议或解除协议/通知

表 5-13-3 法律分析之竞业限制

内容	文件名称及文号	法条序号
适用对象	《劳动合同法》(2012 年修正)(主席令第 73 号)	第 24 条第 1 款
范围、时限		第 24 条第 2 款
经济补偿和违约金		第 23 条
	最高人民法院《关于审理劳动争议案件适用法律问题的解释(一)》(法释〔2020〕26 号)	第 36 条、第 37 条
劳动者支付违约金后的继续履行		第 40 条
劳动者违反竞业限制义务的赔偿责任	《劳动合同法》(2012 年修正)(主席令第 73 号)	第 90 条
竞业限制约定的解除	最高人民法院《关于审理劳动争议案件适用法律问题的解释(一)》(法释〔2020〕26 号)	第 38 条、第 39 条
	人力资源社会保障部、最高人民法院《关于劳动人事争议仲裁与诉讼衔接有关问题的意见(一)》(人社部发〔2022〕9 号)	第 21 条

5-14 劳动者单方解除劳动合同的合规管理

一、合规要求

(一) 合规要求的要点

表 5-14-1 劳动者单方解除劳动合同的情形

合规事项		具体内容
协商一致解除		劳动者提出,并与用人单位协商一致的,可以解除固定期限劳动合同、无固定期限劳动合同或者以完成一定工作任务为期限的劳动合同
劳动者因个人原因提出解除(须提前通知)		1. 劳动者提前 30 日以书面形式通知用人单位,可以解除劳动合同 2. 劳动者在试用期内提前 3 日通知用人单位,可以解除劳动合同
劳动者因用人单位过错提出解除	随时通知解除	1. 用人单位未按照劳动合同约定提供劳动保护或者劳动条件的 2. 用人单位未及时足额支付劳动报酬的 3. 用人单位未依法为劳动者缴纳社会保险费的 4. 用人单位的规章制度违反法律、法规的规定,损害劳动者权益的 5. 用人单位以欺诈、胁迫的手段或者乘人之危,使劳动者在违背真实意思的情况下订立或者变更劳动合同的 6. 用人单位在劳动合同中免除自己的法定责任、排除劳动者权利的 7. 用人单位违反法律、行政法规强制性规定的
	无须通知可立即解除	1. 用人单位以暴力、威胁或者非法限制人身自由的手段强迫劳动者劳动的 2. 用人单位违章指挥、强令冒险作业危及劳动者人身安全的 3. 法律、行政法规规定劳动者可以解除劳动合同的其他情形

(二) 合规要求的理解

1. 劳动者具有完全的劳动合同单方解除权,用人单位无权限制。

2. 劳动者决定与用人单位单方解除劳动合同的事由既可以是劳动者自身原因,也可以是用人单位有过错。

3. 劳动者单方解除劳动合同时,根据不同的解除事由,分为提前书面通知、提前通知、即时通知和无须通知这几种情况。

《劳动合同法》第 90 条规定,劳动者违反本法规定解除劳动合同,给用人单位造成损失的,应当承担赔偿责任。例如,劳动者以用人单位未及时足额支付劳动报酬为由即通知与用人单位解除劳动合同的,若单位不存在该过错,劳动者的解除方式给用人单位造成损失的,劳动者应当予以赔偿。

二、合规实践

(一) 劳动合同解除管理制度

1. 用人单位应当依法规定劳动者提出单方解除劳动合同的程序,确定劳动者单方解除劳动合同的责任部门、职责权限、推进流程。

2. 依法规定劳动者解除劳动合同是否需要通知以及通知方式、通知时间要求等。违法规定的内容无效。

3. 用人单位应当事先确定劳动者单方解除劳动合同的事由(主要是指用人单位有过错时)确认程序的责任部门、配合部门、职责权限及流程,以及推进过程所需的记录。

(二) 解除劳动合同协议

用人单位与劳动者解除劳动关系的,建议签订解除劳动合同协议,内容参见本书5-4用人单位单方解除劳动合同的合规管理。

三、其他法律风险提示

劳动者以用人单位有过错而单方解除劳动合同的,若劳动者所主张的事由成立,用人单位则须依法承担相应的法律责任。

表5-14-2 劳动者以用人单位存在过错单方解除劳动合同的相关管理项点

相关要素名称	说明
劳动报酬	用人单位应当依法依约足额计算劳动者的各类劳动报酬,例如正常工作期间的工资、加班工资、绩效工资、法定带薪假期的工资等;并依法依约及时向劳动者本人完成实际支付
社会保险	劳动者入职后,用人单位应当依法为劳动者登记并缴纳社会保险。同时应当注意本单位的社会保险经办机构进行增减申报的时间以及办理登记后的实际开始缴费时间,以确保社会保险的缴费期间覆盖劳动者的全部在职期间
劳动合同订立	用人单位与劳动者签订劳动合同时,应尊重劳动者的真实意思表示,应依法拟定劳动合同的内容,避免出现免除用人单位法定责任、排除劳动者权利的情况,以确保双方签订的劳动合同是合法有效的
劳动合同履行	1. 用人单位应当按照劳动合同的约定为劳动者提供劳动条件以及岗位所需的劳动保护设施、用具等 2. 用人单位不应以暴力、威胁或者非法限制人身自由的手段强迫劳动者劳动 3. 用人单位不应违章指挥、强令冒险作业危及劳动者人身安全
规章制度	用人单位应依法制定本单位的规章制度,并依法履行民主程序和公示程序。用人单位制定的规章制度不得损害劳动者的权益

表 5-14-3 法律分析之劳动者单方解除劳动合同

内容		文件名称及文号	法条序号
劳动者提出的协商一致解除		《劳动合同法实施条例》(国务院令第 535 号)	第 18 条第 1 项
个人原因解除(须提前通知)		《劳动法》(2018 年修正)(主席令第 24 号)	第 31 条
		劳动部办公厅《关于印发〈关于《劳动法》若干条文的说明〉的通知》(劳办发〔1994〕289 号)	第 31 条
		劳动部《关于印发〈关于贯彻执行《中华人民共和国劳动法》若干问题的意见〉的通知》(劳部发〔1995〕309 号)	第 32 条
		劳动部《关于实行劳动合同制度若干问题的通知》(劳部发〔1996〕354 号)	第 18 条
		《劳动合同法》(2012 年修正)(主席令第 73 号)	第 37 条
		《劳动合同法实施条例》(国务院令第 535 号)	第 18 条第 2、3 项
因用人单位原因劳动者单方解除	随时通知解除	《劳动法》(2018 年修正)(主席令第 24 号)	第 32 条
		劳动部办公厅《关于印发〈关于《劳动法》若干条文的说明〉的通知》(劳办发〔1994〕289 号)	第 32 条
		《劳动合同法》(2012 年修正)(主席令第 73 号)	第 38 条第 1 款
		《劳动合同法实施条例》(国务院令第 535 号)	第 18 条第 4、5、6、7、8、9、10 项
	无须通知立即解除	《劳动合同法》(2012 年修正)(主席令第 73 号)	第 38 条第 2 款
		《劳动合同法实施条例》(国务院令第 535 号)	第 18 条第 11、12、13 项

要素六
社会保险

章节编号	章节名称
6-1	社会保险缴纳的合规管理
6-2	按时足额缴纳社会保险费的合规管理
6-3	职工基本养老保险的合规管理
6-4	医疗保险待遇先行支付的合规管理
6-5	失业保险待遇的合规管理

6-1 社会保险缴纳的合规管理

一、合规要求

(一)合规要求的要点

表6-1-1 与社会保险相关的法律责任

合规事项		法律责任
关于登记	用人单位未依法办理社会保险登记的(含变更、注销登记)	1. 由社会保险行政部门责令限期改正 2. 情节严重的,可以对直接负责的主管人员和其他直接责任人员处1000元以上5000元以下的罚款 3. 情节特别严重的,对直接负责的主管人员和其他直接责任人员可以处5000元以上10000元以下的罚款
关于申报	用人单位未依法申报社保缴费数额的	1. 按照该单位上月缴费额的110%确定应当缴纳数额;没有上月缴费数额的,由社会保险经办机构暂按该单位的经营状况、职工人数等有关情况确定应缴数额。缴费单位补办申报手续后,由社会保险费征收机构按照规定结算 2. 情节严重的,对直接负责的主管人员和其他直接责任人员可以处1000元以上5000元以下的罚款 3. 情节特别严重的,对直接负责的主管人员和其他直接责任人员可以处5000元以上10000元以下的罚款 ※4. 二个月以上不申报或据地税机关通知没有上月缴费数额的,暂按全省上年度职工平均工资基数和核定该单位和个人的应缴数额
关于缴费	缴费单位过错致使社会保险缴费基数无法确定的	1. 缴费单位违规是指缴费单位违反有关财务、会计、统计的法律、行政法规和国家有关规定,伪造、变造、故意毁灭有关账册、材料,或者不设账册,致使社会保险缴费基数无法确定 2. 依照有关法律、行政法规的规定给予行政处罚、纪律处分、刑事处罚,并依照本表关于申报的内容征缴 3. 迟延缴纳的,由劳动保障行政部门或者税务机关从欠缴之日起按日加收滞纳金,并对直接负责的主管人员和其他直接责任人员处5000元以上20000元以下的罚款
	用人单位未按时足额缴纳社会保险费的	1. 用人单位无故不缴纳社会保险费的,由社会保险费征收机构责令其限期缴纳或补足,自欠缴之日起按日加收滞纳金 2. 逾期仍不缴纳的,由有关行政部门处欠缴数额1倍以上3倍以下的罚款 3. 用人单位逾期拒不缴纳社会保险费、滞纳金的,由劳动保障行政部门或者税务机关申请人民法院依法强制征缴 4. 因用人单位过错导致迟延缴纳的,对用人单位直接负责的主管人员和其他直接责任人员处以5000元以上20000元以下罚款

续表

合规事项		法律责任
关于缴费	用人单位未依法代扣代缴社会保险费的	1.职工应当缴纳的社会保险费由用人单位代扣代缴 2.缴费单位未按规定缴纳和代扣代缴社会保险费的,由劳动保障行政部门或者税务机关责令限期缴纳 3.逾期仍不缴纳的,除补缴欠缴数额外,从欠缴之日起,按日加收2‰的滞纳金。滞纳金并入社会保险基金 4.应当给予警告,并可以处以5000元以下的罚款
关于监督检查	缴费单位妨碍监督检查的	1.缴费单位妨碍监督检查的行为主要有: (1)无理抗拒、阻挠劳动保障行政部门依照"劳动保障监察条例"的规定实施劳动保障监察的 (2)不按照劳动保障行政部门的要求报送书面材料,隐瞒事实真相,出具伪证或者隐匿、毁灭证据的 (3)经劳动保障行政部门责令改正拒不改正,或者拒不履行劳动保障行政部门的行政处理决定的 (4)打击报复举报人、投诉人的 2.由劳动保障行政部门责令改正,对有该项内容"1."前三项行为之一的,处2000元以上20000元以下的罚款 3.违反前款规定,构成违反治安管理行为的,由公安机关依法给予治安管理处罚;构成犯罪的,依法追究刑事责任
基金使用和社保待遇	挪用社会保险基金的	1.任何单位、个人挪用社会保险基金的,追回被挪用的社会保险基金 2.有违法所得的,没收违法所得,并入社会保险基金 3.构成犯罪的,依法追究刑事责任;尚不构成犯罪的,对直接负责的主管人员和其他直接责任人员依法给予行政处分
	骗取社会保险待遇的	1.用人单位以欺诈、伪造证明材料或者其他手段骗取社会保险待遇的,由社会保险行政部门责令退回骗取的社会保险金,处骗取金额2倍以上5倍以下的罚款 2.情节严重,构成犯罪的,依法追究刑事责任
与劳动者相关的	用人单位未按月告知缴纳社会保险明细的	由社会保险行政部门责令改正;逾期不改的,处2000元以上20000元以下的罚款
	用人单位拒不出具终止或者解除劳动关系证明,导致劳动者无法享受社会保险待遇的	用人单位在终止或者解除劳动合同时拒不向职工出具终止或者解除劳动关系证明,导致职工无法享受社会保险待遇的,用人单位应当依法承担赔偿责任

注:上表内容仅供参考,责任承担方式、数额的具体内容以具体行政机关作出的具体处理决定为准。

(二)合规要求的理解

1.依法为建立劳动关系的劳动者缴纳社会保险是用人单位的法定义务,该义务不因劳动者主动放弃或者经用人单位和劳动者协商一致不缴纳而免除。

2.用人单位应当注意的合规事项涉及社会保险的登记、申报、缴纳、社会保险基金、社会保险待遇、社会保险监督等。

(1)关于登记。《社会保险费征缴暂行条例》第8条、第9条和《社会保险法》第58条第1款规定的关于登记的内容如下:

a. 用人单位。

新登记,企业在办理登记注册时同步办理社会保险登记;其他缴费单位应当自成立之日起 30 日内申请办理社会保险登记。

变更登记,缴费单位的社会保险登记事项发生变更或者缴费单位依法终止的,应当自变更或者终止之日起 30 日内办理变更或者注销社会保险登记手续。

b. 劳动者。用人单位应当自用工之日起 30 日内为劳动者办理社会保险登记。

(2)关于申报。用人单位应按月向社会保险经办机构申报应缴纳的社会保险费数额,并在规定的期限内按核定后的数额缴纳社会保险费。

(3)关于缴纳。

①用人单位、劳动者应当依法按时以货币形式足额缴纳社会保险费。

②劳动者个人应当缴纳的社会保险费,由所在单位从其本人工资中代扣代缴,并按月告知劳动者缴纳社会保险费的明细。

二、合规实践

社会保险的管理制度相关内容:

1. 适用对象。

(1)用人单位应当为全日制劳动关系的劳动者(含试用期内的劳动者)缴纳社会保险(基本养老保险、基本医疗保险、工伤保险、生育保险、失业保险)。

(2)用人单位应当为非全日制劳动关系的劳动者缴纳工伤保险。

2. 用人单位应当按照规定及时为新进员工办理缴纳手续,为离职员工办理停缴手续。

(1)明确办理手续的责任部门、责任人;

(2)明确办理的时间节点,新进员工应在入职之日起 1 个月内办理完毕,离职员工应结合劳动者的离职时间和社会保险行政部门办理停缴手续的时间要求及时予以办理;

(3)明确办理缴纳/停缴手续时所需提交的资料,特别是对于非初次就业的劳动者,应当注意收取"解除/终止劳动合同的证明",及时协助其办理社会保险关系的转移、接续;

(4)明确办理手续时的内部流转程序及所需记录。

三、其他法律风险提示

(一)劳动合同解除管理

用人单位应当依法为劳动者办理社会保险缴费登记手续,避免劳动者因用人单位未依法为劳动者缴纳社会保险而单方解除劳动合同并要求支付经济补偿的法律风险。

(二) 离职程序管理制度

劳动者离职时,用人单位应当及时为其开具解除/终止劳动合同的证明,避免因未及时开具证明,导致劳动者因不能及时享受社会保险待遇(主要指失业保险待遇)或影响其再次就业而要求用人单位承担损失赔偿责任的风险。

表6-1-2 与社会保险缴纳管理相关的其他管理项点

相关要素名称	说明
劳动报酬	用于确定缴纳社会保险的基数
劳动用工管理	1. 用人单位应当为全日制劳动关系的劳动者缴纳社会保险的全部险种 2. 用人单位应当为非全日制劳动关系的劳动者缴纳工伤保险,其余险种不强制 3. 用人单位应当自用工之日起30日内为劳动者办理社会保险登记
劳动合同解除管理	1. 用人单位未依法为劳动者缴纳社会保险的,劳动者有权单方解除劳动合同并要求用人单位支付经济补偿 2. 用人单位将劳动者提交社会保险办理手续的相关资料作为录用条件之一,而劳动者确未提交的,用人单位可以劳动者不符合录用条件解除劳动合同
离职程序管理	劳动者离职的,用人单位应当为其及时办理社会保险转移手续

表6-1-3 法律分析之社会保险制度

内容	文件名称及文号	法条序号
参保要求与意义	《劳动法》(2018年修正)(主席令第24号)	第70条、第72条
	劳动部办公厅《关于印发〈关于《劳动法》若干条文的说明〉的通知》(劳办发〔1994〕289号)	第72条
	《社会保险法》(2018年修正)(主席令第25号)	第2条、第95条、第96条
社会保险待遇水平	《劳动法》(2018年修正)(主席令第24号)	第71条
	劳动部办公厅《关于印发〈关于《劳动法》若干条文的说明〉的通知》(劳办发〔1994〕289号)	第71条
社会保险待遇领取条件与内容	《劳动法》(2018年修正)(主席令第24号)	第73条
	劳动部办公厅《关于印发〈关于《劳动法》若干条文的说明〉的通知》(劳办发〔1994〕289号)	第73条
跨地区转移	《劳动合同法》(2012年修正)(主席令第73号)	第49条

表6-1-4 法律分析之社会保险的登记

内容		文件名称及文号	法条序号
参保登记	单位登记	《社会保险法》(2018年修正)(主席令第25号)	第57条第1款
		《社会保险费征缴暂行条例》(2019年修订)(国务院令第710号)	第8条
	劳动者登记	《社会保险法》(2018年修正)(主席令第25号)	第58条
	登记事项	《社会保险费征缴暂行条例》(2019年修订)(国务院令第710号)	第7条

续表

内容	文件名称及文号	法条序号
缴费登记	《陕西省税务征缴社会保险费暂行办法》（陕财发〔2000〕11号）	第3条
	《陕西省税务征缴社会保险费实施细则》（陕地税发〔2000〕67号）	第11条
	陕西省地方税务局《关于印发〈社会保险费征缴管理暂行办法〉的通知》（陕地税发〔2003〕254号）	第3条、第4条、第5条
变更、注销登记	《社会保险法》（2018年修正）（主席令第25号）	第57条第2款和第3款
	《社会保险费征缴暂行条例》（2019年修订）（国务院令第710号）	第9条
	《陕西省税务征缴社会保险费实施细则》（陕地税发〔2000〕67号）	第12条
	陕西省地方税务局《关于印发〈社会保险费征缴管理暂行办法〉的通知》（陕地税发〔2003〕254号）	第6条
	《陕西省城镇企业职工基本养老保险条例》（陕西省人大常委会公告第4号）	第15条

表6-1-5　法律分析之社会保险的申报

文件名称及文号	法条序号
《社会保险法》（2018年修正）（主席令第25号）	第60条
《社会保险费征缴暂行条例》（2019年修订）（国务院令第710号）	第10条
《陕西省税务征缴社会保险费实施细则》（陕地税发〔2000〕67号）	第13条、第18条、第19条、第20条
陕西省地方税务局《关于印发〈社会保险费征缴管理暂行办法〉的通知》（陕地税发〔2003〕254号）	第8条、第9条、第10条

表6-1-6　法律分析之社会保险的缴费

内容	文件名称及文号	法条序号
缴费主体	《社会保险费征缴暂行条例》（2019年修订）（国务院令第710号）	第2条第2款
	《陕西省税务征缴社会保险费实施细则》（陕地税发〔2000〕67号）	第6条
缴费形式与方式	《社会保险法》（2018年修正）（主席令第25号）	第60条
	《社会保险费征缴暂行条例》（2019年修订）（国务院令第710号）	第4条、第12条
	《陕西省税务征缴社会保险费实施细则》（陕地税发〔2000〕67号）	第17条

续表

内容	文件名称及文号	法条序号
缓缴社会保险费期间的社会保险待遇	《实施〈中华人民共和国社会保险法〉若干规定》(人力资源和社会保障部令第13号)	第23条
可以暂缓缴纳的情形		第21条、第22条
	《陕西省税务征缴社会保险费暂行办法》(陕财发〔2000〕11号)	第10条
	《陕西省税务征缴社会保险费实施细则》(陕地税发〔2000〕67号)	第21条
	陕西省地方税务局《关于印发〈社会保险费征缴管理暂行办法〉的通知》(陕地税发〔2003〕254号)	第11条
社会保险费缴纳情况的公布、公告、查询	《社会保险法》(2018年修正)(主席令第25号)	第4条、第61条
	《实施〈中华人民共和国社会保险法〉若干规定》(人力资源和社会保障部令第13号)	第17条
	《社会保险费征缴暂行条例》(2019年修订)(国务院令第710号)	第16条、第17条
	《陕西省税务征缴社会保险费实施细则》(陕地税发〔2000〕67号)	第24条
不计入缴费基数的项目	《关于规范社会保险缴费基数有关问题的通知》(劳社险中心函〔2006〕60号)	第4条

表6-1-7 法律分析之社会保险的监督检查

内容		文件名称及文号	法条序号
监督检查对象		《社会保险费征缴监督检查办法》(劳动和社会保障部令第3号)	第2条
监督检查实施主体		《社会保险法》(2018年修正)(主席令第25号)	第7条、第8条、第77条
		《社会保险费征缴暂行条例》(2019年修订)(国务院令第710号)	第5条、第20条
监督检查的内容		《社会保险费征缴监督检查办法》(劳动和社会保障部令第3号)	第6条
		《陕西省税务征缴社会保险费实施细则》(陕地税发〔2000〕67号)	第25条
监督检查的实施	实施方式	《社会保险费征缴暂行条例》(2019年修订)(国务院令第710号)	第18条、第19条
	通报制度	《社会保险费征缴监督检查办法》(劳动和社会保障部令第3号)	第3条
			第4条
	年检		第8条
	举报	《社会保险费征缴暂行条例》(2019年修订)(国务院令第710号)	第21条
		《社会保险费征缴监督检查办法》(劳动和社会保障部令第3号)	第7条
		《陕西省税务征缴社会保险费实施细则》(陕地税发〔2000〕67号)	第28条
		《工伤保险条例》(2010年修订)(国务院令第586号)	第52条

续表

内容		文件名称及文号	法条序号
监督检查的权利义务	权利	《社会保险费征缴监督检查办法》(劳动和社会保障部令第3号)	第10条
		《陕西省税务征缴社会保险费实施细则》(陕地税发〔2000〕67号)	第26条
		《社会保险费征缴暂行条例》(2019年修订)(国务院令第710号)	第18条、第19条、第20条
	义务	《社会保险费征缴监督检查办法》(劳动和社会保障部令第3号)	第9条、第11条
		《陕西省税务征缴社会保险费实施细则》(陕地税发〔2000〕67号)	第27条
	保密	《社会保险法》(2018年修正)(主席令第25号)	第81条
		《实施〈中华人民共和国社会保险法〉若干规定》(人力资源和社会保障部令第13号)	第18条
	法律责任	《社会保险费征缴监督检查办法》(劳动和社会保障部令第3号)	第20条

表6-1-8 法律分析之社会保险稽核

内容	文件名称及文号	法条序号
定义	《社会保险稽核办法》(劳动和社会保障部令第16号)	第2条
负责机构		第3条
	陕西省地方税务局《关于印发〈社会保险费征缴管理暂行办法〉的通知》(陕地税发〔2003〕254号)	第36条
职权	《社会保险稽核办法》(劳动和社会保障部令第16号)	第5条
义务		第6条
回避		第7条
稽核方式		第8条
稽核内容		第9条
稽核程序		第10条
法律责任		第11条、第12条

表6-1-9 法律分析之社会保险争议解决方式

内容	文件名称及文号	法条序号
社会保险的行政复议或诉讼	《社会保险法》(2018年修正)(主席令第25号)	第83条
	《社会保险费征缴暂行条例》(2019年修订)(国务院令第710号)	第25条
	《社会保险费征缴监督检查办法》(劳动和社会保障部令第3号)	第18条、第19条
	《陕西省税务征缴社会保险费实施细则》(陕地税发〔2000〕67号)	第33条

续表

内容	文件名称及文号	法条序号
社会保险的行政复议或诉讼	《社会保险基金先行支付暂行办法》(2018年修订)(人力资源和社会保障部令第38号)	第17条
	《工伤保险条例》(2010年修订)(国务院令第586号)	第55条
	《工伤保险辅助器具配置管理办法》(2018年修订)(人力资源和社会保障部令第38号)	第25条
用人单位与劳动者之间的社会保险争议	《实施〈中华人民共和国社会保险法〉若干规定》(人力资源和社会保障部令第13号)	第27条

表6-1-10 法律分析之与社会保险有关的法律责任

内容	文件名称及文号	法条序号
用人单位未按规定办理社保登记的（含变更、注销登记）	《社会保险法》(2018年修正)(主席令第25号)	第84条
	《社会保险费征缴暂行条例》(2019年修订)(国务院令第710号)	第23条
	《社会保险费征缴监督检查办法》(劳动和社会保障部令第3号)	第12条、第16条、第17条
	《陕西省税务征缴社会保险费实施细则》(陕地税发〔2000〕67号)	第31条
用人单位未按规定申报的	《社会保险法》(2018年修正)(主席令第25号)	第62条
	《社会保险费征缴暂行条例》(2019年修订)(国务院令第710号)	第10条第2款、第23条
	《社会保险费征缴监督检查办法》(劳动和社会保障部令第3号)	第12条、第16条、第17条
	《陕西省税务征缴社会保险费实施细则》(陕地税发〔2000〕67号)	第14条、第31条
缴费单位过错导致社会保险缴费基数无法确定的	《社会保险费征缴暂行条例》(2019年修订)(国务院令第710号)	第24条
用人单位未依法代扣代缴的	《实施〈中华人民共和国社会保险法〉若干规定》(人力资源和社会保障部令第13号)	第20条
	《社会保险费征缴暂行条例》(2019年修订)(国务院令第710号)	第13条
	《社会保险费征缴监督检查办法》(劳动和社会保障部令第3号)	第14条
用人单位未按月告知劳动者缴纳社会保险明细的	《实施〈中华人民共和国社会保险法〉若干规定》(人力资源和社会保障部令第13号)	第24条
	《劳动保障监察条例》(国务院令第423号)	第30条
	《社会保险费征缴监督检查办法》(劳动和社会保障部令第3号)	第14条
骗取社会保险待遇的	《社会保险法》(2018年修正)(主席令第25号)	第87条、第88条
	《实施〈中华人民共和国社会保险法〉若干规定》(人力资源和社会保障部令第13号)	第25条
	《工伤保险条例》(2010年修订)(国务院令第586号)	第60条

续表

内容	文件名称及文号	法条序号
社会保险费流失的	《社会保险费征缴暂行条例》(2019年修订)(国务院令第710号)	第27条
	《陕西省税务征缴社会保险费实施细则》(陕地税发〔2000〕67号)	第35条
挪用社会保险金的	《社会保险费征缴暂行条例》(2019年修订)(国务院令第710号)	第28条
	《工伤保险条例》(2010年修订)(国务院令第586号)	第56条
用人单位拒不出具终止、解除劳动合同证明的	《社会保险法》(2018年修正)(主席令第25号)	第85条
	《实施〈中华人民共和国社会保险法〉若干规定》(人力资源和社会保障部令第13号)	第19条
伪造、变造社会保险登记证的	《社会保险费征缴监督检查办法》(劳动和社会保障部令第3号)	第14条
缴费单位妨碍监督检查的		第15条
	《劳动保障监察条例》(国务院令第423号)	第30条

按时足额缴纳社会保险费的合规管理

一、合规要求

(一)合规要求的要点

表6-2-1 用人单位未按时足额缴纳社会保险费的法律应用流程

阶段	操作流程	操作内容与说明	涉及主体	记录
适用条件	用人单位未及时足额缴纳社会保险费的	用人单位未依法按时足额缴纳社会保险费时适用本程序	1.社会保险征收机构 2.用人单位	社会保险管理制度
责令补缴通知	社会保险征收机构责令用人单位限期缴纳或者补足 → 用人单位是否按期足额补缴	《社会保险法》第86条规定,用人单位未按时足额缴纳社会保险费的,由社会保险费征收机构责令限期缴纳或者补足,并自欠缴之日起,按日加收万分之五的滞纳金;逾期仍不缴纳的,由有关行政部门处欠缴数额1倍以上3倍以下的罚款	1.社会保险征收机构 2.用人单位	—
账户查询	社会保险征收机构可向银行和其他金融机构查询其存款账户	用人单位逾期仍未缴纳或者补足社会保险费的,社会保险费征收机构可以向银行和其他金融机构查询其存款账户	1.社会保险征收机构 2.开户银行或金融机构	—
划拨决定	社会保险征收机构可向县级以上有关行政部门申请作出社会保险费的划拨决定;书面通知用人单位的开户银行或其他金融机构划拨社会保险费	—	1.社会保险征收机构 2.县级以上相关行政部门	—
予以划拨	账户余额少于应当缴纳的社会保险费的；账户余额大于或等于应当缴纳的社会保险费的；开户银行或其他金融机构划拨用人单位应缴未缴的社会保险费	社会保险征收机构根据用人单位账户余额情况作出不同的处理方式	1.社会保险征收机构 2.开户银行或金融机构	—

续表

阶段	操作流程	操作内容与说明	涉及主体	记录
担保和延期缴费协议	社会保险费征收机构可以要求用人单位提供担保签订延期缴费协议 → 用人单位是否按要求提供担保	—	1.社会保险征收机构 2.用人单位	—
欠缴费用的补缴、清偿	是：用人单位根据延期缴费协议按时足额缴纳社会保险费 否：社会保险费征收机构可申请人民法院扣押、查封、拍卖用人单位的价值相当与应缴社会保险费的财产 → 以拍卖所得抵缴用人单位的社会保险费 → 程序结束	—	1.社会保险征收机构 2.用人单位 3.人民法院	—

(二)合规要求的理解

1.用人单位、劳动者应当按时足额缴纳社会保险费。除不可抗力等法定事由外,不得缓缴、减免。

社会保险包括基本养老保险、基本医疗保险、工伤保险、失业保险、生育保险。

2."足额"的理解。

(1)"足额"主要是指缴费基数,即计算应缴纳的社会保险费数额时所依据的劳动者的工资基数。

(2)计入缴费基数的工资包括计时工资、计件工资、奖金、津贴、补贴、加班加点工资、其他工资(如附加工资、保留工资以及调整工资补发的上年工资等)、特殊项目构成的工资。

3.从计入社会保险缴费基数的工资可知,若用人单位仅按照最低工资标准,或者仅以劳动者的基本工资作为缴费基数,可能导致"未足额缴纳社会保险费"。

用人单位为劳动者建立社会保险账户后缴纳数额不足的,属于社会保险行政机构、征收机构应当管理的范围。同时,劳动者也可以向有权的管理机构举报、投诉。

4.用人单位未按时足额缴纳社会保险的,将对劳动者造成以下直接影响:

(1)基本养老保险,可能会影响累计缴费年限的时长,或者影响基本养老金的数额。

(2)基本医疗保险,劳动者无法享受基本医疗保险待遇,因此给劳动者造成的损失,由用人单位承担。

(3)生育保险,使劳动者无法享受生育保险的医疗待遇,因此给劳动者造成的损失,由用人单位承担;由生育保险基金支付的生育津贴对应的产假期间的工资,由用人单位自行负担。

(4)工伤保险,当劳动者被认定为工伤时,劳动者的工伤医疗待遇、伤残待遇、工亡待遇等本应由工伤保险基金支付的费用全部由用人单位负担。

(5)失业保险,当劳动者的劳动合同解除或者终止符合领取失业保险待遇条件,但劳动者无法享受时,由用人单位赔偿劳动者的损失。

5.缴费单位逾期拒不缴纳社会保险费、滞纳金的,由劳动保障行政部门或者税务机关申请人民法院依法强制征缴。

二、合规实践

关于社会保险的管理制度。

1.用人单位应当依法确定社会保险的缴费基数;

2.依法按时申报、缴纳社会保险费:

(1)明确办理手续的责任部门、责任人;

(2)明确各项社会保险的申报、缴纳时间,并及时安排办理;

(3)明确办理手续时的内部流转程序及所需记录。

表6-2-2 与按时足额缴纳社会保险费管理相关的其他管理项点

相关要素名称	说明
劳动报酬	用人单位应依照劳动者个人的劳动报酬依法确定社会保险缴纳基数

表6-2-3 法律分析之未按时足额缴纳社会保险费的处理

文件名称及文号	法条序号
《劳动法》(2018年修正)(主席令第24号)	第100条
《社会保险法》(2018年修正)(主席令第25号)	第63条、第86条
《实施〈中华人民共和国社会保险法〉若干规定》(人力资源和社会保障部令第13号)	第29条
《社会保险费征缴暂行条例》(2019年修订)(国务院令第710号)	第26条
《社会保险费征缴监督检查办法》(劳动和社会保障部令第3号)	第13条、第16条、第17条
《陕西省税务征缴社会保险费暂行办法》(陕财发〔2000〕11号)	第9条
《陕西省税务征缴社会保险费实施细则》(陕地税发〔2000〕67号)	第32条、第34条
陕西省地方税务局《关于印发〈社会保险费征缴管理暂行办法〉的通知》(陕地税发〔2003〕254号)	第12条、第13条、第31条、第32条、第35条

6-3

职工基本养老保险的合规管理

一、合规要求

(一)合规要求的要点

1. 基本养老保险待遇综述。

表6-3-1 基本养老保险待遇综述

待遇内容		领取条件	说明
基本养老金		参加基本养老保险的个人达到法定退休年龄时累计缴费满15年的,按月领取基本养老金	以当地规定为准
病残津贴		参加基本养老保险的个人在未达到法定退休年龄时因病或者非因工致残完全丧失劳动能力的,可以领取病残津贴。所需资金从基本养老保险基金中支付	以当地规定为准
遗属待遇	丧葬补助金	参加企业职工基本养老保险的人员(包括在职人员和退休人员)因病或非因工死亡的,其遗属可以领取丧葬补助金和抚恤金(以下简称遗属待遇)。遗属待遇为一次性待遇	详见本书6-3基本养老保险的遗属待遇相关说明
	抚恤金		
个人所得税		1.企事业单位和个人按照国家或省(自治区、直辖市)人民政府规定的缴费比例或办法实际缴付的社会保险费免征个人所得税;超过规定的比例和标准缴付的,应将超过部分并入个人当期的工资、薪金收入,计征个人所得税 2.个人实际领(支)取原提存的基本养老保险金、基本医疗保险金、失业保险金和住房公积金时,免征个人所得税	

2. 基本养老金。

表6-3-2 基本养老保险待遇之基本养老金相关问题

适用条件分解	相关问题描述	问题理解
参加基本养老保险	缴费年限	劳动者实际缴纳基本养老保险费的年限
	视同缴费年限	1.劳动者在其个人实际缴纳基本养老保险费前,符合国家规定的计算连续工龄的工作时间 2.国有企业、事业单位职工在视同缴费年限期间应当缴纳的基本养老保险费由政府承担 ※3.实行个人缴纳基本养老保险费制度前,职工参加工作的年限,经县级以上劳动行政部门审核确认后,视为缴纳基本养老保险费的年限

续表

适用条件分解	相关问题描述	问题理解	
达到法定退休年龄	一般规定	1.国家法定的企业职工退休年龄是:男年满60周岁,女工人年满50周岁,女干部年满55周岁 2.对职工出生时间的认定,实行居民身份证与职工档案相结合的办法。当本人身份证与档案记载的出生时间不一致时,以本人档案最先记载的出生时间为准	
	特殊工种	1.从事井下、高空、高温、特别繁重体力劳动或其他有害身体健康工作(以下简称特殊工种)的,退休年龄为男年满55周岁、女年满45周岁 2.从事高空和特别繁重体力劳动的必须在该工种岗位上工作累计满10年,从事井下和高温工作的必须在该工种岗位上工作累计满9年,从事其他有害身体健康工作的必须在该工种岗位上工作累计满8年 3.原行业主管部门对从事特殊工种年限有特殊规定的,按其规定执行,但不得低于国家规定的年限标准。认定特殊工种范围按原劳动部和有关行业主管部门批准公布的特殊工种名录执行 ※4.符合特殊工种提前退休条件的职工,可在特殊工种退休年龄和正常退休年龄之间选定任意年龄向所在单位提出退休申请,经单位公示无异议后,按规定申报办理退休。退休年龄一经选定并办理退休手续后,不得更改	
	因病退休	经地市级劳动保障部门指定的县级以上医院负责医疗诊断,并出具证明,劳动者因病或非因工致残完全丧失劳动能力的,退休年龄为男年满55周岁、女年满45周岁	
累计缴费满15年的	累计缴费年限满15年的	达到法定退休年龄时累计缴费已满15年的,办理退休手续的次月起,按月领取基本养老金	
	累计缴费年限不满15年的	延长缴费	个人达到法定退休年龄时,累计缴费不足15年的,可以延长缴费至满15年。社会保险法实施前参保、延长缴费5年后仍不足15年的,可以一次性缴费至满15年
		继续参加基本养老保险	※1.若本人自愿,单位同意,可以继续参加基本养老保险 ※2.未与单位终止劳动关系的,由单位和职工本人继续按照企业职工的缴费办法缴费,直至缴费年限满15年时办理退休,按月领取基本养老金 ※3.与单位终止劳动关系的,可以个人身份继续参加基本养老保险,档案移交至当地劳动保障部门所属的公共职业介绍机构托管,由本人按规定的基数和比例继续缴费直至交费年限满15年时办理退休,按月领取基本养老金(女职工须满55周岁后办理退休)
		转入新型农村或城镇居民基本养老保险	也可以转入新型农村社会养老保险或者城镇居民社会养老保险,按照国务院规定享受相应的养老保险待遇
		终止基本养老保险关系	参加职工基本养老保险的个人达到法定退休年龄后,累计缴费不足15年(含延长缴费),且未转入新型农村社会养老保险或者城镇居民社会养老保险的,个人可以书面申请终止职工基本养老保险关系。终止职工基本养老保险关系的,将个人账户储存额一次性支付给本人

续表

适用条件分解	相关问题描述	问题理解
个人	同时参加城镇职工养老保险和城乡居民养老保险的	参保人员在同一年度内同时参加城镇职工养老保险和城乡居民养老保险的,其重复缴费时段(按月计算,下同)只计算城镇职工养老保险缴费年限,并将城乡居民养老保险重复缴费时段相应个人缴费和集体补助退还本人
	重复领取社会保险待遇的	由本人与社会保险经办机构协商确定保留其中一个养老保险关系并继续领取待遇,其他的养老保险关系应予以清理,个人账户剩余部分一次性退还本人
	享受伤残津贴的工伤职工	工伤职工符合领取基本养老金条件的,停发伤残津贴,享受基本养老保险待遇。基本养老保险待遇低于伤残津贴的,从工伤保险基金中补足差额
	失业人员	※职工失业期间到达法定退休年龄的,办理退休手续后,按规定享受基本养老保险待遇
	退休人员出国定居的	※按月享受基本养老金的退休人员出国定居的,可继续按月发给基本养老金;也可以按平均寿命年限(我省平均寿命按70周岁计算),以出国定居前12个月本人平均基本养老金数额为基数一次性结清,同时终止养老保险关系
	退休人员被判处有期徒刑的	※退休人员被判处有期徒刑以及以上刑罚的,服刑期间不享受基本养老保险待遇;刑满释放后的基本养老保险待遇按服刑前的标准发给,并参加以后的基本养老金调整 退休人员被判处有期徒刑缓刑期间,可以继续享受基本养老保险待遇,但不参加基本养老金调整

注:1."※"内容系陕西省规定,其他地方请以当地规定为准。
2.以上内容系依据国家、地方现行法律法规总结,具体办理还应以当地规定为准。

3.基本养老保险的遗属待遇。

表6-3-3 基本养老保险待遇之遗属待遇

<table>
<tr><th colspan="2">待遇内容</th><th colspan="2">数额标准</th></tr>
<tr><th colspan="2"></th><th>在职人员</th><th>退休人员</th></tr>
<tr><td colspan="2">丧葬补助金</td><td colspan="2">丧葬补助金按照参保人员死亡时本省(自治区、直辖市,以下简称本省)上一年度城镇居民月人均可支配收入的2倍计算</td></tr>
<tr><td rowspan="9">抚恤金</td><td>计算基数</td><td colspan="2">以死亡时本省上一年度城镇居民月人均可支配收入为基数</td></tr>
<tr><td>发放月数的计算依据</td><td>根据本人的缴费年限(包括实际缴费年限和视同缴费年限,下同)确定发放月数</td><td>根据本人在职时的缴费年限确定最高发放月数(计算方法与在职人员相同)</td></tr>
<tr><td rowspan="6">发放月数的确定</td><td colspan="2">缴费年限 / 发放月数</td></tr>
<tr><td>不满5年的 / 3个月</td><td rowspan="5">每领取1年基本养老金减少1个月,发放月数最低为9个月</td></tr>
<tr><td>满5年不满10年的 / 6个月</td></tr>
<tr><td>满10年不超过15年(含15年) / 9个月</td></tr>
<tr><td>15年以上的 / 每多缴费1年,发放月数增加1个月</td></tr>
<tr><td>30年以上的 / 按30年计算,发放月数最高为24个月</td></tr>
<tr><td>待遇领取地</td><td>其最后养老保险关系所在地(含临时基本养老保险缴费账户所在地)</td><td>其企业职工基本养老保险待遇领取地</td></tr>
</table>

续表

待遇内容	数额标准	
	在职人员	退休人员
待遇上限	参保人员因病或非因工死亡,累计缴费年限不足5年的,其遗属待遇标准不得超过其个人缴费之和(灵活就业等以个人身份参保人员以计入个人账户部分计算)	
待遇竞合时的选择	1.参保人员因病或非因工死亡,同时符合企业职工基本养老保险、城乡居民基本养老保险遗属待遇条件的,由其遗属选择其中一种领取 2.已办理企业职工基本养老保险和城乡居民基本养老保险制度衔接手续并领取城乡居民基本养老保险待遇后死亡的,其遗属不再享受企业职工基本养老保险遗属待遇	

注:1.遗属待遇所述缴费年限和领取基本养老金时间计算到月。遗属待遇为一次性待遇,所需资金从企业职工基本养老保险统筹基金中列支。

2.参保人员因下落不明被人民法院宣告死亡的,以人民法院宣告的死亡日期作为其死亡时间,其遗属可以领取遗属待遇。被宣告死亡参保人员再次出现的,已领取的遗属待遇应予退还。

(二)合规要求的理解

1.基本养老保险用以保障公民在年老时依法从国家和社会获得物质帮助的权利。本节是指职工基本养老保险。

2.职工基本养老保险费由用人单位和劳动者分别按照国家规定的各自的缴费比例共同缴纳。

用人单位的缴费计入基本养老保险统筹基金;劳动者的缴费计入个人账户。

3.劳动者跨省流动就业的,应当转移基本养老保险关系;另外,城镇职工基本养老保险和城乡居民基本养老保险之间可以办理衔接手续。

4.职工基本养老保险待遇的内容。

(1)基本养老金。

①享受基本养老金的条件详见表6-3-2基本养老保险待遇之基本养老金相关问题。

②应注意基本养老金待遇与享受伤残津贴的工伤职工或者失业人员待遇的衔接。

(2)遗属待遇。

①遗属待遇是参加基本养老保险的个人因病或非因工死亡时其遗属可以领取的丧葬补助金和抚恤金的统称。

②遗属是指符合《民法典》"继承编"规定的死亡人员的继承人。

③遗属待遇的主要依据为《企业职工基本养老保险遗属待遇暂行办法》(人社部发〔2021〕18号)。主要内容详见表6-3-3基本养老保险待遇之遗属待遇。

(3)病残津贴。

①劳动者依法缴纳了基本养老保险;

②劳动者存在因病或者非因工致残并完全丧失劳动能力的情形;

③该情形发生于劳动者未达到法定退休年龄时;

④病残津贴的申领程序、津贴标准以用人单位所在地的有关规定为准。

5. 最高人民法院《关于审理劳动争议案件适用法律问题的解释(一)》第1条第5项和第6项规定,用人单位未依法为劳动者缴纳职工基本养老保险且社会保险经办机构不能补办,导致劳动者无法享受基本养老保险待遇的,属于人民法院应予受理的劳动争议的范围。

二、合规实践

(一)社会保险的管理制度

1. 针对基本养老保险的管理,用人单位应当:

(1)规定办理基本养老保险待遇的责任部门、职责权限、办理流程、审批权限及所需过程记录;

(2)依法规定为新入职劳动者办理社会保险缴费手续的时限;

(3)规定为达到法定退休年龄的劳动者办理退休手续的时限,根据劳动者的退休时间、经办行政部门办理周期,做好内部准备并及时递交给经办行政部门,以确保劳动者能及时领取基本养老金;

(4)规定每月申报、缴费的操作规程与时限。

2. 在遗属办理待遇领取申领手续时,用人单位应当给予必要的协助。

(二)劳动用工管理制度、劳动合同终止管理制度

1. 劳动者开始领取基本养老金时,用人单位与劳动者的劳动关系因劳动者失去了"劳动者主体资格"而终止;

2. 用人单位继续让劳动者提供劳动的,双方之间建立的是受民事法律调整的雇佣关系,可以根据双方的合作形式签订相应的民事合同,如劳务合同、承揽合同等。

(三)离职程序管理制度

劳动合同终止,用人单位不再继续用工的,可以要求劳动者办理工作交接,结清劳动报酬等,因劳动者享受基本养老保险待遇而终止的,用人单位无须支付经济补偿。

三、其他法律风险提示

作为用人单位,其应依法为劳动者缴纳职工基本养老保险,以避免劳动者因其过错不能享受相关待遇时,其承担相关损失的法律风险。

表6-3-4 与职工基本养老保险管理相关的其他管理项点

相关要素名称	说明
劳动用工管理	用人单位应当为全日制劳动关系的劳动者缴纳包含职工基本养老保险在内的全部社会保险

续表

相关要素名称	说明
劳动合同终止管理	既指劳动者开始依法享受基本养老保险待遇,劳动合同终止;也指用人单位雇佣已经享受基本养老保险待遇的人员时,因劳动者不符合《劳动法》规定的劳动者的主体资格,双方不能建立劳动关系
离职程序管理	用人单位应当为达到法定退休年龄的劳动者及时办理退休手续

表6-3-5 法律分析之职工基本养老保险概述

内容	文件名称及文号	法条序号
基本养老保险的类型	《社会保险法》(2018年修正)(主席令第25号)	第10条、第20条、第21条、第22条
基本养老保险基金		第11条
	《陕西省城镇企业职工基本养老保险条例》(陕西省人大常委会公告第4号)	第5条、第33条、第35条、第36条、第38条
职工基本养老保险的参保范围	《社会保险法》(2018年修正)(主席令第25号)	第10条
	《陕西省城镇企业职工基本养老保险条例》(陕西省人大常委会公告第4号)	第2条、第3条、第51条
	陕西省人民政府《关于完善企业职工基本养老保险制度的实施意见》(陕政发〔2006〕27号)	第3条
	陕西省人力资源和社会保障厅《关于完善基本养老保险政策有关问题的通知》(陕劳社发〔2008〕6号)	第2条、第3条
负责机构	《陕西省城镇企业职工基本养老保险条例》(陕西省人大常委会公告第4号)	第7条
缴费	《社会保险法》(2018年修正)(主席令第25号)	第10条、第12条、第13条
	《陕西省城镇企业职工基本养老保险条例》(陕西省人大常委会公告第4号)	第10条、第16条、第17条、第18条
	陕西省劳动和社会保障厅《关于工伤1—4级职工缴纳基本养老保险费有关问题的通知》(陕劳社发〔2005〕125号)	第1条、第2条
个人账户	《社会保险法》(2018年修正)(主席令第25号)	第14条
	《实施〈中华人民共和国社会保险法〉若干规定》(人力资源和社会保障部令第13号)	第6条
	《陕西省城镇企业职工基本养老保险条例》(陕西省人大常委会公告第4号)	第21条、第22条、第23条、第25条

表6-3-6 法律分析之职工基本养老保险待遇

内容	文件名称及文号	法条序号
基本养老金	《社会保险法》(2018年修正)(主席令第25号)	第16条
		第17条
其他待遇	陕西省人社厅、省财政厅《关于参加企业职工基本养老保险的个人死亡后遗属待遇发放有关问题的通知》(陕人社发〔2013〕65号)	第1条、第3条
	陕西省人力资源和社会保障厅《关于执行陕人社发〔2013〕65号文件有关问题的通知》(陕人社函〔2014〕142号)	第1条、第6条

表 6-3-7　法律分析之用人单位有特殊情况时基本养老保险的缴费

内容	文件名称及文号	法条序号
合并、兼并、转让的	《陕西省城镇企业职工基本养老保险条例》(陕西省人大常委会公告第4号)	第16条
		第17条
企业因破产、解散等终止的	劳动和社会保障部《关于完善城镇职工基本养老保险政策有关问题的通知》(劳社部发〔2001〕20号)	第5条
	陕西省劳动厅《关于印发〈陕西省城镇企业职工基本养老保险若干问题处理意见〉的通知》(陕劳发〔1999〕6号)	第5条
成建制跨省搬迁的	劳动和社会保障部《关于完善城镇职工基本养老保险政策有关问题的通知》(劳社部发〔2001〕20号)	第7条
	《关于城镇企业职工基本养老保险关系转移接续若干问题的通知》(人社部规〔2016〕5号)	第7条
困难集体企业	陕西省人民政府《关于完善企业职工基本养老保险制度的实施意见》(陕政发〔2006〕27号)	第3条第5项

表 6-3-8　法律分析之基本养老金的领取条件

文件名称及文号	法条序号
劳动部《关于实行劳动合同制度若干问题的通知》(劳部发〔1996〕354号)	第16条
国务院《关于建立统一的企业职工基本养老保险制度的决定》(国发〔1997〕26号)	第5条
国务院《关于完善企业职工基本养老保险制度的决定》(国发〔2005〕38号)	第6条
《陕西省城镇企业职工基本养老保险条例》(陕西省人大常委会公告第4号)	第26条、第27条、第30条
陕西省劳动厅《关于印发〈陕西省城镇企业职工基本养老保险若干问题处理意见〉的通知》(陕劳发〔1999〕6号)	第19条
陕西省人民政府《关于完善企业职工基本养老保险制度的实施意见》(陕政发〔2006〕27号)	第6条第2款

表 6-3-9　法律分析之退休年龄

文件名称及文号	法条序号
国务院《关于工人退休、退职的暂行办法》(国发〔1978〕104号)	第1条
劳动和社会保障部《关于制止和纠正违反国家规定办理企业职工提前退休有关问题的通知》(劳社部发〔1999〕8号)	第1条、第2条
陕西省人力资源和社会保障厅《关于进一步加强企业特殊工种提前退休管理工作的通知》(陕人社函〔2020〕528号)	第1条

表 6-3-10　法律分析之关于缴费年限

内容	文件名称及文号	法条序号
一般规定	《社会保险法》(2018年修正)(主席令第25号)	第19条
	《陕西省城镇企业职工基本养老保险条例》(陕西省人大常委会公告第4号)	第14条
	陕西省劳动厅《关于印发〈陕西省城镇企业职工基本养老保险若干问题处理意见〉的通知》(陕劳发〔1999〕6号)	第7条、第18条

续表

内容	文件名称及文号	法条序号
视同缴费年限	《社会保险法》(2018年修正)(主席令第25号)	第13条
	国务院办公厅《关于转发人力资源社会保障部、财政部城镇企业职工基本养老保险关系转移接续暂行办法的通知》(国办发〔2009〕66号)	第12条
	《关于城镇企业职工基本养老保险关系转移接续若干问题的通知》(人社部规〔2016〕5号)	第1条第2款、第2条
	《陕西省城镇企业职工基本养老保险条例》(陕西省人大常委会公告第4号)	第13条
特殊工种的折算工龄	陕西省劳动厅《关于印发〈陕西省城镇企业职工基本养老保险若干问题处理意见〉的通知》(陕劳发〔1999〕6号)	第30条第4项
特殊工种劳动者退休	劳动和社会保障部《关于完善城镇职工基本养老保险政策有关问题的通知》(劳社部发〔2001〕20号)	第8条
	陕西省人力资源和社会保障厅《关于完善基本养老保险政策有关问题的通知》(陕劳社发〔2008〕6号)	第4条
城镇职工养老保险和城乡居民养老保险的衔接	《城乡养老保险制度衔接暂行办法》(人社部发〔2014〕17号)	第3条、第5条、第6条、第7条

表6-3-11 法律分析之累计缴费不足15年的

文件名称及文号	法条序号
《社会保险法》(2018年修正)(主席令第25号)	第16条
《实施〈中华人民共和国社会保险法〉若干规定》(人力资源和社会保障部令第13号)	第2条、第3条、第4条
《陕西省城镇企业职工基本养老保险条例》(陕西省人大常委会公告第4号)	第29条
陕西省人民政府《关于完善企业职工基本养老保险制度的实施意见》(陕政发〔2006〕27号)	第6条第2款第4项
陕西省人力资源和社会保障厅《关于完善基本养老保险政策有关问题的通知》(陕劳社发〔2008〕6号)	第5条
陕西省劳动厅《关于印发〈陕西省城镇企业职工基本养老保险若干问题处理意见〉的通知》(陕劳发〔1999〕6号)	第20条、第21条、第22条

表6-3-12 法律分析之待遇领取地

内容	文件名称及文号	法条序号
基本养老保险关系在户籍所在地的	国务院办公厅《关于转发人力资源社会保障部、财政部城镇企业职工基本养老保险关系转移接续暂行办法的通知》(国办发〔2009〕66号)	第6条第1项
	《关于城镇企业职工基本养老保险关系转移接续若干问题的通知》(人社部规〔2016〕5号)	第1条第1款
基本养老保险关系不在户籍所在地的	国务院办公厅《关于转发人力资源社会保障部、财政部城镇企业职工基本养老保险关系转移接续暂行办法的通知》(国办发〔2009〕66号)	第6条第2项、第3项、第4项
	《关于城镇企业职工基本养老保险关系转移接续若干问题的通知》(人社部规〔2016〕5号)	第1条第1款、第8条
衔接后确定待遇领取地	《城乡养老保险制度衔接暂行办法》(人社部发〔2014〕17号)	第4条

表6-3-13 法律分析之劳动者有特殊情况时的基本养老金待遇

内容	文件名称及文号	法条序号
流动就业的参保人员	《实施〈中华人民共和国社会保险法〉若干规定》（人力资源和社会保障部令第13号）	第5条
	国务院办公厅《关于转发人力资源社会保障部、财政部城镇企业职工基本养老保险关系转移接续暂行办法的通知》（国办发〔2009〕66号）	第8条
同时参加城镇职工养老保险和城乡居民养老保险的	《城乡养老保险制度衔接暂行办法》（人社部发〔2014〕17号）	第7条、第8条
重复领取社会保险待遇的	《关于城镇企业职工基本养老保险关系转移接续若干问题的通知》（人社部规〔2016〕5号）	第5条
享受伤残津贴的工伤人员	《社会保险法》（2018年修正）（主席令第25号）	第40条
	《工伤保险条例》（2010年修订）（国务院令第586号）	第35条第3项
	陕西省劳动和社会保障厅《关于工伤1—4级职工缴纳基本养老保险费有关问题的通知》（陕劳社发〔2005〕125号）	第3条
	《陕西省实施〈工伤保险条例〉办法》（2011年修订）（陕西省人民政府令第148号）	第22条
失业人员	陕西省劳动厅《关于印发〈陕西省城镇企业职工基本养老保险若干问题处理意见〉的通知》（陕劳发〔1999〕6号）	第24条
退休人员出国定居的		第27条
职工被劳动教养或被判处有期徒刑的		第28条
退休人员被判处有期徒刑的		第29条
农村户籍的劳动者	劳动和社会保障部《关于完善城镇职工基本养老保险政策有关问题的通知》（劳社部发〔2001〕20号）	第4条
	国务院办公厅《关于转发人力资源社会保障部、财政部城镇企业职工基本养老保险关系转移接续暂行办法的通知》（国办发〔2009〕66号）	第9条
劳动者退职的	劳动和社会保障部《关于完善城镇职工基本养老保险政策有关问题的通知》（劳社部发〔2001〕20号）	第6条

表6-3-14 法律分析之与基本养老保险有关的税

文件名称及文号	法条序号
财政部、国家税务总局《关于基本养老保险费、基本医疗保险费、失业保险费、住房公积金有关个人所得税政策的通知》（财税〔2006〕10号）	第1条、第3条
《陕西省城镇企业职工基本养老保险条例》（陕西省人大常委会公告第4号）	第12条、第37条

表6-3-15 法律分析之基本养老保险待遇之遗属待遇

内容	文件名称及文号	法条序号
一般规定	人力资源社会保障部、财政部《关于印发〈企业职工基本养老保险遗属待遇暂行办法〉的通知》（人社部发〔2021〕18号）	第2条、第3条
待遇领取地		第7条
遗属范围	陕西省人力资源和社会保障厅《关于执行陕人社发〔2013〕65号文件有关问题的通知》（陕人社函〔2014〕142号）	第10条

续表

内容		文件名称及文号	法条序号
抚恤金	丧葬补助金	人力资源社会保障部、财政部《关于印发〈企业职工基本养老保险遗属待遇暂行办法〉的通知》(人社部发〔2021〕18号)	第4条
	计算基数及发放月数		第5条
	数额上限		第6条
	领取程序	陕西省人力资源和社会保障厅《关于执行陕人社发(2013)65号文件有关问题的通知》(陕人社函〔2014〕142号)	第11条
待遇竞合的选择		《社会保险法》(2018年修正)(主席令第25号)	第49条
		人力资源和社会保障部《关于执行〈工伤保险条例〉若干问题的意见(二)》(人社部发〔2016〕29号)	第1条
		人力资源社会保障部、财政部《关于印发〈企业职工基本养老保险遗属待遇暂行办法〉的通知》(人社部发〔2021〕18号)	第8条
		陕西省人力资源和社会保障厅《关于执行陕人社发(2013)65号文件有关问题的通知》(陕人社函〔2014〕142号)	第8条、第9条
宣告死亡参保人员的遗属待遇处理		人力资源社会保障部、财政部《关于印发〈企业职工基本养老保险遗属待遇暂行办法〉的通知》(人社部发〔2021〕18号)	第9条

6-4 医疗保险待遇先行支付的合规管理

一、合规要求

(一)合规要求的要点

表6-4-1 医疗保险待遇先行支付的法律应用流程

阶段	操作流程	操作内容与说明	涉及主体	记录
适用条件	医疗保险待遇的先行支付 → 参加基本医疗保险的劳动者因第三人侵权造成伤病 → 第三人不支付应由其支付的医疗费用或无法确定第三人	医疗费用依法应当由第三人负担,第三人不支付或者无法确定第三人的,由基本医疗保险基金先行支付。基本医疗保险基金先行支付后,有权向第三人追偿	1.用人单位 2.劳动者 3.社会保险行政部门 4.第三人	—
先行支付的申请与受理	劳动者还应告知造成其伤病的原因和第三人不支付医疗费用或无法确定第三人的情况 → 结算医疗费用时劳动者可向参保地社会保险经办机构书面申请由医疗保险基金先行支付 → 经办机构审核劳动者缴纳参加基本医疗保险的情况 → 参加/未参加 → 在收到申请后5个工作日内作出不予先行支付的决定 → 书面通知申请人 → 申请人对决定有无异议 → 有:申请行政复议或提起行政诉讼 / 无	1.基本医疗保险待遇的先行支付以申请人是否参加基本医疗保险为前提 2.医疗保险待遇的先行支付是指应由第三人支付的医疗费的部分。超出第三人责任部分的医疗费直接由基本医疗保险基金按照国家规定支付	1.用人单位 2.劳动者 3.社会保险行政部门	先行支付的申请书
先行支付	按照统筹地区基本医疗保险基金支付的规定先行支付相应部分的医疗费用	申请人符合基本医疗保险基金先行支付条件的,由基本医疗保险基金予以先行支付	1.劳动者 2.社会保险行政部门	—

续表

阶段	操作流程	操作内容与说明	涉及主体	记录
先行支付后的偿还与追偿	（流程图：劳动者退还／第三人偿还；劳动者从第三人处获得了医疗费的，应当退还先行支付的金额；未退还的→可以从以后支付的相关待遇中扣减其应退还的数额，或者向人民法院提起诉讼。有关部门确定了第三人及其责任大小的，第三人应按其责任大小依法偿还先行支付数额中的相应部分；第三人是否按时足额偿还→是→程序结束；否→社会保险经办机构应当依法向人民法院提起诉讼）	1. 个人隐瞒已经从第三人或者用人单位处获得的医疗费用，向社会保险经办机构申请并获得社会保险基金先行支付的，按照《社会保险法》第88条的规定处理 2. 个人已经从第三人处获得医疗费用的，应当主动将先行支付金额中应当由第三人承担的部分退还给基本医疗保险基金，社会保险经办机构不再向第三人或者用人单位追偿。个人拒不退还的，社会保险经办机构可以从以后支付的相关待遇中扣减其应当退还的数额，或者向人民法院提起诉讼 3. 申请人对社会保险经办机构作出不予先行支付的决定不服或者对先行支付的数额不服的，可以依法申请行政复议或者提起行政诉讼	1. 用人单位 2. 劳动者 3. 社会保险行政部门 4. 第三人	—

（二）合规要求的理解

1. 基本医疗保险是保障公民在疾病时依法从国家和社会获得物质帮助的权利。本节是指职工基本医疗保险。

（1）劳动者应当参加职工基本医疗保险，由用人单位和劳动者按照国家规定共同缴纳基本医疗保险费。

（2）劳动者达到法定退休年龄时，累计缴费达到国家规定年限的，退休后不再缴纳基本医疗保险费，并有权依法享受基本医疗保险待遇；未达到国家规定年限的，可以缴费至国家规定的年限。

（3）医疗保险基金的支付范围依法确定。根据《社会保险法》第30条的规定，依法应当由第三人负担的医疗相关费用不属于基本医疗保险基金支付范围。但是，第三人不支付或者无法确定第三人的，由基本医疗保险基金先行支付。基本医疗保险基金先行支付后，有权向第三人追偿。

2.医疗保险待遇先行支付。

（1）主要法律依据：

①《社会保险法》第 30 条；

②《社会保险基金先行支付暂行办法》。

（2）适用性分析。

①适用于医疗费用依法应当由第三人负担的情形。

a.参加基本医疗保险的劳动者（以下简称个人）由于第三人的侵权行为造成伤病的，其医疗费用应当由第三人按照确定的责任大小依法承担。

b.基本医疗保险基金负责依法支付超过第三人责任部分的医疗费用。

②第三人不支付应由其支付的医疗费用，或者无法确定第三人的，在医疗费用结算时，个人可以向参保地社会保险经办机构书面申请基本医疗保险基金先行支付，并告知造成其伤病的原因和第三人不支付医疗费用或者无法确定第三人的情况。

二、合规实践

关于社会保险的管理制度。劳动者享受医疗保险待遇的前提是其依法参加并缴纳了职工基本医疗保险，因此，用人单位应当注意按时足额为劳动者缴纳医疗保险费，以确保劳动者在必要时能依法享受相关待遇。

表6-4-2　与医疗保险待遇先行支付管理相关的其他管理项点

相关要素名称	说明
劳动用工管理	用人单位应当为全日制劳动关系的劳动者缴纳包含职工基本医疗保险在内的全部社会保险
社会保险的管理	医疗费用依法应当由第三人负担，第三人不支付或者无法确定第三人的，由基本医疗保险基金先行支付。但是，由医疗保险基金先行支付的前提是用人单位应当依法为劳动者缴纳职工医疗保险

表6-4-3　法律分析之基本医疗保险概述

	内容	文件名称及文号	法条序号
类别	职工基本医疗保险	《社会保险法》（2018年修正）（主席令第25号）	第23条
	新型农村合作医疗制度		第24条
	城镇居民基本医疗保险制度		第25条
职工基本医疗保险		国务院《关于建立城镇职工基本医疗保险制度的决定》（国发〔1998〕44号）	第2条第1款、第2款
		《关于印发流动就业人员基本医疗保障关系转移接续暂行办法的通知》（人社部发〔2009〕191号）	第2条、第3条、第5条、第6条
		《关于做好进城落户农民参加基本医疗保险和关系转移接续工作的办法》（人社部发〔2015〕80号）	第1条

表 6-4-4 法律分析之医疗保险待遇

内容	文件名称及文号	法条序号
一般规定	《社会保险法》(2018年修正)(主席令第25号)	第26条、第31条
	《关于印发〈西安市生育保险和职工基本医疗保险合并实施细则〉的通知》(市医保发〔2019〕68号)	第3条第1款
医疗保险基金支付范围	《社会保险法》(2018年修正)(主席令第25号)	第28条、第29条
	《实施〈中华人民共和国社会保险法〉若干规定》(人力资源和社会保障部令第13号)	第8条
非医疗保险基金的支付范围	《社会保险法》(2018年修正)(主席令第25号)	第30条
退休职工的医保待遇		第27条
	《关于做好进城落户农民参加基本医疗保险和关系转移接续工作的办法》(人社部发〔2015〕80号)	第7条
缴费年限	人力资源和社会保障部《关于领取失业保险金人员参加职工基本医疗保险有关问题的通知》(人社部发〔2011〕77号)	第5条
	《西安市关于城镇职工基本医疗保险参保缴费有关问题的通知》(市人社发〔2015〕268号)	第1条

表 6-4-5 法律分析之医疗保险待遇的先行支付

文件名称及文号	法条序号
《社会保险法》(2018年修正)(主席令第25号)	第30条第2款
《社会保险基金先行支付暂行办法》(2018年修订)(人力资源和社会保障部令第38号)	第2条、第3条

6-5 失业保险待遇的合规管理

一、合规要求

(一)合规要求的要点

1. 失业保险待遇综述。

表6-5-1 失业保险待遇

待遇内容	支付条件	说明
失业保险金	※1. 失业保险金按省人民政府公布的本人所在地当年最低工资标准的75%计发 ※2. 单位和职工在劳动关系存续期间,由于单位原因中断缴费的,在职工失业后计算失业保险待遇时,按中断缴费每满一年,核减1个月领取失业保险金期限。减少的失业保险待遇,由单位支付 ※3. 失业人员在领取失业保险金期满后,不能重新就业,且距法定正常退休年龄不足2年的,可以申请继续领取失业保险金至法定正常退休年龄。继续领取的标准为失业保险金标准的80%,但不得低于当地城镇居民最低生活保障标准	参见表6-5-2 失业保险金申领的法律应用流程
失业期间的基本医疗保险费	领取失业保险金期间,失业人员参加职工基本医疗保险应当缴纳的基本医疗保险费从失业保险基金中支付,个人不缴纳基本医疗保险费	—
医疗补助金	1. 失业人员在领取失业保险金期间患病就医的,可按照规定向经办机构申请领取医疗补助金 ※2. 医疗补助金按所在地失业保险金标准的6%计发,随失业保险金按月发放,包干使用 ※3. 患病需住院治疗的,经失业保险经办机构批准,在失业保险经办机构指定的医院住院治疗,可按住院医疗费的70%申领一次性住院医疗补助金,但最高不得超过本人应领取失业保险金总额的2倍 ※4. 农民合同制工人不享受一次性医疗补助金 因违法行为致伤、致病的领取失业保险金人员,不享受一次性医疗补助金待遇	—
一次性丧葬补助金和抚恤金	1. 失业人员在领取失业保险金期间死亡的,其家属可持失业人员死亡证明、领取人身份证明、与失业人员的关系证明,按规定向经办机构领取一次性丧葬补助金及其供养配偶、直系亲属的抚恤金 2. 失业人员当月尚未领取的失业保险金可由其家属一并领取	※参与违法活动致死的,不得申请领取丧葬补助金和供养直系亲属一次性抚恤金

续表

待遇内容	支付条件	备注
职业培训、职业介绍的补贴	当地人民政府指定部门或者机构为失业人员介绍适当工作或者提供的培训的费用	—
※生育补助	女性失业人员领取失业保险金期间，符合计划生育规定生育的，经失业保险经办机构审核，可一次性领取相当于本人3个月失业保险金标准的生育补助费	—

注：1. 失业保险金以及医疗补助金、丧葬补助金、抚恤金、职业培训和职业介绍补贴等失业保险待遇的标准按照各省、自治区、直辖市人民政府的有关规定执行。

2. "※"内容系陕西省规定，其他地请以当地规定为准。

3. 与失业保险待遇有关的主要法律责任：

(1) 以欺诈、伪造证明材料或者其他手段骗取社会保险待遇的：由社会保险行政部门责令退回骗取的社会保险金，处骗取金额2倍以上5倍以下的罚款。

(2) 不符合享受失业保险待遇条件，骗取失业保险金和其他失业保险待遇的：由社会保险经办机构责令退还；情节严重的，由劳动保障行政部门处骗取金额1倍以上3倍以下的罚款。

2. 失业保险金的申领。

表6-5-2　失业保险金申领的法律应用流程

阶段	操作流程	操作内容与说明	涉及主体	记录
适用条件	失业保险金申领 ↓ 缴纳失业保险的劳动者非本人意愿离职	非因本人意愿中断就业包括下列情形： (1) 依照《劳动合同法》第44条第1项、第4项、第5项的规定终止劳动合同的 (2) 由用人单位依照《劳动合同法》第39条、第40条、第41条的规定解除劳动合同的 (3) 用人单位依照《劳动合同法》第36条规定向劳动者提出解除劳动合同并与劳动者协商一致解除劳动合同的 (4) 由用人单位提出解除聘用合同或者被用人单位辞退、除名、开除的 (5) 劳动者本人依照《劳动合同法》第38条的规定解除劳动合同的 (6) 法律、法规、规章规定的其他情形	1. 用人单位 2. 劳动者	1. 劳动合同 2. 离职证明 3. 劳动合同解除/终止协议
失业登记及申领	用人单位自劳动合同终止或解除之日起7日内报失业保险经办机构备案 ↓ 失业人员在劳动合同终止或者解除之日起60日内到受理其单位失业保险业务的经办机构申领失业保险金	陕西省《失业保险条例》实施办法第19条第四款规定，由于单位过失致使失业人员无法办理失业登记的，其失业保险待遇，由单位按规定的标准和期限支付	1. 失业保险经办机构 2. 用人单位 3. 失业劳动者	

续表

阶段	操作流程	操作内容与说明	涉及主体	记录
资格审查	经办机构审核确认领取资格→不符合申领条件／符合申领条件；不符合者本人对结果有无异议，无则结束，有则可申请行政复议	1.失业人员填写《失业保险金申领表》申领失业保险金，并出示下列证明材料：（1）本人身份证明；（2）所在单位出具的终止或者解除劳动合同的证明；（3）失业登记；（4）省级劳动保障行政部门规定的其他材料。2.失业人员在领取失业保险金期间重新就业后不满一年再次失业的，可以继续申领其前次失业应领取而尚未领取的失业保险金	1.失业保险经办机构 2.劳动者（失业人员）	—
待遇的核定与发放	经办机构按核定的标准发放失业保险金→失业人员从办理失业登记之日起按月领取	1.经办机构根据失业人员累计缴费时间，核定其领取失业保险金的期限。失业人员领取失业保险金期间应向经办机构如实说明求职和接受职业指导、职业培训的情况。2.失业人员在领取失业保险金期间重新就业后再次失业的，缴费时间重新计算，其领取失业保险金的期限可以与前次失业应领取而尚未领取的失业保险金的期限合并计算，但是最长不得超过24个月。3.实行个人缴纳失业保险费前，按国家规定计算的工龄视同缴费时间，与《失业保险条例》发布后缴纳失业保险费的时间合并计算。4.失业保险金领取期限：失业人员失业前所在单位和本人按照规定累计缴费时间满1年不足5年的，领取失业保险金的期限最长为12个月；累计缴费时间满5年不足10年的，领取失业保险金的期限最长为18个月；累计缴费时间10年以上的，领取失业保险金的期限最长为24个月。5.失业人员在领取失业保险金期间或期满后，符合享受当地城市居民最低生活保障条件的，可按照规定申请享受城市居民最低生活保障待遇	1.失业保险经办机构 2.劳动者（失业人员）	—

续表

阶段	操作流程	操作内容与说明	涉及主体	记录
待遇停止	领取期限届满或出现停止领取的情形时，经办机构不再发放失业保险金 → 程序结束	1.对领取失业保险金期限即将届满的失业人员，经办机构应提前一个月告知本人 2.失业人员在领取失业保险金期间，有下列情形之一的，经办机构有权即行停止其失业保险金发放，并同时停止其享受其他失业保险待遇：(1)重新就业的；(2)应征服兵役的；(3)移居境外的；(4)享受基本养老保险待遇的；(5)被判刑收监执行或者被劳动教养的；(6)无正当理由，拒不接受当地人民政府指定的部门或者机构介绍的适当工作或者提供的培训的；(7)有法律、行政法规规定的其他情形的	1.失业保险经办机构 2.失业劳动者	—

注：关于失业保险金领取期限，陕西省规定如下，其他地方请以当地规定为准。

(1)累计缴费时间满1年不满2年的，领取3个月失业保险金；

(2)累计缴费时间2年以上不满3年的，领取6个月失业保险金；

(3)累计缴费时间3年以上不满4年的，领取9个月失业保险金；

(4)累计缴费时间4年以上不满5年的，领取12个月失业保险金；

(5)累计缴费时间5年以上不满10年的，领取18个月失业保险金；

(6)累计缴费时间满10年以上的，领取24个月失业保险金。

(二)合规要求的理解

1.失业保险制度是保障公民在失业时依法从国家和社会获得物质帮助的权利。失业保险费由用人单位和劳动者共同缴纳。

2.失业保险基金的支付范围详见表6-5-1失业保险待遇。应当注意用人单位所在地与失业保险待遇有关的规定，例如陕西省的生育补助。

除失业保险金以外的其他待遇的领取时间限于领取失业保险金期间，其中：

(1)医疗补助金的标准由省、自治区、直辖市人民政府规定。

(2)一次性丧葬补助金和抚恤金，个人死亡同时符合领取基本养老保险丧葬补助金、工伤保险丧葬补助金和失业保险丧葬补助金条件的，其遗属只能选择领取其中的一项。

3.失业保险金是失业保险待遇的主要内容，由领取条件、申领程序、享受待遇等几个部分组成。

(1)失业保险金领取条件。

①失业前用人单位和本人已经缴纳失业保险费满1年的；

②非因本人意愿中断就业的；

③已经进行失业登记，并有求职要求的。

(2)适用性分析。

①劳动者及所在用人单位不仅参加了失业保险,而且缴费已满1年。

②劳动者非因本人原因不能继续就业,对此正确把握"非本人原因"非常重要,其大致包含以下几种类型:

a.劳动合同期限届满终止,用人单位不愿续订的;

b.劳动合同因用人单位单方解除,或用人单位发起的协商一致解除而不能继续履行劳动合同的;

c.劳动者因用人单位存在过错,不得不解除劳动合同的。

应当注意,由用人单位发起的单方解除也包括因劳动者过错导致的解除。

③劳动者应当将"非本人意愿中断就业"的情况告知失业保险经办机构,即"进行失业登记"。

a.用人单位应当及时为失业人员出具终止或者解除劳动合同的证明,失业人员持该证明及时到指定的公共就业服务机构办理失业登记。

b.用人单位应将符合领取失业保险金条件的离职人员名单自终止或者解除劳动关系之日起15日内告知社会保险经办机构。

c.失业人员凭失业登记证明和个人身份证明到社会保险经办机构办理领取失业保险金的手续。

4.失业保险金的领取。

(1)领取起止时间。

①失业保险金领取期限自办理失业登记之日起计算。

②失业保险金领取的期限详见表6-5-2失业保险金申领的法律应用流程,且应当以用人单位所在地相关规定为准。

(2)失业保险金的数额标准。

失业保险金的标准低于当地最低工资标准、高于城市居民最低生活保障标准的水平,具体标准由省、自治区、直辖市人民政府确定。例如,陕西省人力资源和社会保障厅、陕西省财政厅《关于调整提高失业保险金标准及相关待遇的通知》(陕人社发〔2021〕9号)规定:

①失业保险金标准分为一类区、二类区、三类区三个标准。

②失业保险金标准调整后,与失业保险金标准相关的失业补助金、女性生育补助等其他待遇随之调整。失业人员职业培训补贴标准,按2个月失业保险金标准执行。

③调整后的失业保险相关待遇标准从2021年5月1日起执行。

(3)竞合处理。

失业人员符合城市居民最低生活保障条件的,按照规定享受城市居民最低生活保障待遇。

(4)失业人员领取失业保险金的,还应当注意在领取期间是否存在应当停止领取失业保险金的情形,具体参见表6-5-2失业保险金申领的法律应用流程。

停止领取失业保险金的,其他失业保险待遇同时停止。

二、合规实践

(一)社会保险的管理制度

社会保险的管理制度主要是及时为劳动者缴纳包括失业保险在内的全部社会保险,确保劳动者在符合失业保险待遇领取条件时可以依法及时领取相关待遇。

(二)劳动合同解除管理制度、劳动合同终止管理制度、离职程序管理制度

当劳动合同解除、终止的事由符合失业保险待遇领取条件时,用人单位应当在出具解除/终止证明时注明解除原因,以便劳动者及时办理失业保险待遇的申领。

三、其他法律风险提示

因用人单位过错导致劳动者不能享受失业保险待遇,给劳动者造成损失的,劳动者有权要求用人单位赔偿。

表6-5-3　与失业保险待遇管理相关的其他管理项点

相关要素名称	说明
劳动用工管理	用人单位应当为全日制劳动关系的劳动者缴纳包含失业保险在内的全部社会保险
劳动合同解除管理	非因劳动者原因导致的劳动合同解除,以及劳动者因用人单位有过失提出的解除(《劳动合同法》第38条),符合失业保险金的领取条件
劳动合同终止管理	劳动合同期满,用人单位不愿续订的,符合失业保险金的领取条件
离职程序管理	用人单位向劳动者开具离职证明时,应当明确劳动者离职的原因

表6-5-4　法律分析之失业保险概述

内容	文件名称及文号	法条序号
失业保险的用途	《失业保险条例》(国务院令第258号)	第1条
参保		第2条、第32条
	《社会保险法》(2018年修正)(主席令第25号)	第44条
	《陕西省〈失业保险条例〉实施办法》(2018年修订)(陕西省人民政府令第210号)	第2条
失业保险基金支付范围	《失业保险条例》(国务院令第258号)	第10条
		第23条
失业保险待遇与最低生活保障待遇竞合	《失业保险金申领发放办法》(2019年修订)(人力资源和社会保障部令第42号)	第12条
	《陕西省〈失业保险条例〉实施办法》(2018年修订)(陕西省人民政府令第210号)	第31条

续表

内容	文件名称及文号	法条序号
骗取失业保险待遇	《失业保险条例》(国务院令第258号)	第28条
	《失业保险金申领发放办法》(2019年修订)(人力资源和社会保障部令第42号)	第25条

表 6-5-5　法律分析之失业保险金领取条件

内容	文件名称及文号	法条序号
一般规定	《失业保险条例》(国务院令第258号)	第14条
	《社会保险法》(2018年修正)(主席令第25号)	第45条、第52条
	《实施〈中华人民共和国社会保险法〉若干规定》(人力资源和社会保障部令第13号)	第15条
	《失业保险金申领发放办法》(2019年修订)(人力资源和社会保障部令第42号)	第2条、第11条
	《陕西省〈失业保险条例〉实施办法》(2018年修订)(陕西省人民政府令第210号)	第16条、第32条
非因本人意愿中断就业	《实施〈中华人民共和国社会保险法〉若干规定》(人力资源和社会保障部令第13号)	第13条
	《失业保险金申领发放办法》(2019年修订)(人力资源和社会保障部令第42号)	第4条
领取失业保险金后重新就业又失业的	《实施〈中华人民共和国社会保险法〉若干规定》(人力资源和社会保障部令第13号)	第14条

表 6-5-6　法律分析之失业保险金申领程序

文件名称及文号	法条序号
《失业保险条例》(国务院令第258号)	第16条
《社会保险法》(2018年修正)(主席令第25号)	第50条
《失业保险金申领发放办法》(2019年修订)(人力资源和社会保障部令第42号)	第3条、第5条、第6条、第7条、第14条
《陕西省〈失业保险条例〉实施办法》(2018年修订)(陕西省人民政府令第210号)	第19条
《就业服务与就业管理规定》(2022年修订)(人力资源和社会保障部令第47号)	第62条第1款、第64条、第75条

表 6-5-7　法律分析之失业保险金领取期限

文件名称及文号	法条序号
《失业保险条例》(国务院令第258号)	第17条
《社会保险法》(2018年修正)(主席令第25号)	第46条
《失业保险金申领发放办法》(2019年修订)(人力资源和社会保障部令第42号)	第15条、第18条
《陕西省〈失业保险条例〉实施办法》(2018年修订)(陕西省人民政府令第210号)	第22条、第23条、第24条、第25条、第26条

表 6-5-8　法律分析之暂停领取和停止享受失业保险待遇的情形

内容	文件名称及文号	法条序号
暂停领取	《陕西省〈失业保险条例〉实施办法》(2018 年修订)(陕西省人民政府令第 210 号)	第 17 条
停止享受待遇的	《失业保险条例》(国务院令第 258 号)	第 15 条
	《社会保险法》(2018 年修正)(主席令第 25 号)	第 51 条
	《失业保险金申领发放办法》(2019 年修订)(人力资源和社会保障部令第 42 号)	第 13 条、第 18 条
	《陕西省〈失业保险条例〉实施办法》(2018 年修订)(陕西省人民政府令第 210 号)	第 18 条

表 6-5-9　法律分析之失业保险金的领取地、领取方式

内容	文件名称及文号	法条序号
领取地	《失业保险金申领发放办法》(2019 年修订)(人力资源和社会保障部令第 42 号)	第 21 条、第 24 条
领取方式	《失业保险条例》(国务院令第 258 号)	第 16 条第 3 款
	《失业保险金申领发放办法》(2019 年修订)(人力资源和社会保障部令第 42 号)	第 8 条、第 17 条
	《陕西省〈失业保险条例〉实施办法》(2018 年修订)(陕西省人民政府令第 210 号)	第 21 条

表 6-5-10　法律分析之失业保险金的标准

文件名称及文号	法条序号
《社会保险法》(2018 年修正)(主席令第 25 号)	第 47 条
《失业保险条例》(国务院令第 258 号)	第 18 条
《失业保险金申领发放办法》(2019 年修订)(人力资源和社会保障部令第 42 号)	第 16 条
《陕西省〈失业保险条例〉实施办法》(2018 年修订)(陕西省人民政府令第 210 号)	第 20 条
陕西省人力资源和社会保障厅、陕西省财政厅《关于调整提高失业保险金标准及相关待遇的通知》(陕人社发〔2021〕9 号)	第 1 条、第 2 条、第 3 条

表 6-5-11　法律分析之失业人员的其他待遇

内容	文件名称及文号	法条序号
医疗待遇	《失业保险条例》(国务院令第 258 号)	第 19 条
	《社会保险法》(2018 年修正)(主席令第 25 号)	第 48 条
	《失业保险金申领发放办法》(2019 年修订)(人力资源和社会保障部令第 42 号)	第 9 条
	人力资源和社会保障部《关于领取失业保险金人员参加职工基本医疗保险有关问题的通知》(人社部发〔2011〕77 号)	第 1 条、第 2 条、第 3 条、第 4 条、第 6 条
	《陕西省〈失业保险条例〉实施办法》(2018 年修订)(陕西省人民政府令第 210 号)	第 27 条
生育补助		第 30 条

续表

内容	文件名称及文号	法条序号
死亡待遇	《社会保险法》(2018年修正)(主席令第25号)	第49条
	《失业保险条例》(国务院令第258号)	第20条
	《失业保险金申领发放办法》(2019年修订)(人力资源和社会保障部令第42号)	第10条
	《陕西省〈失业保险条例〉实施办法》(2018年修订)(陕西省人民政府令第210号)	第28条

要素七
工伤保险与劳动安全

章节编号	章节名称
7-1	工伤待遇承担主体的合规管理
7-2	工伤认定实体问题的合规管理
7-3	工伤认定程序的合规管理
7-4	工伤医疗待遇的合规管理
7-5	工伤伤残待遇的合规管理
7-6	工亡待遇的合规管理
7-7	工伤保险待遇先行支付的合规管理
7-8	劳动能力鉴定的合规管理
7-9	用人单位职业病防护的合规管理
7-10	职业病诊断结论的合规管理
7-11	女职工保护的合规管理

7-1 工伤待遇承担主体的合规管理

7-1-1 工伤待遇承担主体的一般规定

一、合规要求

(一)合规要求的要点

表 7-1-1 工伤费用承担主体速查

发生阶段	费用类别	工伤保险基金支付	用人单位支付	说明	新发生的费用
工伤医疗	工伤医疗费	√	—	—	√
	住院伙食补助费	√	—	—	√
	统筹地区以外就医的交通食宿费	√	—	—	√
	解除或终止劳动合同的一次性医疗补助金	√	—	一次性工伤医疗补助金和一次性伤残就业补助金的具体标准由省、自治区、直辖市人民政府规定	参保后解除劳动合同时的一次性工伤医疗补助金
	治疗工伤期间的工资福利	—	√	—	—
	生活不能自理的工伤职工在停工留薪期需要护理的	—	√	—	—
工伤康复	工伤康复费	√	—	—	√
	辅助器具配置费	√	—	—	√
工伤伤残	一至四级工伤人员伤残津贴	√	—	—	√
	一次性伤残补助金	√	—	—	—
	生活护理费	√	—	—	√
	工伤劳动能力鉴定费	√	—	—	—
	五级、六级伤残职工按月领取的伤残津贴	—	√	—	—
	终止或者解除劳动合同时,应当享受的一次性伤残就业补助金	—	√	一次性工伤医疗补助金和一次性伤残就业补助金的具体标准由省、自治区、直辖市人民政府规定	—

续表

发生阶段	费用类别	工伤保险基金支付	用人单位支付	备注	新发生的费用
工伤死亡	丧葬补助金	√	—	—	
	供养亲属抚恤金	√	—	—	参保后新发生的符合条件的供养亲属抚恤金
	一次性工亡补助金	√	—	—	

注：1. 工伤基金支付的适用条件（用人单位依法参加并缴纳工伤保险费的，由工伤基金支付相应费用）。

2. 第三人原因导致的工伤（因第三人导致的工伤，第三人支付相应费用后，除医疗费外，工伤职工有权要求享受工伤保险待遇）。

3. 新发生的费用[（1）用人单位参加工伤保险并补缴应当缴纳的工伤保险费、滞纳金后，由工伤保险基金和用人单位依照本条例的规定支付新发生的费用。（2）新发生的费用是指用人单位参加工伤保险前发生工伤的职工，在参加工伤保险后新发生的费用。其中由工伤保险基金支付的费用，按不同情况予以处理]。

4. 在同一单位连续工作期间多次发生工伤（按照其在同一用人单位发生工伤的最高伤残级别，计发一次性伤残就业补助金和一次性工伤医疗补助金）。

5. 当月申报缴费期后入职的（办理职工参保预登记，并在下月申报缴费期办理职工参保登记手续）。

（二）合规要求的理解

1. 工伤保险是保障公民在工伤情况下依法从国家和社会获得物质帮助的权利。用人单位应当按时为劳动者缴纳工伤保险费，劳动者个人不缴纳工伤保险费。

2. 劳动者受到事故伤害或患职业病，是否属于工伤，应当由社会保险行政部门进行认定，并出具认定结论。认定为工伤的，享受工伤保险待遇。

工伤保险待遇包括工伤医疗、康复、伤残、死亡等待遇。各项费用明细及支付主体详见表7-1-1。

3. 享受工伤保险待遇的劳动者，丧失享受待遇条件的、拒不接受劳动能力鉴定的或拒绝治疗的，停止享受工伤保险待遇。

4. 因第三人造成劳动者工伤的，根据最高人民法院《行政法官专业会议纪要（七）》第5条：

（1）除第三人依法应当支付的工伤医疗费用外，因第三人造成工伤的职工或其近亲属，从第三人处获得民事赔偿后，又依据《工伤保险条例》的有关规定，向工伤保险基金申请除工伤医疗费以外的工伤保险待遇的，人民法院应予支持。

（2）工伤保险基金依法支付的工伤保险待遇中包含应由第三人支付的工伤医疗费的，有权向第三人代位追偿。

5. 劳动者所在用人单位未依法缴纳工伤保险费的，由用人单位按照《工伤保险条例》规定的工伤保险待遇项目和标准向劳动者支付工伤保险待遇。具体是指用人单位除应负担本应由用人单位承担的待遇费用外，还应当承担由工伤保险基金支出的待遇内容。

6. 用人单位在劳动者发生伤害事故或患职业病后才为该劳动者缴纳工伤保险费的，参加工伤保险后发生的费用称为新发生的费用。主要是指：

（1）劳动者因工受伤的，工伤保险基金支付参保后新发生的工伤医疗费，工伤康复费,住院伙食补助费,统筹地区以外就医所需的交通、食宿费,辅助器具配置费,生活护理费,1级至4级伤残职工伤残津贴,以及参保后解除劳动合同时的一次性工伤医疗补助金。

(2)因工死亡的,工伤保险基金支付参保后新发生的符合条件的供养亲属抚恤金。

二、合规实践

关于工伤处理程序管理制度。

1. 用人单位应当及时为新入职劳动者办理工伤保险缴纳手续,新入职劳动者包括全日制用工的劳动者和非全日制用工的劳动者。

2. 用人单位应当依法按时足额缴纳工伤保险费。

3. 劳动合同解除或终止时,应当注意办理工伤保险停缴手续的时间,应当让工伤保险覆盖劳动者的入职之日起至离职之日止的全部期间。

4. 劳动者被依法认定为工伤的,用人单位应当依法支付由用人单位支付的相关待遇。

7-1-2 特殊用工的工伤待遇承担主体

一、合规要求

(一)合规要求的要点

表7-1-2 特殊用工情形下的工伤保险责任承担主体速查

	情形		承担主体
用人单位	分立、合并、转让的		原单位的承继单位
	承包经营的		劳动者的劳动关系所在单位
	违反法律、法规规定将承包业务转包给不具备用工主体资格的组织或者自然人	该组织或者自然人聘用的职工从事承包业务时因工伤亡的	发包单位
	个人挂靠其他单位对外经营	其聘用的人员因工伤亡的	被挂靠单位
	劳务派遣的		派遣单位
	企业破产的		应当由用人单位支付的工伤保险待遇费用在破产清算时优先拨付
劳动者	被借调、指派的		原用人单位(指派单位)
	被派遣出境的		1. 依据前往国家或者地区的法律应当参加当地工伤保险的,参加当地工伤保险,其国内工伤保险关系中止 2. 不能参加当地工伤保险的,其国内工伤保险关系不中止
	双重、多重劳动关系的		工伤事故发生时的工作单位

续表

情形		承担主体
劳动者	达到/超过法定退休年龄的	达到或超过法定退休年龄,但未办理退休手续或者未依法享受城镇职工基本养老保险待遇,继续在原用人单位工作期间受到事故伤害或患职业病	用人单位依法承担工伤保险责任
		用人单位招用已经达到、超过法定退休年龄或已经领取城镇职工基本养老保险待遇的人员,在用工期间因工作原因受到事故伤害或患职业病	如招用单位已按项目参保等方式为其缴纳工伤保险费的,应适用《工伤保险条例》
		用人单位聘用的超过法定退休年龄的务工农民,在工作时间内、因工作原因伤亡的	应当适用《工伤保险条例》有关规定进行工伤认定

(二)合规要求的理解

1. 一般情况下,与劳动者建立劳动关系的用人单位是工伤保险责任的主体。也就是有劳动关系一定承担工伤保险责任。

2. 从表7-1-2中"不具备用工主体资格的承包""挂靠经营的"情形看,工伤保险责任的承担主体在该等特定情况下,并不必然以存在劳动关系为前提,即承担工伤保险责任不一定要有劳动关系。

3. 无营业执照或者未经依法登记、备案的单位以及被依法吊销营业执照或者撤销登记、备案的单位的职工受到事故伤害或者患职业病的,由该单位向伤残职工或者死亡职工的近亲属给予一次性赔偿,赔偿标准不得低于《工伤保险条例》规定的工伤保险待遇。

4. 用人单位使用童工造成童工伤残、死亡的,由该单位向童工或者童工的近亲属给予一次性赔偿,赔偿标准不得低于《工伤保险条例》规定的工伤保险待遇。

二、合规实践

关于工伤处理程序管理制度。

当用人单位将与其建立了劳动关系的劳动者派往用人单位以外的其他单位提供劳动的(例如借调用工),针对工伤与劳动安全,用人单位应当与该单位事先书面约定:

1. 充分保障劳动者工作期间的安全,并提供与其工作内容相适应的劳动保护用品与劳动安全防护措施。

2. 劳动者在该单位工作期间发生工伤,应由用人单位负担的费用,该单位是否需要赔偿;需要赔偿的,还应当约定具体的赔偿比例、方式等。

表7-1-3 与工伤待遇承担主体管理相关的其他管理项点

相关要素名称	说明
劳动用工管理	1. 全日制劳动关系和非全日制劳动关系的劳动者都是用人单位应当承担工伤保险待遇的对象 2. 用人单位存在非劳动关系用工的,是否承担工伤保险待遇因具体情况确定
社会保险	用人单位应为其全日制劳动关系劳动者和非全日制劳动关系劳动者及时足额缴纳工伤保险费
工伤保险待遇	劳动者被认定为工伤的,应当依法向劳动者支付相关待遇

表7-1-4 法律分析之工伤保险概述

内容	文件名称及文号	法条序号
工伤保险的意义	《工伤保险条例》(2010年修订)(国务院令第586号)	第1条
		第2条、第65条
参保主体	《陕西省实施〈工伤保险条例〉办法》(2011年修订)(陕西省人民政府令第148号)	第2条
	陕西省劳动厅《关于颁发〈陕西省企业职工工伤保险实施细则(试行)〉的通知》(陕劳发〔1997〕232号)	第2条、第3条
	《社会保险法》(2018年修正)(主席令第25号)	第33条
	《实施〈中华人民共和国社会保险法〉若干规定》(人力资源和社会保障部令第13号)	第9条
	《职业病防治法》(2018年修正)(主席令第24号)	第7条
关于参保地	人力资源和社会保障部《关于执行〈工伤保险条例〉若干问题的意见(二)》(人社部发〔2016〕29号)	第7条
用人单位未参保的	《工伤保险条例》(2010年修订)(国务院令第586号)	第62条
	人力资源和社会保障部《关于执行〈工伤保险条例〉若干问题的意见》(人社部发〔2013〕34号)	第12条
	人力资源和社会保障部《关于执行〈工伤保险条例〉若干问题的意见(二)》(人社部发〔2016〕29号)	第3条

表7-1-5 法律分析之享受工伤保险待遇的登记和审核

内容			文件名称及文号	法条序号
医疗待遇审核	费用申报		人力资源和社会保障部《关于印发工伤保险经办规程的通知(一)》(2012年修订)(人社部发〔2012〕11号)	第61条
	费用审核			第62条、第64条
			《工伤保险条例》(2010年修订)(国务院令第586号)	第30条第4款
	费用结算			第63条、第65条
伤残待遇审核	劳动能力鉴定登记		人力资源和社会保障部《关于印发工伤保险经办规程的通知(一)》(2012年修订)(人社部发〔2012〕11号)	第55条
	辅助器具配置费	费用申报		第66条
		费用审核		第67条
			《工伤保险辅助器具配置管理办法》(2018年修订)(人力资源和社会保障部令第38号)	第30条
工亡待遇审核	伤残待遇内容		人力资源和社会保障部《关于印发工伤保险经办规程的通知(一)》(2012年修订)(人社部发〔2012〕11号)	第68条
	工亡补助金和丧葬补助金			第69条、第71条第2款
	供养亲属抚恤金			第70条、第71条第1款、第72条
				第73条、第74条
涉第三人的工伤待遇审核			最高人民法院《关于审理工伤保险行政案件若干问题的规定》(法释〔2014〕9号)	第8条
			陕西省高级人民法院《关于审理劳动争议案件若干问题的解答》(陕高法〔2020〕118号)	第23条
待遇审核结果的通知			人力资源和社会保障部《关于印发工伤保险经办规程的通知(一)》(2012年修订)(人社部发〔2012〕11号)	第79条
异议复核				第90条

表 7-1-6　法律分析之工伤保险基金支付范围

文件名称及文号	法条序号
《工伤保险条例》(2010 年修订)(国务院令第 586 号)	第 30 条第 3、4、6 款,第 32 条,第 34 条第 1 款,第 35 条,第 36 条,第 37 条,第 39 条
《社会保险法》(2018 年修正)(主席令第 25 号)	第 38 条
《陕西省实施〈工伤保险条例〉办法》(2011 年修订)(陕西省人民政府令第 148 号)	第 8 条
西安市人力资源和社会保障局《关于贯彻执行新修订〈工伤保险条例〉有关问题的通知》(市人社发〔2011〕175 号)	第 2 条

表 7-1-7　法律分析之由用人单位支付的工伤保险待遇项目

文件名称及文号	法条序号
《工伤保险条例》(2010 年修订)(国务院令第 586 号)	第 33 条第 1、3 款,第 36 条第 1 款第 2 项,第 36 条第 2 款,第 37 条第 1 款第 2 项
《社会保险法》(2018 年修正)(主席令第 25 号)	第 39 条
人力资源和社会保障部《关于印发工伤保险经办规程的通知(一)》(2012 年修订)(人社部发〔2012〕11 号)	第 37 条第 3 款
《社会保险基金先行支付暂行办法》(2018 年修订)(人力资源和社会保障部令第 38 号)	第 6 条第 1 款、第 15 条
《陕西省实施〈工伤保险条例〉办法》(2011 年修订)(陕西省人民政府令第 148 号)	第 9 条

表 7-1-8　法律分析之工伤保险待遇的一些问题

内容	文件名称及文号	法条序号
支付起始时间	人力资源和社会保障部《关于印发工伤保险经办规程的通知(一)》(2012 年修订)(人社部发〔2012〕11 号)	第 80 条第 2 款
支付方式		第 80 条第 3 款、第 81 条
	人力资源和社会保障部《关于执行〈工伤保险条例〉若干问题的意见》(人社部发〔2013〕34 号)	第 13 条
进城务工的农村居民一次性申领工伤保险长期待遇的	人力资源和社会保障部《关于印发工伤保险经办规程的通知(一)》(2012 年修订)(人社部发〔2012〕11 号)	第 59 条
因工外出期间发生事故或者在抢险救灾中下落不明的	《工伤保险条例》(2010 年修订)(国务院令第 586 号)	第 41 条
工伤复发的		第 38 条
停止享受工伤保险待遇		第 42 条
	《社会保险法》(2018 年修正)(主席令第 25 号)	第 43 条
	人力资源和社会保障部《关于执行〈工伤保险条例〉若干问题的意见》(人社部发〔2013〕34 号)	第 11 条
待遇资格年审	人力资源和社会保障部《关于印发工伤保险经办规程的通知(一)》(2012 年修订)(人社部发〔2012〕11 号)	第 89 条 第 88 条
工伤保险待遇的个人所得税	财政部、国家税务总局《关于工伤职工取得的工伤保险待遇有关个人所得税政策的通知》(财税〔2012〕40 号)	第 1 条、第 2 条

续表

内容	文件名称及文号	法条序号
骗取工伤保险待遇的	《工伤保险辅助器具配置管理办法》(2018年修订)（人力资源和社会保障部令第38号）	第29条
	《工伤职工劳动能力鉴定管理办法》(2018年修订)（人力资源和社会保障部令第38号）	第30条
未认定工伤的	陕西省高级人民法院《关于审理劳动争议案件若干问题的解答》（陕高法〔2020〕118号）	第22条
工伤待遇计算的工资基数问题	《陕西省实施〈工伤保险条例〉办法》(2011年修订)（陕西省人民政府令第148号）	第28条

表7-1-9　法律分析之特殊情形下的工伤保险责任承担主体

内容	文件名称及文号	法条序号
用人单位分立、合并、转让的	《工伤保险条例》(2010年修订)（国务院令第586号）	第43条第1款
企业破产的		第43条第4款
	《陕西省实施〈工伤保险条例〉办法》(2011年修订)（陕西省人民政府令第148号）	第26条
挂靠经营的	最高人民法院《关于审理工伤保险行政案件若干问题的规定》（法释〔2014〕9号）	第3条第1款第5项
承包、转包、分包	《工伤保险条例》(2010年修订)（国务院令第586号）	第43条第2款
	人力资源和社会保障部《关于执行〈工伤保险条例〉若干问题的意见》（人社部发〔2013〕34号）	第7条
	最高人民法院《关于审理工伤保险行政案件若干问题的规定》（法释〔2014〕9号）	第3条第1款第4项
	陕西省高级人民法院《关于审理劳动争议案件若干问题的解答》（陕高法〔2020〕118号）	第24条
劳务派遣用工	最高人民法院《关于审理工伤保险行政案件若干问题的规定》（法释〔2014〕9号）	第3条第1款第2项
双重、多重劳动关系的	劳动和社会保障部《关于实施〈工伤保险条例〉若干问题的意见》（劳社部函〔2004〕256号）	第1条
	最高人民法院《关于审理工伤保险行政案件若干问题的规定》（法释〔2014〕9号）	第3条第1款第1项
当月申报缴费期后新招录的职工	人力资源和社会保障部《关于印发工伤保险经办规程的通知（一）》(2012年修订)（人社部发〔2012〕11号）	第10条
劳动者被借调、指派的	《工伤保险条例》(2010年修订)（国务院令第586号）	第43条第3款
	最高人民法院《关于审理工伤保险行政案件若干问题的规定》（法释〔2014〕9号）	第3条第1款第3项
劳动者被派遣出境的	《工伤保险条例》(2010年修订)（国务院令第586号）	第44条
劳动者在同一单位连续工作期间多次发生工伤的	人力资源和社会保障部《关于执行〈工伤保险条例〉若干问题的意见》（人社部发〔2013〕34号）	第10条
劳动者达到法定退休年龄的	人力资源和社会保障部《关于执行〈工伤保险条例〉若干问题的意见（二）》（人社部发〔2016〕29号）	第2条

表 7-1-10 法律分析之非法用工导致伤亡的相关情况

内容	文件名称及文号	法条序号
适用条件	《工伤保险条例》(2010年修订)(国务院令第586号)	第66条
	《非法用工单位伤亡人员一次性赔偿办法》(2010年修订)(人力资源和社会保障部令第9号)	第1条、第2条
一次性赔偿		第3条、第4条
伤残赔偿及基数		第5条
工亡赔偿		第6条
单位不予支付时的权利救济		第7条、第8条

工伤认定实体问题的合规管理

7-2-1 应当认定为工伤的几个情形的释义

一、合规要求

(一)合规要求的要点

表7-2-1 应当认定为工伤的几个情形的释义速查

情形	释义
工作时间和工作场所内,因工作原因受到事故伤害的	1. 职工在工作时间和工作场所内受到伤害,用人单位或者社会保险行政部门没有证据证明是非工作原因导致的 2. 职工参加用人单位组织的活动或者受用人单位指派参加其他单位组织的活动受到伤害的 3. 在工作时间内,职工来往于多个与其工作职责相关的工作场所之间的合理区域因工受到伤害的 4. 其他与履行工作职责相关,在工作时间及合理区域内受到伤害的 5. 参加用人单位组织或者受用人单位指派参加其他单位组织的活动中受到事故伤害的,应当视为工作原因,但参加与工作无关的活动除外
因工外出期间,由于工作原因受到伤害或者发生事故下落不明的	1. "因工外出期间"应当考虑职工外出是否属于用人单位指派的因工外出,遭受的事故伤害是否因工作原因所致 2. 职工因工作原因驻外,有固定的住所、有明确的作息时间,工伤认定时按照在驻在地当地正常工作的情形处理 3. 职工受用人单位指派或者因工作需要在工作场所以外从事与工作职责有关的活动期间 4. 职工受用人单位指派外出学习或者开会期间 5. 职工因工作需要的其他外出活动期间 6. 职工因工外出期间从事与工作或者受用人单位指派外出学习、开会无关的个人活动受到伤害,社会保险行政部门不认定为工伤的,人民法院应予支持
在上下班途中,受到非本人主要责任的交通事故或者城市轨道交通、客运轮渡、火车事故伤害的	上下班	1. 包括正常工作的上下班和加班加点的上下班 2. 合理的上下班时间 3. 以上下班为目的,在合理时间内
	途中	1. 合理的上下班路途 2. 往返于工作地和住所地、经常居住地、单位宿舍之间的合理路线 3. 包括往返于工作地和配偶、父母、子女居住地的合理路线 4. 日常工作生活所需要的活动的合理路线
	非本人主要责任	应当以有权机构出具的事故责任认定书、结论性意见和人民法院生效裁判等法律文书为依据
	交通事故	1. 可以是驾驶或乘坐的机动车事故,也可以是因其他机动车事故 2. 指《道路交通安全法》第119条规定的车辆在道路上因过错或者意外造成的人身伤亡或者财产损失事件。"车辆"是指机动车和非机动车;"道路"是指公路、城市道路和虽在单位管辖范围但允许社会机动车通行的地方,包括广场、公共停车场等用于公众通行的场所

(二)合规要求的理解

1. 关于工伤认定,分为应当认定为工伤、视为工伤和不认定为工伤。应当认定为工伤的,应具备"三工要素",即工作时间、工作地点以及工作原因。

2. 根据《工伤保险条例》第 14 条,应当认定为工伤的除了上表详细说明的 3 种情形外,还包括:

(1)工作时间前后在工作场所内,从事与工作有关的预备性或者收尾性工作受到事故伤害的。例如,生产现场的工作人员,在正式开始进行生产任务前的准备工具、备品备件、必要的劳动保护器具等属于预备性工作。生产任务结束后归还收纳工具、劳动保护器具等属于收尾性工作。

(2)在工作时间和工作场所内,因履行工作职责受到暴力等意外伤害,患职业病或者法律、行政法规规定应当认定为工伤的其他情形。

(3)应当注意的是,上下班途中发生的非交通事故导致的"意外伤亡"一般不属于工伤范畴。

二、合规实践

关于工伤处理程序管理制度。

1. 用人单位负有主动做好劳动者的劳动安全保障工作的义务。若劳动者发生伤亡的或患职业病的,用人单位应当在事故发生之日起 1 个月内申请工伤认定,确保劳动者享有工伤保险待遇的权利。

2. 用人单位应当明确当劳动者发生受伤或死亡情况时,负责处理的责任部门、应急管理措施等。

3. 当劳动者发生受伤或死亡的情况时,用人单位应对该伤亡的性质进行初步判定。可能构成工伤的,建议先按照"工伤"对待,并启动事实调查程序:

(1)用人单位应当及时调查情况,并固定与事件有关的事实依据、调查记录等;

(2)及时向社会保险行政部门申请工伤认定,并配合社会保险行政部门的调查。

三、其他法律风险提示

根据《工伤保险条例》第 17 条,用人单位未在事故伤害发生之日或者被诊断、鉴定为职业病之日起 30 日内提交工伤认定申请的,在此期间发生符合该条例规定的工伤待遇等有关费用由该用人单位负担。

7-2-2 视同工伤和不认定为工伤的几个情形释义

一、合规要求

(一)合规要求的要点

表7-2-2 视同工伤和不认定为工伤的几个情形的释义速查

情形		释义
视同工伤的	在工作时间和工作岗位,突发疾病死亡或者在48小时内经抢救无效死亡的	1."突发疾病"包括各类疾病 2.关于"48小时"和"抢救": (1)"48小时"一般以医疗机构的初次诊断时间作为突发疾病的起算时间 (2)根据《最高人民法院行政法官专业会议纪要(七)》第2条: ①若劳动者工在工作时间和工作岗位突发疾病,因正当理由未及时送医疗机构抢救,但在离开工作岗位48小时内死亡 ②送医后因医疗机构误诊在离开医疗机构48小时内死亡,有证据证明职工死亡确属上述突发疾病所致
不认定为工伤的	故意犯罪	应当以有权机构出具的事故责任认定书、结论性意见和人民法院生效裁判等法律文书为依据
	醉酒或者吸毒	
	自残或者自杀	

(二)合规要求的理解

1.关于"视同工伤"。

根据《工伤保险条例》第15条,视同工伤包括:

(1)在工作时间和工作岗位,突发疾病死亡或者在48小时之内经抢救无效死亡的。

①突发疾病包括各类疾病。

②且突发的时间和地点应当符合"工作时间+工作岗位"的条件。

③原则上劳动者应经被抢救的程序,且死亡系因抢救无效。未经抢救或有抢救机会家属放弃抢救致其死亡的,不属于法条本义。

但是,劳动者突发疾病可能直接送医就诊,也可能回家休息。根据《最高人民法院行政法官专业会议纪要(七)》第2条,若劳动者工在工作时间和工作岗位突发疾病,因正当理由未及时送医疗机构抢救,但在离开工作岗位48小时内死亡,或者送医后因医疗机构误诊在离开医疗机构48小时内死亡,有证据证明职工死亡确属上述突发疾病所致,工伤认定申请人申请认定视同工伤,且社会保险行政部门予以认定的,人民法院应予支持。

(2)在抢险救灾等维护国家利益、公共利益活动中受到伤害的。

(3)职工原在军队服役,因战、因公负伤致残,已取得革命伤残军人证,到用人单位后旧伤复发的。

2. 关于"不认定为工伤"。

(1)关于"故意犯罪"。根据人力资源和社会保障部《关于执行〈工伤保险条例〉若干问题的意见》第3条、最高人民法院《关于审理工伤保险行政案件若干问题的规定》第1条第3款,"故意犯罪"以刑事侦查机关、检察机关和审判的生效法律文书或者结论性意见为认定依据。

(2)关于"醉酒或者吸毒"和"自残或者自杀"。根据《实施〈中华人民共和国社会保险法〉若干规定》第10条、人力资源和社会保障部《关于执行〈工伤保险条例〉若干问题的意见》第4条、最高人民法院《关于审理工伤保险行政案件若干问题的规定》第1条第1款、第2款:

①公安机关交通管理部门、医疗机构等有关单位按照《车辆驾驶人员血液、呼气酒精含量阈值与检验》(GB 19522—2010)规定的醉酒标准,依法出具的检测结论、诊断证明等材料,可以作为认定醉酒的依据。

②"醉酒或者吸毒""自残或者自杀",应当以有权机构出具的事故责任认定书、结论性意见和人民法院生效裁判等法律文书为依据,但有相反证据足以推翻事故责任认定书和结论性意见的除外。无法获得上述证据的,可以结合相关证据认定。

二、合规实践

关于工伤处理程序管理制度。

1. 用人单位应当明确当劳动者突发疾病、受伤或死亡情况时,负责处理的责任部门、应急管理措施等。

2. 用人单位应当及时调查情况,并固定与事件有关的事实依据、调查记录等。

3. 鉴于是否构成工伤应当由有权部门进行认定,换言之,即便不认为工伤,也应当以工伤认定部门出具的认定结论为准,因此,当劳动者发生该等情形,特别是在用人单位的管理空间、时间范围内发生的,建议用人单位还是要及时向社会保险行政部门申请工伤认定,并配合社会保险行政部门的调查。

三、其他法律风险提示

根据《工伤保险条例》第17条,用人单位未在事故伤害发生之日或者被诊断、鉴定为职业病之日起30日内提交工伤认定申请的,在此期间发生符合该条例规定的工伤待遇等有关费用由该用人单位负担。

表7-2-3 与工伤认定实体问题管理相关的其他管理项点

相关要素名称	说明
劳动用工管理	全日制劳动关系劳动者和非全日制劳动关系劳动者发生事故、突发疾病、伤亡的,用人单位应当及时启动工伤认定程序、积极协助调查

续表

相关要素名称	说明
工伤保险待遇	1. 被认定为工伤的劳动者,享受"工伤保险待遇" 2. 未被认定为工伤的,劳动者就无权要求享受工伤保险待遇。特别是在用人单位未依法为劳动者缴纳社会保险的情况下,用人单位承担的也是劳动者的医疗保险待遇损失、医疗期工资等义务

表 7-2-4 法律分析之应当认定为工伤的情形

内容		文件名称及文号	法条序号
一般规定		《工伤保险条例》(2010 年修订)(国务院令第 586 号)	第 14 条
在工作时间和工作场所内,因工作原因受到事故伤害的		最高人民法院《关于审理工伤保险行政案件若干问题的规定》(法释〔2014〕9 号)	第 4 条
因工外出期间,由于工作原因受到伤害或者发生事故下落不明的		人力资源和社会保障部《关于执行〈工伤保险条例〉若干问题的意见》(人社部发〔2013〕34 号)	第 1 条
		人力资源和社会保障部《关于执行〈工伤保险条例〉若干问题的意见(二)》(人社部发〔2016〕29 号)	第 5 条
		最高人民法院《关于审理工伤保险行政案件若干问题的规定》(法释〔2014〕9 号)	第 5 条
在上下班途中,受到非本人主要责任的交通事故或者城市轨道交通、客运轮渡、火车事故伤害的	上下班途中	劳动和社会保障部《关于实施〈工伤保险条例〉若干问题的意见》(劳社部函〔2004〕256 号)	第 2 条
		人力资源和社会保障部办公厅《关于工伤保险有关规定处理意见的函》(人社厅函〔2011〕339 号)	第 1 条
		人力资源和社会保障部《关于执行〈工伤保险条例〉若干问题的意见(二)》(人社部发〔2016〕29 号)	第 6 条
		最高人民法院《关于审理工伤保险行政案件若干问题的规定》(法释〔2014〕9 号)	第 6 条
	非本人主要责任	人力资源和社会保障部办公厅《关于工伤保险有关规定处理意见的函》(人社厅函〔2011〕339 号)	第 3 条
		人力资源和社会保障部《关于执行〈工伤保险条例〉若干问题的意见》(人社部发〔2013〕34 号)	第 2 条
		最高人民法院《关于审理工伤保险行政案件若干问题的规定》(法释〔2014〕9 号)	第 1 条
	交通事故	人力资源和社会保障部办公厅《关于工伤保险有关规定处理意见的函》(人社厅函〔2011〕339 号)	第 2 条
法律、行政法规规定应当认定为工伤的其他情形		人力资源和社会保障部《关于执行〈工伤保险条例〉若干问题的意见(二)》(人社部发〔2016〕29 号)	第 4 条

表 7-2-5 法律分析之视同工伤的情形

内容	文件名称及文号	法条序号
一般规定	《工伤保险条例》(2010 年修订)(国务院令第 586 号)	第 15 条
在工作时间和工作岗位,突发疾病死亡或者在 48 小时之内经抢救无效死亡的	人力资源和社会保障部《关于执行〈工伤保险条例〉若干问题的意见》(人社部发〔2013〕34 号)	第 6 条
	劳动和社会保障部《关于实施〈工伤保险条例〉若干问题的意见》(劳社部函〔2004〕256 号)	第 3 条
	《最高人民法院行政法官专业会议纪要(七)》	第 2 条

表 7-2-6　法律分析之不认定为工伤的情形

文件名称及文号	法条序号
《社会保险法》(2018 年修正)(主席令第 25 号)	第 37 条
《工伤保险条例》(2010 年修订)(国务院令第 586 号)	第 16 条
《实施〈中华人民共和国社会保险法〉若干规定》(人力资源和社会保障部令第 13 号)	第 10 条
人力资源和社会保障部《关于执行〈工伤保险条例〉若干问题的意见》(人社部发〔2013〕34 号)	第 3 条、第 4 条
最高人民法院《关于审理工伤保险行政案件若干问题的规定》(法释〔2014〕9 号)	第 1 条

7-3 工伤认定程序的合规管理

一、合规要求

(一)合规要求的要点

表7-3-1 工伤认定程序的法律应用流程

阶段	操作流程	涉及主体	记录
工伤认定的申请	工伤认定程序 → 工伤事故备案 → 自工伤事故发生之日或被诊断、鉴定为职业病之日30日内,用人单位提出工伤认定申请；用人单位未提出的,工伤职工或其近亲属、工会组织在事故伤害发生之日或者被诊断、鉴定为职业病之日起1年内,可以直接提出工伤认定申请	1.用人单位所在地统筹地区社会保险行政部门 2.用人单位 3.劳动者	1.工伤事故备案表 2.工伤认定申请表及其他要求资料、文本 ※3.根据《陕西省实施〈工伤保险条例〉办法》: (1)由于交通事故受到伤害的,提交公安交通管理部门的责任认定书或者其他有效的法律文书等相关证明 (2)在抢险救灾等维护国家利益、公众利益活动中受到伤害的,提交事发地县级以上人民政府有关部门出具的证明 (3)因履行工作职责受到暴力伤害的,提交公安部门的证明、人民法院的判决书或者其他证明 (4)属于因公、因战致残的转业、复员退伍军人旧伤复发的,提交民政部门颁发的《革命伤残军人证》以及劳动能力鉴定委员会作出的旧伤复发的鉴定证明;职工旧伤复发的,提交人力资源和社会保障部门作出的《工伤认定决定书》以及劳动能力鉴定委员会作出的旧伤复发的鉴定结论 (5)工作期间突发疾病死亡的,提交医疗机构的死亡证明书 (6)因工作外出期间,发生事故下落不明需认定因工死亡的,提交人民法院宣告死亡的判决书 4.工伤处理程序的管理
申请的受理	社会保险行政部门判定是否受理 → 受理/不予受理 → 社会保险行政部门受理申请；用人单位、劳动者申请行政复议、提起行政诉讼	1.用人单位所在地统筹地区社会保险行政部门 2.用人单位 3.劳动者	
事故的调查	社会保险行政部门根据审核需要可以对事故伤害进行调查核实 → 工伤判定 → 应当认定工伤的 / 不应当受理的 → 7-2 工伤认定实体问题的合规管理	1.用人单位所在地统筹地区社会保险行政部门 2.用人单位 3.劳动者	

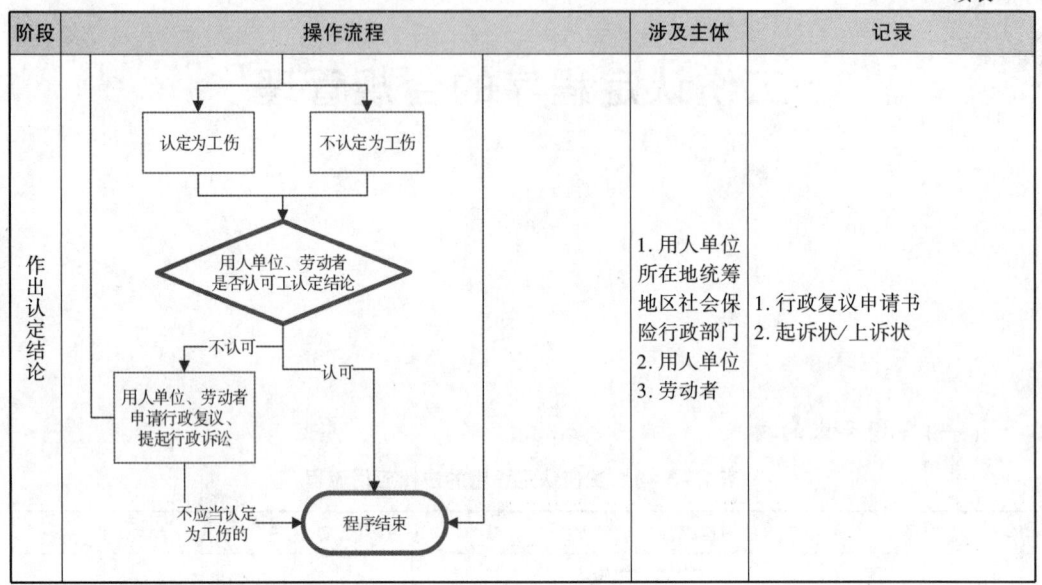

续表

阶段	操作流程	涉及主体	记录
作出认定结论	认定为工伤 / 不认定为工伤 → 用人单位、劳动者是否认可工伤认定结论 → 不认可：用人单位、劳动者申请行政复议、提起行政诉讼；认可：程序结束；不应当认定为工伤的：程序结束	1. 用人单位所在地统筹地区社会保险行政部门 2. 用人单位 3. 劳动者	1. 行政复议申请书 2. 起诉状/上诉状

注："※"的内容为陕西省的规定，具体请参见当地规定。

(二)合规要求的理解

1. 关于本节法律应用流程各阶段的操作内容与说明。

(1)工伤认定的申请。

①工伤事故备案属于人力资源和社会保障部在《工伤保险经办规程》中规定的内容，并非"应当"的强制性程序。备案时需填写"工伤事故备案表"。

②用人单位申请工伤的时限为事故发生之日或被诊断、鉴定为职业病之日起的30日内。

③用人单位未按规定提出工伤认定申请，受到事故伤害或者患职业病的职工或者其直系亲属、工会组织提出工伤认定申请的，职工所在单位是否同意(签字、盖章)不是必经程序。

④用人单位未在该时限内提交工伤认定申请的，在此期间(指从事故伤害发生之日或职业病确诊之日起到劳动保障行政部门受理工伤认定申请之日止)发生的符合《工伤保险条例》规定的工伤待遇等有关费用由该用人单位负担。

⑤下列不属于职工或者其近亲属自身原因超过工伤认定申请期限的，被耽误的时间不计算在工伤认定申请期限内："(一)不可抗力;(二)人身自由受到限制;(三)属于用人单位原因;(四)社会保险行政部门登记制度不完善;(五)当事人对是否存在劳动关系申请仲裁、提起民事诉讼。"

(2)申请的受理。

①提出工伤认定申请提交的基本材料:a. 工伤认定申请表;b. 与用人单位存在劳动关系(包括事实劳动关系)的证明材料;c. 医疗诊断证明或者职业病诊断证明书(或者职

业病诊断鉴定书)。

②工伤认定申请表应当包括事故发生的时间、地点、原因以及职工伤害程度等基本情况。

③工伤认定申请人提供材料不完整的,社会保险行政部门应当一次性书面告知工伤认定申请人需要补正的全部材料。申请人按照书面告知要求补正材料后,社会保险行政部门应当受理。

④申请人提供的材料不完整的,人力资源和社会保障部门应当在 15 日内,一次性书面告知申请人需要补正的全部材料。申请人应当从告知之日起 30 日内补正全部材料。按法定程序处理劳动关系争议的时间不计算在工伤认定的时限内。[①]

(3) 事故的调查。

①社会保险行政部门对事故伤害进行调查核实时,用人单位、职工、工会组织、医疗机构以及有关部门应当予以协助。

②职工或者其近亲属认为是工伤,用人单位不认为是工伤的,由用人单位承担举证责任。

③工伤认定分为应当认定为工伤、视同工伤,同时规定了不得认定为工伤或者视同工伤的情形。

④表 7-2-1 应当认定为工伤的几个情形的释义速查、表 7-2-2 视同工伤和不认定为工伤的几个情形的释义速查,详见本书 7-2 工伤认定实体问题的合规管理。

(4) 作出认定结论。

①对于工伤认定结论的异议以及工伤申请不予受理既可以依法申请行政复议,也可以依法向人民法院提起行政诉讼。

②社会保险行政部门作出认定为工伤的决定后发生行政复议、行政诉讼的,行政复议和行政诉讼期间不停止支付工伤职工治疗工伤的医疗费用。

2. 工伤认定程序,是对劳动者的伤、病、亡的客观事实进行性质确定的过程。该过程的实施机构是社会保险行政部门。

3. 认定程序始于用人单位或者劳动者向社会保险行政部门提出认定申请。社会保险行政部门决定是否受理申请,决定受理的,应开展调查并作出认定结论。

4. 关于工伤认定申请的提出。

(1) 申请主体。根据《工伤保险条例》第 17 条,劳动者所在单位应当作为第一责任主体,自事故伤害发生之日或者被诊断、鉴定为职业病之日起 30 日内提出工伤认定申请。

若用人单位未依法提出工伤认定申请的,工伤职工或者其近亲属、工会组织可以直接提出工伤认定申请,但是应当在事故伤害发生之日或者被诊断、鉴定为职业病之日起 1

[①] 该内容为陕西省的规定,具体请参见当地规定。

年内提出。该程序中,劳动者所在单位是否同意(签字、盖章),不是必经程序。

(2)关于申请工伤认定时限。

①工伤认定申请的时限从事故伤害发生之日或者被诊断、鉴定为职业病之日起算。

②如有特殊情况的,经报社会保险行政部门同意,申请时限可以适当延长。

③劳动者或者其近亲属因不可抗力、人身自由受到限制、属于用人单位原因、社会保险行政部门登记制度不完善、当事人对是否存在劳动关系申请仲裁、提起民事诉讼等原因被耽误的时间不计算在工伤认定申请期限内。

(3)未及时申请工伤认定的后果。

①用人单位未在时限内提交工伤认定申请的,在此期间发生的符合《工伤保险条例》规定的工伤待遇等有关费用,由用人单位负担。

②这里用人单位承担工伤待遇等有关费用的期间是指从事故伤害发生之日或职业病确诊之日起到劳动保障行政部门受理工伤认定申请之日止。

5.工伤认定与工伤保险待遇。工伤认定是对劳动者伤、病、亡的性质的确定,工伤保险待遇是指被认定为工伤的劳动者依法在工伤医疗、工伤致残、工亡时应当享受的待遇。

如果用人单位参加了工伤保险,工伤保险待遇的支付主体分为工伤保险基金和用人单位,双方依法支付各自应当支付的范围;如果用人单位未参加工伤保险的,工伤保险基金不予支付,劳动者依法应当享受的工伤保险待遇,全部由用人单位支付。

二、合规实践

关于工伤处理程序管理制度。

1.从工伤保险的认定申请时限及未在规定时限申请工伤认定的后果看,用人单位应当在劳动者受到事故伤害或患职业病后,依法及时向社会保险行政部门申请工伤认定,并配合社会保险行政部门的调查。

2.用人单位应当明确当劳动者发生病、伤、亡情况时,负责办理工伤认定申请的责任部门、配合部门及推进流程等。

表7-3-2 与工伤认定程序管理相关的其他管理项点

相关要素名称	说明
劳动用工管理	全日制劳动关系劳动者、非全日制劳动关系劳动者发生病、伤、亡的,用人单位应当及时启动工伤认定程序、积极协助调查
工伤保险待遇	1.被认定为工伤的劳动者,享受"工伤保险待遇" 2.未被认定为工伤的,劳动者就无权要求享受工伤保险待遇。特别是在用人单位未依法为劳动者缴纳社会保险的情况下,用人单位承担的也是劳动者的医疗保险待遇损失、医疗期工资等义务

表7-3-3　法律分析之工伤认定申请主体与时限

文件名称及文号	法条序号
劳动和社会保障部办公厅《关于未参加工伤保险社会统筹的企业和职工因伤残(亡)性质认定可以提起行政诉讼的复函》(劳社厅函〔1999〕119号)	第1条
《工伤保险条例》(2010年修订)(国务院令第586号)	第17条
劳动和社会保障部《关于实施〈工伤保险条例〉若干问题的意见》(劳社部函〔2004〕256号)	第4条、第5条、第6条
人力资源和社会保障部《关于印发工伤保险经办规程的通知(一)》(2012年修订)(人社部发〔2012〕11号)	第58条
人力资源和社会保障部《关于执行〈工伤保险条例〉若干问题的意见》(人社部发〔2013〕34号)	第8条、第9条
人力资源和社会保障部《关于执行〈工伤保险条例〉若干问题的意见(二)》(人社部发〔2016〕29号)	第8条
最高人民法院《关于审理工伤保险行政案件若干问题的规定》(法释〔2014〕9号)	第7条

表7-3-4　法律分析之工伤认定申请资料

文件名称及文号	法条序号
《工伤保险条例》(2010年修订)(国务院令第586号)	第18条
人力资源和社会保障部《关于执行〈工伤保险条例〉若干问题的意见(二)》(人社部发〔2016〕29号)	第10条
《陕西省实施〈工伤保险条例〉办法》(2011年修订)(陕西省人民政府令第148号)	第11条、第12条

表7-3-5　法律分析之工伤认定决定

内容	文件名称及文号	法条序号
一般规定	《工伤保险条例》(2010年修订)(国务院令第586号)	第20条
	最高人民法院《关于审理工伤保险行政案件若干问题的规定》(法释〔2014〕9号)	第8条
对工伤认定结论有异议	《工伤保险条例》(2010年修订)(国务院令第586号)	第55条
	劳动和社会保障部办公厅《关于未参加工伤保险社会统筹的企业和职工因伤残(亡)性质认定可以提起行政诉讼的复函》(劳社厅函〔1999〕119号)	第2条
	最高人民法院《关于审理工伤保险行政案件若干问题的规定》(法释〔2014〕9号)	第9条

表7-3-6　法律分析之与工伤认定有关的一些问题

内容	文件名称及文号	法条序号或对应内容
工伤事故备案	人力资源和社会保障部《关于印发工伤保险经办规程的通知(一)》(2012年修订)(人社部发〔2012〕11号)	第53条
事故调查核实	《工伤保险条例》(2010年修订)(国务院令第586号)	第19条、第63条
工伤认定依据	陕西省劳动厅《关于颁发〈陕西省企业职工工伤保险实施细则(试行)〉的通知》(陕劳发〔1997〕232号)	第9条
工伤职工登记	人力资源和社会保障部《关于印发工伤保险经办规程的通知(一)》(2012年修订)(人社部发〔2012〕11号)	第54条、第56条、第57条

续表

内容	文件名称及文号	法条序号或对应内容
工伤认定与劳动关系	劳动部办公厅《关于申请工伤认定举证责任问题的复函》（劳社厅函〔2004〕317号）	劳动保障行政部门在审查申请人提交的工伤认定申请过程中，如果职工一方认为与用人单位之间存在事实劳动关系，但无有效证明，而用人单位不认为存在事实劳动关系的，由用人单位承担举证责任
	最高人民法院行政审判庭《关于劳动行政部门在工伤认定程序中是否具有劳动关系确认权请示的答复》（〔2009〕行他字第12号）	根据《劳动法》第九条和《工伤保险条例》第五条、第十八条的规定，劳动行政部门在工伤认定程序中，具有认定受到伤害的职工与企业之间是否存在劳动关系的职权
	人力资源和社会保障部《关于执行〈工伤保险条例〉若干问题的意见》（人社部发〔2013〕34号）	第5条
	最高人民法院《关于审理工伤保险行政案件若干问题的规定》（法释〔2014〕9号）	第2条

7-4 工伤医疗待遇的合规管理

一、合规要求

(一)合规要求的要点

表 7-4-1 工伤医疗待遇速查

待遇内容	法律标准	支付主体
停工留薪期	一般不超过 12 个月,最长不超过 24 个月	用人单位
停工留薪期的工资	在停工留薪期内,原工资福利待遇不变,由所在单位按月支付	用人单位
停工留薪期的生活护理	生活不能自理的工伤职工在停工留薪期需要护理的,由所在单位负责。	用人单位
医疗费用	职工因工作遭受事故伤害或者患职业病进行治疗,享受工伤医疗待遇	工伤保险基金
住院伙食补助费	职工住院治疗工伤的伙食补助费由工伤保险基金支付	工伤保险基金
异地就医交通食宿费	经医疗机构出具证明,报经办机构同意,工伤职工到统筹地区以外就医所需的交通食宿费,由工伤保险基金支付	工伤保险基金

注:停工留薪期的期限参见本书 3-7 停工留薪期的合规管理。

(二)合规要求的理解

1. 工伤医疗待遇,是指劳动者发生工伤事故或患职业病,在进行医疗救治阶段产生的支付项目与费用。

2. 工伤医待遇用主要分为两大部分,即医疗费用和劳动者因治疗而暂停提供劳动期间的待遇。

(1)治疗及相关费用。

①职工治疗工伤应当在签订服务协议的医疗机构就医,情况紧急时可以先到就近的医疗机构急救。

②治疗工伤阶段产生的符合工伤保险诊疗项目目录、工伤保险药品目录、工伤保险住院服务标准的费用,由工伤保险基金支付。

③工伤保险基金支付范围详见表 7-4-1 工伤医疗待遇速查。非工伤引发的疾病的治疗费用不属于工伤医疗待遇的范畴,由基本医疗保险基金依法支付。

④社会保险行政部门作出认定为工伤的决定,当事人(一般为用人单位)不服该决

定,申请行政复议、提起行政诉讼的,行政复议和行政诉讼期间,治疗工伤的医疗费用继续由工伤保险基金支付。

(2)停工留薪期(因治疗而暂停提供劳动期间)的待遇。

①停工留薪期一般不超过12个月。伤情严重或者情况特殊,经设区的市级劳动能力鉴定委员会确认,可以适当延长,但延长不得超过12个月。

②工伤劳动者在停工留薪期内,由用人单位按照其原工资福利待遇按月支付。

③在停工留薪期由用人单位负责生活不能自理的工伤劳动者的护理。

④工伤职工在停工留薪期满后仍需治疗的,继续享受工伤医疗待遇。

二、合规实践

关于工伤处理程序管理制度。

鉴于工伤医疗待遇的支付项目及承担主体的相关规定,用人单位应当做到以下几点:

1. 依法按时足额为劳动者缴纳工伤保险费,并及时申请工伤认定,确保劳动者能及时享受工伤保险待遇。否则,本应由工伤保险基金支付的项目及费用可能会由用人单位支付。

2. 依法确定劳动者的停工留薪期,并足额向劳动者支付停工留薪期期间的工资待遇。

3. 生活不能自理的工伤职工在停工留薪期需要护理的,用人单位应当依法负责。

三、其他法律风险提示

若用人单位为劳动者未依法缴纳工伤保险的,由用人单位向劳动者依法支付全部费用。

表7-4-2 与工伤医疗待遇管理相关的其他管理项点

相关要素名称	说明
劳动报酬	用以确定停工留薪期内劳动者的工资标准
休息休假管理	用人单位应确保劳动者享受停工留薪期休假的权利以及休假起止时间的确定
社会保险	用人单位缴纳了工伤保险的,由工伤保险基金支付相关待遇
工伤保险责任的主体	工伤劳动者由其劳动关系所在用人单位或者虽无劳动关系但依法确定的主体承担工伤保险责任
工伤认定	劳动者享受工伤医疗待遇以认定为工伤为前提

表 7-4-3　法律分析之工伤医疗待遇

内容	文件名称及文号	法条序号
一般规定	《工伤保险条例》(2010 年修订)(国务院令第 586 号)	第 30 条第 1、5 款,第 33 条第 2、3 款
	陕西省劳动厅《关于颁发〈陕西省企业职工工伤保险实施细则(试行)〉的通知》(陕劳发〔1997〕232 号)	第 11 条第 1 款
就医机构	《工伤保险条例》(2010 年修订)(国务院令第 586 号)	第 30 条第 2 款
	人力资源和社会保障部《关于印发工伤保险经办规程的通知(一)》(2012 年修订)(人社部发〔2012〕11 号)	第 41 条、第 42 条、第 43 条、第 45 条
	陕西省劳动厅《关于颁发〈陕西省企业职工工伤保险实施细则(试行)〉的通知》(陕劳发〔1997〕232 号)	第 33 条
工伤复发的	《工伤保险条例》(2010 年修订)(国务院令第 586 号)	第 38 条
	劳动和社会保障部《关于实施〈工伤保险条例〉若干问题的意见》(劳社部函〔2004〕256 号)	第 7 条
	人力资源和社会保障部《关于印发工伤保险经办规程的通知(一)》(2012 年修订)(人社部发〔2012〕11 号)	第 44 条
待遇支付与工伤认定结果异议的衔接	《工伤保险条例》(2010 年修订)(国务院令第 586 号)	第 31 条

工伤伤残待遇的合规管理

一、合规要求

(一)合规要求的要点

表7-5-1 工伤伤残待遇速查

伤残等级	劳动关系	上岗情况	伤残待遇 - 伤残津贴(按月支付)以本人工资为基数,且不得低于最低工资标准 支付标准	伤残待遇 - 伤残津贴 支付主体	生活护理费(按月支付) 支付标准	生活护理费 支付主体	一次性伤残补助金以本人工资为基数 支付标准	一次性伤残补助金 支付主体	辅助器具	康复费用	工伤伤残职工解除、终止劳动合同的 一次性工伤医疗补助金(以解除/终止劳动关系时所在地上年度职工月平均工资为基数) 支付标准	支付主体	一次性伤残就业补助金(以解除/终止劳动关系时所在地上年度职工月平均工资为基数) 支付标准	支付主体
1级	保留劳动关系	退出工作岗位	90%	工伤保险基金	已经评定伤残等级并经劳动能力鉴定委员会确认需要生活护理的,以统筹地区上年度职工月平均工资为基数,生活完全不能自理50%、生活大部分不能自理40%,生活部分不能自理30%	工伤保险基金	27个月	工伤保险基金	工伤职工需要安装、配置辅助器具的,由工伤医疗服务机构提出建议,经劳动能力鉴定委员会确认,到工伤辅助器具服务机构安装、配置。其费用由经办机构与工伤辅助器具服务机构直接结算	工伤职工到签订服务协议的医疗机构进行工伤康复的费用,符合规定的,从工伤保险基金支付	—	—	—	—
2级	保留劳动关系	退出工作岗位	85%	工伤保险基金		工伤保险基金	25个月	工伤保险基金			—	—	—	—
3级	保留劳动关系	退出工作岗位	80%	工伤保险基金		工伤保险基金	23个月	工伤保险基金			—	—	—	—
4级	保留劳动关系	退出工作岗位	75%	工伤保险基金		工伤保险基金	21个月	工伤保险基金			—	—	—	—
5级	保留劳动关系(经工伤职工本人提出的,可解除或终止劳动合同)	安排适当工作	70%	用人单位		工伤保险基金	18个月	工伤保险基金			24个月	工伤保险基金	24个月	用人单位
6级			60%	用人单位		工伤保险基金	16个月	工伤保险基金			21个月	工伤保险基金	21个月	用人单位
7级	1.合同期满可终止 2.劳动者提出解除的,可解除劳动合同 3.用人单位可以劳动者过失性解除事由解除劳动合同		—			工伤保险基金	13个月	工伤保险基金			15个月	工伤保险基金	15个月	用人单位
8级			—			工伤保险基金	11个月	工伤保险基金			12个月	工伤保险基金	12个月	用人单位
9级			—			工伤保险基金	9个月	工伤保险基金			9个月	工伤保险基金	9个月	用人单位
10级			—			工伤保险基金	7个月	工伤保险基金			6个月	工伤保险基金	6个月	用人单位

注:1.关于工伤伤残5—6级的劳动者的伤残津贴,5—6级伤残的劳动者,用人单位难以为其安排工作的,用人单位按月发给伤残

津贴。
2. 关于一次性工伤医疗补助金：
(1)工伤职工距法定退休年龄不足5年的，一次性工伤医疗补助金按每减少1年递减20%的标准支付。但距法定退休年龄不足1年的按全额的10%支付。
(2)工伤职工达到退休年龄或者办理退休手续的，不享受一次性工伤医疗补助金。
3. 关于一次性伤残就业补助金：
(1)工伤职工距法定退休年龄不足5年的，一次性伤残就业补助金按每减少1年递减20%的标准支付。但距法定退休年龄不足1年的按全额的10%支付。
(2)工伤职工达到退休年龄或者办理退休手续的，不享受伤残就业补助金。

(二)合规要求的理解

1. 工伤劳动者的伤残等级以劳动能力鉴定结论为准。

(1)工伤劳动者的停工留薪期满或者停工留薪期满后经继续治疗伤情稳定的或者被认定为工伤或者视同工伤的劳动者，经治疗伤情相对稳定后，经确认可以进行康复治疗的劳动者，应当进行劳动能力鉴定。

(2)工伤劳动者的伤残等级从轻至重分为10级至1级，共10级。工伤劳动者根据劳动能力鉴定结论确定的伤残等级依法享受伤残待遇。

2. 工伤伤残待遇主要分为两个部分，即劳动者的伤残待遇以及与用人单位的劳动关系。

(1)劳动者的伤残待遇。

①伤残待遇根据伤残等级分为3个区间，即伤残1级至4级、伤残5级至6级、伤残7级至10级。

②劳动者的伤残待遇及支付主体的具体内容详见表7-5-1。

(2)与用人单位的劳动关系。

①工伤劳动者的工作调整的具体说明参见本书4-5变更工作内容/地点之事由的合规管理、4-6变更工作内容/地点之操作程序的合规管理。

②工伤劳动者的劳动关系解除、终止的具体说明参见本书5-9工伤伤残劳动者劳动合同解除、终止的合规管理。

二、合规实践

关于工伤处理程序管理制度。

1. 工伤劳动者要求享受工伤伤残待遇的，用人单位应当明确待遇享受的前提条件，即劳动者应当先由劳动能力鉴定委员会对其伤情进行鉴定，再根据鉴定结论确定相关待遇及劳动关系处理方式。

2. 工伤处理程序中针对工伤致残情形的管理，至少应当包括以下内容：

(1)确定不同伤残等级的劳动关系处理形式，以及岗位变更的原则、方式以及负责部门、职责权限、办理程序等。

(2)应当明确非由工伤保险基金支付的工伤伤残待遇的项目、计算标准、数额、支付程序等。

（3）由工伤保险基金支付的工伤伤残待遇，用人单位应当确定负责或者协助的事项、负责部门、办理程序等。

三、其他法律风险提示

用人单位未依法缴纳工伤保险的，由用人单位向劳动者依法支付全部费用。

表7-5-2　与工伤伤残待遇管理相关的其他管理项点

相关要素名称	说明
劳动报酬	用以确定劳动者的伤残津贴、各类补助金的支付标准
变更工作地点/内容管理	用人单位根据劳动者的伤残等级确定劳动者是否退出、变更工作内容等
劳动合同的解除、终止	1. 因工致残劳动者，用人单位不得依照《劳动合同法》第40条、第41条解除劳动合同 2. 伤残等级7～10级的工伤劳动者劳动合同到期的，用人单位可以依法终止
社会保险	用人单位缴纳了工伤保险的，由工伤保险基金支付相关待遇
工伤保险责任的主体	工伤劳动者由其劳动关系所在用人单位或者虽无劳动关系但依法确定的主体承担工伤保险责任
工伤认定	工伤伤残待遇的大前提是劳动者的病伤被认定为工伤
劳动能力鉴定	被认定为工伤的劳动者经劳动能力鉴定具有伤残等级的，可享受工伤伤残待遇

表7-5-3　法律分析之工伤伤残待遇

内容	文件名称及文号	法条序号
适用条件及起始时间	《社会保险法》(2018年修正)(主席令第25号)	第36条
	《陕西省实施〈工伤保险条例〉办法》(2011年修订)(陕西省人民政府令第148号)	第21条
	西安市人力资源和社会保障局《关于贯彻执行新修订〈工伤保险条例〉有关问题的通知》(市人社发〔2011〕175号)	第5条
1级至4级伤残的	《工伤保险条例》(2010年修订)(国务院令第586号)	第35条
5级至6级伤残的	《工伤保险条例》(2010年修订)(国务院令第586号)	第36条
7级至10级伤残的	《工伤保险条例》(2010年修订)(国务院令第586号)	第37条
伤残护理	《工伤保险条例》(2010年修订)(国务院令第586号)	第34条
再次发生工伤的	《工伤保险条例》(2010年修订)(国务院令第586号)	第45条
一次性工伤医疗补助金和伤残就业补助金	《陕西省实施〈工伤保险条例〉办法》(2011年修订)(陕西省人民政府令第148号)	第23条、第24条、第25条
	西安市人力资源和社会保障局《关于贯彻执行新修订〈工伤保险条例〉有关问题的通知》(市人社发〔2011〕175号)	第7条

7-6 工亡待遇的合规管理

一、合规要求

（一）合规要求的要点

表 7-6-1　工亡待遇速查

待遇内容	待遇标准		支付主体	直接致死的	停工留薪期内因工死亡的	1—4级伤残职工停工留薪期满后死亡的
一次性工亡补助金	数额为上一年度全国城镇居民人均可支配收入的20倍		工伤保险基金	√	√	×
丧葬补助金	6个月统筹地区上年度职工月平均工资		工伤保险基金	√	√	√
供养亲属抚恤金（按月支付）	1.按照职工本人工资的一定比例发给 2.因工死亡职工生前提供主要生活来源、无劳动能力的近亲属 3.核定的各供养亲属的抚恤金之和不应高于因工死亡职工生前的工资		工伤保险基金	√	√	√
	配偶	40%				
	其他亲属/每人	30%				
	孤寡老人或者孤儿/每人	在上述标准的基础上增加10%				

（二）合规要求的理解

1. 工亡主要分为3类，即直接死亡、停工留薪期内因工死亡和1—4级伤残职工停工留薪期满后死亡。其待遇项目略有不同，详见表7-6-1。

2. 1级至4级伤残的工伤劳动者死亡的，其近亲属同时符合领取工伤保险丧葬补助金、供养亲属抚恤金待遇和职工基本养老保险丧葬补助金、抚恤金待遇条件的，由其近亲属选择领取工伤保险或职工基本养老保险其中一种。

3. 待遇之供养亲属抚恤金。因工死亡的劳动者其供养亲属享受抚恤金待遇的资格，由统筹地区社会保险经办机构核定。

根据《因工死亡职工供养亲属范围规定》，亲属的范围、领取条件、停止领取待遇的情形等详见下表。

表 7-6-2　供养亲属抚恤金

供养亲属范围	具体内容	申请抚恤金的条件		停止享受待遇的条件
配偶	—	男年满60周岁、女年满55周岁		再婚的
子女	婚生子女、非婚生子女、养子女和有抚养关系的继子女,其中婚生子女、非婚生子女包括遗腹子女	未满18周岁	完全丧失劳动能力或者	1. 年满18周岁且未完全丧失劳动能力的 2. 就业或参军的 3. 被他人或组织收养的 4. 死亡的 5. 领取抚恤金的人员,在被判刑收监执行期间,停止享受抚恤金待遇;刑满释放仍符合领取资格的,按规定标准享受抚恤金
父母	生父母、养父母和有抚养关系的继父母	男年满60周岁、女年满55周岁		
祖父母外祖父母	—	工亡职工父母均已死亡,祖父/外祖父年满60周岁,祖母/外祖母年满55周岁		
孙子女外孙子女	—	工亡职工子女均已死亡或完全丧失劳动能力,孙子女/外孙子女未满18周岁		
兄弟姐妹	同父母的、同父异母的、同母异父的,养兄弟姐妹、有扶养关系的继兄弟姐妹	工亡职工父母均已死亡或完全丧失劳动能力,兄弟姐妹未满18周岁		

二、合规实践

关于工伤处理程序管理制度。

鉴于工亡待遇的支付主体是工伤保险基金,因此,对于管理而言最重要的是确定完成协助工作的责任部门,在近亲属领取工亡待遇的过程中给予必要的协助。

三、其他法律风险提示

用人单位未依法缴纳工伤保险的,由用人单位向劳动者依法支付全部费用。

表 7-6-3　与工亡待遇管理相关的其他管理项点

相关要素名称	说明
劳动报酬	用以确定供养亲属抚恤金的支付标准
社会保险	用人单位缴纳了工伤保险的,由工伤保险基金支付相关待遇
工伤保险责任的主体	工伤劳动者由其劳动关系所在用人单位或者虽无劳动关系但依法确定的主体承担工伤保险责任
工伤认定	工伤伤残待遇的大前提是劳动者的病伤被认定为工伤

表 7-6-4　法律分析之工亡待遇

内容	文件名称及文号	法条序号
一般规定	《工伤保险条例》(2010年修订)(国务院令第586号)	第39条

续表

内容	文件名称及文号	法条序号
供养亲属抚恤金	劳动和社会保障部《关于实施〈工伤保险条例〉若干问题的意见》(劳社部函〔2004〕256号)	第8条
	《陕西省实施〈工伤保险条例〉办法》(2011年修订)(陕西省人民政府令第148号)	第19条
一次性工亡补助金	《实施〈中华人民共和国社会保险法〉若干规定》(人力资源和社会保障部令第13号)	第11条
1—4级伤残职工死亡的	人力资源和社会保障部《关于执行〈工伤保险条例〉若干问题的意见(二)》(人社部发〔2016〕29号)	第1条

表7-6-5 法律分析之供养亲属

文件名称及文号	法条序号
《因工死亡职工供养亲属范围规定》(劳动和社会保障部令第18号)	第2条、第3条、第4条、第5条、第6条

工伤保险待遇先行支付的合规管理

一、合规要求

(一)合规要求的要点

表7-7-1 工伤保险待遇先行支付的法律应用流程

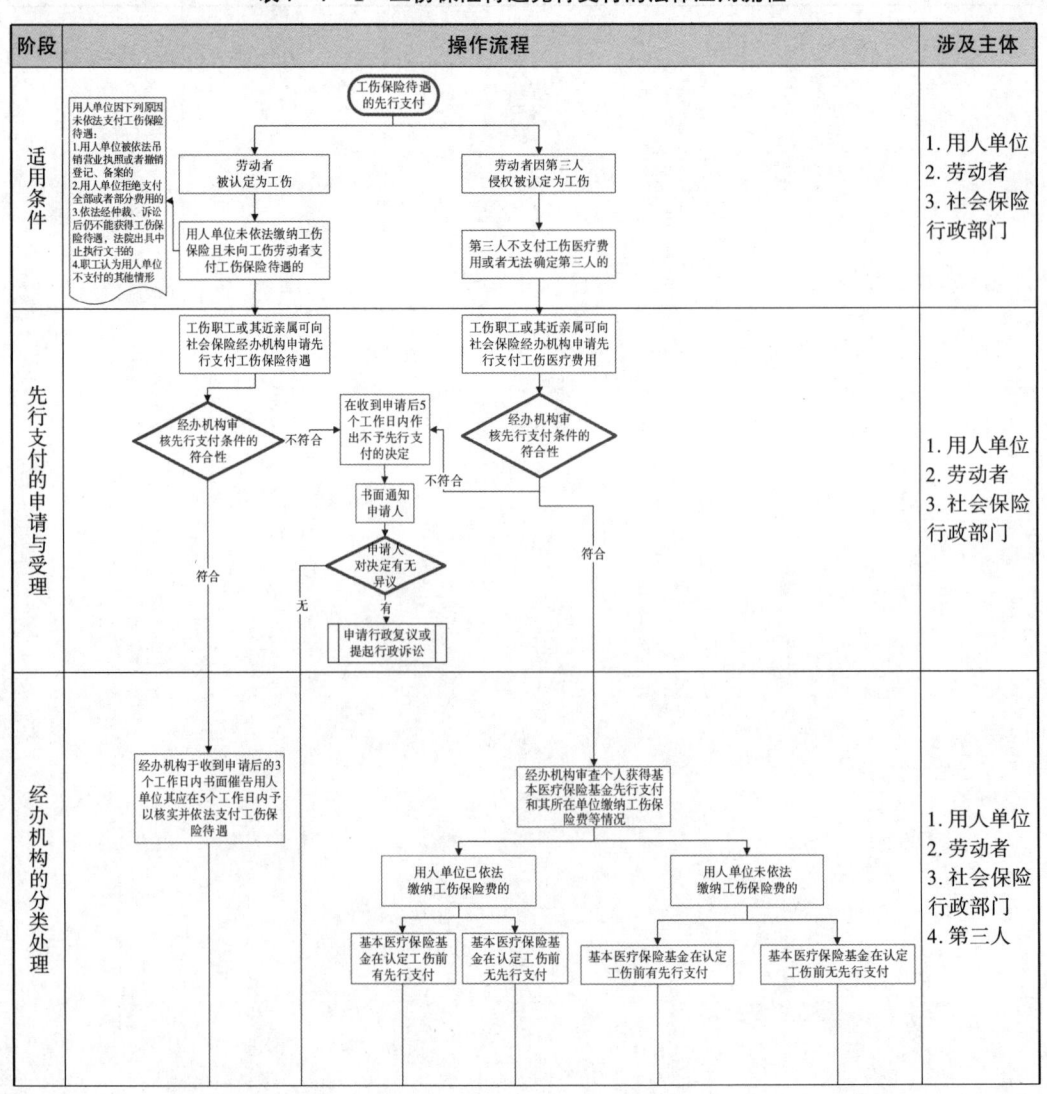

阶段	操作流程	涉及主体
适用条件	工伤保险待遇的先行支付。用人单位因下列原因未依法支付工伤保险待遇:1.用人单位被依法吊销营业执照或者撤销登记、备案的;2.用人单位拒绝支付全部或者部分费用的;3.依法经仲裁、诉讼后仍不能获得工伤保险待遇,法院出具中止执行文书的;4.职工认为用人单位不支付的其他情形。劳动者被认定为工伤;用人单位未依法缴纳工伤保险且未向工伤劳动者支付工伤保险待遇的。劳动者因第三人侵权被认定为工伤;第三人不支付工伤医疗费用或者无法确定第三人的。	1.用人单位 2.劳动者 3.社会保险行政部门
先行支付的申请与受理	工伤职工或其近亲属可向社会保险经办机构申请先行支付工伤保险待遇;工伤职工或其近亲属可向社会保险经办机构申请先行支付工伤医疗费用。经办机构审核先行支付条件的符合性。在收到申请后5个工作日内作出不予先行支付的决定,书面通知申请人。申请人对决定有无异议,有则申请行政复议或提起行政诉讼。	1.用人单位 2.劳动者 3.社会保险行政部门
经办机构的分类处理	经办机构于收到申请后的3个工作日内书面催告用人单位其应在5个工作日内予以核实并依法支付工伤保险待遇。经办机构审查个人获得基本医疗保险基金先行支付和其所在单位缴纳工伤保险费等情况。用人单位已依法缴纳工伤保险费的:基本医疗保险基金在认定工伤前有先行支付/基本医疗保险基金在认定工伤前无先行支付。用人单位未依法缴纳工伤保险费的:基本医疗保险基金在认定工伤前有先行支付/基本医疗保险基金在认定工伤前无先行支付。	1.用人单位 2.劳动者 3.社会保险行政部门 4.第三人

续表

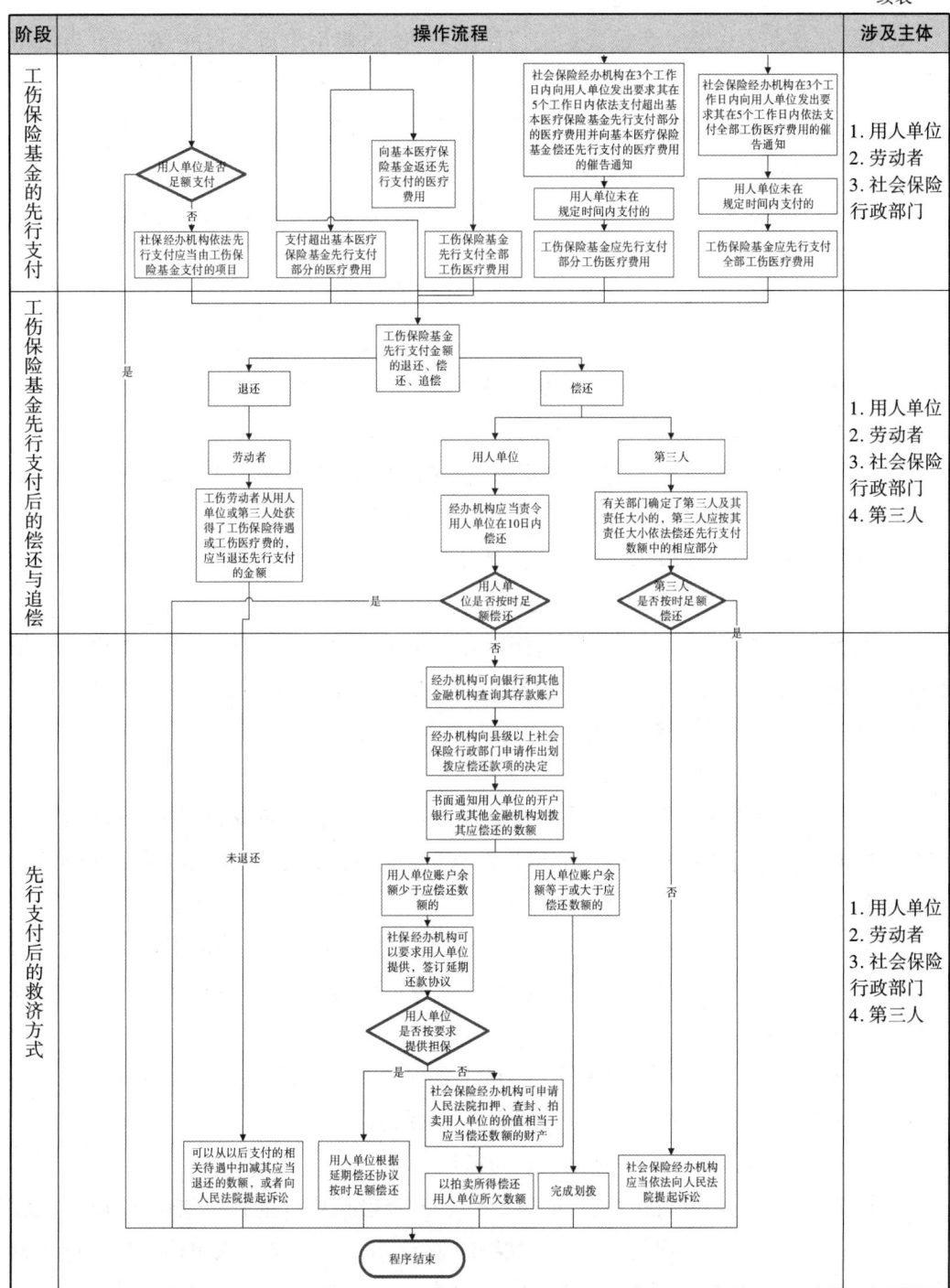

阶段	操作流程	涉及主体
工伤保险基金的先行支付	（流程图）社会保险经办机构在3个工作日内向用人单位发出要求其在5个工作日内依法支付超出基本医疗保险基金先行支付部分的医疗费用并向基本医疗保险基金偿还先行支付的医疗费用的催告通知；社会保险经办机构在3个工作日内向用人单位发出要求其在5个工作日内依法支付全部工伤医疗费用的催告通知；用人单位是否足额支付；向基本医疗保险基金返还先行支付的医疗费用；社保经办机构依法先行支付应当由工伤保险基金支付的项目；支付超出基本医疗保险基金支付部分的医疗费用；工伤保险基金先行支付全部工伤医疗费用；工伤保险基金先行支付部分工伤医疗费用；工伤保险基金应先行支付全部医疗费用	1.用人单位 2.劳动者 3.社会保险行政部门
工伤保险基金先行支付后的偿还与追偿	（流程图）工伤保险基金先行支付金额的退还、偿还、追偿；退还—劳动者；偿还—用人单位、第三人；工伤劳动者从用人单位或第三人处获得了工伤保险待遇或工伤医疗费用的，应当退还先行支付的金额；经办机构应当责令用人单位在10日内偿还；有关部门确定了第三人及其责任大小的，第三人应按其责任大小依法偿还先行支付数额中的相应部分；用人单位是否按时足额偿还；第三人是否按时足额偿还	1.用人单位 2.劳动者 3.社会保险行政部门 4.第三人
先行支付后的救济方式	（流程图）经办机构可向银行和其他金融机构查询其存款账户；经办机构向县级以上社会保险行政部门申请作出划拨应偿还款项的决定；书面通知用人单位的开户银行或其他金融机构划拨其应偿还的数额；用人单位账户余额少于应偿还数额的；用人单位账户余额等于或大于应偿还数额的；社保经办机构可以要求用人单位提供担保，签订延期还款协议；用人单位是否按要求提供担保；社会保险经办机构可申请人民法院扣押、查封、拍卖用人单位的价值相当于应当偿还数额的财产；可以从以后支付的相关待遇中扣减其应退还的数额，或者向人民法院提起诉讼；用人单位根据延期偿还协议按时足额偿还；以拍卖所得偿还用人单位所欠数额；完成划拨；社会保险经办机构应当依法向人民法院提起诉讼；程序结束	1.用人单位 2.劳动者 3.社会保险行政部门 4.第三人

(二)合规要求的理解

1.关于本节法律应用流程各阶段的操作内容与说明。

(1)适用条件。工伤保险待遇的先行支付以工伤认定为前提。

(2)先行支付的申请与受理。

①因"工伤职工未及时获得法定工伤保险待遇"而申请先行支付的,应当符合以下条件:

  a.用人单位被依法吊销营业执照或者撤销登记、备案的;

  b.用人单位拒绝支付全部或者部分费用的;

  c.依法经仲裁、诉讼后仍不能获得工伤保险待遇,法院出具中止执行文书的;

  d.职工认为用人单位不支付的其他情形。

②涉及第三人责任申请先行支付的,业务部门审核以下资料:

  a.认定工伤决定书;

  b.工伤职工或近亲属先行支付书面申请资料;

  c.人民法院出具的民事判决书等材料;

  d.对肇事逃逸、暴力伤害等无法确定第三人的,需提供公安机关出具的证明材料;

  e.由社会保险行政部门提供的第三人不予支付的证明材料;

  f.由职工基本医疗保险先行支付的情况材料;

  g.省、自治区、直辖市经办机构规定的其他资料。

(3)经办机构的分类处理。申请人符合先行支付条件的,还应区分申请原因。若是因用人单位原因使得工伤职工未及时获得法定工伤保险待遇的,首先应先书面通知工伤职工的用人单位支付工伤保险待遇。

(4)工伤保险基金的先行支付。

①劳动者被认定为工伤,用人单位若按时足额向工伤劳动者支付了工伤保险待遇,工伤保险基金的先行支付程序因用人单位的支付而结束;反之,工伤保险基金则应予以先行支付。

②劳动者被认定为工伤的,工伤保险基金先行支付的范围是工伤职工依法可获得的各项工伤保险待遇;劳动者因第三人侵权被认定为工伤的,工伤保险基金先行支付的范围限于工伤医疗费。

③用人单位不支付依法应当由其支付的工伤保险待遇项目的,因该部分本不属于工伤保险基金支付范围,故职工可以依法申请仲裁、提起诉讼。

(5)工伤保险基金先行支付后的偿还与追偿。

①关于社会保险经办机构划拨:向银行和其他金融机构查询其存款账户,申请县级以上社会保险行政部门作出划拨应偿还款项的决定,并书面通知用人单位开户银行或者其他金融机构划拨其应当偿还的数额。

②用人单位账户余额少于应当偿还数额的,社会保险经办机构可以要求其提供担保,签订延期还款协议;用人单位未按时足额偿还且未提供担保的,社会保险经办机构可以申请人民法院扣押、查封、拍卖其价值相当于应当偿还数额的财产,以拍卖所得偿还所欠数额。

③社会保险经办机构向用人单位追偿工伤保险待遇发生的合理费用以及用人单位逾期偿还部分的利息损失等,应当由用人单位承担。

④关于涉及第三人的先行支付:个人隐瞒已经从第三人或者用人单位处获得的工伤医疗费用或者工伤保险待遇,向社会保险经办机构申请并获得社会保险基金先行支付的,按照《社会保险法》第88条的规定处理。

⑤个人已经从第三人或者用人单位处获得工伤医疗费用或者工伤保险待遇的,应当主动将先行支付金额中应当由第三人承担的部分或者工伤保险基金先行支付的工伤保险待遇退还给工伤保险基金,社会保险经办机构不再向第三人或者用人单位追偿。个人拒不退还的,社会保险经办机构可以从以后支付的相关待遇中扣减其应当退还的数额,或者向人民法院提起诉讼。

(6)先行支付后的救济方式。

①用人单位对社会保险经办机构作出先行支付的追偿决定不服或者对社会保险行政部门作出的划拨决定不服的,可以依法申请行政复议或者提起行政诉讼。

②个人或者其近亲属对社会保险经办机构作出不予先行支付的决定不服或者对先行支付的数额不服的,可以依法申请行政复议或者提起行政诉讼。

2. 根据《社会保险法》第41条、第42条,劳动者发生工伤事故,但用人单位未缴纳工伤保险费且不支付相关费用的,或者劳动者遭受的工伤事故系因第三人原因造成而第三人不支付工伤医疗费用或者无法确定第三人的,从工伤保险基金中先行支付。

3. 工伤劳动者或者其近亲属申请工伤保险基金先行支付的事由不同,处理程序也有所不同,具体内容参见表7-7-1。

4. 先行支付费用的偿还或追偿。

(1)用人单位。工伤保险基金先行支付的费用应当由用人单位偿还,用人单位不偿还的,社会保险经办机构可以依法追偿。可以采取的措施有:

①有权责令用人单位偿还;

②依法查询其在银行和其他金融机构的存款账户,申请县级以上社会保险行政部门作出划拨应偿还款项的决定,并书面通知用人单位开户银行或者其他金融机构划拨其应当偿还的数额。

③用人单位账户余额少于应当偿还数额的,社会保险经办机构可以要求其提供担保,签订延期还款协议。

用人单位未按时足额偿还且未提供担保的,社会保险经办机构可以申请人民法院扣押、查封、拍卖其价值相当于应当偿还数额的财产,以拍卖所得偿还所欠数额。

④社会保险经办机构向用人单位追偿工伤保险待遇发生的合理费用以及用人单位逾期偿还部分的利息损失等,应当由用人单位承担。

(2)侵权第三人。确定了第三人责任的,第三人应偿还先行支付数额中依法由第三人承担相应的数额。第三人逾期不偿还的,有权向第三人追偿,社会保险经办机构应当依法向人民法院提起诉讼。

(3)工伤劳动者个人。从第三人或者用人单位处获工伤医疗费用或者工伤保险待遇的,应当主动将先行支付金额中应当由第三人承担的部分或者工伤保险基金先行支付的工伤保险待遇退还给工伤保险基金,退还后社会保险经办机构不再向第三人或者用人单位追偿。

二、合规实践

关于社会保险的管理制度。

工伤保险基金承担劳动者工伤保险的主要支付义务,因此,用人应当依法按时足额为全日制劳动者和非全日制劳动者缴纳工伤保险费。依法应当由用人单位支付的,用人单位应当及时足额支付。

表 7-7-2　与工伤保险待遇先行支付管理相关的其他管理项点

相关要素名称	说明
劳动用工管理	用人单位应当为其全日制劳动关系的劳动者和非全日制劳动关系的劳动者依法及时缴纳工伤保险
工伤保险责任的主体	工伤劳动者由其劳动关系所在用人单位或者虽无劳动关系但依法确定的主体承担工伤保险责任
工伤认定	工伤保险待遇以劳动者的病、伤、亡被认定为工伤为前提

表 7-7-3　法律分析之工伤保险待遇先行支付的适用条件与实施程序

内容	文件名称及文号	法条序号
适用条件	《社会保险法》(2018年修正)(主席令第25号)	第41条、第42条
	《社会保险基金先行支付暂行办法》(2018年修订)(人力资源和社会保障部令第38号)	第4条、第6条
	《工伤保险经办服务规范》(LD/T 04—2021)	11.1.6.2、11.1.6.3
申请资料	《社会保险基金先行支付暂行办法》(2018年修订)(人力资源和社会保障部令第38号)	第10条
对先行支付申请的审核	《社会保险基金先行支付暂行办法》(2018年修订)(人力资源和社会保障部令第38号)	第9条
对不予先行支付决定的救济	《社会保险基金先行支付暂行办法》(2018年修订)(人力资源和社会保障部令第38号)	第17条第2款

表7-7-4 法律分析之工伤职工申请先行支付的相关情况

内容	文件名称及文号	法条序号或对应内容
不涉及第三人的	《社会保险基金先行支付暂行办法》(2018年修订)(人力资源和社会保障部令第38号)	第7条、第8条
因第三人侵权导致的	《社会保险基金先行支付暂行办法》(2018年修订)(人力资源和社会保障部令第38号)	第5条
	最高人民法院《关于因第三人造成工伤的职工或其亲属在获得民事赔偿后是否还可以获得工伤保险补偿问题的答复》(〔2006〕行他字第12号)	原则同意你院审判委员会的倾向性意见。即根据《中华人民共和国安全生产法》第四十八条以及最高人民法院《关于审理人身损害赔偿案件适用法律若干问题的解释》第十二条的规定,因第三人造成工伤的职工或其近亲属,从第三人处获得民事赔偿后,可以按照《工伤保险条例》第三十七条的规定,向工伤保险机构申请工伤保险待遇补偿

表7-7-5 法律分析之先行支付后的返还义务

内容	文件名称及文号	法条序号
工伤职工主动退还	《社会保险基金先行支付暂行办法》(2018年修订)(人力资源和社会保障部令第38号)	第11条、第16条
第三人偿还	《社会保险基金先行支付暂行办法》(2018年修订)(人力资源和社会保障部令第38号)	第12条
用人单位偿还	《社会保险基金先行支付暂行办法》(2018年修订)(人力资源和社会保障部令第38号)	第13条、第14条、第17条第1款

劳动能力鉴定的合规管理

一、合规要求

(一)合规要求的要点

表7-8-1 劳动能力鉴定的法律应用流程

阶段	操作流程	操作内容与说明	涉及主体
适用条件	劳动能力鉴定 → 符合劳动能力鉴定的情形	1.劳动能力鉴定是指劳动功能障碍程度和生活自理障碍程度的等级鉴定 2.应当进行劳动能力鉴定的情形: (1)职工发生工伤,经治疗伤情相对稳定后存在残疾、影响劳动能力的 (2)停工留薪期满(含劳动能力鉴定委员会确认的延长期限) 3.鉴定类型:初次鉴定、再次鉴定和复查鉴定	工伤职工
劳动能力鉴定的申请	提交劳动能力鉴定申请 → 鉴定委员会审核申请材料完整性 →（完整/不完整）→ 收到申请之日起5个工作日内一次性书面告知申请人需要补正的全部材料 → 申请人补齐材料	1.用人单位、工伤职工或者其近亲属均可申请 2.设区的市级劳动能力鉴定委员会负责本辖区内的劳动能力初次鉴定、复查鉴定;省、自治区、直辖市劳动能力鉴定委员会负责对初次鉴定或者复查鉴定结论不服提出的再次鉴定 3.申请劳动能力鉴定应当填写劳动能力鉴定申请表,并提交下列材料: (1)有效的诊断证明、按照医疗机构病历管理有关规定复印或者复制的检查、检验报告等完整病历材料 (2)工伤职工的居民身份证或者社会保障卡等其他有效身份证明原件 4.劳动能力鉴定费用的承担主体因是否参加工伤保险而异。注意骗取工伤保险待遇的法律责任	1.用人单位 2.工伤职工或其近亲属 3.劳动能力鉴定委员会

要素七　工伤保险与劳动安全　343

续表

阶段	操作流程	操作内容与说明	涉及主体
劳动能力鉴定的过程	鉴定委员会抽取3名或5名专家组成专家组 → 确定实施鉴定的时间、地点 → 提前通知工伤职工进行鉴定的时间、地点以及应当携带的材料 → 工伤职工应当按照通知的时间、地点参加现场鉴定（必要时可以委托具备资格的医疗机构协助进行有关的检查和诊断）	1.除现场鉴定外,对行动不便的工伤职工,劳动能力鉴定委员会可以组织专家上门进行劳动能力鉴定 2.工伤职工因故不能按时参加鉴定的,经劳动能力鉴定委员会同意,可以调整现场鉴定的时间,作出劳动能力鉴定结论的期限相应顺延 3.工伤职工有下列情形之一的,当次鉴定终止： (1)无正当理由不参加现场鉴定的 (2)拒不参加劳动能力鉴定委员会安排的检查和诊断的	1.用人单位 2.工伤职工或其近亲属 3.劳动能力鉴定委员会
劳动能力鉴定的结论	专家组提出鉴定意见 → 鉴定委员会作出鉴定结论 → 鉴定结论及时送达工伤职工及其用人单位,并抄送社会保险经办机构	1.鉴定意见由参加鉴定的专家都应当签署意见并签名；专家意见不一致时,按照少数服从多数的原则确定专家组的鉴定意见 2.作出结论的期限：应当自收到劳动能力鉴定申请之日起60日内作出；伤情复杂、涉及医疗卫生专业较多的鉴定工作时限可以适当延长,但延长时限不得超过30日 3.鉴定结论送达时限：自作出鉴定结论之日起20日内（陕西省规定为10日内） 4.劳动功能障碍分为10个伤残等级,最重的为1级,最轻的为10级；生活自理障碍分为3个等级：生活完全不能自理、生活大部分不能自理和生活部分不能自理	1.用人单位 2.工伤职工或其近亲属 3.劳动能力鉴定委员会

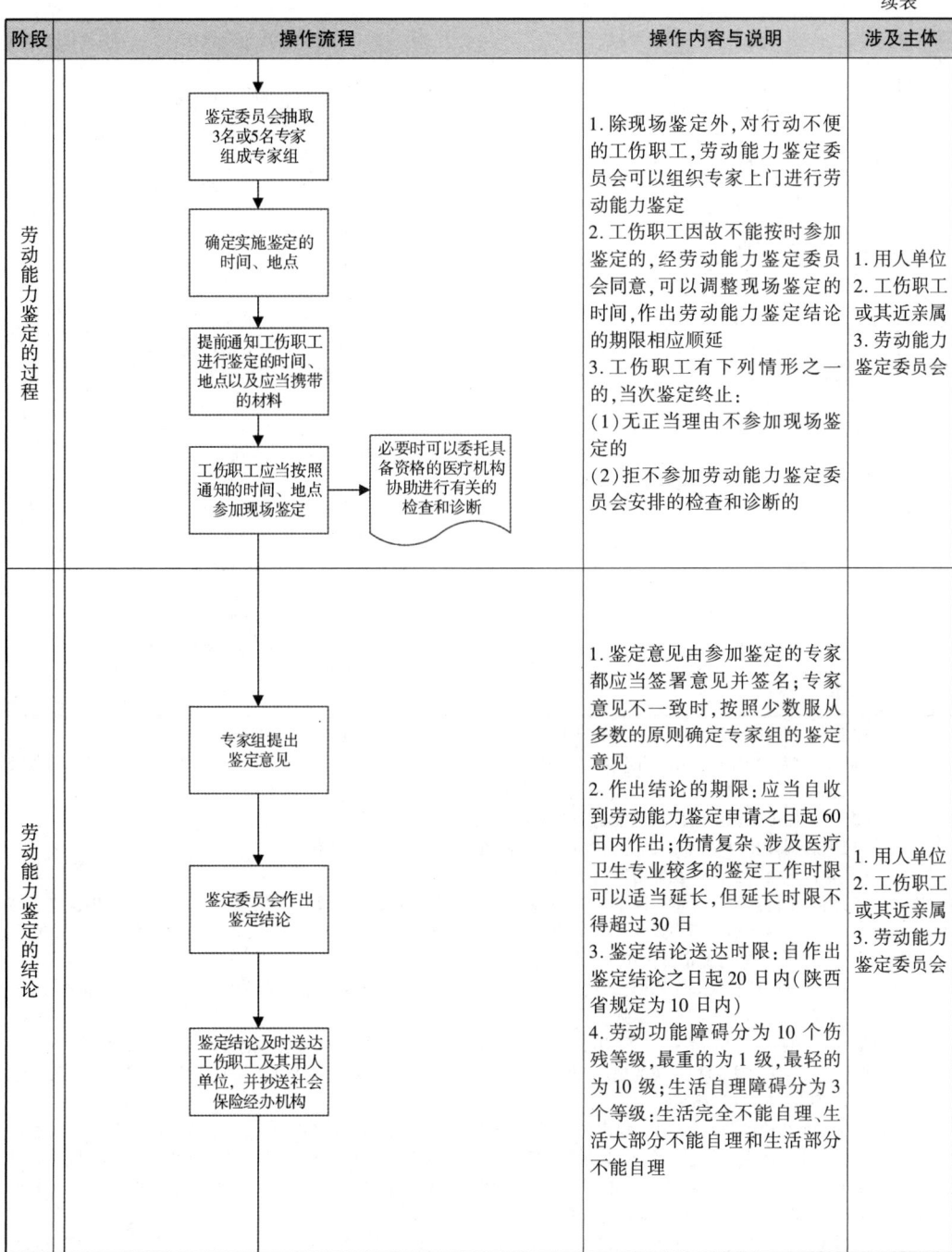

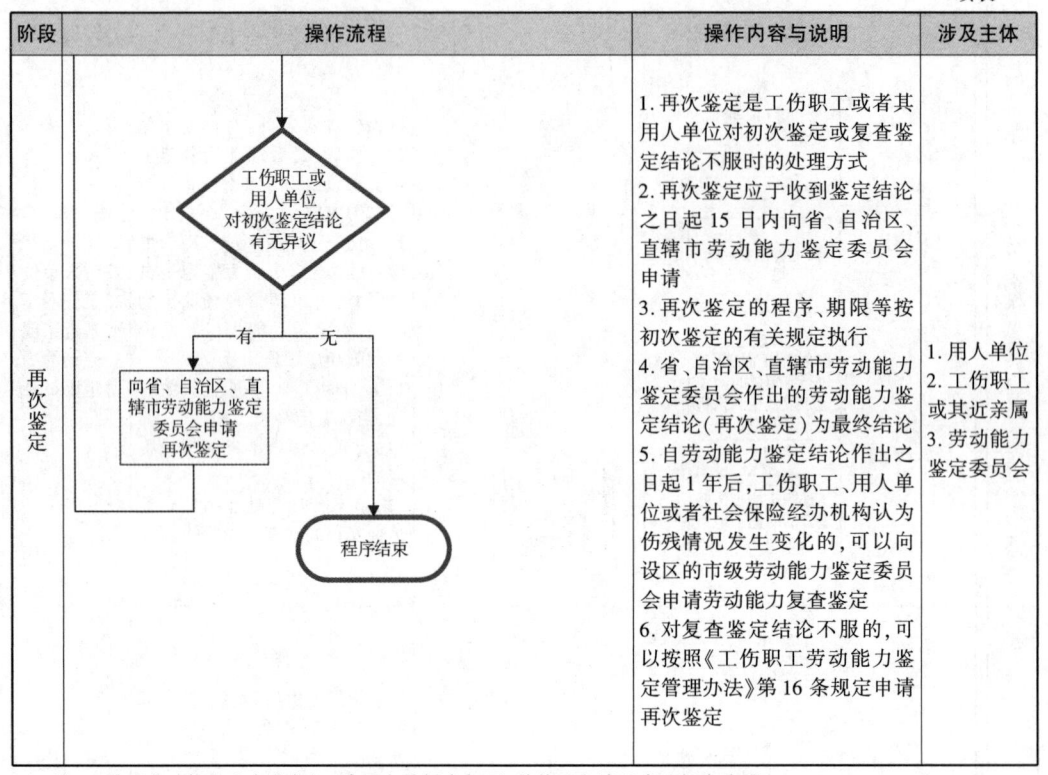

续表

阶段	操作流程	操作内容与说明	涉及主体
再次鉴定	工伤职工或用人单位对初次鉴定结论有无异议 → 有：向省、自治区、直辖市劳动能力鉴定委员会申请再次鉴定；无：程序结束	1. 再次鉴定是工伤职工或者其用人单位对初次鉴定或复查鉴定结论不服时的处理方式 2. 再次鉴定应于收到鉴定结论之日起15日内向省、自治区、直辖市劳动能力鉴定委员会申请 3. 再次鉴定的程序、期限等按初次鉴定的有关规定执行 4. 省、自治区、直辖市劳动能力鉴定委员会作出的劳动能力鉴定结论(再次鉴定)为最终结论 5. 自劳动能力鉴定结论作出之日起1年后，工伤职工、用人单位或者社会保险经办机构认为伤残情况发生变化的，可以向设区的市级劳动能力鉴定委员会申请劳动能力复查鉴定 6. 对复查鉴定结论不服的，可以按照《工伤职工劳动能力鉴定管理办法》第16条规定申请再次鉴定	1. 用人单位 2. 工伤职工或其近亲属 3. 劳动能力鉴定委员会

注：1. 关于劳动能力鉴定费负担，陕西省的规定如下，其他地方请以当地规定为准。
　　(1)已参加工伤保险的用人单位职工工伤劳动能力鉴定费，由社会保险经办机构按照省物价、财政和劳动保障等部门规定的标准从工伤保险基金中支付。
　　(2)未参加工伤保险的用人单位职工工伤劳动能力鉴定费，由用人单位承担。
　　(3)因病、非因工负伤职工的劳动能力鉴定费，由用人单位或个人承担。
　　(4)委托鉴定单位的劳动能力鉴定费，由委托单位承担。
　　(5)用人单位或个人申请再次鉴定，再次鉴定结论与原鉴定结论一致的，鉴定费由申请方承担；再次鉴定结论与原鉴定结论不一致的，已参加工伤保险的，劳动能力鉴定费从工伤保险基金中支付，未参加工伤保险的，劳动能力鉴定费由用人单位承担。
　　(6)申请方申请材料齐全，并且缴纳劳动能力鉴定费用后，鉴定机构应当下发受理通知书，一经正式受理，劳动能力鉴定费用不再退还。
2. 骗取工伤保险待遇的法律责任：以欺诈、伪造证明材料或者其他手段骗取鉴定结论、领取工伤保险待遇的，按照《社会保险法》第88条的规定，由人力资源社会保障行政部门责令退回骗取的社会保险金，处骗取金额2倍以上5倍以下的罚款。
3. 针对鉴定结论的公示，陕西省规定如下：劳动能力鉴定结果评定后需要公示的，由劳动能力鉴定机构委托被鉴定职工所在单位进行公示，公示期满后由职工所在单位将公示结果反馈到劳动能力鉴定机构并办理相关手续。在公示期内，用人单位或被鉴定人个人对鉴定结果有异议的，须提供有效的非医学证据，若证据属实，劳动能力鉴定机构应对鉴定结论进行复核或说明。
4. 陕西省西安市规定：停工留薪期最长不超过24个月，凡超过24个月未提出劳动能力鉴定申请的，应视同其首次鉴定没有伤残等级。此后，工伤职工或者其近亲属、所在单位或者经办机构认为伤情发生变化的，按照复查鉴定程序办理。

(二)合规要求的理解

1. 工伤劳动者经治疗在伤情相对稳定后存在残疾、影响劳动能力的，应当进行劳动能力鉴定。劳动者根据劳动能力鉴定的结论，享受相应的伤残待遇。

工伤职工或者其用人单位均有权向设区的市级劳动能力鉴定委员会提出劳动能力鉴定申请。

2.劳动能力鉴定包括劳动功能障碍程度和生活自理障碍程度的等级鉴定。

(1)劳动功能障碍分为10个伤残等级,最重的为1级,最轻的为10级。

(2)生活自理障碍分为3个等级:生活完全不能自理、生活大部分不能自理和生活部分不能自理。

3.劳动能力鉴定程序的具体内容详见表7-8-1。其中,应当注意的是"再次鉴定"和"复查鉴定"。

(1)再次鉴定的对象包括初次鉴定结论和复查鉴定结论,是指工伤职工或者其用人单位对初次鉴定或者复查鉴定结论不服的,可以在收到该鉴定结论之日起15日内向省、自治区、直辖市劳动能力鉴定委员会申请再次鉴定。

(2)复查鉴定是指自劳动能力鉴定结论作出之日起1年后,工伤职工、用人单位或者社会保险经办机构认为伤残情况发生变化的,可以向设区的市级劳动能力鉴定委员会申请劳动能力复查鉴定。

二、合规实践

关于工伤处理程序管理制度。

1.因工伤劳动者的身体状况直接关系到工伤保险待遇的具体内容以及工作调整、劳动关系的处理,所以用人单位应当及时自行或提醒工伤劳动者提出劳动能力鉴定的申请。

2.用人单位应当:

(1)事先规定负责工伤程序、劳动能力鉴定的责任部门、配合部门及职责权限。对工伤劳动者进行跟踪管理,对可能致残的劳动者应及时启动劳动能力鉴定程序。

(2)应当及时将劳动能力鉴定结论进行用人单位内部转化,即根据不同的伤残等级确定工伤劳动者的工伤伤残待遇以及工作的调整。

(3)用人单位应当明确沟通内容的内部流转流程及审批权限。

3.用人单位还应当注意,劳动者的伤残情况可能会在一段时间之后有所变化,可以依法通过复查鉴定的方式重新确认工伤劳动者的伤残等级。

三、其他法律风险提示

1.劳动能力鉴定期间,用人单位单方解除劳动合同的,应当注意解除事由,否则,会构成违法解除。

2.经劳动能力鉴定存在伤残等级的,针对这类劳动者的劳动合同的解除、终止有特殊规定(详见本书 5-9 工伤伤残劳动者劳动合同解除、终止的合规管理),应当注意避免违法解除、违法终止。

表 7-8-2 与劳动能力鉴定管理相关的其他管理项点

相关要素名称	说明
劳动合同解除管理	因工伤被鉴定为 1—10 级伤残的劳动者,除非劳动者有过失(《劳动合同法》第 39 条),否则,用人单位无权单方解除劳动合同
劳动合同终止管理	7—10 级伤残的工伤劳动者,用人单位和劳动者均有权提出依法终止劳动合同;1—6 级的,用人单位无权提出终止劳动合同
工伤认定	被认定为工伤的劳动者,存在致残可能的,应当进行劳动能力鉴定
工伤保险待遇	经鉴定存在伤残等级的,劳动者才可享受相应的工伤伤残待遇

表 7-8-3 法律分析之工伤康复

内容	文件名称及文号	法条序号
意义	人力资源和社会保障部《关于印发工伤保险经办规程的通知(一)》(2012 年修订)(人社部发〔2012〕11 号)	第 46 条
适用对象	陕西省劳动和社会保障厅《关于印发〈陕西省工伤康复管理试行办法〉的通知》(陕劳社发〔2008〕89 号)	第 2 条
		第 7 条
康复申请	人力资源和社会保障部《关于印发工伤保险经办规程的通知(一)》(2012 年修订)(人社部发〔2012〕11 号)	第 47 条
康复计划	陕西省劳动和社会保障厅《关于印发〈陕西省工伤康复管理试行办法〉的通知》(陕劳社发〔2008〕89 号)	第 8 条
		第 9 条
工伤康复与停工留薪期		第 13 条
工伤康复时间的延长	人力资源和社会保障部《关于印发工伤保险经办规程的通知(一)》(2012 年修订)(人社部发〔2012〕11 号)	第 48 条
工伤康复待遇	《工伤保险条例》(2010 年修订)(国务院令第 586 号)	第 30 条第 6 款
	陕西省劳动和社会保障厅《关于印发〈陕西省工伤康复管理试行办法〉的通知》(陕劳社发〔2008〕89 号)	第 12 条、第 14 条、第 15 条
工伤康复评价	人力资源和社会保障部《关于印发工伤保险经办规程的通知(一)》(2012 年修订)(人社部发〔2012〕11 号)	第 49 条
康复后的劳动能力鉴定	陕西省劳动和社会保障厅《关于印发〈陕西省工伤康复管理试行办法〉的通知》(陕劳社发〔2008〕89 号)	第 10 条
		第 11 条
工伤保险基金不予支付范围		第 16 条、第 19 条

表 7-8-4 法律分析之劳动能力鉴定的适用条件和申请

内容	文件名称及文号	法条序号
适用条件	《工伤保险条例》(2010 年修订)(国务院令第 586 号)	第 21 条、第 22 条
	《工伤职工劳动能力鉴定管理办法》(2018 年修订)(人力资源和社会保障部令第 38 号)	第 7 条、第 31 条

续表

内容	文件名称及文号	法条序号
劳动能力鉴定申请	《工伤保险条例》(2010年修订)(国务院令第586号)	第23条
	《工伤职工劳动能力鉴定管理办法》(2018年修订)(人力资源和社会保障部令第38号)	第8条、第9条第1款、第18条
	《陕西省实施〈工伤保险条例〉办法》(2011年修订)(陕西省人民政府令第148号)	第15条
	西安市人力资源和社会保障局《关于贯彻执行新修订〈工伤保险条例〉有关问题的通知》(市人社发〔2011〕175号)	第5条

表7-8-5　法律分析之劳动能力鉴定机构

内容	文件名称及文号	法条序号
管辖	《工伤职工劳动能力鉴定管理办法》(2018年修订)(人力资源和社会保障部令第38号)	第5条
鉴定委员会组成人员	《工伤保险条例》(2010年修订)(国务院令第586号)	第24条
	《工伤职工劳动能力鉴定管理办法》(2018年修订)(人力资源和社会保障部令第38号)	第3条、第20条、第21条
鉴定专家组		第10条
职责		第4条、第22条
制度、流程的公开		第6条
回避	《工伤保险条例》(2010年修订)(国务院令第586号)	第27条
	《工伤职工劳动能力鉴定管理办法》(2018年修订)(人力资源和社会保障部令第38号)	第25条

表7-8-6　法律分析之劳动能力鉴定的实施

内容	文件名称及文号	法条序号
劳动能力鉴定的内容	《工伤职工劳动能力鉴定管理办法》(2018年修订)(人力资源和社会保障部令第38号)	第2条
	《陕西省实施〈工伤保险条例〉办法》(2011年修订)(陕西省人民政府令第148号)	第14条
劳动能力鉴定的费用		第16条
	人力资源和社会保障部《关于印发工伤保险经办规程的通知(一)》(2012年修订)(人社部发〔2012〕11号)	第84条
劳动能力鉴定的过程	《工伤保险条例》(2010年修订)(国务院令第586号)	第25条第1款
	《工伤职工劳动能力鉴定管理办法》(2018年修订)(人力资源和社会保障部令第38号)	第11条、第12条、第24条
作出劳动能力鉴定结论的时限	《工伤保险条例》(2010年修订)(国务院令第586号)	第25条第2款、第29条
	《工伤职工劳动能力鉴定管理办法》(2018年修订)(人力资源和社会保障部令第38号)	第9条第2款、第19条
劳动能力鉴定的终止		第23条
劳动能力鉴定的标准	《劳动能力鉴定 职工工伤与职业病致残等级》(GB/T 16180—2014)	

表 7-8-7　法律分析之劳动能力鉴定结论

内容	文件名称及文号	法条序号
劳动能力鉴定结论	《工伤职工劳动能力鉴定管理办法》(2018 年修订)(人力资源和社会保障部令第 38 号)	第 13 条、第 14 条、第 15 条
再次鉴定	《工伤保险条例》(2010 年修订)(国务院令第 586 号)	第 26 条
	《工伤职工劳动能力鉴定管理办法》(2018 年修订)(人力资源和社会保障部令第 38 号)	第 16 条
复查鉴定	《工伤保险条例》(2010 年修订)(国务院令第 586 号)	第 28 条
	《工伤职工劳动能力鉴定管理办法》(2018 年修订)(人力资源和社会保障部令第 38 号)	第 17 条
复查鉴定/再次鉴定后伤残等级变化时的待遇标准	人力资源社会保障部《关于实施修订后劳动能力鉴定标准有关问题处理意见的通知》(人社部发〔2014〕81 号)	第 4 条
	西安市人力资源和社会保障局《关于贯彻执行新修订〈工伤保险条例〉有关问题的通知》(市人社发〔2011〕175 号)	第 6 条第 3 款

表 7-8-8　法律分析之劳动能力鉴定的监督与法律责任

文件名称及文号	法条序号
《工伤职工劳动能力鉴定管理办法》(2018 年修订)(人力资源和社会保障部令第 38 号)	第 26 条、第 27 条、第 28 条、第 29 条、第 30 条

7-9 用人单位职业病防护的合规管理

一、合规要求

(一)合规要求的要点

表7-9-1　用人单位职业病防护要点速查

阶段	防护内容	注意要点	法律责任
项目建设	职业病危害的预评价	可行性论证阶段	由卫生行政部门给予警告,责令限期改正;逾期不改正的,处10万元以上50万元以下的罚款;情节严重的,责令停止产生职业病危害的作业,或者提请有关人民政府按照国务院规定的权限责令停建、关闭
	职业病防护设施设计	应当符合国家职业卫生标准和要求	
竣工验收	按规定验收合格	投产和使用前	
项目申报	向卫生行政部门申报产生职业病危害的项目	及时、如实	由卫生行政部门责令限期改正,给予警告,可以并处5万元以上10万元以下的罚款
生产作业	工作环境	职业病防护设施应与主体工程同时设计、同时施工、同时投入生产和使用	由卫生行政部门给予警告,责令限期改正;逾期不改正的,处10万元以上50万元以下的罚款;情节严重的,责令停止产生职业病危害的作业,或者提请有关人民政府按照国务院规定的权限责令停建、关闭
		职业病危害因素的强度或浓度应符合国家职业卫生标准	由卫生行政部门给予警告,责令限期改正,逾期不改正的,处5万元以上20万元以下的罚款;情节严重的,责令停止产生职业病危害的作业,或者提请有关人民政府按照国务院规定的权限责令关闭
		按规定对工作场所职业并害因素进行检测、评价	
		工作场所应当符合以下卫生要求:(1)职业病危害因素的强度或者浓度符合国家职业卫生标准;(2)有与职业病危害防护相适应的设施;(3)生产布局合理,符合有害与无害作业分开的原则;(4)有配套的更衣间、洗浴间、孕妇休息间等卫生设施;(5)设备、工具、用具等设施符合保护劳动者生理、心理健康的要求;(6)法律、行政法规和国务院卫生行政部门关于保护劳动者健康的其他要求	
		可能发生急性职业损伤的有毒、有害工作场所、放射工作场所或者放射性同位素的运输、贮存不符合《职业病防治法》第25条规定	由卫生行政部门责令限期治理,并处5万元以上30万元以下的罚款;情节严重的,责令停止产生职业病危害的作业,或者提请有关人民政府按照国务院规定的权限责令关闭

续表

阶段	防护内容	注意要点	法律责任
生产作业	防护设施和防护用品	按照规定对职业病防护设施进行职业病危害控制效果评价的	由卫生行政部门给予警告,责令限期改正;逾期不改正的,处 10 万元以上 50 万元以下的罚款;情节严重的,责令停止产生职业病危害的作业,或者提请有关人民政府按照国务院规定的权限责令停建、关闭
		按规定提供职业病防护设施和个人使用的职业病防护用品,且提供的职业病防护设施和个人使用的职业病防护用品应符合国家职业卫生标准和卫生要求	由卫生行政部门给予警告,责令限期改正,逾期不改正的,处 5 万元以上 20 万元以下的罚款;情节严重的,责令停止产生职业病危害的作业,或者提请有关人民政府按照国务院规定的权限责令关闭
		对职业病防护设备、应急救援设施和个人使用的职业病防护用品按照规定进行维护、检修、检测,应其保持正常运行、使用状态	
		禁止擅自拆除、停止使用职业病防护设备或者应急救援设施	由卫生行政部门责令限期治理,并处 5 万元以上 30 万元以下的罚款;情节严重的,责令停止产生职业病危害的作业,或者提请有关人民政府按照国务院规定的权限责令关闭
	作业原材料	国内首次使用或者首次进口与职业病危害有关的化学材料的,应按照规定报送毒性鉴定资料以及经有关部门登记注册或者批准进口的文件	由卫生行政部门给予警告,责令限期改正;逾期不改正的,处 10 万元以下的罚款
		禁止隐瞒所采用的技术、工艺、设备、材料产生的职业病危害	由卫生行政部门责令限期治理,并处 5 万元以上 30 万元以下的罚款;情节严重的,责令停止产生职业病危害的作业,或者提请有关人民政府按照国务院规定的权限责令关闭
		禁止使用国家明令禁止使用的可能产生职业危害的设备或者材料	
	管理	(1)设置或者指定职业卫生管理机构或者组织,配备专职或者兼职的职业卫生管理人员,负责本单位的职业病防治工作 (2)制定职业病防治计划和实施方案 (3)建立、健全职业卫生管理制度和操作规程 (4)建立、健全职业卫生档案和劳动者健康监护档案 (5)建立、健全工作场所职业病危害因素监测及评价制度 (6)建立、健全职业病危害事故应急救援预案	由卫生行政部门给予警告,责令限期改正,逾期不改正的,处 10 万元以下的罚款
		应公布有关职业病防治的规章制度、操作规程、职业危害事故应急救援措施	
		由专人负责职业病危害因素日常监测,确保监测系统能正常监测	由卫生行政部门责令限期改正,给予警告,可以并处 5 万元以上 10 万元以下的罚款
	培训	对劳动者进行上岗前的职业卫生培训和在岗期间的定期职业卫生培训,普及职业卫生知识	由卫生行政部门给予警告,责令限期改正;逾期不改正的,处 10 万元以下的罚款
		督促劳动者遵守职业病防治法律、法规、规章和操作规程	
		指导劳动者正确使用职业病防护设备和个人使用的职业病防护用品	

续表

阶段	防护内容	注意要点	法律责任
生产作业	危害告知	定期对工作场所进行职业病危害因素检测、评价。检测、评价结果存入用人单位职业卫生档案,定期向所在地卫生行政部门报告并向劳动者公布	由卫生行政部门给予警告,责令限期改正;逾期不改正的,处 10 万元以下的罚款
		用人单位与劳动者订立、变更劳动合同(含聘用合同)时,应当将工作过程中可能产生的职业病危害及其后果、职业病防护措施和待遇等如实告知劳动者,并在劳动合同中写明,不得隐瞒或者欺骗	由卫生行政部门责令限期改正,给予警告,可以并处 5 万元以上 10 万元以下的罚款
		应在产生严重职业病危害的作业岗位醒目位置设置警示标识和中文警示说明	由卫生行政部门给予警告,责令限期改正,逾期不改正的,处 5 万元以上 20 万元以下的罚款;情节严重的,责令停止产生职业病危害的作业,或者提请有关人民政府按照国务院规定的权限责令关闭
		不得隐瞒本单位职业卫生真实情况	由卫生行政部门责令限期治理,并处 5 万元以上 30 万元以下的罚款;情节严重的,责令停止产生职业病危害的作业,或者提请有关人民政府按照国务院规定的权限责令关闭
	健康检查	组织上岗前、在岗期间和离岗时的职业健康检查,并将检查结果书面告知劳动者	由卫生行政部门责令限期改正,给予警告,可以并处 5 万元以上 10 万元以下的罚款
		职业健康检查费用由用人单位承担	
	劳动者健康档案	用人单位应当为劳动者建立职业健康监护档案,并按照规定的期限妥善保存。职业健康监护档案应当包括劳动者的职业史、职业病危害接触史、职业健康检查结果和职业病诊疗等有关个人健康资料	由卫生行政部门责令限期改正,给予警告,可以并处 5 万元以上 10 万元以下的罚款
		劳动者离开用人单位时,有权索取本人职业健康监护档案复印件,用人单位应当如实、无偿提供,并在所提供的复印件上签章	
		禁止隐瞒、伪造、篡改、毁损职业健康监护档案、工作场所职业病危害因素检测评价结果等相关资料,禁止拒不提供职业病诊断、鉴定所需资料	由卫生行政部门给予警告,责令限期改正,逾期不改正的,处 5 万元以上 20 万元以下的罚款;情节严重的,责令停止产生职业病危害的作业,或者提请有关人民政府按照国务院规定的权限责令关闭
	应急措施	发生或者可能发生急性职业病危害事故时,应立即采取应急救援和控制措施或者按照规定及时报告	由卫生行政部门给予警告,责令限期改正,逾期不改正的,处 5 万元以上 20 万元以下的罚款;情节严重的,责令停止产生职业病危害的作业,或者提请有关人民政府按照国务院规定的权限责令关闭
	违规安排劳动	不得将产生职业病危害的作业转移给不具备职业病防护条件的单位和个人。不具备职业病防护条件的单位和个人不得接受产生职业病危害的作业	由卫生行政部门责令限期治理,并处 5 万元以上 30 万元以下的罚款;情节严重的,责令停止产生职业病危害的作业,或者提请有关人民政府按照国务院规定的权限责令关闭
		不得安排未成年工从事接触职业病危害的作业;不得安排孕期、哺乳期的女职工从事对本人和胎儿、婴儿有危害的作业	
		违章指挥和强令劳动者进行没有职业病防护措施的作业的	

续表

阶段	防护内容	注意要点	法律责任
职业病诊治	安排职业病病人(含疑似)进行诊治	用人单位应当及时安排对疑似职业病病人进行诊断;在疑似职业病病人诊断或者医学观察期间,不得解除或者终止与其订立的劳动合同	由卫生行政部门给予警告,责令限期改正,逾期不改正的,处5万元以上20万元以下的罚款;情节严重的,责令停止产生职业病危害的作业,或者提请有关人民政府按照国务院规定的权限责令关闭
	用人单位承担诊断、鉴定费用和医疗、生活保障费用	承担职业病诊断、鉴定费用和职业病人的医疗、生活保障费用	
发现病例(含疑似)	及时报告	用人单位发现职业病病人或者疑似职业病病人时,应当及时向所在地卫生行政部门报告	由有关主管部门依据职责分工责令限期改正,给予警告,可以并处1万元以下的罚款;弄虚作假的,并处2万元以上五万元以下的罚款;对直接负责的主管人员和其他直接责任人员,可以依法给予降级或者撤职的处分
		确诊为职业病的,用人单位还应当向所在地劳动保障行政部门报告	
监督检查	接受并配合监督检查	用人单位工作场所存在职业病目录所列职业病的危害因素的,应当及时、如实向所在地卫生行政部门申报危害项目,接受监督	由卫生行政部门给予警告,责令限期改正,逾期不改正的,处5万元以上20万元以下的罚款;情节严重的,责令停止产生职业病危害的作业,或者提请有关人民政府按照国务院规定的权限责令关闭
		用人单位的违法行为已经对劳动者生命健康造成严重损害的	由卫生行政部门责令停止产生职业病危害的作业,或者提请有关人民政府按照国务院规定的权限责令关闭,并处10万元以上50万元以下的罚款
		用人单位的违法行为造成重大职业病危害事故或者其他严重后果,构成犯罪的	对直接负责的主管人员和其他直接责任人员,依法追究刑事责任
		用人单位违法并构成犯罪的	依法追究刑事责任

注:《职业病防治法》第25条 对可能发生急性职业损伤的有毒、有害工作场所,用人单位应当设置报警装置,配置现场急救用品、冲洗设备、应急撤离通道和必要的泄险区。

对放射工作场所和放射性同位素的运输、贮存,用人单位必须配置防护设备和报警装置,保证接触放射线的工作人员佩戴个人剂量计。

对职业病防护设备、应急救援设施和个人使用的职业病防护用品,用人单位应当进行经常性的维护、检修,定期检测其性能和效果,确保其处于正常状态,不得擅自拆除或者停止使用。

(二)合规要求的理解

1.职业病,是指劳动者在用人单位从事劳动过程中,因接触粉尘、放射性物质和其他有毒、有害因素而引起的疾病。

2.根据《职业病防治法》第39条,劳动者享有获得职业卫生教育、培训,获得职业健康检查、职业病诊疗、康复等职业病防治服务的权利;劳动者也有权了解工作场所产生或者可能产生的职业病危害因素、危害后果和应当采取的职业病防护措施;有权要求用人单位提供符合防治职业病要求的职业病防护设施和个人使用的职业病防护用品,改善工作条件;对用人单位违章指挥和强令进行没有职业病防护措施的作业有权拒绝;对违反职业病防治法律、法规以及危及生命健康的行为有权提出批评、检举和控告,有权参与用人单位职业卫生工作的民主管理,对职业病防治工作提出意见和建议。

用人单位应当保障劳动者行使前款所列权利。用人单位不得因劳动者依法行使正当权利而擅自降低其工资福利待遇,不得因此与劳动者解除或者终止劳动合同的。

3.用人单位应当保证劳动者的工作环境和条件符合国家职业卫生标准和卫生要求,并切实保障劳动者获得职业卫生保护的权利。

(1)用人单位应当建立、健全职业病防治责任制,加强对职业病防治的管理,提高职业病防治水平,对本单位产生的职业病危害承担责任。

用人单位的主要负责人对本单位的职业病防治工作全面负责。

(2)用人单位和职工应当遵守有关安全生产和职业病防治的法律法规,执行安全卫生规程和标准,预防工伤事故发生,避免和减少职业病危害。

(3)职工发生工伤时,用人单位应当采取措施使工伤职工得到及时救治。

(4)用人单位应当将参加工伤保险的有关情况在本单位内公示。

(5)用人单位应当保障职业病防治所需的资金投入,不得挤占、挪用,并对因资金投入不足导致的后果承担责任。

(6)用人单位关于职业病防护的具体阶段和内容详见表7-9-1用人单位职业病防护要点速查。

二、合规实践

关于工伤处理程序管理制度。

1.关于职业病,大致分为两个部分,一个是用人单位的防护,另一个是职业病的诊断和鉴定。

用人单位的管理内容应当包括职业病的防护和劳动安全保障。在劳动者提供劳动的过程中,用人单位应当从以下方面进行全面管理:

(1)工作环境;

(2)防护设施和防护用品;

(3)作业原材料;

(4)安全管理;

(5)安全培训;

(6)危害告知;

(7)健康检查;

(8)劳动者健康档案;

(9)应急措施;

(10)禁止违规安排劳动。

2.用人单位还应当注意在具体实施管理过程中保留相关过程的记录,确保在职业病诊断、鉴定过程或行政部门进行监督检查过程中能够提供详细的证明文件。

表7-9-2 与用人单位职业病防护管理相关的其他管理项点

相关要素名称	说明
劳动用工管理	(1)用人单位对劳动者履行职业病防护的义务 (2)作为劳务派遣用工单位,对被派遣劳动者也应履行职业病防护义务 (3)对从事接触职业病危害作业的劳动者,用人单位应当组织上岗前、在岗期间和离岗时的职业健康检查,并将检查结果书面告知劳动者 (4)职业健康检查费用由用人单位承担
劳务派遣用工管理	
劳动合同的解除、终止	
工伤认定	患职业病的,应当认定为工伤

表7-9-3 法律分析之职业病概述

内容	文件名称及文号	法条序号
概念	《职业病防治法》(2018年修正)(主席令第24号)	第2条、第85条、第86条
预防原则		第3条
依据标准		第12条
用人单位的义务	《工伤保险条例》(2010年修订)(国务院令第586号)	第4条
	《职业病防治法》(2018年修正)(主席令第24号)	第4条第2款、第5条、第6条、第21条、第41条
	《职业病诊断与鉴定管理办法》(2021年)(国家卫生健康委员会令第6号)	第6条
劳动者的权利	《职业病防治法》(2018年修正)(主席令第24号)	第4条第1款、第39条
职业病的诊断、鉴定与劳动争议		第49条、第84条
	《职业病诊断与鉴定管理办法》(2021年)(国家卫生健康委员会令第6号)	第27条

表7-9-4 法律分析之职业病危害项目的申报

内容		文件名称及文号	法条序号
申报制度		《职业病防治法》(2018年修正)(主席令第24号)	第16条
申报管辖		《职业病危害项目申报办法》(2012年)(国家安全生产监督管理总局令第48号)	第2条、第3条
			第4条、第10条、第11条、第12条、第13条
项目申报	申报资料		第5条
	申报形式		第6条
	申报不收费		第7条
	变更申报		第8条
	注销		第9条
法律责任	未如实申报		第14条
	未及时变更申报		第15条

表7-9-5 法律分析之患职业病劳动者的权益保障

内容	文件名称及文号	法条序号
用人单位的义务	《职业病防治法》(2018年修正)(主席令第24号)	第56条
相关费用		第57条、第59条
应认定为工伤	《工伤保险条例》(2010年修订)(国务院令第586号)	第14条第4项
患职业病劳动者的待遇保障	《社会保险法》(2018年修正)(主席令第25号)	第36条
	《职业病防治法》(2018年修正)(主席令第24号)	第60条、第61条
职业病人获取民事赔偿的权利	《职业病防治法》(2018年修正)(主席令第24号)	第58条

表7-9-6 法律分析之用人单位在职业病防护中的项目申报、病例报告义务与法律责任

内容	文件名称及文号	法条序号		
新建项目	《职业病防治法》(2018年修正)(主席令第24号)	第69条	第1项	第17条第1款、第3款、第4款
			第2项	第17条第2款
			第3项	第18条第1款
			第4项	第18条第2款
			第5项	第18条第3款
			第6项	第18条第4款
病例报告		第50条、第74条		
	《职业病诊断与鉴定管理办法》(2021年)(国家卫生健康委员会令第6号)	第61条		
法律责任	《职业病防治法》(2018年修正)(主席令第24号)	第77条、第78条		

表7-9-7 法律分析之用人单位的职业病防护管理

文件名称及文号	法条序号		
《职业病防治法》(2018年修正)(主席令第24号)	第70条	第1项	第26条第2款、第39条第1款第3项
		第2项	第20条
		第3项	第24条
		第4项	第34条
		第5项	第29条第2款
	第71条	第1项	第16条
		第2项	第20条第5项、第26条第1款
		第3项	第33条
		第4项	第35条、第39条第2项
		第5项	第36条
	第72条	第1项	第15条
		第2项	第22条、第39条第4项
		第3项	第25条第3款
		第4项	第26条第2款、第3款
		第5项	第26条第4款
		第6项	第55条 《职业病诊断与鉴定管理办法》(2021年)(国家卫生健康委员会令第6号)第60条第1项

续表

文件名称及文号	法条序号		
《职业病防治法》(2018年修正)(主席令第24号)	第72条	第7项	第37条
		第8项	第28条
		第9项	第66条
		第10项	第20条第4项
			《职业病诊断与鉴定管理办法》(2021年)(国家卫生健康委员会令第6号)第60条第2项
		第11项	第35条第1款、第37条第2款、第53条第3款、第55条第3款
			《职业病诊断与鉴定管理办法》(2021年)(国家卫生健康委员会令第6号)第60条第3项
	第73条	第29条第1款	
	第75条	第1项	第8条第1款、第23条、第32条
		第2项	第4条、第14条、第15条
		第3项	第25条第1、2款、第19条
		第4项	第30条、第76条
		第5项	第31条
		第6项	第25条第3款
		第7项	第38条
		第8项	第39条

7-10 职业病诊断结论的合规管理

一、合规要求

(一)合规要求的要点

表 7-10-1 对职业病诊断结论进行鉴定的法律应用流程

阶段	操作流程	操作内容与说明	涉及主体
申请与受理	对职业病诊断结论有异议 → 当事人可在接到职业病诊断证明书之日起30日内申请鉴定 → 职业病鉴定办事机构审核资料完整性 →（完整）予以受理；（不完整）应当场或者在5个工作日内一次性告知当事人补充 → 当事人补充资料	1. 本流程适用于当事人对职业病的诊断结论有异议时,对诊断结论进行鉴定的情形 2. 职业病鉴定实行两级鉴定制:首次鉴定与再鉴定 3. 设区的市级职业病诊断鉴定委员会负责职业病诊断争议的首次鉴定,原鉴定组织所在地省级卫生健康主管部门负责再鉴定 4. 当事人申请职业病诊断鉴定时,应当提供以下资料:(1)职业病诊断鉴定申请书 (2)职业病诊断证明书 (3)申请省级鉴定的还应当提交市级职业病诊断鉴定书 5. 职业病鉴定办事机构应当自收到申请资料之日起5个工作日内完成资料审核 6. 资料齐全的发给受理通知书并组织鉴定 7. 职业病诊断、鉴定的费用均由用人单位承担	1. 用人单位 2. 劳动者 3. 作出诊断的职业病诊断机构所在地设区的市级以上卫生健康主管部门
组织鉴定	办事机构抽取专家组织鉴定委员会 → 实施鉴定 → 作出鉴定结论 → 制作职业病诊断鉴定书	1. 受理鉴定申请之日起40日内组织鉴定、形成鉴定结论,并出具职业病诊断鉴定书,但医学检查和现场调查时间不计算在职业病鉴定规定的期限内 2. 根据职业病诊断鉴定工作需要,可以向有关单位调取与职业病诊断、鉴定有关的资料,有关单位应当如实、及时提供;必要时可以组织进行医学检查或者对工作场所进行现场调查 3. 医学检查和现场调查应在30日内完成	1. 用人单位 2. 劳动者 3. 作出诊断的职业病诊断机构所在地设区的市级以上卫生健康主管部门

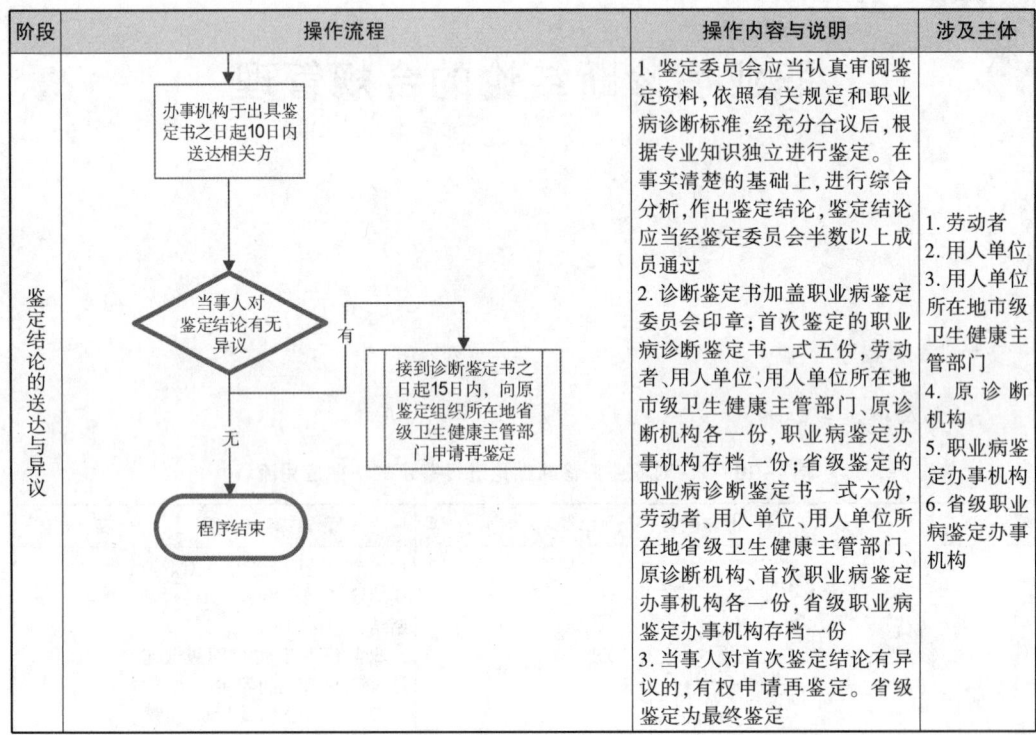

续表

阶段	操作流程	操作内容与说明	涉及主体
鉴定结论的送达与异议	办事机构于出具鉴定书之日起10日内送达相方 当事人对鉴定结论有无异议 —有→ 接到诊断鉴定书之日起15日内，向原鉴定组织所在地省级卫生健康主管部门申请再鉴定 ↓无 程序结束	1.鉴定委员会应当认真审阅鉴定资料，依照有关规定和职业病诊断标准，经充分合议后，根据专业知识独立进行鉴定。在事实清楚的基础上，进行综合分析，作出鉴定结论，鉴定结论应当经鉴定委员会半数以上成员通过 2.诊断鉴定书加盖职业病鉴定委员会印章；首次鉴定的职业病诊断鉴定书一式五份，劳动者、用人单位、用人单位所在地市级卫生健康主管部门、原诊断机构各一份，职业病鉴定办事机构存档一份；省级鉴定的职业病诊断鉴定书一式六份，劳动者、用人单位、用人单位所在地省级卫生健康主管部门、原诊断机构、首次职业病鉴定办事机构各一份，省级职业病鉴定办事机构存档一份 3.当事人对首次鉴定结论有异议的，有权申请再鉴定。省级鉴定为最终鉴定	1.劳动者 2.用人单位 3.用人单位所在地市级卫生健康主管部门 4.原诊断机构 5.职业病鉴定办事机构 6.省级职业病鉴定办事机构

注：用人单位在职业病诊断、鉴定中应履行的义务如下：

(1)未按照规定安排职业病病人、疑似职业病病人进行诊治的；

(2)拒不提供职业病诊断、鉴定所需资料的；

(3)未按照规定承担职业病诊断、鉴定费用的。

(二)合规要求的理解

1.职业病的诊断。

(1)职业病诊断应当由取得医疗机构执业许可证的医疗卫生机构承担。

劳动者可以在用人单位所在地、本人户籍所在地或者经常居住地依法承担职业病诊断的医疗卫生机构进行诊断。

(2)用人单位应当如实提供职业病诊断、鉴定所需的劳动者职业史和职业病危害接触史、工作场所职业病危害因素检测结果等资料；卫生行政部门应当监督检查和督促用人单位提供上述资料；劳动者和有关机构也应当提供与职业病诊断、鉴定有关的资料。

职业病诊断、鉴定过程中，用人单位不提供工作场所职业病危害因素检测结果等资料的，诊断、鉴定机构应当结合劳动者的临床表现、辅助检查结果和劳动者的职业史、职业病危害接触史，并参考劳动者的自述、卫生行政部门提供的日常监督检查信息等，作出职业病诊断、鉴定结论。

(3)职业病诊断、鉴定机构需要了解工作场所职业病危害因素情况时，可以对工作场所进行现场调查，也可以向卫生行政部门提出，卫生行政部门组织现场调查。用人单位不得拒绝、阻挠。

（4）在确认劳动者职业史、职业病危害接触史时,当事人对劳动关系、工种、工作岗位或者在岗时间有争议的,职业病诊断机构应当告知当事人依法向用人单位所在地的劳动人事争议仲裁委员会申请仲裁。

2.职业病诊断结论的鉴定。

（1）当事人对职业病诊断有异议的,可以在接到职业病诊断证明书之日起30日内,向作出诊断的职业病诊断机构所在地设区的市级卫生健康主管部门申请鉴定。

（2）职业病鉴定实行两级鉴定制。

①设区的市级职业病诊断鉴定委员会负责职业病诊断争议的首次鉴定。

②当事人对首次鉴定结论不服的,可以在接到诊断鉴定书之日起15日内,向原鉴定组织所在地省级卫生健康主管部门申请再鉴定,省级鉴定为最终鉴定。

（3）职业病诊断的鉴定程序详见表7-10-1。

3.患职业病劳动者的工伤保险待遇。

（1）患有职业病的劳动者,依法享受工伤保险待遇。劳动者被诊断患有职业病,但用人单位没有依法参加工伤保险的,其医疗和生活保障由该用人单位承担。

（2）职业病病人的诊疗、康复费用,伤残以及丧失劳动能力的职业病病人的社会保障,按照国家有关工伤保险的规定执行。

（3）职业病病人除依法享有工伤保险外,依照有关民事法律,尚有获得赔偿的权利的,有权向用人单位提出赔偿要求。

（4）职业病病人变动工作单位,其依法享有的待遇不变。

（5）用人单位在发生分立、合并、解散、破产等情形时,应当对从事接触职业病危害的作业的劳动者进行健康检查,并按照国家有关规定妥善安置职业病病人。

（6）用人单位已经不存在或者无法确认劳动关系的职业病病人,可以向地方人民政府医疗保障、民政部门申请医疗和生活等方面的救助。

二、合规实践

关于工伤处理程序管理制度。

1.用人单位应当在劳动者职业病的诊断、鉴定过程中依法做好配合工作。

（1）用人单位应当明确配合工作的责任部门、职责权限;

（2）用人单位应当明确配合工作的具体事项的内化流程及所需记录。

2.鉴于职业病诊断、鉴定过程中用人单位的配合义务,以及职业病病人除依法享有工伤保险外,还有权依照有关民事法律向用人单位提出赔偿要求,因此:

（1）用人单位应当根据职业病防护、劳动安全保障的各项要求,将适用于本用人单位的相关要求落实情况做好相关记录,并妥善保存。

（2）用人单位应当明确记录收集和保管的责任部门、职责权限;明确记录查阅、调用等审批、归还流程及所需记录。

表 7-10-2　与职业病诊断结论管理相关的其他管理项点

相关要素名称	说明
工伤认定	劳动者被诊断/鉴定为职业病的,应当认定为工伤并享受相关工伤保险待遇

表 7-10-3　法律分析之职业病诊断机构

内容	文件名称及文号	法条序号
就诊机构	《职业病防治法》(2018 年修正)(主席令第 24 号)	第 44 条
诊断机构的选择	《职业病诊断与鉴定管理办法》(2021 年)(国家卫生健康委员会令第 6 号)	第 33 条
		第 4 条、第 11 条、第 19 条
诊断机构的资质要求	《职业病防治法》(2018 年修正)(主席令第 24 号)	第 43 条
	《职业病诊断与鉴定管理办法》(2021 年)(国家卫生健康委员会令第 6 号)	第 8 条
诊断机构的资质备案		第 7 条、第 9 条
		第 10 条、第 54 条、第 55 条第 1 项
诊断机构的职责		第 12 条、第 14 条、第 15 条
诊断医师		第 16 条、第 17 条
病例报告义务	《职业病防治法》(2018 年修正)(主席令第 24 号)	第 55 条
	《职业病诊断与鉴定管理办法》(2021 年)(国家卫生健康委员会令第 6 号)	第 32 条、第 56 条
建立诊断档案		第 31 条
法律责任	《职业病防治法》(2018 年修正)(主席令第 24 号)	第 80 条
	《职业病诊断与鉴定管理办法》(2021 年)(国家卫生健康委员会令第 6 号)	第 55 条第 2 项、第 57 条

表 7-10-4　法律分析之职业病的诊断

内容	文件名称及文号	法条序号
诊断原则	《职业病诊断与鉴定管理办法》(2021 年)(国家卫生健康委员会令第 6 号)	第 2 条、第 13 条、第 22 条
诊断费用及依据	《职业病防治法》(2018 年修正)(主席令第 24 号)	第 45 条、第 53 条第 3 款、第 55 条第 3 款
诊断资料		第 47 条第 1 款
	《职业病诊断与鉴定管理办法》(2021 年)(国家卫生健康委员会令第 6 号)	第 21 条、第 23 条、第 24 条、第 62 条
现场调查	《职业病防治法》(2018 年修正)(主席令第 24 号)	第 47 条第 2 款
	《职业病诊断与鉴定管理办法》(2021 年)(国家卫生健康委员会令第 6 号)	第 26 条
会诊		第 29 条
诊断分析	《职业病防治法》(2018 年修正)(主席令第 24 号)	第 46 条、第 48 条
诊断结论	《职业病诊断与鉴定管理办法》(2021 年)(国家卫生健康委员会令第 6 号)	第 28 条
		第 20 条
出具诊断证明书		第 30 条
中止诊断		第 25 条

续表

内容	文件名称及文号	法条序号
法律责任	《职业病防治法》(2018年修正)(主席令第24号)	第80条
	《职业病诊断与鉴定管理办法》(2021年)(国家卫生健康委员会令第6号)	第55条第3项

表7-10-5 法律分析之职业病诊断结论的鉴定

内容		文件名称及文号	法条序号
适用情形		《职业病防治法》(2018年修正)(主席令第24号)	第52条、第53条第3款
		《职业病诊断与鉴定管理办法》(2021年)(国家卫生健康委员会令第6号)	第34条
鉴定申请与受理			第43条、第44条
鉴定专家鉴定委员会		《职业病防治法》(2018年修正)(主席令第24号)	第53条第1、2款
		《职业病诊断与鉴定管理办法》(2021年)(国家卫生健康委员会令第6号)	第38条
			第39条
			第40条
			第41条
鉴定专家的回避		《职业病防治法》(2018年修正)(主席令第24号)	第54条
			第42条
实施鉴定与分析			第45条、第46条、第50条
鉴定结论	鉴定书	《职业病诊断与鉴定管理办法》(2021年)(国家卫生健康委员会令第6号)	第47条
	通知		第48条
	与诊断结论不一致的		第49条
两级鉴定制			第35条
廉洁自律		《职业病防治法》(2018年修正)(主席令第24号)	第54条、第81条
		《职业病诊断与鉴定管理办法》(2021年)(国家卫生健康委员会令第6号)	第58条

女职工保护的合规管理

一、合规要求

(一)合规要求的要点

表7-11-1 女职工保护要点速查

内容	合规要求	法律责任
招聘和录用		
平等就业权	除国家规定的不适合妇女的工种或者岗位外,不得以性别为由拒绝录用妇女或者提高对妇女的录用标准	参见本表"权利救济"相关内容
告知义务	用人单位应当将本单位属于女职工禁忌从事的劳动所对应的岗位书面告知女职工	参见本表"权利救济"相关内容
	※用人单位在招录女职工时,应当以书面形式告知女职工下列事项: (1)本单位属于女职工禁忌从事劳动范围的岗位 (2)可能产生的职业危害 (3)女职工应当采取的职业防护措施 (4)从事可能产生职业危害岗位的特别待遇 (5)其他应当告知的事项	
工作安排		
女职工禁止从事的工作	(1)矿山井下作业 (2)体力劳动强度分级标准中规定的第4级体力劳动强度的作业 (3)每小时负重6次以上、每次负重超过20公斤的作业,或者间断负重、每次负重超过25公斤的作业	由县级以上人民政府安全生产监督管理部门责令限期改正,按照受侵害女职工每人1000元以上5000元以下的标准计算,处以罚款
经期女职工禁止从事的工作	(1)冷水作业分级标准中规定的第2级、第3级、第4级冷水作业 (2)低温作业分级标准中规定的第2级、第3级、第4级低温作业 (3)体力劳动强度分级标准中规定的第3级、第4级体力劳动强度的作业 (4)高处作业分级标准中规定的第3级、第4级高处作业	
孕期女职工禁止从事的工作	(1)作业场所空气中铅及其化合物、汞及其化合物、苯、镉、铍、砷、氰化物、氮氧化物、一氧化碳、二硫化碳、氯、己内酰胺、氯丁二烯、氯乙烯、环氧乙烷、苯胺、甲醛等有毒物质浓度超过国家职业卫生标准的作业 (2)从事抗癌药物、己烯雌酚生产,接触麻醉剂气体等的作业 (3)非密封源放射性物质的操作,核事故与放射事故的应急处置 (4)高处作业分级标准中规定的高处作业 (5)冷水作业分级标准中规定的冷水作业 (6)低温作业分级标准中规定的低温作业 (7)高温作业分级标准中规定的第3级、第4级的作业 (8)噪声作业分级标准中规定的第3级、第4级的作业 (9)体力劳动强度分级标准中规定的第3级、第4级体力劳动强度的作业 (10)在密闭空间、高压室作业或者潜水作业,伴有强烈振动的作业,或者需要频繁弯腰、攀高、下蹲的作业	由县级以上人民政府安全生产监督管理部门责令限期治理,处5万元以上30万元以下的罚款;情节严重的,责令停止有关作业,或者提请有关人民政府按照国务院规定的权限责令关闭

续表

内容	合规要求	法律责任
哺乳期女职工禁止从事的工作	(1)孕期禁忌从事的劳动范围的第1项、第3项、第9项 (2)作业场所空气中锰、氟、溴、甲醇、有机磷化合物、有机氯化合物等有毒物质浓度超过国家职业卫生标准的作业	—
特殊时期的工作时间安排	(1)对怀孕7个月以上的女职工,不得安排其延长工作时间和夜班劳动。并应当在劳动时间内安排一定的休息时间 ※(2)怀孕不满3个月且妊娠反应严重,或者怀孕7个月以上的,不得延长其劳动时间或者安排其从事夜班劳动,在每天的劳动时间内安排不少于1小时的休息时间,从事立位作业的女职工应当在其工作场所设置休息座位	由县级以上人民政府人力资源和社会保障行政部门责令限期改正,按照受侵害女职工每人1000元以上5000元以下的标准计算,处以罚款
	不得安排女职工在哺乳未满1周岁的婴儿期间延长工作时间和夜班劳动	
特殊时期的工作调整	不得安排女职工在怀孕期间从事国家规定的第3级体力劳动强度的劳动和孕期禁忌从事的劳动	参见本表"孕期女职工禁止从事的工作"的相关内容
	(1)不得安排女职工在哺乳未满一周岁的婴儿期间,从事国家规定的第3级体力劳动强度的劳动和哺乳期禁忌从事的其他劳动 ※(2)有劳动定额的,减轻相应的劳动量	参见本表"哺乳期女职工禁止从事的工作"的相关内容
	(1)女职工在孕期不能适应原劳动的,用人单位应当根据医疗机构的证明,予以减轻劳动量或者安排其他能够适应的劳动 ※(2)对有两次以上流产史、现无子女且准备生育的女职工,不适合在原工作岗位工作的,女职工提出申请后,根据2级以上医疗机构证明,经协商一致,用人单位可以给女职工调整适当工作岗位	参见本表"权利救济"相关内容
女工假期		
产检假	怀孕女职工在劳动时间内进行产前检查,所需时间计入劳动时间	
保胎假	※怀孕的女职工有流产先兆或者习惯性流产史的,根据2级以上医疗机构证明,用人单位可以依据本人申请适当安排保胎休息。符合国家生育规定的,保胎休息的时间按照病假处理	参见本表"权利救济"相关内容
产假	(1)女职工正常分娩的,享受不少于98天的产假,其中产前可以休假15天 ※(2)职工合法生育子女的,在法定产假的基础上增加产假60天;女职工参加孕前检查的,在法定产假的基础上增加产假10天	由县级以上人民政府人力资源和社会保障行政部门责令限期改正,按照受侵害女职工每人1000元以上5000元以下的标准计算,处以罚款
	难产的,增加产假15天;生育多胞胎的,每多生育1个婴儿,增加产假15天	
流产假	(1)女职工怀孕未满4个月流产的,享受15天产假;怀孕满4个月流产的,享受42天产假 ※(2)怀孕7个月以上终止妊娠,符合国家生育规定的,休产假98天	
哺乳时间/哺乳假(孩子未满1岁的)	用人单位应当在每天的劳动时间内为哺乳期女职工安排1小时哺乳时间	参见本表"权利救济"相关内容
	女职工生育多胞胎的,每多哺乳1个婴儿每天增加1小时哺乳时间	
	女职工比较多的用人单位应当根据女职工的需要,建立女职工卫生室、孕妇休息室、哺乳室等设施,妥善解决女职工在生理卫生、哺乳方面的困难	
	※所在单位确因特殊情况无法保证哺乳时间并提供哺乳条件的,经单位与本人协商,可以给予3个月到6个月的哺乳假。哺乳假期间比照生育津贴标准发给津贴,不影响晋级、调整工资,并计算工龄	
痛经假	※女职工因患重度痛经或月经量过多不能正常工作的,经2级以上医疗机构证明,用人单位给予1天至2天的休息时间	

续表

内容	合规要求	法律责任
解除/终止劳动合同		
解除劳动合同	女职工在孕期、产期、哺乳期内的,除劳动者有过错(例如严重违反规章制度)外,用人单位不得单方解除劳动合同	参见本书"劳动合同的解除、终止"的相关内容
终止劳动合同	女职工在孕期、产期、哺乳期内的,劳动合同应当续延至相应的情形消失时终止	
其他保护内容		
禁止限制婚育	用人单位录用女职工,不得在劳动合同中规定限制女职工结婚、生育的内容	参见本表"权利救济"相关内容
防止性骚扰	用人单位应当结合本单位工作、生产特点,采取有效措施,预防制止女职工在劳动场所遭受性骚扰	
	女职工在劳动场所受到性骚扰等危害职工人身安全的行为,向用人单位反映或者投诉的,用人单位应当及时处理,并依法保护女职工的个人隐私	
女职工身体检查	※(1)用人单位应当按照国家规定,定期组织女职工进行职业健康检查,并书面如实告知女职工检查结果	
	※(2)用人单位可以每年安排女职工进行一次妇科疾病检查。职业健康检查和妇科病检查时间计入劳动时间,检查费用由用人单位承担。鼓励有条件的用人单位定期组织女职工进行乳腺癌、宫颈癌筛查	
专项/集体合同	(1)用人单位与劳动者可以签订女职工权益保护专项集体合同,约定女职工保护的内容	
	(2)参加集体合同或者女职工权益保护专项集体合同协商的劳动者代表中,应当有女职工代表	
劳务派遣		
被派遣女职工的保护	※用工单位使用女性劳务派遣工的,在与劳务派遣单位订立的劳务派遣协议中,应当明确约定女职工劳动保护的内容	参见本表相关内容
权利救济		
监督检查	县级以上人民政府人力资源和社会保障行政部门、安全生产监督管理部门按照各自职责负责对用人单位遵守女职工保护相关规定的情况进行监督检查	
	人力资源和社会保障部门应当将招聘、录取、晋职、评聘专业技术职称和职务、培训、辞退等过程中的性别歧视行为纳入劳动保障监察范围	
	工会、妇女组织依法对用人单位遵守女职工保护相关规定的情况进行监督	
女职工一方	用人单位侵害女职工合法权益的,女职工可以依法投诉、举报、申诉,依法向劳动人事争议调解仲裁机构申请调解仲裁,对仲裁裁决不服的,依法向人民法院提起诉讼	
用人单位责任承担	用人单位侵害女职工合法权益的,由劳动行政部门责令改正,处以罚款	
	对女职工权益造成损害的,应当承担赔偿责任	
	用人单位及其直接负责的主管人员和其他直接责任人员构成犯罪的,依法追究刑事责任	

注:1.女职工特别保护的目的是减少和解决女职工在劳动中因生理特点造成的特殊困难,保护女职工健康。
2.本表仅提示女职工保护的相关内容,具体合规要求和法律分析图,请参见本书的具体章节。
3."※"的内容为陕西地区相关合规要求,其他地区请参照当地规定执行。

(二)合规要求的理解

1.根据《劳动法》第58条,国家对女职工实行特殊劳动保护。用人单位应当加强女职工劳动保护,采取措施改善女职工劳动安全卫生条件,对女职工进行劳动安全卫生知识培训。

2.用人单位在女职工保护方面的具体表现为:应当履行的义务和禁止的行为。

(1)女职工保护主要涉及的范围包括：

①用人单位的招聘和录用；

②工作时间、工作内容的安排；

③女职工专属假期；

④特定时期的解除、终止劳动合同；

⑤其他福利待遇以及权利救济。

(2)用人单位应当遵守的女职工保护的主要内容详见表7-11-1，具体合规内容与实务指引，请参见本书2-2、2-7、3-8、4-5、4-6、5-1、5-3、8-1章节相关内容。

二、合规实践

关于女职工保护的内容以具体主题要素体现，因此，相关内容的实务指引及法律风险提示详见本书2-2、2-7、3-8、4-5、4-6、5-1、5-3、8-1章节。

三、其他法律风险提示

用人单位违法侵害女职工合法权益的，女职工可以依法投诉、举报、申诉，依法向劳动人事争议调解仲裁机构申请调解仲裁，对仲裁裁决不服的，依法向人民法院提起诉讼。

造成女职工损害的，依法给予赔偿；用人单位及其直接负责的主管人员和其他直接责任人员构成犯罪的，依法追究刑事责任。

表7-11-2 法律分析之女职工保护

内容	文件名称及文号	法条序号
一般规定	《女职工劳动保护特别规定》(2012年)(国务院令第619号)	第1条、第2条
	《陕西省实施女职工劳动保护特别规定》(陕西省人民政府令第209号)	第2条、第4条
用人单位义务	《陕西省实施女职工劳动保护特别规定》(陕西省人民政府令第209号)	第5条
	《妇女权益保障法》(2022年修订)(主席令第122号)	第45条
劳动保护	《劳动法》(2018年修正)(主席令第24号)	第58条、第95条
	劳动部办公厅《关于印发〈关于《劳动法》若干条文的说明〉的通知》(劳办发〔1994〕289号)	第58条
	《女职工劳动保护特别规定》(2012年)(国务院令第619号)	第3条
禁止性骚扰	《女职工劳动保护特别规定》(2012年)(国务院令第619号)	第11条
	《妇女权益保障法》(2022年修订)(主席令第122号)	第23条、第25条、第77条、第80条
	《陕西省实施女职工劳动保护特别规定》(陕西省人民政府令第209号)	第18条

续表

内容	文件名称及文号	法条序号
用人单位禁止行为	《妇女权益保障法》(2022年修订)(主席令第122号)	第46条
	《陕西省实施女职工劳动保护特别规定》(陕西省人民政府令第209号)	第7条第1款
	《妇女权益保障法》(2022年修订)(主席令第122号)	第48条
招录阶段	《妇女权益保障法》(2022年修订)(主席令第122号)	第43条
	《陕西省实施女职工劳动保护特别规定》(陕西省人民政府令第209号)	第9条
劳动合同订立	《妇女权益保障法》(2022年修订)(主席令第122号)	第44条
健康检查	《陕西省实施女职工劳动保护特别规定》(陕西省人民政府令第209号)	第16条
劳动禁忌/限制	《劳动法》(2018年修正)(主席令第24号)	第59条、第60条、第61条、第63条
	劳动部办公厅《关于印发〈关于《劳动法》若干条文的说明〉的通知》(劳办发〔1994〕289号)	第59条、第60条、第61条、第63条、第64条
	《女职工劳动保护特别规定》(2012年)(国务院令第619号)	第4条
休假福利	《陕西省实施女职工劳动保护特别规定》(陕西省人民政府令第209号)	第10条、第13条
	《妇女权益保障法》(2022年修订)(主席令第122号)	第47条、第51条
监督检查与法律责任	《劳动法》(2018年修正)(主席令第24号)	第95条
	《女职工劳动保护特别规定》(2012年)(国务院令第619号)	第12条、第13条、第14条、第15条
	《陕西省实施女职工劳动保护特别规定》(陕西省人民政府令第209号)	第3条、第19条、第20条

要素八

招聘和录用

章节编号	章节名称
8-1	招聘和录用的合规管理
8-2	招聘和录用流程的合规管理

招聘和录用的合规管理

一、合规要求

(一)合规要求的要点

表8-1-1 招录劳动者的禁止行为和注意事项速查

内容	操作注意要点		
保障劳动者的公平就业权利	用人单位依法享有自主用人的权利		
	劳动者享有平等就业和选择职业的权利、取得劳动报酬的权利、休息休假的权利、获得劳动安全卫生保护的权利、接受职业技能培训的权利、享受社会保险和福利的权利、提请劳动争议处理的权利以及法律规定的其他劳动权利		
	用人单位应当保障劳动者的就业合法权利,向劳动者提供平等的就业机会和公平的就业条件,不得就业歧视	劳动者就业,不因民族、种族、性别、宗教信仰不同而受歧视	
		用人单位对录用的人员应当同工同酬,不得因性别、户籍等原因设置不同的薪酬标准	
禁止就业歧视	女性劳动者	妇女享有与男子平等的就业权利。在录用职工时,除国家规定的不适合妇女的工种或者岗位外,不得以性别为由拒绝录用妇女或者提高对妇女的录用标准	
	少数民族	各民族劳动者享有平等的劳动权利。用人单位招用人员,应当依法对少数民族劳动者给予适当照顾	
	残疾人	残疾人就业,是指符合法定就业年龄有就业要求的残疾人从事有报酬的劳动	
		国家保障残疾人的劳动权利。 各级人民政府应当对残疾人就业统筹规划,为残疾人创造就业条件。用人单位招用人员,不得歧视残疾人	
		※残疾人包括视力残疾、听力残疾、言语残疾、肢体残疾、智力残疾、精神残疾和多重残疾的持有《中华人民共和国残疾人证》的人员,或者持有《中华人民共和国残疾军人证》(1—8级)的人员	
		集中使用残疾人的用人单位中从事全日制工作的残疾人职工,应当占本单位在职职工总数的25%以上。国家对集中使用残疾人的用人单位依法给予税收优惠,并在生产、经营、技术、资金、物资、场地使用等方面给予扶持	
		用人单位应当为残疾人职工提供适合其身体状况的劳动条件和劳动保护,不得在晋职、晋级、评定职称、报酬、社会保险、生活福利等方面歧视残疾人职工	
		用人单位安排残疾人就业达不到其所在地省、自治区、直辖市人民政府规定比例的,应当缴纳残疾人就业保障金	
	农村劳动者	农村劳动者进城就业享有与城镇劳动者平等的劳动权利,不得对农村劳动者进城就业设置歧视性限制	
	传染病病原携带者	用人单位招用人员,不得以是传染病病原携带者为由拒绝录用。但是,经医学鉴定传染病病原携带者在治愈前或者排除传染嫌疑前,不得从事法律、行政法规和国务院卫生行政部门规定禁止从事的易使传染病扩散的工作	

续表

内容	操作注意要点
禁止发布虚假招聘信息	用人单位招用劳动者时,应当如实告知劳动者工作内容、工作条件、工作地点、职业危害、安全生产状况、劳动报酬,以及劳动者要求了解的其他情况
禁止招录未成年人	1.禁止用人单位招用未满16周岁的未成年人 2.文艺、体育和特种工艺单位招用未满16周岁的未成年人,必须遵守国家有关规定,并保障其接受义务教育的权利
	用人单位非法招用未满16周岁的未成年人的,由劳动行政部门责令改正,处以罚款;情节严重的,由市场监督管理部门吊销营业执照
禁止要求应聘者提供担保	用人单位招用劳动者,不得扣押劳动者的居民身份证和其他证件,不得要求劳动者提供担保或者以其他名义向劳动者收取财物
	1.用人单位违法扣押劳动者居民身份证等证件的,由劳动行政部门责令限期退还劳动者本人,并依照有关法律规定给予处罚 2.用人单位违法以担保或者其他名义向劳动者收取财物的,由劳动行政部门责令限期退还劳动者本人,并以每人500元以上2000元以下的标准处以罚款;给劳动者造成损害的,应当承担赔偿责任 3.劳动者依法解除或者终止劳动合同,用人单位扣押劳动者档案或者其他物品的,依照前款规定处罚

注:"※"的内容表示除通用内容外陕西的规定,其他地区请参照当地规定。

(二)合规要求的理解

1.本节主要说明用人单位在招聘和录用过程中的禁止行为和注意事项。主要法律依据有:《宪法》《就业促进法》《劳动法》。

2.保障劳动者的公平就业权利是指劳动者的就业机会、就业地位和就业条件的平等。主要体现在招聘、录用过程以及用工过程中被公平对待。劳动者在本书涉及的各项要素方面享有平等的权利。劳动者就业,不因民族、种族、性别、宗教信仰不同而受歧视。

3.招聘和录用过程中禁止事项的一些说明:

具体内容详见表8-1-1,其中:

(1)禁止就业歧视。用人单位招用人员的,应为每位应聘者提供平等的就业机会和公平的就业条件,禁止就业歧视。

(2)禁止发布虚假招聘信息。首先,用人单位确因生产经营需要招用劳动者的;其次,根据《劳动合同法》第8条,用人单位在发布招聘信息和具体招聘活动中,应当将应聘职位涉及的工作内容、工作条件、工作地点、劳动报酬、职业危害、安全生产状况等与履行劳动义务有关的其他情况如实告知劳动者。

4.招聘和录用过程中的注意事项,主要有:

(1)对不具备合法经营资格的用人单位的违法犯罪行为,依法追究法律责任;劳动者已经付出劳动的,该单位或者其出资人应当依照本法有关规定向劳动者支付劳动报酬、经济补偿、赔偿金;给劳动者造成损害的,应当承担赔偿责任。

(2)用人单位应避免招用尚未解除或者终止劳动合同的劳动者,否则,给其他用人单位造成损失的,用人单位将承担连带赔偿责任。

(3)个人承包经营招用的劳动者,给劳动者造成损害的,发包的组织与个人承包经营者承担连带赔偿责任。

二、合规实践

关于招聘和录用管理制度。

用人单位至少应当:

1. 用工需求的确定。

(1)用人单位应当规定内部用人需求(用工需求的提出、审核、批准)的确定流程及相关负责部门;

(2)用人单位应当确定实施对外招聘活动的负责部门,避免多口招聘。

2. 发布招聘信息。

(1)用人单位中负责对外招聘活动的部门根据用工需求拟定招聘信息;

(2)招聘信息中应当注意避免表8-1-1中的"禁止行为";

(3)招聘信息应当着重描述工作内容、工作条件、工作地点、劳动报酬;

(4)对于劳动者要求了解的与工作内容/岗位相关的其他情况,用人单位应当如实说明。

3. 人员筛选和录用决定。

(1)用人单位依法享有自主用人的权利,劳动者享有自主择业的权利;

(2)用人单位应当注意在筛选和决定录用过程中也应避免禁止行为,留意注意事项。

三、其他法律风险提示

用人单位在用工需求和招聘权方面应当做好管理,以免产生不必要的劳动关系。

表8-1-2 与招聘和录用管理相关的其他管理项点

相关要素名称	说明
劳动报酬	招聘和录用时应当如实告知应聘者的内容
劳动关系与灵活用工	是指用人单位应当确定用工需求以及用工形式
工作时间和休息休假	招聘和录用时应当如实告知应聘者的内容
社会保险	
工伤与劳动安全	

表8-1-3　法律分析之公平就业权

内容	文件名称及文号	法条序号
用人单位	《就业促进法》(2015年修正)(主席令第24号)	第8条、第26条
	《陕西省就业促进条例》(2019年修正)(陕西省人民代表大会常务委员会公告第23号)	第7条、第15条、第20条
	《就业服务与就业管理规定》(2022年修订)(人力资源和社会保障部令第47号)	第9条、第20条
劳动者	《劳动法》(2018年修正)(主席令第24号)	第3条第1款、第12条、第14条
	劳动部办公厅《关于印发〈关于《劳动法》若干条文的说明〉的通知》(劳办发〔1994〕289号)	第12条、第14条
	《就业促进法》(2015年修正)(主席令第24号)	第3条
	《陕西省就业促进条例》(2019年修正)(陕西省人民代表大会常务委员会公告第23号)	第6条
	《就业服务与就业管理规定》(2022年修订)(人力资源和社会保障部令第47号)	第4条

表8-1-4　法律分析之用人单位在招录过程中的禁止行为

内容		文件名称及文号	法条序号
一般规定		《就业服务与就业管理规定》(2022年修订)(人力资源和社会保障部令第47号)	第13条、第14条、第15条、第67条
禁止虚假招聘信息		《劳动合同法》(2012年修正)(主席令第73号)	第8条
		《就业服务与就业管理规定》(2022年修订)(人力资源和社会保障部令第47号)	第12条
禁止招用未成年工		《劳动法》(2018年修正)(主席令第24号)	第15条、第94条
		劳动部办公厅《关于印发〈关于《劳动法》若干条文的说明〉的通知》(劳办发〔1994〕289号)	第15条、第94条
		《就业服务与就业管理规定》(2022年修订)(人力资源和社会保障部令第47号)	第6条
禁止就业歧视	女性劳动者	《劳动法》(2018年修正)(主席令第24号)	第13条
		劳动部办公厅《关于印发〈关于《劳动法》若干条文的说明〉的通知》(劳办发〔1994〕289号)	第13条
		《陕西省实施女职工劳动保护特别规定》(陕西省人民政府令第209号)	第6条
		《就业促进法》(2015年修正)(主席令第24号)	第27条
		《陕西省就业促进条例》(2019年修正)(陕西省人民代表大会常务委员会公告第23号)	第16条
		《就业服务与就业管理规定》(2022年修订)(人力资源和社会保障部令第47号)	第16条
		《妇女权益保障法》(2022年修订)(主席令第122号)	第41条、第42条
	少数民族	《就业促进法》(2015年修正)(主席令第24号)	第28条
		《就业服务与就业管理规定》(2022年修订)(人力资源和社会保障部令第47号)	第17条

续表

内容		文件名称及文号	法条序号
禁止就业歧视	残疾人就业	《就业促进法》(2015年修正)(主席令第24号)	第29条、第55条
		《陕西省就业促进条例》(2019年修正)(陕西省人民代表大会常务委员会公告第23号)	第17条
		《就业服务与就业管理规定》(2022年修订)(人力资源和社会保障部令第47号)	第18条
	农村劳动者	《就业促进法》(2015年修正)(主席令第24号)	第31条
		《陕西省就业促进条例》(2019年修正)(陕西省人民代表大会常务委员会公告第23号)	第19条
		《就业服务与就业管理规定》(2022年修订)(人力资源和社会保障部令第47号)	第5条
	传染病病原携带者	《就业促进法》(2015年修正)(主席令第24号)	第30条
		《陕西省就业促进条例》(2019年修正)(陕西省人民代表大会常务委员会公告第23号)	第18条
		《就业服务与就业管理规定》(2022年修订)(人力资源和社会保障部令第47号)	第19条、第68条
禁止要求应聘者提供担保或扣押证件		劳动部《关于印发〈关于贯彻执行《中华人民共和国劳动法》若干问题的意见〉的通知》(劳部发〔1995〕309号)	第24条
		《劳动合同法》(2012年修正)(主席令第73号)	第9条、第84条
禁止特殊工种无证上岗		《就业服务与就业管理规定》(2022年修订)(人力资源和社会保障部令第47号)	第21条

表8-1-5 法律分析之残疾人就业

内容	文件名称及文号	法条序号
一般规定	《残疾人就业条例》(国务院令第488号)	第3条、第4条、第24条、第29条
	《陕西省按比例安排残疾人就业办法》(2018年)(陕西省人民政府令第211号)	第2条
人数比例	《残疾人就业条例》(国务院令第488号)	第8条、第11条、第17条
	《陕西省按比例安排残疾人就业办法》(2018年)(陕西省人民政府令第211号)	第4条、第5条
劳动合同签订和社会保险缴纳	《残疾人就业条例》(国务院令第488号)	第12条
	《陕西省按比例安排残疾人就业办法》(2018年)(陕西省人民政府令第211号)	第6条
公平就业权	《残疾人就业条例》(国务院令第488号)	第13条
关于培训		第14条
残疾人就业保障金		第9条
	《陕西省按比例安排残疾人就业办法》(2018年)(陕西省人民政府令第211号)	第7条、第8条、第9条、第11条、第12条、第18条

表 8-1-6　法律分析之与招录相关的法律责任

文件名称及文号	法条序号
《就业促进法》(2015年修正)(主席令第24号)	第62条、第67条、第68条
《残疾人就业条例》(国务院令第488号)	第27条、第28条
《陕西省就业促进条例》(2019年修正)(陕西省人民代表大会常务委员会公告第23号)	第58条、第59条

8-2 招聘和录用流程的合规管理

一、合规要求

(一)合规要求的要点

表 8-2-1 招录程序的法律应用流程

阶段	操作流程	操作内容与说明	涉及主体	记录
发布招聘需求	用人单位招录劳动者 → 用人单位发布招聘信息 → 应聘者向用人单位投递简历	1. 用人单位根据需求确定拟招聘岗位并发布招聘信息 2. 招聘信息的内容应注意避免禁止虚假招聘信息、禁止就业歧视	用人单位	招聘和录用管理制度
招聘筛选	用人单位筛选、面试应聘者 → 用人单位确定拟聘用者人选	1. 招聘筛选环节系用人单位完全自主决定的事项 2. 筛选过程应注意保护劳动者的公平就业权,禁止招用未成年工、禁止就业歧视 3. 用人单位招用劳动者时,应当如实告知劳动者工作内容、工作条件、工作地点、职业危害、安全生产状况、劳动报酬,以及劳动者要求了解的其他情况 4. 用人单位有权了解劳动者与劳动合同直接相关的基本情况,且劳动者应当如实说明	1. 用人单位 2. 应聘者	
录用决定	用人单位将录用意向通知应聘者本人 → 拟聘用者答复是否同意入职	1. 录用决定可以采用书面形式 2. 书面录用决定从性质上讲属于合同领域的"要约"。要约是希望与他人订立合同的意思表示,且内容具体确定;经受要约人承诺,要约人即受该意思表示约束	1. 用人单位 2. 应聘者	录用通知

续表

阶段	操作流程	操作内容与说明	涉及主体	记录
到岗与聘用	拟聘用者是否实际到岗 → 是：以用人单位为主导办理入职手续 → 程序结束；否：继续招聘	1. 本流程以用人单位的拟聘用者同意入职并实际到岗而结束 2. 严禁用人单位要求应聘者提供担保 3. 拟聘用者入职后，用人单位应当依法启动劳动合同订立程序 4. 注意查验入职者的劳动关系状态和竞业限制情况。用人单位招用与其他用人单位尚未解除或者终止劳动合同的劳动者，给其他用人单位造成损失的，应当承担连带赔偿责任	1. 用人单位 2. 应聘者	1. 工作年限确认书 2. 社会保险关系转移手续交接单

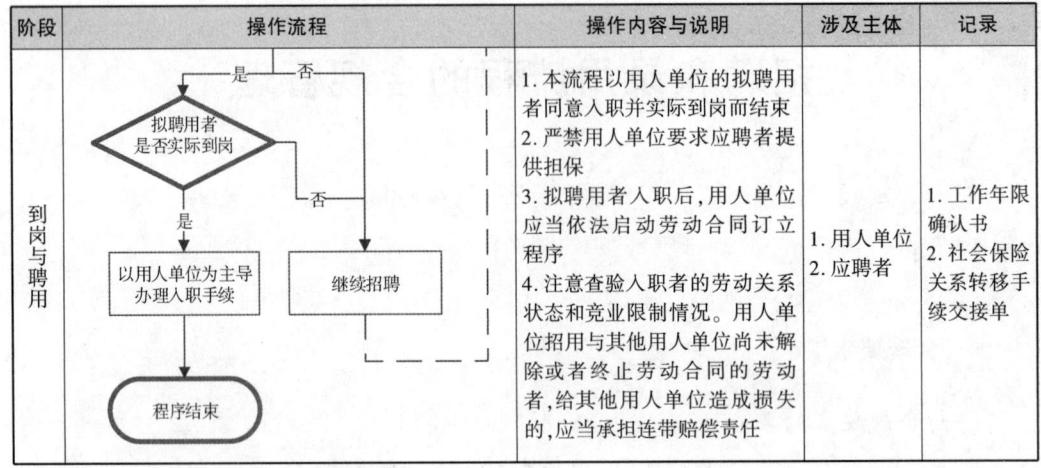

(二)合规要求的理解

1. 用人单位招聘和录用的基本程序如下：

确定用工需求 → 拟定招聘信息 → 发布招聘信息 → 筛选、面试应聘人员 → 作出录用决定并通知应聘者本人 → 拟录用人员实际到岗

图 8-2-1　招聘和录用流程

2. 录用阶段的几个问题。

(1)录用通知。

①录用通知的性质。

a. "录用通知"从性质上讲属于合同领域内的"要约"。要约是希望与他人订立合同的意思表示，且内容具体确定；经受要约人承诺，要约人即受该意思表示约束。

b. 用人单位通过书面形式向应聘者表达了己方想要与应聘者建立劳动关系的意思表示。录用通知书中会明确录用意向、工作岗位、薪资待遇、入职条件、报到要求等内容。如果应聘者对录用通知明示的时间、方式表示同意的，就表示双方通过本次招聘活动达成了拟建立劳动关系的合意，且劳动关系于实际用工之日起建立；如果应聘者不同意则表示招聘目的未达成，或者应聘者未按通知载明的时间、方式予以答复的，录用通知失效，双方就不具备成立劳动关系的可能性，除非用人单位对应聘者的答复时间和方式予以认可。

②录用通知的发送、撤回和撤销。

A. 用人单位向劳动者发出的书面录用通知是招聘单位与应聘者双方当事人在缔结劳动合同过程中形成的先契约，一旦应聘者作出承诺，双方均应依据诚实信用原则履行义务。

B. 根据《民法典》第475条和第476条，若用人单位在录用通知发出后又决定取消录用的，只有在符合特定条件时，可以撤回也可以撤销。

a.撤回:撤回的意思表示(例如表达撤回意愿的通知),被通知的应聘者如果先签收撤回通知,后签收录用通知的,或者同时签收的,录用通知的内容对被通知的应聘者不发生要约的效力。

b.撤销:录用通知可以撤销,是指录用通知已被应聘者签收,用人单位又想取消录用决定的情形。但是撤销的意思表示应当在应聘者作出承诺前到达应聘者。

如果"要约人以确定承诺期限或者其他形式明示要约不可撤销;或者受要约人有理由认为要约是不可撤销的,并已经为履行合同做了合理准备工作"的,则用人单位无权撤销。因此,当用人单位对于是否发出书面录用通知以及录用通知的内容设置应当仔细斟酌。

对于"作出承诺前"的理解为,若以邮寄方式承诺的,用人单位的撤销通知应当在应聘者发出承诺前到达应聘者处。

c.用人单位取消录用决定的,或者劳动者同意了录用通知的内容后又决定不入职的,应向对方承担相应的赔偿责任。

(2)决定录用前的确认事项。

①背景调查。

a.背景调查的合法边界。根据《劳动合同法》第8条、《就业服务与就业管理规定》第7条,用人单位有权了解劳动者与劳动合同直接相关的基本情况,劳动者也应如实向用人单位告知其个人基本情况、知识技能、工作经历、就业现状等,必要时劳动者应出示相关证明。

劳动者说明义务的范围,应当是符合法律规定,且与劳动合同履行具有必要性和关联性的信息,例如身份信息核实、工作履历核实、工作表现核实、教育背景核实、专业资格核实等。

b.用人单位对获取的应聘者的信息应当采取适当的保护措施予以保护。《民法典》规定,自然人享有隐私权和个人信息受保护的权利。

个人信息是以电子或者其他方式记录的能够单独或者与其他信息结合识别特定自然人的各种信息,包括自然人的姓名、出生日期、身份证件号码、生物识别信息、住址、电话号码、电子邮箱、健康信息、行踪信息等。

用人单位应当对劳动者的个人资料予以保密。公开劳动者的个人资料信息和使用劳动者的技术、智力成果,须经劳动者本人书面同意。

②用人单位招录非应届毕业生的注意事项。

a.应当注意确认其离职情况。避免因招用了与其他用人单位尚未解除或者终止劳动合同的劳动者,给其他用人单位造成损失时承担连带赔偿责任。

b.注意有无竞业限制要求。应当了解劳动者是否需要向原用人单位实际履行竞业限制义务。若劳动者与原单位签订了协议,用人单位应当判断自身经营范围、所在地域、协议期限是否属于被协议规制的范围。若属于的,应当避免对该类劳动者的用工。

(3)校园招聘的"三方协议"的概念与性质。"三方协议"是指由毕业生、用人单位和高等学校共同签订的确定毕业生就业单位及就业意向的毕业生就业协议书。

根据《普通高等学校毕业生就业工作暂行规定》第24条、第48条、《关于修订〈普通高等学校毕业生就业协议书〉若干意见的通知》第1条,就业协议书是用人单位确认毕业生相关信息真实可靠以及接收毕业生的重要凭据,是高校进行毕业生就业管理、编制就业方案以及毕业生办理就业落户手续等有关事项的重要依据。

用人单位、毕业生、高等学校中的任何一方违反就业协议的约定的,违约一方应当依法承担赔偿责任。

因此,招聘应届生用的"三方协议"可以理解为社会招聘的"录用通知",都代表用人单位决定录用的意思表示,属于民事合同。任何一方违约的,都应当依照约定承担违约责任。

二、合规实践

关于招聘和录用管理制度。

1. 关于录用通知。

(1)用人单位应当明确负责进行录用通知(口头、书面)的责任部门、职责权限。

(2)用人单位可依需设置需要发出书面录用通知的工作岗位、职务。

(3)应当确定发出书面录用通知的审批权限与程序及所需过程记录。

(4)录用通知的内容至少包括:

①劳动者的姓名、应聘的工作岗位;

②用人单位予以录用的意思表示;

③录用的劳动报酬、工作地点、工作内容、社会保险;

④入职时间、地点、携带的资料;

⑤可以设置应聘者的答复时限、方式;

⑥落款(公司名称、加盖公章、日期)。

(5)用人单位发出录用通知且应聘者亦同意入职的,若任何一方违反,有权要求对方承担赔偿责任。赔偿范围包括以下内容:

①缔约费用,如面试交通费、入职体检费等;

②为准备履行劳动合同所花费的费用,如因异地工作产生的租房费用等;

③机会损失成本,即失去与他人订立劳动合同的机会造成的损失、原用人单位解除劳动合同产生的工资损失等。

2. 关于背景调查。

（1）用人单位应当确定进行背景调查的负责部门、职责权限。

（2）用人单位可依需设置需要进行背景调查的工作岗位、职务。

（3）根据工作岗位需求，依法确定背景调查的方式、内容范围。

（4）应当确定对所收集到的信息的保密方式（知悉人员范围、保密方式、使用方式等）。

（5）注意在进行背景调查前书面征得应聘者的同意。背景调查告知书的内容至少包括：

①劳动者姓名、应聘岗位；

②明确告知用人单位将进行背景调查；

③告知调查的内容范围、调查方式；

④劳动者作出同意的表示，并签字确认、注明日期。

3. 入职程序的注意事项。

（1）查验离职证明以确认其在入职本单位前的就业状态，可留复印件，原件核对。

（2）查验原劳动合同，可留复印件，原件核对。

（3）查验身份信息、学历证明、专业资格证明等资料，可留复印件，原件核对。

（4）确认新入职劳动者与原用人单位是否约定了竞业限制，以及是否需要实际履行该义务。

（5）书面通知新入职者签订劳动合同的程序或时间，以及交付办理社会保险缴纳所需资料的时间，并留存其已知晓的证明记录。

表8-2-2　与招聘和录用流程管理相关的其他管理项点

相关要素名称	说明
订立书面劳动合同	应聘者入职后，应及时与其签订劳动合同
不符合录用条件的解除	可以将与录用决定相关的条件（如社会保险转移等）都设置为录用条件

表8-2-3　法律分析之查验劳动者的离职证明及相关法律责任

文件名称及文号	法条序号
《劳动法》（2018年修正）（主席令第24号）	第99条
《劳动合同法》（2012年修正）（主席令第73号）	第91条
劳动部办公厅《关于印发〈关于《劳动法》若干条文的说明〉的通知》（劳办发〔1994〕289号）	第99条
劳动部《关于实行劳动合同制度若干问题的通知》（劳部发〔1996〕354号）	第17条
劳动部《关于企业职工流动若干问题的通知》（劳部发〔1996〕355号）	第4条、第7条

表8-2-4 法律分析之背景调查及隐私权和个人信息保护

文件名称及文号	法条序号
《劳动合同法》(2012年修正)(主席令第73号)	第8条
《就业服务与就业管理规定》(2022年修订)(人力资源和社会保障部令第47号)	第7条、第13条
《民法典》(主席令第45号)	第1024条第1款、第1032条、第1034条至第1038条

要素九

规章制度

章节编号	章节名称
9-1	规章制度实施的合规管理
9-2	民主程序的合规管理
9-3	民主程序参与主体的合规管理

规章制度实施的合规管理

一、合规要求

(一)合规要求的要点

表9-1-1 规章制度适用的法律应用流程

阶段	操作流程	操作内容与说明	涉及主体	记录
制度类型	规章制度适用程序	规章制度的类型、内容和数量呈现差异化,由用人单位根据经营需求确定	用人单位	规章制度的管理制度
制度起草	用人单位起草制度 → 管理性审核、批准 / 民主管理性审核、确定	1.用人单位根据自身组织结构、所要制定的类型和内容,由具有相应职权的部门进行起草 2.制度的结构要素分为必备要素和可选要素: (1)必备要素包括文件名称,文件的编制、审核和批准(需要会签的还包括会签),文件修改记录,制度目的,适用范围,职责分工,管理内容与要求,过程控制,记录格式;(2)可选要素包括文件编号,术语和定义,支持性文件,记录清单等 3.制度内容要素遵循5W1H原则,即指明文件目的(WHY)后,明确哪些人(WHO),在哪些环节(WHERE),哪些节点(WHEN),做什么(WHAT)以及如何做(HOW)	用人单位	
制度审核	用人单位的管理层进行审核 / 部分制度应当经职工代表大会或者全体职工讨论,提出方案和意见	1.制度审核程序分为管理性审核和法律性审核 2.管理性审核的流程和要求由用人单位自行设置;依法需要进行法律性审核的规章制度,还需要进行法律性审核,这样方可在劳动争议发生时作为确定用人单位和劳动者权利义务的依据 3.法律性审核是指用人单位在制定、修改或者决定有关劳动报酬、工作时间、休息休假、劳动安全卫生、保险福利、职工培训、劳动纪律以及劳动定额管理等直接涉及劳动者切身利益的规章制度或者重大事项时,应当进行民主程序的过程	1.用人单位 2.劳动者 3.职工代表大会或者全体职工	民主讨论记录(参会人亲笔签名、讨论时间、讨论事项、讨论结果、提出的方案和意见,录音录像)

续表

阶段	操作流程	操作内容与说明	涉及主体	记录
制度批准	用人单位的管理层予以批准 → 与工会或者职工代表平等协商确定	1.从经营自主权角度来讲,用人单位的制度应经过批准;而对于法律性依据而言,注重的是民主程序,开展民主程序时涉及的主体包括全体职工、职工代表、职工代表大会和工会 2.从劳动争议处理角度,直接涉及劳动者切身利益的规章制度或者重大事项更注重考察是否经过民主程序和公示程序	1.用人单位 2.劳动者 3.工会或职工代表	民主协商记录(参会人亲笔签名、协商时间、协商事项、协商结果,录音录像)
制度公示与施行	制度公示、施行 → 程序结束	1.制度施行的目的就是使劳动者能够按照用人单位的要求提供劳动,因此首先要让劳动者获知用人单位的要求有哪些 2.通过公示可以使劳动者获知要求,常用的方式如制度培训、制度手册、邮件、电子办公系统等。公示时应保留可以追溯和查询的记录	1.用人单位 2.劳动者	各类公示方式的记录(如培训会议记录、手册发放签收记录、邮箱或办公系统确认记录等)

注:1.用人单位的规章制度应当具备合法性和合理性。此外,在结构上应当有层次性,在内容上应当具备关联性、一致性,在施行过程中要具备可执行性和可操作性,通过制度的实施能够达到制度的目的,否则应及时、适时进行调整。
2.应当注意法律性审核民主程序的主体:
(1)法律性审核的民主程序涉及的主体为职工代表大会或者全体职工;职工代表大会(或职工大会)是职工行使民主管理权力的机构,是企业民主管理的基本形式。
(2)管理性审核和批准中的主体由用人单位自行决定。
3.职工代表、职工代表大会、工会均有各自的产生程序和职责。在劳动争议审查民主程序履行情况时,除查看民主程序的记录外,还应对其产生程序和记录载明的人员姓名一并进行核实。职工代表大会、职工代表以及工会相关参见本书9-3民主程序参与主体的合规管理。

(二)合规要求的理解

1.规章制度的法律依据。

(1)根据《劳动法》第4条、《劳动合同法》第4条,用人单位负有依法建立、完善规章制度,并切实保障劳动者享有劳动权利和履行劳动义务的义务。

(2)用人单位的管理制度涉及劳动者切身利益的(如劳动报酬、工作时间、休息休假、劳动安全卫生、保险福利、职工培训、劳动纪律以及劳动定额管理等)内容的,用人单位在制定、修改或者决定具体内容时,应当经职工代表大会或者全体职工讨论,提出方案和意见,与工会或者职工代表平等协商确定。实施前应当公示。

2.适用性分析。

(1)制定规章制度的目的。
①保障劳动者享有劳动权利和履行劳动义务;
②用人单位通过制度方式对劳动者进行管理,实现用人单位的用工自主权。

(2)本节所指规章制度的范围。
①劳动用工制度、招聘和录用;

②劳动报酬、劳动定额管理；

③工作时间、休息休假；

④劳动纪律、劳动安全卫生；

⑤社会保险与福利；

⑥职业培训等。

(3)规章制度的建立方式与有效性认定。

①包括从无到有的新制定和对既有内容的修订。

②用人单位结合自身生产经营需求、用工管理自主权，依法制定本单位的规章制度。

③应当注意"依法"的"法"是指：《宪法》、与"劳动"相关的法律、法规和规章等。

④用人单位制定规章制度时，不应免除用人单位的法定责任，不应排除劳动者的权利，且应注意制度内容的合理性。

⑤用人单位直接涉及劳动者切身利益的规章制度违反法律、法规规定的，由劳动行政部门责令改正，给予警告；给劳动者造成损害的，应当承担赔偿责任。

⑥用人单位对劳动者的管理限于劳动者的工作时间、工作范围内（完成工作任务的过程），不应无限扩大。

(4)可作为劳动争议判断依据的所需程序。

①民主程序。涉及劳动者切身利益的规章制度或者重大事项应当经职工代表大会或者全体职工讨论，提出方案和意见，与工会或者职工代表平等协商确定。

在规章制度和重大事项决定实施过程中，工会或者职工认为不适当的，有权向用人单位提出，通过协商予以修改完善。

②公示程序。用人单位应当将直接涉及劳动者切身利益的规章制度和重大事项决定公示。公示目的在于将具体内容告知需要遵守制度的每位劳动者。

提示：除了规章制度外，属于与劳动者切身利益相关的"决定"，也应履行民主程序和公示程序。

③应当注意的是，用人单位内部的管理性审批程序并不是"规章制度可以作为确定双方权利义务的依据"的必备程序。

(5)规章制度与劳动合同的衔接。根据最高人民法院《关于审理劳动争议案件适用法律问题的解释（一）》第50条，只有履行了民主程序并告知了劳动者的规章制度，才可以作为确定用人单位和劳动者双方权利义务的依据。

用人单位制定的规章制度与集体合同或者劳动合同约定的内容不一致，劳动者请求优先适用集体/劳动合同约定的，人民法院应予支持。

二、合规实践

关于规章制度的管理制度。

1. 规章制度应当体系化、层级化。制度之间(横向和纵向)应当相辅相成、协调一致,避免出现相互矛盾或者对同一事项规定不一致的情况。

(1)纵向:根据制度指导性、功能,按层级划分,例如质量管理体系中的质量手册、第一层次文件、第二层次文件、第三层次文件。

(2)横向:根据制度的内容分为规范性文件、流程性文件、责任性文件等。

2. 规定制度的制定权限和制定程序。

(1)用人单位应当根据组织结构、岗位职责和权限设置规章制度的起草、审核、批准程序,明确有权制定规章制度的主体及由其制定的制度的效力范围。

(2)根据制度的效力范围,确定相应的管理性审批流程、审核和批准的责任人职务(级别)。

(3)针对劳动报酬、工作时间、休息休假、劳动安全卫生、保险福利、职工培训、劳动纪律以及劳动定额管理等直接涉及劳动者切身利益的规章制度或者重大事项,用人单位在制定、修改或者决定过程中,务必履行民主程序和公示程序。

①民主讨论记录。讨论时间、讨论事项、讨论结果、提出的方案和意见,并由参会人亲笔签名确认。有条件的可以同步录音录像。

②民主协商记录。协商时间、协商事项、协商结果,并由参会人亲笔签名确认。有条件的可以同步录音录像。

3. 规章制度的内容应当合法合理。

(1)按适用对象的范围,分为适用于全体人员和适用于部分人员;按性质,分为实体性制度(如工作岗位的职责与权限、奖惩内容等)、程序性制度(如工作实施的内容、方式、步骤等)。

(2)用人单位在用工管理方面的制度包含劳动用工、劳动报酬、劳动合同的订立、履行、变更、解除和终止、工作时间和休息休假、社会保险、工伤和劳动安全、劳动争议处理程序等。

(3)制度的结构要素参见表9-1-1中的"制度起草"。

(4)用人单位制定制度时,应当注意的是,不得违反劳动法律法规的下限性规定(如最低工资标准)和上限性规定(如最高工作时间),不得排除劳动者的法定权利。

(5)奖惩规定应当注意公平性、公正性;奖和惩作为结果,必然有形成该结果的过程,故应注意过程记录的完整性,做到有事实有依据。

(6)关于惩罚性规定:

①惩戒方式应当遵循"循序渐进"的原则,例如积分制、累积制、扣分制、对晋升、薪酬

的影响等。

②惩罚规则与违规事项和行为后果的严重性应当相适应,特别需要注意对后果严重性的认定。

③严重程度的认定没有统一标准,应当结合用人单位的生产经营状况、劳动者的工作内容及职责、违规行为的性质及造成的负面影响范围、程度等综合判定。

④用人单位对违规行为的处理方式和处理时限:

a.劳动者有违反规章制度行为的,用人单位在查明事实、证据充分的基础上,有权依据依法制定的规章制度予以处理。

b.用人单位应当收集、固定违反规章制度事实的证据,确保事实的相关记录真实、清晰、完整、准确。

c.用人单位应当及时告知劳动者违反规章制度的事实,拟作出的处理决定的内容及事实、理由、依据,并允许劳动者陈述和申辩。

d.用人单位应对当事人提出的事实、理由和证据进行复核;劳动者提出的事实、理由或者证据成立的,用人单位应当采纳。同时,用人单位不得因劳动者陈述、申辩而加重处罚。

e.可引入回避制度,即负责处理的相关人员有直接利害关系或者有其他关系可能影响公正判断的应当回避。

f.用人单位对劳动者违反规章制度的行为应当及时启动处理程序,并尽快处理完毕。例如自发生违规行为起不超过3个月,若劳动合同终止时间在该3个月内的,最好在劳动合同终止前处理完毕。

(7)用人单位应当明确奖励程序或违规行为处理程序的责任部门、审批权限以及过程记录、流转程序等。

(8)奖励程序和违规行为处理程序的记录,至少包含:

①劳动者姓名、工作岗位。

②奖或惩所依据的事实描述,并附证明资料。

③奖或惩所依据的制度依据。

④奖或惩的结论及详细内容描述。

⑤对于"惩"中劳动者的陈述申辩权利:

a.劳动者对"违规行为"的事实描述以及能提供的相关证明;

b.用人单位进行复核,复核方式可以是重新核实资料、询问有关人员、调取视频音频资料等;

c.复核责任部门的复核意见、结论及其审批权限、审批结论。

⑥对于"奖",应先确定工作岗位的达标标准(合格),再在达标的基础上确定良好、优秀的标准,并确定相应的奖励方案。

(9)用人单位规章制度的内容除包括涉及劳动者权利、用人单位义务的内容外,还可以规定德、才、绩等与完成工作任务有直接或间接关系的内容。规定方式可以是鼓励性的、禁止性的、限制性的。对于鼓励性的规定,应当注意与"奖"相结合,禁止性的和限制性的规定,应当注意与"惩"相结合。

(10)对于需要跨部门或工作岗位之间协同工作的,应当确定责任部门/责任人,并规定流转程序及所需过程记录,避免出现相互推诿的情况而影响开展工作。

4.规章制度的公示程序。

(1)公示程序的目的是要告知劳动者用人单位对劳动者的工作要求,使劳动者对其符合或违反要求时的后果有预期。

(2)用人单位根据劳动者的适用范围,选择适当的方式,以确保需要遵守的劳动者已知悉。例如,培训会议记录、手册发放签收记录、邮箱或电子办公系统确认记录等。

(3)"公示记录"是一类记录的统称。至少包含以下内容:

①拟公布制度的名称、文号;

②公布对象的范围;

③公布日期,或者劳动者知悉的日期;

④劳动者亲笔签名确认、日期(公示张贴方式可省略)。

若采用培训形式公示的,还应对培训内容和培训过程作好记录。

采用公示栏张贴的,应当全程以视频方式记录张贴过程,并确保张贴地点一定能被公布对象看见。

若以邮箱或电子办公系统公示的,应确保邮箱或电子办公系统属于劳动者本人并能被其正常使用。

5.除以上内容外,用人单位还应当对规章制度的版本有效性进行管理,防止误用。

三、其他法律风险提示

用人单位的规章制度违反法律、法规的规定,损害劳动者权益的,劳动者可以解除劳动合同,并有权要求用人单位支付经济补偿。

表9-1-2 与规章制度的实施管理相关的其他管理项点

相关要素名称	
要素一	劳动关系
要素二	劳动报酬
要素三	工作时间与休息休假
要素四	劳动合同的订立、履行和变更
要素五	劳动合同的解除、终止
要素六	社会保险

续表

相关要素名称	
要素七	工伤保险与劳动安全
要素八	招聘和录用
要素十	劳动争议

表 9-1-3　法律分析之"规章制度"的法律依据

文件名称及文号	法条序号
《劳动法》(2018 年修正)(主席令第 24 号)	第 4 条、第 89 条
《劳动合同法》(2012 年修正)(主席令第 73 号)	第 4 条、第 80 条
劳动部办公厅《关于印发〈关于《劳动法》若干条文的说明〉的通知》(劳办发〔1994〕289 号)	第 1 条、第 4 条
最高人民法院《关于审理劳动争议案件适用法律问题的解释(一)》(法释〔2020〕26 号)	第 50 条

民主程序的合规管理

一、合规要求

(一)合规要求的要点

表9-2-1 规章制度的民主程序实施主体及分工法律依据速查

民主程序	实施主体	依据内容
提出建议阶段	经职工代表大会或者全体职工讨论,提出方案和意见	职工代表大会或全体职工	职工代表大会是职工行使民主管理权力的机构,是企业民主管理的基本形式;企业职工应当尊重和支持企业依法行使管理职权,积极参与企业管理
			职工代表大会具有审议企业制定、修改或者决定的有关劳动报酬、工作时间、休息休假、劳动安全卫生、保险福利、职工培训、劳动纪律以及劳动定额管理等直接涉及劳动者切身利益的规章制度或者重大事项方案,提出意见和建议的职权
			职工代表大会具有审查监督企业执行劳动法律法规和劳动规章制度情况的职权
平等协商阶段	用人单位与工会或者职工代表平等协商确定	工会	维护职工合法权益是工会的基本职责。工会通过平等协商和集体合同制度,协调劳动关系,维护企业职工劳动权益
			企业、事业单位研究经营管理和发展的重大问题应当听取工会的意见;召开讨论有关工资、福利、劳动安全卫生、社会保险等涉及职工切身利益的会议,必须有工会代表参加
			企业、事业单位违反职工代表大会制度和其他民主管理制度,工会有权要求纠正,保障职工依法行使民主管理的权利
			工会应将劳动报酬、工作时间、劳动定额、保险福利、劳动安全卫生等问题作为协商重点内容,与企业平等协商
			参与协调劳动关系和调解劳动争议,与企业、事业单位行政方面建立协商制度,协商解决涉及职工切身利益问题
		职工代表	依法履行职工代表职责,听取职工对企业生产经营管理等方面的意见和建议,以及涉及职工切身利益问题的意见和要求,并客观真实地向企业反映
			参加企业各项民主管理活动,履行职工代表职责,向企业反映职工意见和建议
			向职工报告履职情况,接受职工监督

注:1. 民主程序适用的法定情形:用人单位在制定、修改或者决定有关劳动报酬、工作时间、休息休假、劳动安全卫生、保险福利、职工培训、劳动纪律以及劳动定额管理等直接涉及劳动者切身利益的规章制度或者重大事项时适用。其他情况是否经过民主程序由用人单位自主决定。

2. 职工代表大会是企业实行民主管理的基本形式,是职工行使民主管理权力的机构。企业工会委员会是职工代表大会的工作机构,负责职工代表大会的日常工作。

3. 工会会员大会或会员代表大会与职工代表大会或职工大会须分别行使职权,不得相互替代。

4. 企业应当提请职工代表大会审议、通过、决定的事项,未按照法定程序审议、通过或者决定的无效。

5. 《陕西省企业民主管理条例》第38条和第39条还分别规定,违反该条例规定,以暴力、威胁或者其他手段阻挠职工行使民主管理权利造成严重后果的,由公安机关依法处理。工会工作人员违反该条例规定,妨碍职工行使民主管理权利,使职工合法权益遭受损害的,由同级工会或者上级工会依法给予处分。

(二)合规要求的理解

1. 民主程序的理解。

(1)直接涉及劳动者切身利益的规章制度或者重大事项,应当经职工代表大会或者全体职工讨论,提出方案和意见,与工会或者职工代表平等协商确定。

(2)用人单位的行政管理审批程序不能代替民主程序。

2. 民主程序各阶段与实施主体。第一,讨论并提出方案和意见阶段,参与主体是职工代表大会或全体职工。第二,对方案和意见的协商阶段,参与主体是工会或者职工代表。

3. 根据《工会法》第20条,为了保障职工依法行使民主管理的权利,工会对企事业单位、社会组织违反职工代表大会制度和其他民主管理制度的行为有权要求其纠正。

法律、法规规定应当提交职工大会或者职工代表大会审议、通过、决定的事项,企业、事业单位、社会组织应当依法办理。

二、合规实践

关于规章制度的管理制度。

用人单位对全部管理制度的制定、修订等应设置相应的管理程序,劳动用工管理制度作为用人单位管理制度的一个重要组成部分,劳动法律制度对其有效实施规定了必备的民主程序、公示程序。因此用人单位在制定劳动用工制度时,应当对依法应履行的民主程序予以明确。

1. 民主程序的适用范围。用人单位制定、修改的规章制度或作出的决定属于劳动报酬、工作时间、休息休假、劳动安全卫生、保险福利、职工培训、劳动纪律以及劳动定额管理等直接涉及劳动者切身利益的内容。

2. 根据民主程序的进展阶段,依法确定参与讨论、协商的主体。

3. 规定讨论、协商过程所需的记录。参见本书9-1规章制度实施的合规管理。

4. 用人单位应当确保民主讨论、协商程序的相关记录中体现的参加主体包含经过依法选举产生的职工代表大会、职工代表或者工会成员。

在劳动争议的仲裁和诉讼阶段,用人单位将规章制度作为证据提交的,还应当附上该项规章制度履行民主程序和公示程序的全部过程记录。

(1)能够证明实施了"民主""公示"的客观事实;

(2)记录应当做到环环相扣,能够证明记录中的参加人员均是依法产生的职工代表、工会,并在该项制度履行民主程序时也具有合法的身份。

三、其他法律风险提示

若用人单位的民主程序有瑕疵,或者民主程序参与主体有瑕疵的,该民主程序会因不符合法律规定而被认定为未经民主程序,可能进一步产生规章制度对劳动者不适用的情况。

表9-2-2 与民主程序管理相关的其他管理项点

相关要素名称	
要素一	劳动关系
要素二	劳动报酬
要素三	工作时间与休息休假
要素四	劳动合同的订立、履行和变更
要素五	劳动合同的解除、终止
要素六	社会保险
要素七	工伤保险与劳动安全
要素八	招聘和录用
要素十	劳动争议

表9-2-3 法律分析之工会简述

文件名称及文号	法条序号
《工会法》(2021年修正)(主席令第107号)	第2条、第3条、第6条、第10条、第15条
《企业工会工作条例》(2006年)	第2条、第17条、第52条、第53条、第54条
《陕西省实施〈中华人民共和国工会法〉办法》(2010年修正)	第2条

表9-2-4 法律分析之工会在民主程序中履行职责的依据

内容	文件名称及文号	法条序号
一般规定	《工会法》(2021年修正)(主席令第107号)	第20条、第37条、第38条
	《企业工会工作条例》(2006年)	第18条
	《陕西省实施〈中华人民共和国工会法〉办法》(2010年修正)	第4条、第18条
对直接涉及职工切身利益事项的提议与协商	《工会法》(2021年修正)(主席令第107号)	第34条、第39条
	《企业工会工作条例》(2006年)	第31条
	《劳动法》(2018年修正)(主席令第24号)	第88条
	《劳动合同法》(2012年修正)(主席令第73号)	第78条

表 9-2-5　法律分析之职工代表大会与民主管理

文件名称及文号	法条序号
《劳动法》(2018 年修正)(主席令第 24 号)	第 8 条
劳动部办公厅《关于印发〈关于《劳动法》若干条文的说明〉的通知》(劳办发〔1994〕289 号)	第 8 条
《全民所有制工业企业职工代表大会条例》(中发〔1986〕第 21 号)	第 1 条、第 2 条、第 3 条、第 6 条
《企业民主管理规定》(总工发〔2012〕12 号)	第 1 条、第 3 条
《工会法》(2021 年修正)(主席令第 107 号)	第 36 条
《企业工会工作条例》(2006 年)	第 36 条
《陕西省实施〈中华人民共和国工会法〉办法》(2010 年修正)(陕西省第十一届人民代表大会常务委员会第 13 次会议修正)	第 14 条、第 30 条
《陕西省企业民主管理条例》(陕西省人民代表大会常务委员会公告第 60 号)	第 4 条、第 27 条、第 28 条、第 30 条
中共陕西省国资委委员会《关于印发〈关于建立和完善监管企业职工代表大会制度的意见〉的通知》(陕国资党群工发〔2008〕109 号)	第 2 条第 2 款、第 4 条第 1 款
《陕西省企事业单位职工代表大会操作规程》(陕工发〔2016〕10 号)	第 1 章第 2、4 条
《西安市企业民主管理条例》(2021 年修正)(西安市人民代表大会常务委员会公告第 95 号)	第 3 条、第 9 条、第 28 条、第 29 条、第 30 条、第 32 条

表 9-2-6　法律分析之职工代表大会与民主程序有关的职权

文件名称及文号	法条序号
《全民所有制工业企业职工代表大会条例》(中发〔1986〕第 21 号)	第 4 条、第 5 条、第 7 条、第 9 条、第 20 条
《企业民主管理规定》(总工发〔2012〕12 号)	第 13 条
《陕西省企业民主管理条例》(陕西省人民代表大会常务委员会公告第 60 号)	第 8 条
中共陕西省国资委委员会《关于印发〈关于建立和完善监管企业职工代表大会制度的意见〉的通知》(陕国资党群工发〔2008〕109 号)	第 3 条第 1、2、5 款
《陕西省实施〈中华人民共和国工会法〉办法》(2010 年修正)(陕西省第十一届人民代表大会常务委员会第 13 次会议修正)	第 31 条
《陕西省企事业单位职工代表大会操作规程》(陕工发〔2016〕10 号)	第 4 章第 6 条
《西安市企业民主管理条例》(2021 年修正)(西安市人民代表大会常务委员会公告第 95 号)	第 21 条

表 9-2-7　法律分析之职工大会与职工代表大会

文件名称及文号	法条序号
中华全国总工会办公厅《关于规范召开企业职工代表大会的意见》(总工办发〔2011〕53 号)	第 6 条
《企业民主管理规定》(总工发〔2012〕12 号)	第 8 条
中共陕西省国资委委员会《关于印发〈关于建立和完善监管企业职工代表大会制度的意见〉的通知》(陕国资党群工发〔2008〕109 号)	第 4 条第 1 款第 2 句
《陕西省企事业单位职工代表大会操作规程》(陕工发〔2016〕10 号)	第 1 章第 3 条
《西安市企业民主管理条例》(2021 年修正)(西安市人民代表大会常务委员会公告第 95 号)	第 8 条

表 9 – 2 – 8　法律分析之职工代表大会与工会

文件名称及文号	法条序号
《全民所有制工业企业职工代表大会条例》(中发〔1986〕第 21 号)	第 3 条、第 23 条、第 24 条
中华全国总工会办公厅《关于规范召开企业职工代表大会的意见》(总工办发〔2011〕53 号)	第 3 条
《企业民主管理规定》(总工发〔2012〕12 号)	第 5 条、第 22 条
《陕西省企业民主管理条例》(陕西省人民代表大会常务委员会公告第 60 号)	第 5 条、第 35 条
中共陕西省国资委委员会《关于印发〈关于建立和完善监管企业职工代表大会制度的意见〉的通知》(陕国资党群工发〔2008〕109 号)	第 6 条第 3 款
《陕西省企事业单位职工代表大会操作规程》(陕工发〔2016〕10 号)	第 7 章第 2 条
《西安市企业民主管理条例》(2021 年修正)(西安市人民代表大会常务委员会公告第 95 号)	第 25 条
《工会法》(2021 年修正)(主席令第 107 号)	第 36 条第 2 款
《企业工会工作条例(试行)》(总工发〔2006〕41 号)	第 33 条

表 9 – 2 – 9　法律分析之职工代表的职责

内容	文件名称及文号	法条序号
一般规定	《全民所有制工业企业职工代表大会条例》(中发〔1986〕第 21 号)	第 15 条
	《企业民主管理规定》(总工发〔2012〕12 号)	第 28 条、第 29 条
	《陕西省企业民主管理条例》(陕西省人民代表大会常务委员会公告第 60 号)	第 21 条、第 22 条
	《陕西省企事业单位职工代表大会操作规程》(陕工发〔2016〕10 号)	第 2 章第 6 条
	《西安市企业民主管理条例》(2021 年修正)(西安市人民代表大会常务委员会公告第 95 号)	第 33 条、第 34 条、第 35 条、第 36 条、第 37 条、第 39 条
职工代表的保护	《企业民主管理规定》(总工发〔2012〕12 号)	第 30 条
	《陕西省企业民主管理条例》(陕西省人民代表大会常务委员会公告第 60 号)	第 23 条
	《陕西省企事业单位职工代表大会操作规程》(陕工发〔2016〕10 号)	第 2 章第 6 条第 3 项

9-3 民主程序参与主体的合规管理

一、合规要求

(一)合规要求的要点

1. 工会会员代表。

表9-3-1 工会会员代表产生的法律应用流程

阶段	操作流程	操作内容与说明	涉及主体	记录
候选人的提出	工会会员代表 → 选举单位组织工会会员讨论提出代表候选人	1. 会员代表的构成：会员代表的组成应以一线职工为主，体现广泛性和代表性。中层正职以上管理人员和领导人员一般不得超过会员代表总数的20%。女职工、青年职工、劳动模范(先进工作者)等会员代表应占一定比例 2. 会员代表名额，按会员人数确定： (1) 会员100至200人的，设代表30至40人 (2) 会员201至1000人的，设代表40至60人 (3) 会员1001至5000人的，设代表60至90人 (4) 会员5001至10000人的，设代表90至130人 (5) 会员10001至50000人的，设代表130至180人 (6) 会员50001人以上的，设代表180至240人	1. 选举单位 2. 工会会员	—
会员代表的选举	召开工会会员代表选举大会 → 由选举单位会员大会选举的／由下一级会员代表大会选举的 → 获得选举单位全体会员过半数赞成票时当选／获应到会代表人数过半数赞成票时当选	1. 会员代表的选举和会议筹备工作由基层工会委员会负责，新成立基层工会的由工会筹备组负责 2. 会员代表由会员民主选举产生，不得指定会员代表。劳务派遣工会人员民主权利的行使，如用人单位工会与用工单位工会有约定的，依照约定执行；如没有约定或约定不明确的，在劳务派遣工会人员会籍所在工会行使 3. 选举单位按照基层工会确定的代表候选人名额和条件，组织会员讨论提出会员代表候选人，召开有2/3以上会员或会员代表参加的大会，采取无记名投票方式差额选举产生会员代表，差额率不低于15% 4. 会员代表候选人，获得选举单位全体会员过半数赞成票时，方能当选；由下一级会员代表大会选举时，其代表候选人获得应到会代表人数过半数赞成票时，方能当选	1. 选举单位 2. 工会会员或会员代表	1. 选举大会会议记录 2. 选举结果记录

续表

阶段	操作流程	操作内容与说明	涉及主体	记录
选举结果与公开	基层工会委员会或工会筹备组对会员代表人数、人员结构、资格进行审核和审查 → 形成书面文件并及时向会员公开 → 程序结束	1. 会员代表实行常任制，任期与会员代表大会届期一致，会员代表可以连选连任 2. 有下列情形之一的，会员代表身份自然终止： (1) 在任期内工作岗位跨选举单位变动的 (2) 与用人单位解除、终止劳动（工作）关系的 (3) 停薪留职、长期病休假、内退、外派超过一年，不能履行会员代表职责的 3. 会员代表有下列情形之一的，可以罢免： (1) 不履行会员代表职责的 (2) 严重违反劳动纪律或单位规章制度，对单位利益造成严重损害的 (3) 被依法追究刑事责任的 (4) 其他需要罢免的情形 4. 会员代表出现缺额，原选举单位应及时补选	1. 选举单位 2. 基层工会委员会或工会筹备组	上级工会同意选举结果的批复

注：1. 本流程图仅针对基层工会委员会委员产生方式和过程中重要节点的描述，并非完整的程序。所列文本内容仅为重要节点对应的个别重要记录。
    2. 本流程的具体程序和要求参见《基层工会会员代表大会条例》。

2. 基层工会委员会委员。

表9-3-2 基层工会委员会委员产生的法律应用流程

阶段	操作流程	操作内容与说明	涉及主体	记录
候选人的提出	基层工会委员会委员 → 委员候选人的推荐与提出建议名单 → 报经同级党组织和上一级工会审查同意 → 委员候选人建议名单应进行不少于5个工作日的公示	1. 委员名额按会员人数确定： (1) 不足25人，设委员3至5人，也可以设主席或组织员1人 (2) 25人至200人，设委员3至7人 (3) 201人至1000人，设委员7至15人 (4) 1001人至5000人，设委员15至21人 (5) 5001人至10000人，设委员21至29人 (6) 10001人至50000人，设委员29至37人 (7) 50001人以上，设委员37至45人 2. 单位行政主要负责人、法定代表人、合伙人以及他们的近亲属不得作为本单位工会委员会委员、常务委员会委员和主席、副主席候选人 3. 委员候选人一般以工会分会或工会小组为单位推荐，由上届工会委员会或工会筹备组根据多数工会分会或工会小组的意见，提出候选人建议名单 4. 常务委员会委员、主席、副主席候选人，可以由上届工会委员会或工会筹备组根据多数工会分会或工会小组的意见提出建议名单；也可以由同级党组织与上一级工会协商提出建议名单 5. 根据工作需要，经上一级工会与基层工会和同级党组织协商同意，上一级工会可以向基层工会推荐本单位以外人员作为工会主席、副主席候选人 6. 大型企事业单位基层工会委员会，经上一级工会批准，可以设常务委员会，常务委员会由9至11人组成 7. 企业、事业单位、机关有会员25人以上的，应当建立基层工会委员会；不足25人的，可以单独建立基层工会委员会，也可以由两个以上单位的会员联合建立基层工会委员会，也可以选举组织员1人，组织会员开展活动	1. 选举单位 2. 同级党组织 3. 上一级工会 4. 劳动者（工会会员）	1. 上级工会审查同意的批复 2. 候选人名单公示记录

续表

阶段	操作流程	操作内容与说明	涉及主体	记录
选举准备	实施选举前应向同级党组织和上一级工会报告,制定选举工作方案和选举办法	1. 基层工会委员会由会员大会或会员代表大会选举产生 2. 会员大会或会员代表大会的召开程序参见《基层工会会员代表大会条例》	1. 选举单位 2. 同级党组织 3. 上一级工会	—
选举的实施	召开选举大会 参加选举的人数为应到会人数的2/3以上时,方可进行选举 选举采用无记名投票方式 投票结束后,在监票人的监督下,当场清点选票,进行计票 被选举人获得应到会人数的过半数赞成票时,方得当选	1. 会员不足100人的基层工会组织,应召开会员大会进行选举;会员100人以上的基层工会组织,应召开会员大会或会员代表大会进行选举 2. 会员大会或会员代表大会的召开程序和要求:参见《基层工会会员代表大会条例》《工会基层组织选举工作条例》	1. 选举单位 2. 全体会员或会员代表 3. 上届工会委员会或工会筹备组 4. 大会主席团	1. 选举大会会议记录 2. 选举结果记录
选举结果的报批	大会主持人应当场宣布选举结果及选举是否有效 选举结果报上一级工会批准 上一级工会自接到报告15日内批复 程序结束	1. 基层工会委员会、常务委员会和主席、副主席的选举结果,报上一级工会批准。上一级工会自接到报告15日内应予批复。违反规定程序选举的,上一级工会不得批准,应重新选举 2. 基层工会委员会的任期自选举之日起计算 3. 基层工会委员会每届任期3年或5年,具体任期由会员大会或会员代表大会决定 4. 经选举产生的工会委员会委员、常务委员会委员和主席、副主席可连选连任。基层工会委员会任期届满,应按期换届选举 5. 基层工会主席因工作调动或其他原因空缺时,应及时按照相应民主程序进行补选 6. 经会员大会或会员代表大会民主测评和上级工会与同级党组织考察,需撤换或罢免工会委员会委员、常务委员会委员和主席、副主席时,须依法召开会员大会或会员代表大会讨论,非经会员大会全体会员或会员代表大会全体代表无记名投票过半数通过,不得撤换或罢免	1. 选举单位 2. 上级工会	上级工会同意选举结果的批复

注:本流程图仅针对基层工会委员会委员产生方式和过程中重要节点的描述,并非完整的程序,所列文本内容仅为重要节点对应的个别重要记录。

3. 职工代表。

表 9-3-3 职工代表产生的法律应用流程

阶段	操作流程	操作内容与说明	涉及主体	记录
候选人的提出	职工代表的产生 → 以选区为单位积极推举候选人	1. 职工代表应当以班组、工段、车间、科室等为基本选举单位由职工直接选举产生。规模较大、管理层次较多的企业的职工代表，可以由下一级职工代表大会代表选举产生 2. 按照法律规定享有政治权利的企业职工，与企业签订劳动合同建立劳动关系以及与企业存在事实劳动关系的职工，有选举和被选举为职工代表的权利 3. 职工代表中应当有工人、技术人员、管理人员、领导干部和其他方面的职工。其中企业和车间、科室行政领导干部一般为职工代表总数的1/5。青年职工和女职工应当占适当比例。为了吸收有经验的技术人员、经营管理人员参加职工代表大会，可以在企业或者车间范围内，经过民主协商，推选一部分代表。职工代表按分厂、车间、科室（或若干科室）组成代表团（组），推选团（组）长 4. 企业职工人数在 50 人以下的，应召开职工大会；企业召开职工代表大会的，职工代表人数按照不少于全体职工人数的 5% 确定，最少不少于 30 人。职工代表人数超过 100 人的，超出的代表人数可以由企业与工会协商确定	1. 选举单位 2. 劳动者	候选人名单
职工代表的选举	召开选举单位全体职工会议，会议应有2/3以上的职工参加 → 选举决定应经全体职工的过半数通过方为有效	1. 选举职工代表的应当举行的是全体职工会议 2. 选举大会的召开程序和要求参见《企业民主管理规定》	1. 选举单位 2. 劳动者	1. 选举大会会议记录 2. 选举结果记录
职工代表的当选	职工代表当选 → 形成书面文件并及时向会员公开 → 程序结束	1. 职工代表出现缺额时，原选举单位按照规定的条件和程序及时补选 2. 依法终止或者解除劳动关系的职工代表，其代表资格自行终止 3. 职工对不称职的职工代表有权罢免 4. 职工代表大会每届任期为 3 年至 5 年，具体任期由职工代表大会根据本单位的实际情况确定；职工代表大会因故需要提前或者延期换届的，应当由职工代表大会或者其授权的机构决定 5. 职工代表履行职责受到法律保护，任何组织和个人不得阻挠和打击报复。职工代表在法定工作时间内依法参加职工代表大会及其组织的各项活动，企业应当正常支付劳动报酬，不得降低其工资和其他福利待遇 6. 关于职工代表资格自然终止的条件，《陕西省企业民主管理条例》还规定，职工代表受到刑事处罚的，其代表资格自行终止	1. 选举单位 2. 劳动者	—

注：本流程图仅针对职工代表产生方式和过程中重要节点的描述，并非完整的程序。所列文本内容仅为重要节点对应的个别重要记录。

(二)合规要求的理解

1. 工会会员代表、基层工会委员会委员、职工代表依法产生,因此应当由依法产生的主体参与民主程序。

从劳动争议举证角度讲,本节的目的在于说明作为用人单位与劳动者之间的争议判断依据的规章制度,用人单位主张该制度的民主程序合法有效的,就应当证明民主程序记录中所载明的参加主体均系依法产生。

2. 用人单位不符合选举"职工代表"条件的,应当由全体职工参与。

3. 为了证明民主程序的参与主体符合法律规定,用人单位应当提供相应的会议记录、选举过程和选举结果的记录等。

二、合规实践

关于规章制度的管理制度。

1. 民主程序的实施,应当明确各阶段的参与主体。
2. 用人单位应当在民主程序实施前,确认参与主体的正确性,并保留相关记录。
3. 工会的选举过程记录至少包含:
(1)候选人名单公示记录及上级工会审查同意的批复;
(2)选举大会会议记录;
(3)选举结果记录(工会会员代表、基层工会委员会委员);
(4)上级工会同意选举结果的批复。
4. 职工代表的选举过程记录至少包含:
(1)候选人名单;
(2)选举大会会议记录;
(3)选举结果记录(职工代表)。

由全体职工参加的,用人单位还应当证明参加民主程序的"全体职工"的真实性,例如提供员工名册等。

三、其他法律风险提示

民主程序各阶段的参与主体及其产生过程不符合法律规定的,有被认定为民主程序不合法的风险。

表9-3-4 与民主程序参与主体管理相关的其他管理项点

相关要素名称	
要素一	劳动关系
要素二	劳动报酬

续表

相关要素名称	
要素三	工作时间与休息休假
要素四	劳动合同的订立、履行和变更
要素五	劳动合同的解除、终止
要素六	社会保险
要素七	工伤保险与劳动安全
要素八	招聘和录用
要素十	劳动争议

表9-3-5　法律分析之职工代

内容	文件名称及文号	法条序号
担任条件	《全民所有制工业企业职工代表大会条例》（中发〔1986〕第21号）	第10条
	《企业民主管理规定》（总工发〔2012〕12号）	第23条
	《陕西省企事业单位职工代表大会操作规程》（陕工发〔2016〕10号）	第2章第1条
	《西安市企业民主管理条例》（2021年修正）（西安市人民代表大会常务委员会公告第95号）	第12条第1款
代表人数	中华全国总工会办公厅《关于规范召开企业职工代表大会的意见》（总工办发〔2011〕53号）	第6条
	《企业民主管理规定》（总工发〔2012〕12号）	第8条
	《陕西省企业民主管理条例》（陕西省人民代表大会常务委员会公告第60号）	第7条
	《陕西省企事业单位职工代表大会操作规程》（陕工发〔2016〕10号）	第2章第2条
代表构成	《全民所有制工业企业职工代表大会条例》（中发〔1986〕第21号）	第12条
	中华全国总工会办公厅《关于规范召开企业职工代表大会的意见》（总工办发〔2011〕53号）	第7条
	《企业民主管理规定》（总工发〔2012〕12号）	第9条
	《陕西省企业民主管理条例》（陕西省人民代表大会常务委员会公告第60号）	第20条
	《陕西省企事业单位职工代表大会操作规程》（陕工发〔2016〕10号）	第2章第3条
	《西安市企业民主管理条例》（2021年修正）（西安市人民代表大会常务委员会公告第95号）	第11条
产生方式	《全民所有制工业企业职工代表大会条例》（中发〔1986〕第21号）	第11条
	中华全国总工会办公厅《关于规范召开企业职工代表大会的意见》（总工办发〔2011〕53号）	第8条、第9条、第10条、第15条
	《企业民主管理规定》（总工发〔2012〕12号）	第24条、第25条
	《陕西省企业民主管理条例》（陕西省人民代表大会常务委员会公告第60号）	第19条

续表

内容	文件名称及文号	法条序号
产生方式	《陕西省企事业单位职工代表大会操作规程》(陕工发〔2016〕10号)	第2章第4条第1款
	《西安市企业民主管理条例》(2021年修正)(西安市人民代表大会常务委员会公告第95号)	第13条
选举程序	《陕西省企事业单位职工代表大会操作规程》(陕工发〔2016〕10号)	第2章第4条第2款、第7条
	《企业工会工作条例》(总工发〔2006〕41号)	第33条
集团公司的职工代表	《企业民主管理规定》(总工发〔2012〕12号)	第16条
	《陕西省企业民主管理条例》(陕西省人民代表大会常务委员会公告第60号)	第17条

表9-3-6 法律分析之工会会员代

内容		文件名称及文号	法条序号
会员代表的构成和人数		中华全国总工会《关于印发〈基层工会会员代表大会条例〉的通知》(总工发〔2019〕6号)	第8条、第9条
产生方式			第13条、第38条
		《企业工会工作条例》(总工发〔2006〕41号)	第8条第2款
担任条件		中华全国总工会《关于印发〈基层工会会员代表大会条例〉的通知》(总工发〔2019〕6号)	第14条
会员代表的职责			第20条
会员代表选举	负责机构		第10条、第11条
	候选人		第16条、第17条、第18条
	选举单位		第15条、第21条
	缺额补选		第30条
	选举结果公示		第44条

表9-3-7 法律分析之基层工会委员会的建立

文件名称及文号	法条序号
《工会法》(2021年修正)(主席令第107号)	第11条
《企业工会工作条例》(总工发〔2006〕41号)	第7条、第12条、第16条
《中国工会章程》(2023年修正)	第25条、第30条
《陕西省实施〈中华人民共和国工会法〉办法》(2010年修正)	第6条

表9-3-8 法律分析之基层工会委员会的产生

内容	文件名称及文号	法条序号
产生方式	中华全国总工会《关于印发〈工会基层组织选举工作条例〉的通知》(总工发〔2016〕27号)	第2条、第3条、第5条、第6条、第7条、第41条
	《企业工会工作条例》(总工发〔2006〕41号)	第11条
	《中国工会章程》(2023年修正)	第10条、第27条

续表

内容	文件名称及文号	法条序号
候选人推荐方式	中华全国总工会《关于印发〈工会基层组织选举工作条例〉的通知》(总工发〔2016〕27号)	第12条、第13条
委员会的构成		第8条、第9条、第10条
	《企业工会工作条例》(总工发〔2006〕41号)	第13条
不得成为候选人的	中华全国总工会《关于印发〈工会基层组织选举工作条例〉的通知》(总工发〔2016〕27号)	第11条、第14条
	《企业工会工作条例》(总工发〔2006〕41号)	第24条第3款
	《陕西省实施〈中华人民共和国工会法〉办法》(2010年修正)	第5条
制定工作方案和选举办法	中华全国总工会《关于印发〈工会基层组织选举工作条例〉的通知》(总工发〔2016〕27号)	第15条
选举参加人员及民主选举方式		第16条

表9-3-9 法律分析之基层工会委员会选举会议

内容		文件名称及文号	法条序号
召开条件		中华全国总工会《关于印发〈工会基层组织选举工作条例〉的通知》(总工发〔2016〕27号)	第17条第1款
应当差额选举的			第17条第2款
可等额可差额的			第18条
直接选举的			第19条
会议主持	会员大会		第20条第1款
	会员代表大会		第20条第2款
	基层工会委员会第一次全体会议		第20条第3款
候选人介绍			第21条
投票			第23条、第24条、第25条
监票人			第22条
计票			第26条
当选条件			第27条、第28条
选举结果的报批			第29条第1款
		《企业工会工作条例》(总工发〔2006〕41号)	第11条

要素十
劳动争议

章节编号	章节名称
10-1	劳动争议解决路径的合规管理
10-2	劳动争议当事人的合规管理
10-3	劳动仲裁受理范围的合规管理
10-4	劳动争议的调解的合规管理
10-5	劳动争议的仲裁的合规管理
10-6	劳动争议仲裁时效的合规管理
10-7	劳动争议诉讼受理的合规管理
10-8	非终局裁决的合规管理
10-9	终局裁决的合规管理

10-1 劳动争议解决路径的合规管理

一、合规要求

(一)合规要求的要点

表 10-1-1　劳动争议解决路径速查

解决路径	释义	涉及主体
协商	发生劳动争议,劳动者可以与用人单位协商,也可以请工会或者第三方共同与用人单位协商。协商一致的,达成和解协议	劳动者、用人单位、工会或第三方
调解	发生劳动争议,当事人不愿协商、协商不成或者达成和解协议后不履行的,可以向调解组织申请调解。经调解达成协议的,应当制作调解协议书	劳动者、用人单位、调解组织
仲裁	不愿调解、调解不成或者达成调解协议后不履行的,可以向劳动争议仲裁委员会申请仲裁	劳动者、用人单位、劳动争议仲裁机构
	当事人申请劳动争议仲裁后,可以自行和解。达成和解协议的,可以撤回仲裁申请	
	仲裁庭在作出裁决前,应当先行调解。调解达成协议的,仲裁庭应当制作调解书	
	调解书经双方当事人签收后,发生法律效力。调解不成或者调解书送达前,一方当事人反悔的,仲裁庭应当及时作出裁决	
诉讼	当事人对劳动争议仲裁机构的"不予受理"不服的,可以向人民法院提起诉讼	劳动者、用人单位、人民法院
	当事人对仲裁裁决不服的,除《劳动争议调解仲裁法》另有规定外,可以向人民法院提起诉讼	
	劳动争议仲裁裁决分为终局裁决和非终局裁决,针对该两种裁决诉讼的方式有所不同,具体参见本书 10-8、10-9	
劳动监察	劳动保障行政部门对下列事项实施劳动保障监察: (1)用人单位制定内部劳动保障规章制度的情况 (2)用人单位与劳动者订立劳动合同的情况 (3)用人单位遵守禁止使用童工规定的情况 (4)用人单位遵守女职工和未成年工特殊劳动保护规定的情况 (5)用人单位遵守工作时间和休息休假规定的情况 (6)用人单位支付劳动者工资和执行最低工资标准的情况 (7)用人单位参加各项社会保险和缴纳社会保险费的情况 (8)职业介绍机构、职业技能培训机构和职业技能考核鉴定机构遵守国家有关职业介绍、职业技能培训和职业技能考核鉴定的规定的情况 (9)法律、法规规定的其他劳动保障监察事项	劳动者、用人单位、劳动保障行政部门
	劳动保障监察以日常巡视检查、审查用人单位按照要求报送的书面材料以及接受举报投诉等形式进行	
	1.任何组织或者个人对违反劳动保障法律、法规或者规章的行为,有权向劳动保障行政部门举报 2.劳动者认为用人单位侵犯其劳动保障合法权益的,有权向劳动保障行政部门投诉	

续表

解决路径	释义	涉及主体
劳动监察	3.违反劳动保障法律、法规或者规章的行为在2年内未被劳动保障行政部门发现，也未被举报、投诉的，劳动保障行政部门不再查处 4.前款规定的期限，自违反劳动保障法律、法规或者规章的行为发生之日起计算；违反劳动保障法律、法规或者规章的行为有连续或者继续状态的，自行为终了之日起计算	劳动者、用人单位、劳动保障行政部门
	对应当通过劳动争议处理程序解决的事项或者已经按照劳动争议处理程序申请调解、仲裁或者已经提起诉讼的事项，劳动保障行政部门应当告知投诉人依照劳动争议处理或者诉讼的程序办理	

注：1.（1）劳动争议仲裁和诉讼，劳动争议非经劳动仲裁程序不得直接起诉。
（2）但是劳动者以用人单位的工资欠条为证据直接提起诉讼，诉讼请求不涉及劳动关系其他争议的，视为拖欠劳动报酬争议，人民法院按照普通民事纠纷受理，当事人不用经过劳动仲裁程序可直接向人民法院起诉。
2.协商和调解不仅可以各自单独使用，也适用于仲裁、诉讼过程中，且协商、调解本身也是仲裁和诉讼中非常鼓励的解决方式。
3.以上解决方式的重点问题详见本书10-1劳动争议解决路径的合规管理。

（二）合规要求的理解

1.劳动争议的理解。劳动争议是指具有劳动关系的用人单位与劳动者基于各自的权利义务导致的争议。根据《劳动争议调解仲裁法》第2条，前述的权利义务主要包括：

（1）劳动关系的确认；

（2）劳动报酬；

（3）劳动合同的订立、履行与变更；

（4）劳动合同的解除和终止；

（5）工作时间、休息休假；

（6）社会保险、劳动安全；

（7）其他福利待遇、职业培训等。

2.劳动争议的解决途径。用人单位与劳动者发生劳动争议的，根据《劳动争议调解仲裁法》第4条、第5条，可以和解、调解，也可以申请劳动仲裁和提起诉讼。

（1）和解。是指由劳动者与用人单位协商解决。必要时，可以请工会或者第三方共同参与协商。经协商达成一致的，除即时履行完毕的以外，双方应当就协商一致的内容签订和解协议。

（2）调解。用人单位与劳动者不愿协商或者经过协商未达成一致，或者承担义务一方未履行和解协议的，可以向调解组织申请调解。关于调解的具体说明参见本书10-4劳动争议的调解的合规管理。

（3）仲裁、诉讼。

①在劳动争议中，一般情况下，劳动争议的仲裁程序是劳动争议的诉讼程序的前置

程序,即非经劳动仲裁,人民法院对劳动争议不予受理。但是,在个别情况下,劳动者可以就劳动争议直接向人民法院提起诉讼。具体说明参见本书 10-7 劳动争议诉讼受理的合规管理。

②用人单位和劳动者也可以是在经和解、调解未能达成一致,或者承担义务的一方不履行和解协议、调解协议后,向劳动争议仲裁委员会申请仲裁。当事人(用人单位、劳动者)对仲裁裁决不服的,除相关法律法规另有规定的外,可以向人民法院提起诉讼。

③劳动监察。根据《劳动保障监察条例》第 9 条,劳动者认为用人单位的行为侵犯其合法权益的,有权向劳动保障行政部门投诉、举报。

二、合规实践

关于劳动争议处理管理制度。当用人单位与劳动者之间发生争议时,用人单位应当及时、尽早开始内部处理程序,尽量先与劳动者沟通、和解。在管理程序上:

1. 用人单位应当根据劳动争议仲裁受案范围,确定争议的解决途径。

2. 用人单位应当建立劳动争议处理的应对流程,至少包含:

(1)争议处理的责任部门、职责权限;

(2)非责任部门首先知悉已发生劳动争议事实的,其应当向责任部门报告,用人单位应当规范报告的流程;

(3)责任部门处理劳动争议的具体流程,例如向上级汇报、事实调查、责任部门的处理意见、用人单位的审批结论等;

(4)责任部门在争议解决的具体过程中的职责和权限、工作流程、汇报事项及决策层审批意见,以及工作推进过程中所需的记录。

3. 应当注意的是,除了个别符合特定条件的仅与劳动报酬争议相关的争议事项劳动者可以直接向人民法院起诉外,其他的劳动争议诉讼以劳动仲裁作为前置程序。

表 10-1-2　与劳动争议解决路径管理相关的其他管理项点

相关要素名称	
要素一	劳动关系
要素二	劳动报酬
要素三	工作时间与休息休假
要素四	劳动合同的订立、履行和变更
要素五	劳动合同的解除、终止
要素六	社会保险

续表

相关要素名称	
要素七	工伤保险与劳动安全
要素九	规章制度

表10-1-3 法律分析之劳动争议解决路径

内容	文件名称及文号	法条序号
处理原则	《劳动法》(2018年修正)(主席令第24号)	第78条
	《劳动争议调解仲裁法》(主席令第80号)	第3条
和解、调解、仲裁、诉讼	《劳动法》(2018年修正)(主席令第24号)	第77条、第79条、第84条
	《劳动争议调解仲裁法》(主席令第80号)	第4条、第5条
	《劳动合同法》(2012年修正)(主席令第73号)	第77条
劳动监察投诉、举报	《劳动法》(2018年修正)(主席令第24号)	第101条
	《劳动保障监察条例》(国务院令第423号)	第9条、第21条
	劳动和社会保障部《关于实施〈劳动保障监察条例〉若干规定》(劳动和社会保障部令第25号)	第10条、第12条、第13条、第14条、第15条
	劳动部《关于印发〈关于贯彻执行《中华人民共和国劳动法》若干问题的意见〉的通知》(劳部发〔1995〕309号)	第92条

表10-1-4 法律分析之劳动监察概述

内容	文件名称及文号	法条序号
适用对象	《劳动保障监察条例》(国务院令第423号)	第2条、第6条、第34条
	劳动和社会保障部《关于实施〈劳动保障监察条例〉若干规定》(人社部令第47号)	第2条、第47条
监察原则	《劳动保障监察条例》(国务院令第423号)	第8条、第12条
	劳动和社会保障部《关于实施〈劳动保障监察条例〉若干规定》(人社部令第47号)	第3条
监察职责	《劳动保障监察条例》(国务院令第423号)	第10条
	劳动和社会保障部《关于实施〈劳动保障监察条例〉若干规定》(人社部令第47号)	第22条、第31条
监察内容	《劳动合同法》(2012年修正)(主席令第73号)	第74条、第76条
	《妇女权益保障法》(2022年修订)(主席令第122号)	第49条
	《劳动争议调解仲裁法》(主席令第80号)	第9条
	《劳动保障监察条例》(国务院令第423号)	第11条
	劳动部《关于印发〈工资支付暂行规定〉的通知》(劳部发〔1994〕489号)	第18条
	《陕西省企业工资支付条例》(2015年修正)(陕西省人民代表大会常务委员会公告第16号)	第29条、第30条

续表

内容	文件名称及文号	法条序号
监察管辖	《劳动保障监察条例》(国务院令第423号)	第3条、第13条
	《劳动法》(2018年修正)(主席令第24号)	第85条、第86条、第87条
	《劳动合同法》(2012年修正)(主席令第73号)	第73条
监察时效	《劳动保障监察条例》(国务院令第423号)	第20条
案件归档	劳动和社会保障部《关于实施〈劳动保障监察条例〉若干规定》(人社部令第47号)	第40条

表10-1-5 法律分析之劳动监察的实施主体与方式

内容	文件名称及文号	法条序号
实施主体	《劳动保障监察条例》(国务院令第423号)	第5条
投诉举报	劳动和社会保障部《关于实施〈劳动保障监察条例〉若干规定》(人社部令第47号)	第5条
		第9条、第11条
受理投诉		第18条
	《陕西省企业工资支付条例》(2015年修正)(陕西省人民代表大会常务委员会公告第16号)	第32条第1款
主动发现	《劳动保障监察条例》(国务院令第423号)	第7条、第14条、第22条
	劳动和社会保障部《关于实施〈劳动保障监察条例〉若干规定》(人社部令第47号)	第6条、第8条、第19条

表10-1-6 法律分析之劳动监察实施过程

内容	文件名称及文号	法条序号
调查与检查	《劳动保障监察条例》(国务院令第423号)	第15条、第16条第1款
	劳动和社会保障部《关于实施〈劳动保障监察条例〉若干规定》(人社部令第47号)	第7条、第20条、第21条
		第26条
	《劳动合同法》(2012年修正)(主席令第73号)	第75条
	《陕西省企业工资支付条例》(2015年修正)(陕西省人民代表大会常务委员会公告第16号)	第31条、第33条
调查时限	《劳动保障监察条例》(国务院令第423号)	第17条
	劳动和社会保障部《关于实施〈劳动保障监察条例〉若干规定》(人社部令第47号)	第30条
	《陕西省企业工资支付条例》(2015年修正)(陕西省人民代表大会常务委员会公告第16号)	第32条第2款
回避	《劳动保障监察条例》(国务院令第423号)	第16条第2款
	劳动和社会保障部《关于实施〈劳动保障监察条例〉若干规定》(人社部令第47号)	第4条、第23条、第24条、第25条
证据登记保存		第27条、第28条、第29条

表 10-1-7　法律分析之劳动监察处理结果

内容		文件名称及文号	法条序号
处理依据		劳动和社会保障部《关于实施〈劳动保障监察条例〉若干规定》(人社部令第47号)	第16条、第17条
处理过程	方式		第31条、第33条
	内容	《劳动保障监察条例》(国务院令第423号)	第18条
		劳动和社会保障部《关于实施〈劳动保障监察条例〉若干规定》(人社部令第47号)	第35条
	程序	《劳动保障监察条例》(国务院令第423号)	第19条
处理结果			第32条、第34条
	作出处理结果的时限	劳动和社会保障部《关于实施〈劳动保障监察条例〉若干规定》(人社部令第47号)	第37条
	处罚决定书的载明事项		第36条
	决定不适当的补正		第39条
	送达		第38条
	处理结果的上报备案		第46条
	决定的履行及强制执行		第41条、第43条、第44条、第45条
	行政诉讼		第42条

10-2 劳动争议当事人的合规管理

一、合规要求

(一)合规要求的要点

表10-2-1 劳动争议诉讼中特殊情况下确定当事人的方式速查

特殊情况描述	处理方式
用人单位合并的	合并前发生的劳动争议,以合并后的单位为当事人
用人单位分立的	1.用人单位分立为若干单位的,其分立前发生的劳动争议,由分立后的实际用人单位为当事人 2.用人单位分立为若干单位后,具体承受劳动权利义务的单位不明确的,分立后的单位均为当事人
用人单位业务被承包经营的	劳动者在用人单位与其他平等主体之间的承包经营期间,与发包方和承包方双方或者一方发生劳动争议,依法提起诉讼的,应当将承包方和发包方作为当事人
经营主体无经营证照的	劳动者与未办理营业执照、营业执照被吊销或者营业期限届满仍继续经营的用人单位发生争议的,应当将用人单位或者其出资人列为当事人
经营主体挂靠、借用证照的	未办理营业执照、营业执照被吊销或营业期限届满仍继续经营的用人单位,以挂靠等方式借用他人营业执照经营的,应当将用人单位和营业执照出借方列为当事人
用人单位招用未解除劳动合同的劳动者与原单位发生劳动争议的	用人单位招用尚未解除劳动合同的劳动者,原用人单位与劳动者发生的劳动争议,可以列新的用人单位为第三人 原用人单位以新的用人单位侵权为由提起诉讼的,可以列劳动者为第三人 原用人单位以新的用人单位和劳动者共同侵权为由提起诉讼的,新的用人单位和劳动者列为共同被告
劳务派遣用工的	劳务派遣单位或者用工单位与劳动者发生劳动争议的,劳务派遣单位和用工单位为共同当事人
丧失或者部分丧失民事行为能力的劳动者	由其法定代理人代为参加仲裁活动;无法定代理人的,由劳动争议仲裁委员会为其指定代理人
劳动者死亡的	由其近亲属或者代理人参加仲裁活动

(二)合规要求的理解

1.一般情况下,劳动争议的双方当事人分别是劳动者和招录劳动者的用人单位。

2.当事人不服劳动争议仲裁机构作出的仲裁裁决,依法提起诉讼,人民法院经审查认为仲裁裁决遗漏了必须共同参加仲裁的当事人的,应当依法追加遗漏的人为诉讼当事人。被追加的当事人应当承担责任的,人民法院应当一并处理。

3.与劳动争议案件的处理结果有利害关系的第三人,可以申请参加仲裁活动或者由劳动争议仲裁机构通知其参加仲裁活动。

表 10-2-2　法律分析之劳动争议当事人

内容	文件名称及文号	法条序号
用人单位合并、分立的	最高人民法院《关于审理劳动争议案件适用法律问题的解释（一）》（法释〔2020〕26 号）	第 26 条
承包经营期间	《劳动人事争议仲裁办案规则》（2017 年）（人力资源和社会保障部令第 33 号）	第 7 条
	最高人民法院《关于审理劳动争议案件适用法律问题的解释（一）》（法释〔2020〕26 号）	第 28 条
无经营证照的	《劳动人事争议仲裁办案规则》（2017 年）（人力资源和社会保障部令第 33 号）	第 6 条
	最高人民法院《关于审理劳动争议案件适用法律问题的解释（一）》（法释〔2020〕26 号）	第 29 条
挂靠、借用证照的		第 30 条
用人单位招用尚未解除劳动合同的劳动者		第 27 条
追加诉讼当事人的		第 31 条
劳务派遣用工		第 22 条
第三人	《劳动争议调解仲裁法》（主席令第 80 号）	第 23 条
当事人的代理人		第 24 条、第 25 条

10-3 劳动仲裁受理范围的合规管理

一、合规要求

(一)合规要求的要点

表10-3-1 劳动仲裁申请受理及不予受理情形速查

劳动仲裁申请		是否受理
劳动争议仲裁受案范围内的申请	因确认劳动关系发生的争议	受理
	订立、履行、变更、解除和终止劳动合同发生的争议	
	因除名、辞退和辞职、离职发生的争议	
	因工作时间、休息休假、社会保险、福利、培训以及劳动保护发生的争议	
	因劳动报酬、工伤医疗费、经济补偿或者赔偿金等发生的争议	
	法律、法规规定的其他劳动争议	
申请人自行撤回申请的	申请人在仲裁处理结果作出前自行撤回仲裁申请后再次申请仲裁的	受理
按撤回仲裁申请处理的	申请人收到书面开庭通知,无正当理由拒不到庭或者未经仲裁庭同意中途退庭,可以按撤回仲裁申请处理;但是申请人又重新申请仲裁的	不予受理
劳动争议仲裁阶段,被申请人在答辩期内提出的反申请	符合争议仲裁受案范围的 注:反申请应当另行申请仲裁的,仲裁委员会应当书面告知被申请人另行申请仲裁;反申请不属于本规则规定应当受理的,仲裁委员会应当向被申请人出具不予受理通知书	受理

(二)合规要求的理解

1.劳动争议发生后,用人单位和劳动者可以采用多种途径解决。若选择通过劳动争议仲裁、劳动争议诉讼方式解决的,应当符合劳动争议仲裁、劳动争议诉讼的受案范围。

2.劳动争议仲裁受案范围的法律依据主要是:

(1)《劳动争议调解仲裁法》第2条、《劳动人事争议仲裁办案规则》第2条。

(2)与社会保险纠纷有关的劳动争议,劳动仲裁和诉讼的受理范围略有不同,例如对于劳动者要求用人单位补缴社会保险的请求,一般劳动争议仲裁机构会受理,但是却不属于人民法院受理的范围。

(3)超过法定退休年龄的劳动者申请劳动争议仲裁的,劳动争议仲裁机构会因劳动者主体不适格而不予受理。此时,劳动者可凭劳动争议仲裁机构出具的《不予受理通知书》向有管辖权的基层人民法院起诉。

表 10-3-2 与劳动仲裁受理范围管理相关的其他管理项点

相关要素名称	
要素一	劳动关系
要素二	劳动报酬
要素三	工作时间与休息休假
要素四	劳动合同的订立、履行和变更
要素五	劳动合同的解除、终止
要素六	社会保险
要素七	工伤保险与劳动安全
要素九	规章制度

表 10-3-3 法律分析之劳动仲裁受理范围

内容	文件名称及文号	法条序号
一般规定	《劳动争议调解仲裁法》(主席令第 80 号)	第 2 条
	《劳动人事争议仲裁办案规则》(2017 年)(人力资源和社会保障部令第 33 号)	第 2 条
劳动关系	劳动和社会保障部《关于确立劳动关系有关事项的通知》(劳社部发〔2005〕12 号)	第 5 条
劳动合同	《劳动合同法实施条例》(国务院令第 535 号)	第 37 条
劳动报酬	劳动部《关于印发〈工资支付暂行规定〉的通知》(劳部发〔1994〕489 号)	第 19 条
	《陕西省企业工资支付条例》(2015 年修正)(陕西省人民代表大会常务委员会公告第 16 号)	第 39 条
社会保险	《社会保险法》(2018 年修正)(主席令第 25 号)	第 83 条第 3 款
工伤	《社会保险基金先行支付暂行办法》(2018 年修订)(人力资源和社会保障部令第 38 号)	第 15 条
	《工伤保险条例》(2010 年修订)(国务院令第 586 号)	第 54 条
损失赔偿	人力资源和社会保障部、最高人民法院《关于劳动人事争议仲裁与诉讼衔接有关问题的意见(一)》(人社部发〔2022〕9 号)	第 3 条
不属于劳动争议的	最高人民法院《关于审理劳动争议案件适用法律问题的解释(一)》(法释〔2020〕26 号)	第 2 条

劳动争议的调解的合规管理

一、合规要求

(一) 合规要求的要点

表 10-4-1 劳动争议调解协议的法律应用流程

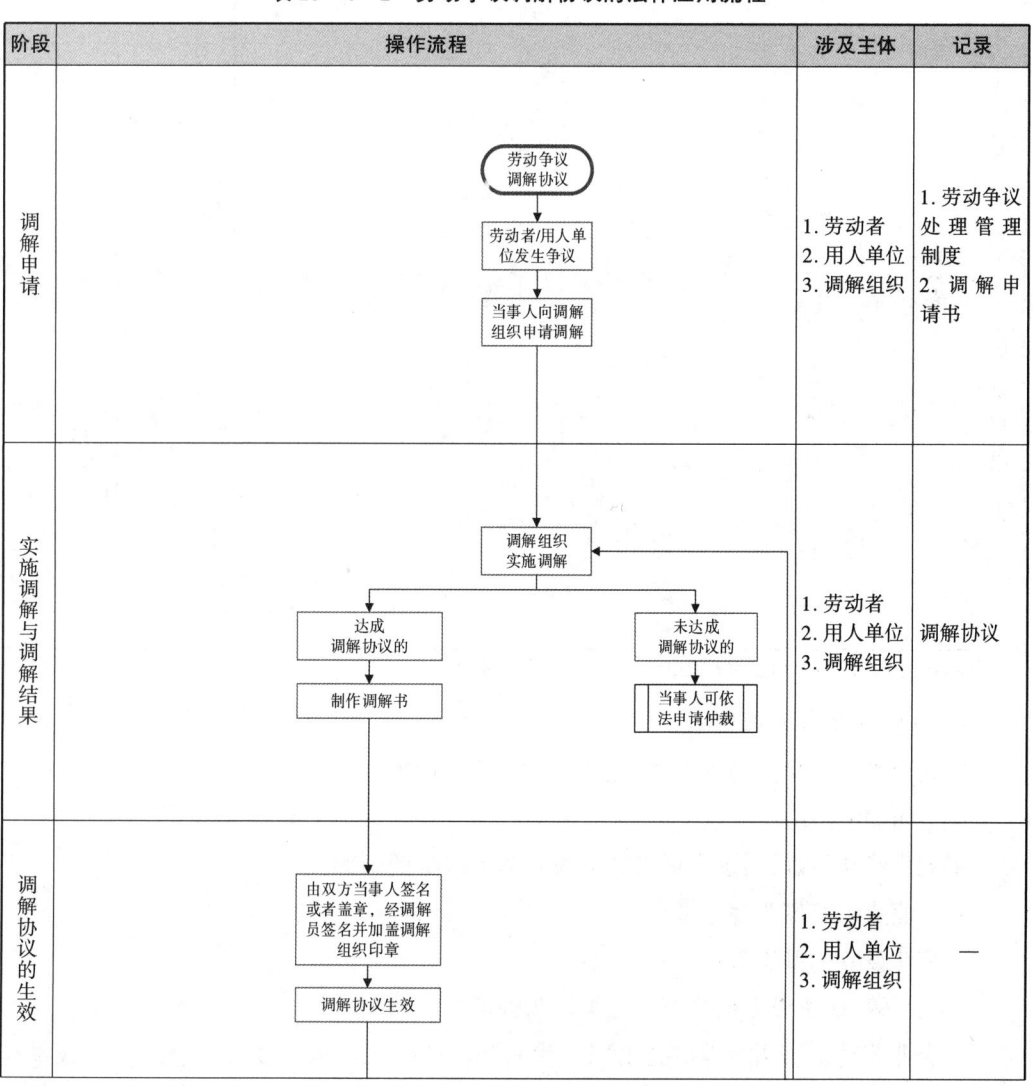

阶段	操作流程	涉及主体	记录
调解申请	劳动争议调解协议 → 劳动者/用人单位发生争议 → 当事人向调解组织申请调解	1. 劳动者 2. 用人单位 3. 调解组织	1. 劳动争议处理管理制度 2. 调解申请书
实施调解与调解结果	调解组织实施调解 →（达成调解协议的 → 制作调解书）/（未达成调解协议的 → 当事人可依法申请仲裁）	1. 劳动者 2. 用人单位 3. 调解组织	调解协议
调解协议的生效	由双方当事人签名或者盖章，经调解员签名并加盖调解组织印章 → 调解协议生效	1. 劳动者 2. 用人单位 3. 调解组织	—

续表

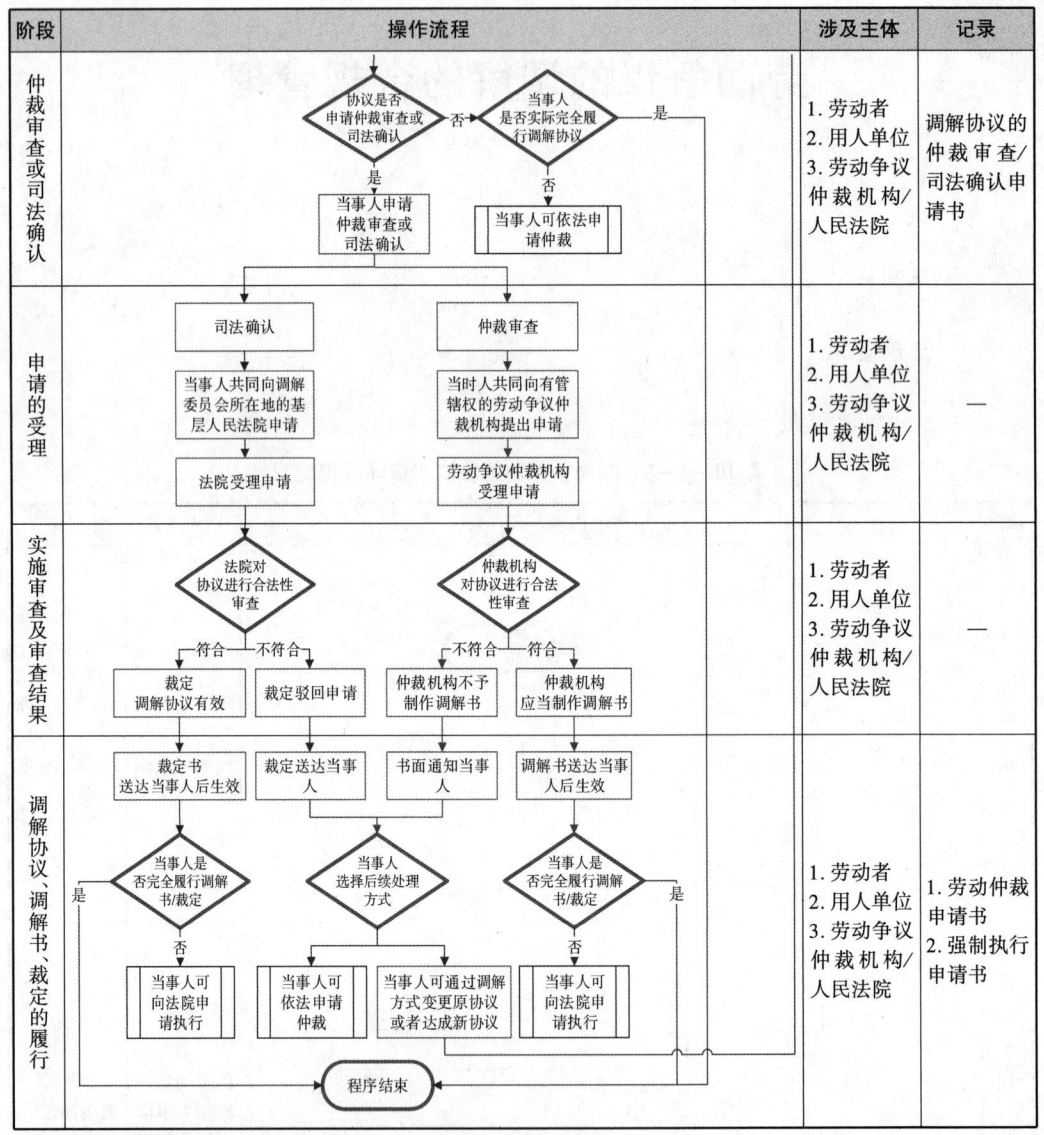

阶段	操作流程	涉及主体	记录
仲裁审查或司法确认	协议是否申请仲裁审查或司法确认——否→当事人是否实际完全履行调解协议——是→（结束）；是→当事人申请仲裁审查或司法确认；否→当事人可依法申请仲裁	1.劳动者 2.用人单位 3.劳动争议仲裁机构/人民法院	调解协议的仲裁审查/司法确认申请书
申请的受理	司法确认→当事人共同向调解委员会所在地的基层人民法院申请→法院受理申请；仲裁审查→当时人共同向有管辖权的劳动争议仲裁机构提出申请→劳动争议仲裁机构受理申请	1.劳动者 2.用人单位 3.劳动争议仲裁机构/人民法院	—
实施审查及审查结果	法院对协议进行合法性审查：符合→裁定调解协议有效；不符合→裁定驳回申请。仲裁机构对协议进行合法性审查：不符合→仲裁机构不予制作调解书；符合→仲裁机构应当制作调解书	1.劳动者 2.用人单位 3.劳动争议仲裁机构/人民法院	—
调解协议、调解书、裁定的履行	裁定书送达当事人后生效→当事人是否完全履行调解书/裁定：是→程序结束；否→当事人可向法院申请执行。裁定送达当事人→当事人选择后续处理方式→当事人可依法申请仲裁／当事人可通过调解方式变更原协议或者达成新协议。书面通知当事人。调解书送达当事人后生效→当事人是否完全履行调解书/裁定：是→程序结束；否→当事人可向法院申请执行	1.劳动者 2.用人单位 3.劳动争议仲裁机构/人民法院	1.劳动仲裁申请书 2.强制执行申请书

注：本表中的文本仅指由劳动者或用人单位制定或提交的文书。

(二)合规要求的理解

1.关于本节法律应用流程各阶段的操作内容与说明。

(1)调解申请。

①发生劳动争议,当事人可以到下列调解组织申请调解：

　　a.企业劳动争议调解委员会；

　　b.依法设立的基层人民调解组织；

　　c.在乡镇、街道设立的具有劳动争议调解职能的组织。

②企业劳动争议调解委员会由职工代表和企业代表组成。职工代表由工会成员担

任或者由全体职工推举产生,企业代表由企业负责人指定。企业劳动争议调解委员会主任由工会成员或者双方推举的人员担任。

③可以书面申请,也可以口头申请。口头申请的,调解组织应当当场记录申请人基本情况、申请调解的争议事项、理由和时间。

(2)实施调解与调解结果。

①调解劳动争议,应当充分听取双方当事人对事实和理由的陈述,耐心疏导,帮助其达成协议。

②经调解达成协议的,应当制作调解协议书。

③自劳动争议调解组织收到调解申请之日起15日内未达成调解协议的,当事人可以依法申请仲裁。

(3)调解协议的生效。调解协议书由双方当事人签名或者盖章,经调解员签名并加盖调解组织印章后生效,对双方当事人具有约束力,当事人应当履行。

(4)仲裁审查或司法确认。

①经调解组织调解达成调解协议的,双方当事人可以自调解协议生效之日起15日内,共同向有管辖权的仲裁委员会提出仲裁审查申请。

②当事人申请审查调解协议,应当向仲裁委员会提交仲裁审查申请书、调解协议和身份证明、资格证明以及其他与调解协议相关的证明材料,并提供双方当事人的送达地址、电话号码等联系方式。

③经依法设立的调解组织调解达成的调解协议生效后,当事人可以共同向有管辖权的人民法院申请确认调解协议效力。

(5)申请的受理。

①仲裁委员会收到当事人仲裁审查申请,应当及时决定是否受理。决定受理的,应当出具受理通知书。

有下列情形之一的,仲裁委员会不予受理:

a. 不属于仲裁委员会受理争议范围的;

b. 不属于本仲裁委员会管辖的;

c. 超出规定的仲裁审查申请期间的;

d. 确认劳动关系的;

e. 调解协议已经人民法院司法确认的。

②申请司法确认调解协议,由双方当事人依照人民调解法等法律,自调解协议生效之日起30日内,共同向调解组织所在地基层人民法院提出。

(6)实施审查及审查结果。

①仲裁机构审查调解协议,应当自受理仲裁审查申请之日起5日内结束。因特殊情况需要延期的,经仲裁委员会主任或者其委托的仲裁院负责人批准,可以延长5日。

②调解书送达前,一方或者双方当事人撤回仲裁审查申请的,仲裁机构应当准许。当事人撤回仲裁审查申请或者仲裁委员会决定不予制作调解书的,应当终止仲裁审查。

③仲裁机构经审查认为调解协议的形式和内容合法有效的,应当制作调解书。调解书的内容应当与调解协议的内容相一致。调解书经双方当事人签收后,发生法律效力。

④调解协议具有下列情形之一的,仲裁机构不予制作调解书。仲裁机构决定不予制作调解书的,应当书面通知当事人。

a. 违反法律、行政法规强制性规定的;

b. 损害国家利益、社会公共利益或者公民、法人、其他组织合法权益的;

c. 当事人提供证据材料有弄虚作假嫌疑的;

d. 违反自愿原则的;

e. 内容不明确的;

f. 其他不能制作调解书的情形。

⑤人民法院受理申请后,经审查,符合法律规定的,裁定调解协议有效,一方当事人拒绝履行或者未全部履行的,对方当事人可以向人民法院申请执行;不符合法律规定的,裁定驳回申请,当事人可以通过调解方式变更原调解协议或者达成新的调解协议,也可以向人民法院提起诉讼。

(7) 调解协议、调解书、裁定的履行。

①达成调解协议后,一方当事人在协议约定期限内不履行调解协议的,另一方当事人可以依法申请仲裁。

②当事人对发生法律效力的调解书、裁决书,应当依照规定的期限履行。一方当事人逾期不履行的,另一方当事人可以依照民事诉讼法的有关规定向人民法院申请执行。受理申请的人民法院应当依法执行。

2. 劳动争议处理方式中的调解分为由调解组织主持的调解和在劳动争议仲裁、诉讼过程中由劳动争议仲裁机构或者人民法院主持的调解。本节的劳动争议的调解是指由调解组织主持的调解。

3. 调解组织。

(1) 根据《劳动争议调解仲裁法》第10条,调解组织包括企业设立的劳动争议调解委员会、其他依法设立的基层人民调解组织或者在乡镇、街道设立的具有劳动争议调解职能的组织。

企业设立的劳动争议调解委员会应当由职工代表和企业代表组成。其中,工会成员可以担任职工代表,也可以由全体劳动者推举产生;企业一方代表由企业负责人指定;企业劳动争议调解委员会主任由工会成员或者双方推举的人员担任。

(2) 本节所指调解的应用流程详见表10-4-1。

4.调解协议。

(1)劳动者争议的双方当事人经调解组织的调解,可能达成了协议,也可能未达成协议。当事人经调解达成协议的,应当制作调解协议书。

(2)调解协议书除双方当事人签名、盖章以示确认外,负责调解的调解员还应当签名,并由调解组织加盖印章后生效,对双方当事人都有约束力。

(3)根据《劳动争议调解仲裁法》第16条,用人单位未在调解协议约定的时限内履行劳动报酬、工伤医疗费、经济补偿或者赔偿金支付义务的,劳动者有权根据调解协议书依法向人民法院申请支付令。

5.调解协议的仲裁调查或司法确认以及各自的法律效力。

(1)双方当事人均应当依照调解协议的约定实际履行。若一方当事人未在协议约定期限内履行的,就表示调解未能实际解决双方的劳动争议,另一方当事人可以就劳动争议事项依法申请仲裁。

(2)为了避免因当事人不履行调解协议,还要再通过劳动仲裁的方式解决劳动争议,双方当事人可以通过申请仲裁审查或司法确认的方式赋予调解协议强制执行性。调解协议经劳动争议仲裁机构仲裁审查并出具调解书或经人民法院司法确认并出具予以确认的裁定书后,如果一方当事人不履行调解协议的,另一方当事人有权向人民法院申请执行。

二、合规实践

关于劳动争议处理管理制度。

1.发生劳动争议,用人单位在与劳动者协商过程中,用人单位应当注意对争议事项所依据的客观事实和法律风险充分评估,确保调解协议的内容合法、公正与公平。

2.针对用人单位一方的调解方案,可以设置用人单位内部的方案讨论和确定程序,以及在调解过程中的责任部门、配合部门、职责权限。

3.及时沟通调解协议的履行内容,确保义务的如期、完全履行。

表10-4-2 与劳动争议的调解管理相关的其他管理项点

相关要素名称	
要素一	劳动关系
要素二	劳动报酬
要素三	工作时间与休息休假
要素四	劳动合同的订立、履行和变更
要素五	劳动合同的解除、终止
要素六	社会保险
要素七	工伤保险与劳动安全
要素九	规章制度

表 10 – 4 – 3　法律分析之调解组织对劳动争议的调解

内容	文件名称及文号	法条序号
调解组织	《劳动法》(2018 年修正)(主席令第 24 号)	第 80 条
	《劳动争议调解仲裁法》(主席令第 80 号)	第 10 条
调解员任职要求	《劳动争议调解仲裁法》(主席令第 80 号)	第 11 条
调解申请方式	《劳动争议调解仲裁法》(主席令第 80 号)	第 12 条
调解原则	《劳动争议调解仲裁法》(主席令第 80 号)	第 13 条
调解协议的达成、履行	《劳动争议调解仲裁法》(主席令第 80 号)	第 14 条、第 15 条
调解协议的法律效力	最高人民法院《关于审理劳动争议案件适用法律问题的解释（一）》(法释〔2020〕26 号)	第 51 条

表 10 – 4 – 4　法律分析之对调解协议的仲裁审查

文件名称及文号	法条序号
《劳动人事争议仲裁办案规则》(2017 年)(人力资源和社会保障部令第 33 号)	第 74 条、第 75 条、第 76 条、第 77 条、第 78 条、第 79 条

表 10 – 4 – 5　法律分析之对调解协议的司法确认

文件名称及文号	法条序号
最高人民法院《关于审理劳动争议案件适用法律问题的解释（一）》(法释〔2020〕26 号)	第 52 条
人力资源和社会保障部、最高人民法院《关于劳动人事争议仲裁与诉讼衔接有关问题的意见（一）》(人社部发〔2022〕9 号)	第 2 条
《民事诉讼法》(2021 年修正)(主席令第 106 号)	第 201 条、第 202 条

劳动争议的仲裁的合规管理

一、合规要求

（一）合规要求的要点

表 10-5-1　劳动争议仲裁的法律应用流程

阶段	操作流程	操作内容与说明	涉及主体	记录
申请阶段	劳动仲裁 → 劳动者、用人单位向劳动争议仲裁机构申请仲裁	1. 劳动争议的仲裁用人单位和劳动者均可提起。提出申请的一方为申请人，另一方为被申请人。劳动争议仲裁不收费 2. 关于管辖权： （1）劳动争议由劳动合同履行地或用人单位所在地的劳动争议仲裁委员会管辖 （2）有多个劳动合同履行地的，由最先受理的仲裁委员会管辖。劳动合同履行地不明确的，由用人单位所在地的仲裁委员会管辖 3. 仲裁申请书应当载明下列事项： （1）劳动者的姓名、性别、出生日期、身份证号码、住所、通信地址和联系电话，用人单位的名称、住所、通信地址、联系电话和法定代表人或者主要负责人的姓名、职务 （2）仲裁请求和所根据的事实、理由 （3）证据和证据来源，证人姓名和住所 4. 书写仲裁申请确有困难的，可以口头申请，由仲裁委员会记入笔录，经申请人签名、盖章或者捺印确认 5. 对于仲裁申请书不规范或材料不齐备的，仲裁委员会应当当场或者在5日内一次性告知申请人需要补正的全部材料	1. 劳动者 2. 用人单位 3. 劳动争议仲裁机构	1. 劳动争议处理管理制度 2. 劳动仲裁申请书

续表

阶段	操作流程	操作内容与说明	涉及主体	记录
受理阶段	劳动争议仲裁机构自收到仲裁申请之日起5日内判定是否受理 → 5日内作出决定（受理：将受理决定通知申请人）/未在5日内作出决定的 → 不受理：将不予受理的决定书面通知申请人并说明理由	1. 对符合下列条件的仲裁申请劳动争议仲裁机构应当予以受理，并在收到仲裁申请之日起5日内向申请人出具受理通知书： （1）属于《劳动人事争议仲裁办案规则》第2条规定的争议范围 （2）有明确的仲裁请求和事实理由 （3）申请人是与本案有直接利害关系的自然人、法人或其他组织，有明确的被申请人 （4）属于本仲裁委员会管辖范围 2. 劳动争议仲裁机构认为不符合受理条件的，应当书面通知申请人不予受理，并说明理由 3. 申请人对劳动争议仲裁机构不予受理或逾期未作出决定的，申请人可就该劳动争议事项向人民法院提起诉讼 4. 申请人自行撤回申请后再次申请的、按撤回仲裁申请处理后再次申请的以及被申请人提出反申请的受理情况参见本书10-3 劳动仲裁受理范围的合规管理 5. 关于被申请人提出反申请： （1）被申请人可以在答辩期间提出反申请，仲裁委员会应当自收到被申请人反申请之日起5日内决定是否受理并通知被申请人 （2）决定受理的，仲裁委员会可以将反申请和申请合并处理 （3）反申请应当另行申请仲裁的，仲裁委员会应当书面告知被申请人另行申请仲裁；反申请不属于《劳动人事争议仲裁办案规则》规定应当受理的，仲裁委员会应当向被申请人出具不予受理通知书 （4）被申请人答辩期满后对申请人提出反申请的，应当另行申请仲裁	1. 劳动者 2. 用人单位 3. 劳动争议仲裁机构	—
开庭前准备和开庭审理	仲裁机构受理仲裁申请后5日内将仲裁申请书副本和仲裁组成情况送达被申请人 → 被申请人收到仲裁申请书副本后10日内向仲裁机构提交答辩书 → 仲裁机构收到答辩书后5日内将答辩书副本送达申请人 → 仲裁机构应在开庭5日前书面通知双方当事人开庭日期、地点 → 开庭审理	1. 被申请人逾期未提交答辩书的，不影响仲裁程序的进行 2. 当事人有正当理由的，可以在开庭3日前请求延期开庭。是否延期，由劳动争议仲裁委员会决定 3. 申请人收到书面通知，无正当理由拒不到庭或者未经仲裁庭同意中途退庭的，可以视为撤回仲裁申请 4. 被申请人收到书面通知，无正当理由拒不到庭或者未经仲裁庭同意中途退庭的，可以缺席裁决 5. 仲裁庭在作出裁决前，应当先行调解。调解达成协议的，仲裁庭应当制作调解书。调解不成或者调解书送达前，一方当事人反悔的，仲裁庭应当及时作出裁决	1. 劳动者 2. 用人单位 3. 劳动争议仲裁机构	1. 答辩状 2. 其他开庭所需资料，如证据目录、证据资料等

续表

阶段	操作流程	操作内容与说明	涉及主体	记录
作出仲裁裁决	仲裁庭如期作出仲裁裁决 / 仲裁庭逾期未作出裁决的 → 向双方当事人送达仲裁裁决书	1.仲裁庭裁决劳动争议案件,应当自劳动争议仲裁机构受理仲裁申请之日起45日内结束 2.案情复杂需要延期的,经劳动争议仲裁委员会主任批准,可以延期并书面通知当事人,但是延长期限不得超过15日 3.逾期未作出仲裁裁决的,当事人可以就该劳动争议事项向人民法院提起诉讼 4.裁决分为非终局裁决和终局裁决。下列劳动争议,除《劳动争议调解仲裁法》另有规定外,仲裁裁决为终局裁决,裁决书自作出之日起发生法律效力: (1)追索劳动报酬、工伤医疗费、经济补偿或者赔偿金,每项确定的数额均不超过当地月最低工资标准12个月金额的争议 (2)因执行国家的劳动标准在工作时间、休息休假、社会保险等方面发生的争议	1.劳动者 2.用人单位 3.劳动争议仲裁机构	—
裁决的异议与执行	当事人对裁决有无异议—有→申请人可向人民法院提起诉讼 无↓ 当事人是否依裁决实际执行—否→申请人可申请强制执行程序 是↓ 程序结束	1.仲裁裁决生效后,若裁决支持了申请人的全部或部分仲裁请求的,被申请人应根据仲裁裁决履行 2.劳动者对仲裁裁决(无论是终局裁决还是非终局裁决)不服的,可以自收到仲裁裁决书之日起15日内向人民法院提起诉讼 3.用人单位对非终局裁决与劳动者一样,可以自收到仲裁裁决书之日15日内向人民法院提起诉讼 4.用人单位对终局裁决的诉讼,详见本书10-9终局裁决的合规管理 5.劳动争议仲裁机构作出仲裁裁决后,当事人对裁决中的部分事项不服,依法提起诉讼的,劳动争议仲裁裁决不发生法律效力 6.劳动争议仲裁机构对多个劳动者的劳动争议作出仲裁裁决后,部分劳动者对仲裁裁决不服,依法提起诉讼的,仲裁裁决对提起诉讼的劳动者不发生法律效力;对未提起诉讼的部分劳动者发生法律效力,如其申请执行的,人民法院应当受理	1.劳动者 2.用人单位 3.劳动争议仲裁机构	1.民事起诉状 2.强制执行申请书

注:本表中的文本仅指由劳动者或用人单位制定或提交的文书。

(二)合规要求的理解

1.一般情况下,劳动争议仲裁是必经前置仲裁,非经劳动仲裁,当事人不可直接向人民法院起诉。但是，特定条件可不经劳动仲裁直接向人民法院起诉。具体参见本书10-7劳动争议诉讼受理的合规管理。

2. 劳动争议仲裁机构的确定。

（1）用人单位所在地或者劳动合同的履行地均可作为确定劳动争议仲裁委员会管辖权的依据。

（2）劳动合同履行地是指劳动者实际工作的地点；用人单位所在地一般是指用人单位注册、登记地或者主要办事机构所在地。用人单位未经注册、登记的，其出资人、开办单位或者主管部门所在地为用人单位所在地。

（3）双方当事人分别向劳动合同履行地和用人单位所在地的劳动争议仲裁委员会申请仲裁的，由劳动合同履行地的劳动争议仲裁委员会管辖。

3. 在劳动争议仲裁程序中，用人单位作为被申请人的，收到书面开庭通知，应当按时参加仲裁庭审。否则，无正当理由拒不到庭或者未经仲裁庭同意中途退庭的，劳动争议仲裁机构可以缺席裁决。

4. 用人单位作为申请人的，应当注意自行撤回仲裁申请和按撤回仲裁申请处理的区别以及对再次申请仲裁的影响。

（1）自行撤回劳动仲裁申请，是指在劳动争议仲裁机构作出处理结果前，申请人有权自行撤回仲裁申请。

（2）按撤回仲裁申请处理，是指申请人收到书面开庭通知，无正当理由拒不到庭或者未经仲裁庭同意中途退庭的，可以按撤回仲裁申请处理；申请人重新申请仲裁的，仲裁委员会不予受理。

5. 调解原则是贯穿劳动争议处理全过程的重要原则。

（1）劳动争议的调解除了调解组织进行的调解外，在劳动争议的仲裁、诉讼过程中，也贯彻调解原则。

（2）仲裁庭在作出裁决前应当先行调解。经调解达成协议的，由仲裁庭制作调解书，并写明仲裁请求和当事人协议的结果。

（3）调解书由仲裁员签名并加盖劳动争议仲裁机构的印章，送达双方当事人。调解书经双方当事人签收后，发生法律效力。

（4）若调解不成或者一方当事人在调解书送达前反悔的，仲裁庭应当及时就劳动仲裁的请求事项依法作出裁决。

二、合规实践

关于劳动争议处理管理制度。

1. 劳动仲裁阶段，用人单位应当依照相关法律规定，按照时间节点予以应对。

2. 用人单位应当明确责任部门和配合部门，以及信息传递、必要决策的工作流程。

3.劳动仲裁程序中的进行调解的,用人单位应当尊重客观事实,充分评估,确定是否接受调解。

表 10-5-2　与劳动争议的仲裁管理相关的其他管理项点

相关要素名称	
要素一	劳动关系
要素二	劳动报酬
要素三	工作时间与休息休假
要素四	劳动合同的订立、履行和变更
要素五	劳动合同的解除、终止
要素六	社会保险
要素七	工伤保险与劳动安全
要素九	规章制度

表 10-5-3　法律分析之劳动仲裁的申请

内容		文件名称及文号	法条序号
劳动争议的管辖	一般规定	《劳动争议调解仲裁法》(主席令第80号)	第21条
		《劳动人事争议仲裁办案规则》(2017年)(人力资源和社会保障部令第33号)	第8条
	管辖移送	《劳动人事争议仲裁办案规则》(2017年)(人力资源和社会保障部令第33号)	第9条
	当事人的管辖异议	《劳动人事争议仲裁办案规则》(2017年)(人力资源和社会保障部令第33号)	第10条
收费情况		《劳动争议调解仲裁法》(主席令第80号)	第53条
仲裁申请书内容		《劳动争议调解仲裁法》(主席令第80号)	第28条
		《劳动人事争议仲裁办案规则》(2017年)(人力资源和社会保障部令第33号)	第29条
增加或变更仲裁请求的		《劳动人事争议仲裁办案规则》(2017年)(人力资源和社会保障部令第33号)	第44条

表 10-5-4　法律分析之劳动仲裁的受理

内容		文件名称及文号	法条序号
予以受理	一般规定	《劳动争议调解仲裁法》(主席令第80号)	第29条
		《劳动人事争议仲裁办案规则》(2017年)(人力资源和社会保障部令第33号)	第30条
			第35条
	自行撤回申请后再次申请时	人力资源和社会保障部、最高人民法院《关于劳动人事争议仲裁与诉讼衔接有关问题的意见(一)》(人社部发〔2022〕9号)	第4条
	按撤回申请处理后再次申请时		第39条
	反申请的受理	《劳动人事争议仲裁办案规则》(2017年)(人力资源和社会保障部令第33号)	第36条
	不予受理		第31条、第32条、第34条

续表

内容	文件名称及文号	法条序号
受理后的通知	《劳动争议调解仲裁法》(主席令第80号)	第30条、第32条
	《劳动人事争议仲裁办案规则》(2017年)(人力资源和社会保障部令第33号)	第33条、第37条

表10-5-5 法律分析之劳动仲裁的开庭

内容		文件名称及文号	法条序号
开庭前的通知		《劳动争议调解仲裁法》(主席令第80号)	第35条
		《劳动人事争议仲裁办案规则》(2017年)(人力资源和社会保障部令第33号)	第38条
回避	回避情形	《劳动争议调解仲裁法》(主席令第80号)	第33条
	回避程序	《劳动人事争议仲裁办案规则》(2017年)(人力资源和社会保障部令第33号)	第11条、第12条、第41条第2款
保密		《劳动争议调解仲裁法》(主席令第80号)	第26条
		《劳动人事争议仲裁办案规则》(2017年)(人力资源和社会保障部令第33号)	第25条
开庭	到庭	《劳动争议调解仲裁法》(主席令第80号)	第36条
		《劳动人事争议仲裁办案规则》(2017年)(人力资源和社会保障部令第33号)	第39条、第41条第1款
	纪律		第43条
	笔录	《劳动争议调解仲裁法》(主席令第80号)	第40条
		《劳动人事争议仲裁办案规则》(2017年)(人力资源和社会保障部令第33号)	第42条
	程序	《劳动争议调解仲裁法》(主席令第80号)	第38条
			第41条第3款
简易处理	适用范围	《劳动人事争议仲裁办案规则》(2017年)(人力资源和社会保障部令第33号)	第56条
	不适用的情形		第57条
	程序		第58条、第59条、第60条、第61条

表10-5-6 法律分析之举证

内容	文件名称及文号	法条序号
一般规则	《劳动争议调解仲裁法》(主席令第80号)	第6条
用人单位举证		第39条
	《劳动人事争议仲裁办案规则》(2017年)(人力资源和社会保障部令第33号)	第13条
	最高人民法院《关于审理劳动争议案件适用法律问题的解释(一)》(法释〔2020〕26号)	第44条
劳动者举证		第42条

续表

内容	文件名称及文号	法条序号
仲裁委依职权取证	《劳动人事争议仲裁办案规则》(2017年)(人力资源和社会保障部令第33号)	第16条、第17条
举证责任分配		第14条
举证期限		第15条
证据形式		第18条
仲裁中已质证证据的效力	人力资源社会保障部、最高人民法院《关于劳动人事争议仲裁与诉讼衔接有关问题的意见(一)》(人社部发〔2022〕9号)	第6条
自认事实的举证		第8条

表10-5-7 法律分析之劳动仲裁阶段的和解、调解

内容			文件名称及文号	法条序号
调解	应当调解的原则	一般规定	《劳动人事争议仲裁办案规则》(2017年)(人力资源和社会保障部令第33号)	第68条
		受理时		第69条
		受理后开庭前		第70条
		开庭时		第71条
		作出裁决前	《劳动争议调解仲裁法》(主席令第80号)	第42条
	达成调解的		《劳动人事争议仲裁办案规则》(2017年)(人力资源和社会保障部令第33号)	第72条、第73条
和解			《劳动争议调解仲裁法》(主席令第80号)	第41条

表10-5-8 法律分析之仲裁期限

内容	文件名称及文号	法条序号
一般规定	《劳动争议调解仲裁法》(主席令第80号)	第43条第1款
	《劳动人事争议仲裁办案规则》(2017年)(人力资源和社会保障部令第33号)	第19条、第45条、第46条
期限天数的理解		第80条
期限中止		第47条
逾期未裁决的		第48条

表10-5-9 法律分析之仲裁裁决

内容		文件名称及文号	法条序号
裁决原则		《劳动争议调解仲裁法》(主席令第80号)	第45条、第46条
	少数服从多数原则	《劳动人事争议仲裁办案规则》(2017年)(人力资源和社会保障部令第33号)	第52条
先行裁决		《劳动争议调解仲裁法》(主席令第80号)	第43条第2款
		《劳动人事争议仲裁办案规则》(2017年)(人力资源和社会保障部令第33号)	第49条
裁决书格式		《劳动争议调解仲裁法》(主席令第80号)	第46条
		《劳动人事争议仲裁办案规则》(2017年)(人力资源和社会保障部令第33号)	第53条

续表

内容	文件名称及文号	法条序号
裁决类型及生效	《劳动争议调解仲裁法》(主席令第80号)	第47条、第50条
	《劳动人事争议仲裁办案规则》(2017年)(人力资源和社会保障部令第33号)	第50条
	人力资源和社会保障部、最高人民法院《关于劳动人事争议仲裁与诉讼衔接有关问题的意见(一)》(人社部发〔2022〕9号)	第10条、第11条、第15条
裁决书的补正	《劳动人事争议仲裁办案规则》(2017年)(人力资源和社会保障部令第33号)	第54条
仲裁文书的送达		第20条
义务履行	《劳动争议调解仲裁法》(主席令第80号)	第51条

表10-5-10 法律分析之几个特别情况下仲裁裁决的生效

文件名称及文号	法条序号
最高人民法院《关于人民法院对经劳动争议仲裁裁决的纠纷准予撤诉或驳回起诉后劳动争议仲裁裁决从何时起生效的解释》(法释〔2000〕18号)	第1条、第2条、第3条
最高人民法院《关于审理劳动争议案件适用法律问题的解释(一)》(法释〔2020〕26号)	第16条

表10-5-11 法律分析之劳动仲裁涉及的其他程序

内容		文件名称及文号	法条序号
鉴定程序		《劳动争议调解仲裁法》(主席令第80号)	第37条
		《劳动人事争议仲裁办案规则》(2017年)(人力资源和社会保障部令第33号)	第40条
先予执行			第51条
		《劳动争议调解仲裁法》(主席令第80号)	第44条
仲裁案卷及查阅	归卷	《劳动人事争议仲裁办案规则》(2017年)(人力资源和社会保障部令第33号)	第21条、第22条
	查询		第23条、第24条

10-6 劳动争议仲裁时效的合规管理

一、合规要求

（一）合规要求的要点

表 10-6-1　劳动争议仲裁时效问题速查

事项	具体内容
时效期间	劳动争议申请仲裁的时效期间为 1 年
时效起算	仲裁时效期间从当事人知道或者应当知道其权利被侵害之日起计算
	劳动关系存续期间因拖欠劳动报酬发生争议的，劳动者申请仲裁不受前述 1 年仲裁时效期间的限制；但是，劳动关系终止的，应当自劳动关系终止之日起 1 年内提出
时效中止	因不可抗力，或有无民事行为能力或限制民事行为能力劳动者的法定代理人未确定等其他正当理由，当事人不能在规定的仲裁时效期间申请仲裁的，仲裁时效中止
	从中止时效的原因消除之日起，仲裁时效期间继续计算
时效中断	前述 1 年的仲裁时效，因当事人一方向对方当事人主张权利，或者向有关部门请求权利救济，或者对方当事人同意履行义务而中断： (1) 一方当事人通过协商、申请调解等方式向对方当事人主张权利的 (2) 一方当事人通过向有关部门投诉，向仲裁委员会申请仲裁，向人民法院起诉或申请支付令等方式请求权利救济的 (3) 对方当事人同意履行义务的
	从中断时起，仲裁时效期间重新计算

（二）合规要求的理解

劳动争议申请仲裁的时效期间，除非有中止、中断的情形，否则均为 1 年。但是应当注意该 1 年的起算点因请求事项不同而不同，这里主要是指关于劳动报酬的争议。

劳动报酬是指基于劳动者提供劳动的对价，并属于工资总额组成部分的，都应理解为劳动报酬，如计时工资、计件工资、加班加点工资、奖金、津贴和补贴、特殊情况下支付的工资。

二、合规实践

关于劳动争议处理管理制度。

1. 劳动争议的解决采用申请劳动仲裁方式的，还应当注意本节"劳动争议申请仲裁的时效"问题，包括时效的起算时间和时效的截止时间。

2.劳动仲裁申请人应当注意在时效内向劳动争议仲裁机构提交申请。若以时效已过作为抗辩事由的,应当在答辩时提出。

3.金钱给付的争议应当先确定其属于劳动报酬？还是福利类型？还是履行赔偿责任的形式等,再确定其适用一般时效,还是劳动报酬的特殊时效。

表10-6-2 与劳动争议仲裁时效管理相关的其他管理项点

相关要素名称	
要素一	劳动关系
要素二	劳动报酬
要素三	工作时间与休息休假
要素四	劳动合同的订立、履行和变更
要素五	劳动合同的解除、终止
要素六	社会保险
要素七	工伤保险与劳动安全
要素九	规章制度

表10-6-3 法律分析之劳动争议仲裁时效

内容	文件名称及文号	法条序号
一般规定	《劳动争议调解仲裁法》(主席令第80号)	第27条
	《劳动人事争议仲裁办案规则》(2017年)(人力资源和社会保障部令第33号)	第26条
	陕西省高级人民法院《关于审理劳动争议案件若干问题的解答》(陕高法〔2020〕118号)	第3条、第17条
	《关于贯彻执行〈中华人民共和国劳动法〉若干问题的意见》(劳部发〔1995〕309号)	第85条
中断	《劳动人事争议仲裁办案规则》(2017年)(人力资源和社会保障部令第33号)	第27条
中止		第28条

10-7 劳动争议诉讼受理的合规管理

一、合规要求

(一)合规要求的要点

表10-7-1 劳动争议诉讼法院不予受理情形及其处理方式速查

	劳动争议诉讼	处理方式
关于仲裁裁决	劳动争议仲裁机构仲裁的事项不属于人民法院受理的案件范围,当事人不服依法提起诉讼的	不予受理;已经受理的,裁定驳回起诉
关于调解书	劳动争议仲裁机构作出的调解书经双方当事人签收后,发生法律效力。已经发生法律效力,一方当事人反悔提起诉讼的	不予受理;已经受理的,裁定驳回起诉
关于劳动争议仲裁机构的不予受理决定	以无管辖权为由不予受理的	经审查认为该劳动争议仲裁机构对案件确无管辖权的,应当告知当事人向有管辖权的劳动争议仲裁机构申请仲裁
		经审查认为该劳动争议仲裁机构有管辖权的,应当告知当事人申请仲裁,并将审查意见书面通知该劳动争议仲裁机构;劳动争议仲裁机构仍不受理,当事人就该劳动争议事项提起诉讼的,人民法院应予受理
	以不属于仲裁事项为由不予受理的	属于劳动争议案件的,应当受理
		虽不属于劳动争议案件,但属于人民法院主管的其他案件,应当依法受理
	以申请主体不合格为由不予受理的	经审查确属主体不适格的,人民法院不予受理;已经受理的,裁定驳回起诉
关于劳动争议仲裁机构作出的预先支付的裁决	当事人不服劳动争议仲裁机构作出的预先支付劳动者劳动报酬、工伤医疗费、经济补偿或者赔偿金的裁决的	不予受理
	用人单位不履行裁决中的给付义务,劳动者依法申请强制执行的,人民法院应予受理	应予受理
关于劳动争议仲裁机构逾期未作出裁决的		应予受理,但申请仲裁的案件存在下列事由的除外: (1)移送管辖的 (2)正在送达或者送达延误的 (3)等待另案诉讼结果、评残结论的 (4)正在等待劳动争议仲裁机构开庭的 (5)启动鉴定程序或者委托其他部门调查取证的 (6)其他正当事由
		当事人以劳动争议仲裁机构逾期未作出仲裁裁决为由提起诉讼的,应当提交该仲裁机构出具的受理通知书或者其他已接受仲裁申请的凭证、证明

续表

劳动争议诉讼		处理方式
以工资欠条为证据直接起诉的	诉讼请求不涉及劳动关系其他争议的	视为拖欠劳动报酬争议,人民法院按照普通民事纠纷受理
	诉讼请求还涉及其他劳动关系争议	不予受理

注:最高人民法院《关于审理劳动争议案件适用法律问题的解释(一)》(法释〔2020〕26号)第2条规定:"下列纠纷不属于劳动争议:
(一)劳动者请求社会保险经办机构发放社会保险金的纠纷;
(二)劳动者与用人单位因住房制度改革产生的公有住房转让纠纷;
(三)劳动者对劳动能力鉴定委员会的伤残等级鉴定结论或者对职业病诊断鉴定委员会的职业病诊断鉴定结论的异议纠纷;
(四)家庭或者个人与家政服务人员之间的纠纷;
(五)个体工匠与帮工、学徒之间的纠纷;
(六)农村承包经营户与受雇人之间的纠纷。"

(二)合规要求的理解

1.本节适用的法律依据为最高人民法院《关于审理劳动争议案件适用法律问题的解释(一)》。

2.诉讼管辖。

(1)用人单位所在地或者劳动合同履行地的基层人民法院均有管辖权;若劳动合同履行地不明确的,则由用人单位所在地的基层人民法院管辖。法律另有规定的,依照其规定。

(2)用人单位和劳动者就同一仲裁裁决分别向有管辖权的人民法院起诉的,后受理的人民法院应当将案件移送给先受理的人民法院。

3.诉讼的受理范围。

(1)对劳动争议仲裁机构作出的仲裁裁决。

①劳动者与/或用人单位之间不服劳动争议仲裁机构作出的仲裁裁决,依法提起诉讼的,人民法院应予受理:

a.劳动者与用人单位在履行劳动合同过程中发生的纠纷;

b.劳动者与用人单位之间没有订立书面劳动合同,但已形成劳动关系后发生的纠纷;

c.劳动者与用人单位因劳动关系是否已经解除或者终止,以及应否支付解除或者终止劳动关系经济补偿金发生的纠纷;

d.劳动者与用人单位解除或者终止劳动关系后,请求用人单位返还其收取的劳动合同定金、保证金、抵押金、抵押物发生的纠纷,或者办理劳动者的人事档案、社会保险关系等移转手续发生的纠纷;

e.劳动者以用人单位未为其办理社会保险手续,且社会保险经办机构不能补办导致其无法享受社会保险待遇为由,要求用人单位赔偿损失发生的纠纷;

f.劳动者退休后,与尚未参加社会保险统筹的原用人单位因追索养老金、医疗费、工伤保险待遇和其他社会保险待遇而发生的纠纷；

　　g.劳动者因为工伤、职业病,请求用人单位依法给予工伤保险待遇发生的纠纷；

　　h.劳动者依据《劳动合同法》第85条规定,要求用人单位支付加付赔偿金发生的纠纷；

　　i.因企业自主进行改制发生的纠纷。

　　②劳动争议仲裁机构为纠正原仲裁裁决错误重新作出裁决,当事人不服依法提起诉讼的,人民法院应当受理。

　　③仲裁裁决的类型以仲裁裁决书确定为准。仲裁裁决书未载明该裁决为终局裁决或者非终局裁决,用人单位不服该仲裁裁决向基层人民法院提起诉讼的,应当按照以下情形分别处理：

　　a.经审查认为该仲裁裁决为非终局裁决的,基层人民法院应予受理；

　　b.经审查认为该仲裁裁决为终局裁决的,基层人民法院不予受理,但应告知用人单位可以自收到不予受理裁定书之日起30日内向劳动争议仲裁机构所在地的中级人民法院申请撤销该仲裁裁决;已经受理的,裁定驳回起诉。

　　④劳动争议仲裁机构仲裁的事项不属于人民法院受理的案件范围,当事人不服依法提起诉讼的,人民法院不予受理;已经受理的,裁定驳回起诉。

　　(2)对劳动争议仲裁机构的不予受理的书面裁决、决定或者通知。

　　①劳动争议仲裁机构以无管辖权为由对劳动争议案件不予受理,当事人提起诉讼的,人民法院按照以下情形分别处理：

　　a.经审查认为该劳动争议仲裁机构对案件确无管辖权的,应当告知当事人向有管辖权的劳动争议仲裁机构申请仲裁。

　　b.经审查认为该劳动争议仲裁机构有管辖权的,应当告知当事人申请仲裁,并将审查意见书面通知该劳动争议仲裁机构;劳动争议仲裁机构仍不受理,当事人就该劳动争议事项提起诉讼的,人民法院应予受理。

　　②劳动争议仲裁机构以当事人申请仲裁的事项不属于劳动争议为由,作出不予受理的书面裁决、决定或者通知,当事人不服依法提起诉讼的,人民法院应当分别情况予以处理：

　　a.属于劳动争议案件的,应当受理；

　　b.虽不属于劳动争议案件,但属于人民法院主管的其他案件,应当依法受理。

　　③劳动争议仲裁机构以申请仲裁的主体不适格为由,作出不予受理的书面裁决、决定或者通知,当事人不服依法提起诉讼,经审查确属主体不适格的,人民法院不予受理；已经受理的,裁定驳回起诉。

　　(3)对劳动争议仲裁机构作出的调解书。劳动争议仲裁机构作出的调解书已经发生法律效力,一方当事人反悔提起诉讼的,人民法院不予受理;已经受理的,裁定驳回起诉。

(4)劳动者向人民法院申请支付令。

①用人单位拖欠或者未足额支付劳动报酬的,劳动者可以依法向当地人民法院申请支付令。该申请被人民法院裁定终结督促程序后,劳动者就劳动争议事项直接提起诉讼的,人民法院应当告知其先向劳动争议仲裁机构申请仲裁。

②因支付拖欠劳动报酬、工伤医疗费、经济补偿或者赔偿金事项达成调解协议,用人单位在协议约定期限内不履行的,劳动者可以持调解协议书依法向人民法院申请支付令。该申请被人民法院裁定终结督促程序后,劳动者依据调解协议直接提起诉讼的,人民法院应予受理。

③劳动者向人民法院申请支付令,符合《民事诉讼法》第17章督促程序规定的,人民法院应予受理。

(5)不经劳动仲裁直接向人民法院起诉。一般情况下,劳动争议的仲裁是必经前置仲裁,非经劳动仲裁,当事人不可直接向人民法院起诉。但是,符合以下几种情形的,当事人可直接向人民法院起诉。

①劳动者以用人单位的工资欠条为证据直接提起诉讼,且诉讼请求不涉及劳动关系其他争议的,人民法院可以拖欠劳动报酬争议按照普通民事纠纷受理。[参见最高人民法院《关于审理劳动争议案件适用法律问题的解释(一)》第15条]

②劳动者依据《劳动争议调解仲裁法》第16条规定向人民法院申请支付令,被人民法院裁定终结督促程序后,劳动者依据调解协议可以直接向人民法院起诉。[参见最高人民法院《关于审理劳动争议案件适用法律问题的解释(一)》第13条第3款]

③用人单位不履行由调解组织主持调解并仅就劳动报酬争议达成的调解协议确定的给付义务的,劳动者有权向人民法院直接起诉。(参见最高人民法院《关于审理劳动争议案件适用法律问题的解释(一)》第51条第2款)

④当事人在经依法设立的调解组织主持下就支付拖欠劳动报酬、工伤医疗费、经济补偿或者赔偿金事项达成调解协议,双方当事人依据《民事诉讼法》第201条规定共同向人民法院申请司法确认,人民法院不予确认,劳动者依据调解协议直接提起诉讼的。[人力资源和社会保障部、最高人民法院《关于劳动人事争议仲裁与诉讼衔接有关问题的意见(一)》第1条第3项]

4.人民法院受理劳动争议案件后,当事人增加诉讼请求的。

(1)如该诉讼请求与讼争的劳动争议具有不可分性,应当合并审理;

(2)如属独立的劳动争议,应当告知当事人向劳动争议仲裁机构申请仲裁。

5.关于举证责任。

(1)举证责任是指在劳动争议的仲裁、诉讼过程中,申请人(原告)、被申请人(被告)

为了证明自己的主张所负有的提供证据证明的责任。

（2）当事人对自己提出的主张，有责任及时提供证据。与争议事项有关的证据属于用人单位掌握管理的，用人单位应当提供。用人单位不能提供的，应当承担不利后果。

①因用人单位作出的开除、除名、辞退、解除劳动合同、减少劳动报酬、计算劳动者工作年限等决定而发生的劳动争议，用人单位负举证责任。

②劳动者无法提供由用人单位掌握管理的与仲裁请求有关的证据，仲裁庭可以要求用人单位在指定期限内提供。用人单位在指定期限内不提供的，应当承担不利后果。

③劳动者主张加班费的，应当就加班事实的存在承担举证责任。但劳动者有证据证明用人单位掌握加班事实存在的证据，用人单位不提供的，由用人单位承担不利后果。

6.用人单位和劳动者的任何一方或者双方对基层人民法院作出的判决书或裁定书有异议的，有权提起上诉。

二、合规实践

关于劳动争议处理管理制度。

1.用人单位在劳动仲裁、诉讼过程中承担较多的举证责任。因此，每个要素都是以法律风险、举证责任的视角出发，规定用工合规实务中既能完善用工管理、又具有"法律意义"的管理文书，确保在发生劳动争议时，用人单位能够最大程度完成有效的举证，最大限度降低法律风险。

2.注重日常用工合规，规范管理流程，保留相关记录。

3.在诉讼准备和诉讼进行过程中，保持高度重视，完成举证责任，尽量避免因对应不及时导致的不利后果。

4.用人单位应明确劳动争议应对的责任部门、职责权限、沟通报告流程，还要对相关人员进行相关培训，提高法律风险意识。

表10-7-2　与劳动争议的诉讼受理相关的其他管理项点

相关要素名称	
要素一	劳动关系
要素二	劳动报酬
要素三	工作时间与休息休假
要素四	劳动合同的订立、履行和变更
要素五	劳动合同的解除、终止
要素六	社会保险
要素七	工伤保险与劳动安全
要素九	规章制度

表 10-7-3　法律分析之劳动争议诉讼受理范围的一般规定

内容		文件名称及文号	法条序号
一般规定		最高人民法院《关于审理劳动争议案件适用法律问题的解释(一)》(法释〔2020〕26号)	第1条、第9条
对劳动争议仲裁机构"不予受理"的起诉	劳动争议仲裁机构以无管辖权为由不予受理的		第5条
	劳动争议仲裁机构以不属于仲裁事项为由不予受理的		第6条
	劳动争议仲裁机构以申请主体不适格为由不予受理的		第7条
关于调解书			第11条
对劳动争议仲裁机构逾期未作出受理决定或仲裁裁决的		《劳动争议调解仲裁法》(主席令第80号)	第29条
		最高人民法院《关于审理劳动争议案件适用法律问题的解释(一)》(法释〔2020〕26号)	第12条
关于预先支付的裁决			第10条
劳动争议仲裁机构为纠正错误重新作出的裁决			第8条
已经生效的仲裁处理结果确有错误的		人力资源和社会保障部、最高人民法院《关于劳动人事争议仲裁与诉讼衔接有关问题的意见(一)》(人社部发〔2022〕9号)	第18条
不经劳动仲裁直接向人民法院起诉		最高人民法院《关于审理劳动争议案件适用法律问题的解释(一)》(法释〔2020〕26号)	第13条第3款、第15条、第51条第2款
		人力资源和社会保障部、最高人民法院《关于劳动人事争议仲裁与诉讼衔接有关问题的意见(一)》(人社部发〔2022〕9号)	第1条
申请人撤回仲裁申请后向人民法院起诉的			第4条

表 10-7-4　法律分析之对不同类型仲裁裁决的受理

内容	文件名称及文号	法条序号
一般规定	《劳动人事争议仲裁办案规则》(2017年)(人力资源和社会保障部令第33号)	第55条
	人力资源和社会保障部、最高人民法院《关于劳动人事争议仲裁与诉讼衔接有关问题的意见(一)》(人社部发〔2022〕9号)	第12条
非终局裁决	《劳动法》(2018年修正)(主席令第24号)	第83条、第84条第2款
	《劳动争议调解仲裁法》(主席令第80号)	第48条、第50条
终局裁决		第49条
	最高人民法院《关于审理劳动争议案件适用法律问题的解释(一)》(法释〔2020〕26号)	第21条、第22条、第23条
	人力资源和社会保障部、最高人民法院《关于劳动人事争议仲裁与诉讼衔接有关问题的意见(一)》(人社部发〔2022〕9号)	第13条、第14条、第17条

内容	文件名称及文号	法条序号
未载明非终局裁决或终局裁决的	最高人民法院《关于审理劳动争议案件适用法律问题的解释（一）》（法释〔2020〕26号）	第18条、第19条
同一裁决同时包含非终局裁决和终局裁决的		第20条

表10-7-5 法律分析之劳动争议诉讼的一些问题

内容		文件名称及文号	法条序号
	诉讼管辖	最高人民法院《关于审理劳动争议案件适用法律问题的解释（一）》（法释〔2020〕26号）	第3条
起诉主体	双方均起诉的		第4条
	部分主体起诉的		第17条
仲裁裁决遗漏了仲裁事项的		陕西省高级人民法院《关于审理劳动争议案件若干问题的解答》（陕高法〔2020〕118号）	第1条
当事人对部分裁决事项起诉的		人力资源和社会保障部、最高人民法院《关于劳动人事争议仲裁与诉讼衔接有关问题的意见（一）》（人社部发〔2022〕9号）	第15条
		陕西省高级人民法院《关于审理劳动争议案件若干问题的解答》（陕高法〔2020〕118号）	第2条
人民法院受理后增加诉讼请求的		最高人民法院《关于审理劳动争议案件适用法律问题的解释（一）》（法释〔2020〕26号）	第14条
保全措施			第49条
撤销、变更			第53条
关于举证		人力资源和社会保障部、最高人民法院《关于劳动人事争议仲裁与诉讼衔接有关问题的意见（一）》（人社部发〔2022〕9号）	第7条
关于自认事实			第8条、第9条
是否存在劳动关系			第16条
关于时效抗辩		陕西省高级人民法院《关于审理劳动争议案件若干问题的解答》（陕高法〔2020〕118号）	第4条

表10-7-6 法律分析之支付令

文件名称及文号	法条序号
《劳动合同法》（2012年修正）（主席令第73号）	第30条
《劳动争议调解仲裁法》（主席令第80号）	第16条
最高人民法院《关于审理劳动争议案件适用法律问题的解释（一）》（法释〔2020〕26号）	第13条

表10-7-7 法律分析之仲裁裁决书、调解书的执行

内容	文件名称及文号	法条序号
申请执行	《劳动争议调解仲裁法》（主席令第80号）	第51条
不予执行	最高人民法院《关于审理劳动争议案件适用法律问题的解释（一）》（法释〔2020〕26号）	第24条
中止、终结执行	最高人民法院《关于审理劳动争议案件适用法律问题的解释（一）》（法释〔2020〕26号）	第25条

非终局裁决的合规管理

一、合规要求

(一)合规要求的要点

表10-8-1 非终局裁决/劳动者起诉的终局裁决的诉讼的法律应用流程

阶段	操作流程	操作内容与说明	涉及主体	记录
提起诉讼	非终局裁决、劳动者起诉的终局裁决的诉讼 → 劳动者和/或用人单位提起诉讼 → 在时限内向有管辖权的法院递交起诉状	1. 针对非终局裁决,用人单位或劳动者不服的,均可自收到仲裁裁决书之日起15日内向人民法院提起诉讼 2. 劳动争议案件由用人单位所在地或者劳动合同履行地的基层人民法院管辖。劳动合同履行地不明确的,由用人单位所在地的基层人民法院管辖 3. 劳动者与用人单位均不服劳动争议仲裁机构的同一裁决,向同一人民法院起诉的,人民法院应当并案审理,双方当事人互为原告和被告,对双方的诉讼请求,人民法院应当一并作出裁决。在诉讼过程中,一方当事人撤诉的,人民法院应当根据另一方当事人的诉讼请求继续审理 4. 双方当事人就同一仲裁裁决分别向有管辖权的人民法院起诉的,后受理的人民法院应当将案件移送给先受理的人民法院	1. 劳动者 2. 用人单位 3. 人民法院	1. 劳动争议处理管理制度 2. 民事起诉状
受理阶段	符合起诉条件的 → 法院应在7日内立案,并通知当事人；不符合起诉条件的 → 法院应在7日内作出不予受理的裁定书 → 法院向申请人送达不予受理的裁定书 → 原告对裁定书是否不服 → 否；可通过原审法院向中级人民法院提出上诉	1. 当事人不服劳动争议仲裁机构作出的裁决,依法提起诉讼的,属于人民法院受理范围的,人民法院应予受理 2. 人民法院不予受理情形,参见本书10-7劳动争议诉讼受理的合规管理	1. 劳动者 2. 用人单位 3. 人民法院	—

续表

阶段	操作流程	操作内容与说明	涉及主体	记录
开庭前的准备和开庭审理	法院应在立案之日起5日内将起诉状副本发送被告 → 被告应当在收到之日起15日内提出答辩状 → 法院应在开庭3日前通知当事人和其他诉讼参与人时间和地点 → 法院开庭审理	1. 被告不提出答辩状的不影响人民法院审理 2. 人民法院受理劳动争议案件后，当事人增加诉讼请求的，如该诉讼请求与讼争的劳动争议具有不可分性，应当合并审理；如属独立的劳动争议，应当告知当事人向劳动争议仲裁机构申请仲裁 3. 开庭前可以调解的，采取调解方式及时解决纠纷 4. 人民法院在开庭3日前通知当事人和其他诉讼参与人。公开审理的，应当公告当事人姓名、案由和开庭时间、地点 5. 法庭辩论终结，应当依法作出判决。判决前能够调解的，还可以进行调解，调解不成的，应当及时判决 6. 原告或被告经传票传唤，无正当理由拒不到庭的，或者未经法庭许可中途退庭的，对原告可以按撤诉处理对被告可以缺席判决 7. 宣判前，原告申请撤诉的，是否准许，由人民法院裁定。人民法院裁定不准许撤诉的，原告经传票传唤，无正当理由拒不到庭的，可以缺席判决	1. 劳动者 2. 用人单位 3. 人民法院	1. 答辩状 2. 其他开庭所需资料，如证据目录、证据资料等
裁判结果	法院作出判决或裁定 → 法院向当事人送达诉讼文书	人民法院根据审理情况作出判决或裁定	1. 劳动者 2. 用人单位 3. 人民法院	—
裁判结果的异议和执行	当事人对判决/裁决有无异议？ 有→可通过原审法院向中级人民法院提出上诉；无→裁判文书中有需要实际履行的义务的 → 完全履行的／未履行或未完全履行的 → 当事人可向法院申请执行 → 程序结束	1. 判决书中涉及义务履行且当事人对判决结果无异议的，应在判决书生效后及时完全履行。否则，原告有权向人民法院申请执行 2. 当事人对判决书或裁定书有异议的，有权在判决书送达之日起15日内或裁定书送达之日起10日内向上一级人民法院提起上诉	1. 劳动者 2. 用人单位 3. 人民法院	1. 民事上诉状 2. 强制执行申请书

注：本表中的文本仅指由劳动者或用人单位制定或提交的文书。

(二)合规要求的理解

1. 非终局裁决。

(1)非终局裁决与终局裁决相对应,终局裁决范围以外的都属于非终局裁决。

(2)除裁决本身是非终局裁决的外,还有"按非终局裁决处理"的,即劳动争议仲裁机构作出的同一仲裁裁决,既包含终局裁决事项,也包含非终局裁决事项的,若当事人就该仲裁裁决向人民法院起诉的,应当按照非终局裁决处理。

2. 非终局裁决的生效与诉讼。

(1)非终局裁决自用人单位和劳动者收到仲裁裁决书之日起的15日内,任何一方均未向基层人民法院起诉的,裁决书发生法律效力。换言之,用人单位和劳动者任何一方起诉或双方均起诉的,劳动争议的仲裁裁决书不发生法律效力;逾期未起诉的,非终局裁决生效,对用人单位和劳动者均具有约束力。

(2)部分劳动者对劳动争议仲裁机构作出的针对多个劳动者的仲裁裁决不服,依法提起诉讼的,仲裁裁决仅对未提起诉讼的劳动者发生法律效力,对提起诉讼的劳动者不发生法律效力。

二、合规实践

关于劳动争议处理管理制度。

用人单位对非终局裁决享有起诉的权利。用人单位对劳动争议仲裁机构作出的非终局裁决:

1. 明确劳动争议应对的责任部门、职责权限、沟通报告流程。

2. 确认是否对该裁决提起诉讼。

3. 用人单位决定起诉的,应当自收到仲裁裁决书之日起的15日内,向用人单位所在地或者劳动合同履行地的基层人民法院起诉。

4. 用人单位决定不起诉的,且裁决用人单位承担义务的,用人单位应当及时履行。

表10-8-2 与非终局裁决管理相关的其他管理项点

相关要素名称	
要素一	劳动关系
要素二	劳动报酬
要素三	工作时间与休息休假
要素四	劳动合同的订立、履行和变更
要素五	劳动合同的解除、终止
要素六	社会保险
要素七	工伤保险与劳动安全
要素九	规章制度

注:相关内容的法律分析参见本书10-7劳动争议诉讼受理的合规管理。

10-9 终局裁决的合规管理

一、合规要求

(一)合规要求的要点

表 10-9-1 用人单位申请撤销终局裁决的诉讼的法律应用流程

阶段	操作流程	操作内容与说明	涉及主体	记录
起诉阶段	用人单位申请撤销终局裁决的诉讼→（未载明仲裁裁决书为终局裁决或非终局裁决的／载明仲裁裁决书为终局裁决的）；用人单位就该裁决向基层人民法院起诉；基层人民法院对仲裁裁决性质进行确认；经审查认为仲裁裁决书为**非终局**裁决的→基层人民法院应予受理→诉讼程序参见本书10-8；经审查认为仲裁裁决为**终局**裁决的→基层人民法院不予受理；已受理的，裁定驳回起诉；告知用人单位可以向中级人民法院申请撤销该裁决；符合特定情形的，用人单位可向中级人民法院申请撤销仲裁裁决	1. 本流程描述的是仲裁裁决为终局裁决时，由用人单位向中级人民法院申请撤销该裁决的流程 2. 仲裁裁决的类型以仲裁裁决书确定为准。仲裁裁决书未载明该裁决为终局裁决或者非终局裁决，用人单位不服该仲裁裁决向基层人民法院提起诉讼的，法院应当按照以下情形分别处理： (1) 经审查认为该仲裁裁决为非终局裁决的，基层人民法院应予受理 (2) 经审查认为该仲裁裁决为终局裁决的，基层人民法院不予受理，但应告知用人单位可以自收到不予受理裁定书之日起30日内向劳动争议仲裁机构所在地的中级人民法院申请撤销该仲裁裁决；已经受理的，裁定驳回起诉 3. 被人民法院驳回起诉或者劳动者撤诉的，用人单位可以自收到裁定书之日起30日内，向劳动争议仲裁机构所在地的中级人民法院申请撤销仲裁裁决 4. 劳动争议仲裁机构作出终局裁决，劳动者向人民法院申请执行，用人单位向劳动争议仲裁机构所在地的中级人民法院申请撤销的，人民法院应当裁定中止执行。用人单位撤回撤销终局裁决申请或者其申请被驳回的，人民法院应当裁定恢复执行。仲裁裁决被撤销的，人民法院应当裁定终结执行	1. 劳动者 2. 用人单位 3. 人民法院	1. 劳动争议处理管理制度 2. 撤销仲裁裁决申请书

续表

阶段	操作流程	操作内容与说明	涉及主体	记录
受理与开庭	法院受理、开庭/不开庭审理	1. 法院受理的相关内容详见本书10-7劳动争议诉讼受理的合规管理 2. 中级人民法院审理用人单位申请撤销终局裁决的案件,应当组成合议庭开庭审理。经过阅卷、调查和询问当事人,对没有新的事实、证据或者理由,合议庭认为不需要开庭审理的,可以不开庭审理 3. 中级人民法院可以组织双方当事人调解。达成调解协议的,可以制作调解书。一方当事人逾期不履行调解协议的,另一方可以申请人民法院强制执行	1. 劳动者 2. 用人单位 3. 人民法院	1. 答辩状 2. 其他开庭所需资料,如证据目录、证据资料等
裁判结果	法院作出终审裁定（驳回申请或者撤销仲裁裁决）→终审裁定送达当事人	1. 用人单位向中级人民法院申请撤销仲裁裁决,中级人民法院作出的驳回申请或者撤销仲裁裁决的裁定为终审裁定 2. 经审查有下列情形之一的,应裁定撤销: (1)适用法律、法规确有错误的 (2)劳动争议仲裁委员会无管辖权的 (3)违反法定程序的 (4)裁决所根据的证据是伪造的 (5)对方当事人隐瞒了足以影响公正裁决的证据的 (6)仲裁员在仲裁该案时有索贿受贿、徇私舞弊、枉法裁决行为的	1. 劳动者 2. 用人单位 3. 人民法院	—
裁判结果的异议和执行	裁定驳回撤销裁决申请的→用人单位应按仲裁裁决内容履行→完全履行的/未履行或未完全履行的→当事人可向法院申请强制执行→程序结束；裁定撤销仲裁裁决的→当事人就该劳动争议事项可向人民法院提起诉讼→诉讼程序参见本书10-8	1. 仲裁裁决被人民法院裁定撤销的,当事人可以自收到裁定书之日起15日内就该劳动争议事项向人民法院提起诉讼 2. 用人单位的撤销仲裁终局裁决申请被驳回的,用人单位应当按照仲裁裁决的内容如期完全履行。否则,劳动者一方可向法院申请强制执行	1. 劳动者 2. 用人单位 3. 人民法院	1. 民事起诉状 2. 强制执行申请书

注:本表中的文本仅指由劳动者或用人单位制定或提交的文书。

(二)合规要求的理解

1.终局裁决。

(1)根据《劳动争议调解仲裁法》第47条,一般情况下,针对下列事项的裁决属于终局裁决:

①劳动报酬、工伤医疗费、经济补偿或者赔偿金争议,且每项确定的数额均不超过当地月最低工资标准12个月金额的争议;

②用人单位与劳动者因工作时间、休息休假、社会保险等发生的争议。

(2)终局裁决的生效时间与非终局裁决不同,终局裁决自作出之日起发生法律效力。

(3)按非终局裁决处理的情形。

劳动争议仲裁机构作出的同一仲裁裁决,既包含终局裁决事项,也包含非终局裁决事项的,若当事人就该仲裁裁决向人民法院起诉的,应当按照非终局裁决处理。

2.终局裁决的救济方式。

(1)作为一份已经发生法律效力的裁决书,用人单位和劳动者的救济方式有所不同:

①于劳动者而言,劳动者对终局裁决不服的,可以自收到仲裁裁决书之日起15日内向基层人民法院提起诉讼。

②于用人单位而言,用人单位有证据证明终局裁决有特定情形的,可以自收到仲裁裁决书之日起30日内向劳动争议仲裁委员会所在地的中级人民法院申请撤销裁决。

(2)中级人民法院对于用人单位申请撤销终局裁决作出的裁定,无论是驳回用人单位的申请还是裁定撤销仲裁裁决均为终审裁定。

(3)针对终局裁决,劳动者向基层人民法院起诉,与此同时,用人单位也向中级人民法院申请撤销裁决的处理方式:

①中级人民法院应当不予受理;已经受理的,应当裁定驳回申请。

②若劳动者被人民法院驳回起诉或者劳动者撤诉的,用人单位可以自收到裁定书之日起30日内,向劳动争议仲裁机构所在地的中级人民法院申请撤销仲裁裁决。

二、合规实践

关于劳动争议处理管理制度。

适用终局裁决的内容都是用人单位在劳动关系存续期间的主要义务,且用人单位针对终局裁决的救济方式难度大,因此,用人单位除执行非终局裁决的管理程序外,还应当:

1.注重日常用工合规,规范管理流程,保留相关记录。

2.在劳动仲裁进行过程中,高度重视、完成举证责任,尽量避免因对应不及时导致的不利后果。

3.因此,明确劳动争议应对的责任部门、职责权限、沟通报告流程是基础,还要对相关人员进行相关培训,提高法律风险意识。

表 10 – 9 – 2　与终局裁决管理相关的其他管理项点

相关要素名称	
要素一	劳动关系
要素二	劳动报酬
要素三	工作时间与休息休假
要素四	劳动合同的订立、履行和变更
要素五	劳动合同的解除、终止
要素六	社会保险
要素七	工伤保险与劳动安全
要素九	规章制度

注:相关内容的法律分析参见本书 10 – 7 劳动争议诉讼受理的合规管理。

附 录
劳动用工法律责任总览速查

附表　劳动用工法律责任总览速查

规制行为			直接法律责任								
所属要素	具体行为	责任描述	责任承担主体	责任类型							
				责令改正	赔偿	罚款	其他行政处罚	刑事责任	支付2倍工资	视为已订立无固定期限劳动合同	经济补偿/赔偿金
招录劳动者	招用尚未解除劳动合同的劳动者的	用人单位招用与其他用人单位尚未解除或者终止劳动合同的劳动者,给其他用人单位造成损失的,应当承担连带赔偿责任	用人单位		√						
	违法未成年用工	用人单位非法招用未满16周岁的未成年人的,由劳动行政部门责令改正,处以罚款;情节严重的,由市场监督管理部门吊销营业执照	用人单位	√		√	√				
	扣押劳动者居民身份证等证件的	1.由劳动行政部门责令限期退还劳动者本人,并依照有关法律规定给予处罚 2.给劳动者造成损害的,应当承担赔偿责任	用人单位	√	√		√				
	以担保其他名义向劳动者收取财物的	由劳动行政部门责令限期退还劳动者本人,并以每人500元以上2000元以下的标准处以罚款;给劳动者造成损害的,应当承担赔偿责任	用人单位	√	√	√					
	无合法经营资格的单位招录劳动者的	劳动者已经付出劳动的,该单位或者其出资人应当依照本法有关规定向劳动者支付劳动报酬、经济补偿、赔偿金;给劳动者造成损害的,应当承担赔偿责任	经营单位		√						√
	个人承包经营违法招用劳动者的	给劳动者造成损害的,发包的组织与个人承包经营者承担连带赔偿责任	发包的组织与个人		√						
	用人单位未依法建立职工名册的	由劳动行政部门责令限期改正;逾期不改正的,由劳动行政部门处2000元以上2万元以下的罚款	用人单位	√		√					
劳动合同	劳动合同文本缺少必备条款的	由劳动行政部门责令改正;给劳动者造成损害的,应当承担赔偿责任	用人单位	√	√						
	劳动合同无效的	劳动合同经劳动争议仲裁机构或者人民法院确认无效的,对方造成损害的,有过错的一方应当承担赔偿责任	用人单位劳动者		√						
	劳动合同未交付劳动者的	由劳动行政部门责令改正;给劳动者造成损害的,应当承担赔偿责任	用人单位	√	√						

续表

所属要素	规制行为 具体行为	责任描述	直接法律责任 责任承担主体	责令改正	赔偿	罚款	其他行政处罚	刑事责任	支付2倍工资	视为已订立无固定期限劳动合同	经济补偿/赔偿金
劳动合同	用人单位原因导致未订立书面劳动合同的	用人单位与劳动者建立劳动关系不依法订立劳动合同的,由劳动保障行政部门责令改正	用人单位	√					√	√	
		用人单位自用工之日起超过1个月不满1年未与劳动者订立书面劳动合同的,应当向劳动者每月支付2倍的工资	用人单位								
		用人单位自用工之日起满1年不与劳动者订立书面劳动合同的,视为用人单位与劳动者已订立无固定期限劳动合同	用人单位								
		用人单位违反本法规定不与劳动者订立无固定期限劳动合同的,自应当订立无固定期限劳动合同之日起向劳动者每月支付2倍的工资	用人单位								
	违法约定试用期的	由劳动行政部门责令改正;违法约定的试用期已经履行的,由用人单位以劳动者试用期满月工资为标准,按已经履行的超过法定试用期的期间向劳动者支付赔偿金	用人单位	√	√						
劳动安全	安全卫生违法	安全卫生违法是指用人单位的劳动安全设施和劳动卫生条件不符合国家规定或者未向劳动者提供必要的劳动防护用品和劳动保护设施	用人单位								
		由劳动行政部门或者有关部门责令改正,可以处以罚款;情节严重的,提请县级以上人民政府决定责令停产整顿	用人单位	√		√	√				
		对事故隐患不采取措施,致使发生重大事故,造成劳动者生命和财产损失的,对责任人员依照刑法有关规定追究刑事责任	用人单位					√			
	强令违章冒险作业的	用人单位强令劳动者违章冒险作业,发生重大伤亡事故,造成严重后果的,对责任人员依法追究刑事责任	用人单位					√			
	女职工、未成年工保护不合法的	用人单位违反本法对女职工和未成年工的保护规定,侵害其合法权益的,由劳动行政部门责令改正,处以罚款(罚款按受侵害的劳动者每人1000元以上5000元以下为标准);对女职工或者未成年工造成损害的,应当承担赔偿责任	用人单位	√	√	√					

附录　劳动用工法律责任总览速查　　449

续表

规制行为		直接法律责任									
				责任类型							
所属要素	具体行为	责任描述	责任承担主体	责令改正	赔偿	罚款	其他行政处罚	刑事责任	支付2倍工资	视为已订立无固定期限劳动合同	经济补偿/赔偿金
劳动安全	以暴力、威胁或者非法限制人身自由的手段强迫劳动的	依法给予行政处罚；公安机关对责任人员处以15日以下拘留、罚款或者警告；构成犯罪的，依法追究刑事责任；给劳动者造成损害的，应当承担赔偿责任	用人单位		√		√	√			
	违章指挥或者强令冒险作业危及劳动者人身安全的										
	侮辱、体罚、殴打、非法搜查或者拘禁劳动者的										
	劳动条件恶劣、环境污染严重，给劳动者身心健康造成严重损害										
用工管理	规章制度违法	用人单位直接涉及劳动者切身利益的规章制度违反法律、法规规定的，由劳动行政部门责令改正，给予警告；给劳动者造成损害的，应当承担赔偿责任	用人单位	√	√		√				
工作时间	违法延长工作时间的	用人单位违反本法规定，延长劳动者工作时间的，由劳动行政部门给予警告，责令改正，并可以按照受侵害的劳动者每人100元以上500元以下的标准处以罚款	用人单位	√		√	√				
劳动合同的解除和终止	未出具劳动合同解除或终止书面证明的	由劳动行政部门责令改正；给劳动者造成损害的，应当承担赔偿责任	用人单位	√	√						
	劳动者违反保密义务和竞业限制	劳动者违反劳动合同中约定的保密义务或者竞业限制，给用人单位造成损失的，应当承担赔偿责任	劳动者		√						

续表

规制行为		直接法律责任							
所属要素	具体行为	责任描述	责任承担主体	责任类型						
				责令改正	赔偿	罚款	其他行政处罚	刑事责任	支付2倍工资	视为已订立无固定期限劳动合同	经济补偿/赔偿金

所属要素	具体行为	责任描述	责任承担主体	责令改正	赔偿	罚款	其他行政处罚	刑事责任	支付2倍工资	视为已订立无固定期限劳动合同	经济补偿/赔偿金
劳动合同的解除和终止	违法解除/终止劳动合同的	劳动者违反本法规定解除劳动合同,给用人单位造成损失的,应当承担赔偿责任	用人单位劳动者		√						
		1.用人单位违法解除/终止劳动合同的,由劳动行政部门责令改正;对劳动者造成损失的,应当承担赔偿责任 2.对于劳动者,应当依法按照经济补偿标准的2倍向劳动者支付赔偿金		√	√						√
	解除或终止劳动合同,未依法向劳动者支付经济补偿的	由劳动行政部门责令限期支付;逾期不支付的,责令用人单位按应付金额50%以上100%以下的标准向劳动者加付赔偿金	用人单位	√	√						
社会保险	未依法缴纳社会保险的	用人单位无故不缴纳社会保险费的,由劳动行政部门责令其限期缴纳;逾期不缴的,可以加收滞纳金	用人单位	√		√	√				
		用人单位向社会保险经办机构申报应缴纳的社会保险费数额时,瞒报工资总额或者职工人数的,由劳动保障行政部门责令改正,并处瞒报工资数额1倍以上3倍以下的罚款									
	骗取社会保险待遇	骗取社会保险待遇或者骗取社会保险基金支出的,由劳动保障行政部门责令退还,并处骗取金额1倍以上3倍以下的罚款;构成犯罪的,依法追究刑事责任	用人单位劳动者	√		√	√				
劳动报酬	未按照劳动合同约定或者国家规定向劳动者及时足额支付劳动报酬	1.由劳动行政部门责令限期支付;逾期不支付的,责令用人单位按应付金额50%以上100%以下的标准向劳动者加付赔偿金 2.劳动者可以解除劳动合同,用人单位应当向劳动者支付经济补偿	用人单位	√	√						√
	劳动者工资低于当地最低工资标准										
	不支付加班费的										

续表

规制行为		直接法律责任								
所属要素	具体行为	责任描述	责任承担主体	责任类型						
^	^	^	^	责令改正	赔偿	罚款	其他行政处罚	刑事责任	支付2倍工资	视为已订立无固定期限劳动合同	经济补偿/赔偿金
劳动报酬	拒不支付劳动报酬的	以逃避支付劳动者的劳动报酬为目的,有下列情形之一的,应当认定为"以转移财产、逃匿等方法逃避支付劳动者的劳动报酬":(1)隐匿财产、恶意清偿、虚构债务、虚假破产、虚假倒闭或者以其他方法转移、处分财产的;(2)逃跑、藏匿的;(3)隐匿、销毁或篡改账目、职工名册、工资支付记录、考勤记录等与劳动报酬相关的材料的;(4)以其他方法逃避支付劳动报酬的									
^	^	1.具有下列情形之一的,应当认定为"数额较大":(1)拒不支付1名劳动者3个月以上的劳动报酬且数额在5000元至2万元以上的;(2)拒不支付10名以上劳动者的劳动报酬且数额累计在3万元至10万元以上的 2.各省、自治区、直辖市高级人民法院可以根据本地区经济社会发展状况,在前款规定的数额幅度内,研究确定本地区执行的具体数额标准,报最高人民法院备案	用人单位	√	√			√			
^	^	经人力资源社会保障部门或者政府其他有关部门依法以限期整改指令书、行政处理决定书等文书责令支付劳动者的劳动报酬后,在指定的期限内仍不支付的,应当认定为"经政府有关部门责令支付仍不支付",但有证据证明行为人有正当理由未知悉责令支付或者未及时支付劳动报酬的除外。行为人逃匿、无法将责令支付文书送交其本人、同住成年家属或者所在单位负责收件的人的,如果有关部门已通过在行为人的住所地、生产经营场所等地张贴责令支付文书等方式责令支付,并采用拍照、录像等方式记录的,应当视为"经政府有关部门责令支付"									

续表

规制行为		直接法律责任								
所属要素	具体行为	责任描述	责任承担主体	责任类型						
				责令改正	赔偿	罚款	其他行政处罚	刑事责任	支付2倍工资	视为已订立无固定期限劳动合同	经济补偿/赔偿金
劳动报酬	拒不支付劳动报酬的	具有下列情形之一的，应当认定为"造成严重后果"： (1)造成劳动者或其被赡养人、被扶养人、被抚养人的基本生活受到严重影响、重大疾病无法及时医治或者失学的 (2)对要求支付劳动报酬的劳动者使用暴力或进行暴力威胁的 (3)造成其他严重后果的	用人单位		√	√		√			
		尚未造成严重后果，在刑事立案前支付劳动者的劳动报酬，并依法承担相应赔偿责任的，可以认定为情节显著轻微危害不大，不认为是犯罪；在提起公诉前支付劳动者的劳动报酬，并依法承担相应赔偿责任的，可以减轻或免除刑事处罚；在一审宣判前支付劳动者的劳动报酬，并依法承担相应赔偿责任的，可以从轻处罚。对于免除刑事处罚的，可以根据案件的不同情况，予以训诫、责令具结悔过或赔礼道歉。拒不支付劳动者的劳动报酬，造成严重后果，但在宣判前支付劳动者的劳动报酬，并依法承担相应赔偿责任的，可以酌情从宽处罚									
		用人单位的实际控制人实施拒不支付劳动报酬行为的，构成犯罪的，应当依照《刑法》第276条之一的规定追究刑事责任									
		单位拒不支付劳动报酬，构成犯罪的，依照最高人民法院《关于审理拒不支付劳动报酬刑事案件适用法律若干问题的解释》规定的相应个人犯罪的定罪量刑标准，对直接负责的主管人员和其他直接责任人员定罪处罚，并对单位判处罚金									
监督检查	用人单位阻挠监督检查的	由劳动行政部门或者有关部门处以2000元以上2万元以下的罚款；构成犯罪的，对责任人员依法追究刑事责任	用人单位			√		√			